河南省文物考古研究院学术文库乙种第 25 号

稽古中原

孙新民考古文集

孙新民 著

科学出版社
北京

图书在版编目（CIP）数据

稽古中原：孙新民考古文集 / 孙新民著. -- 北京：科学出版社，2021.10
ISBN 978-7-03-069844-5

Ⅰ.①稽… Ⅱ.①孙… Ⅲ.①文物—考古—河南—文集 Ⅳ.①K872.61-53

中国版本图书馆CIP数据核字（2021）第190734号

责任编辑：张亚娜　张睿洋 / 责任校对：王晓茜
责任印制：肖　兴 / 书籍设计：北京气和宇宙艺术设计有限公司

科学出版社 出版
北京东黄城根北街16号
邮政编码：100717
http://www.sciencep.com

北京华联印刷有限公司 印刷
科学出版社发行　各地新华书店经销

*

2021年10月第 一 版　开本：787×1092　1/16
2021年10月第一次印刷　印张：22
字数：430 000

定价：260.00元
（如有印装质量问题，我社负责调换）

1970年初中毕业照

1976年巩县回郭镇接待站照

1983年12月参加工作后照

1985年4月在新乡丁固城考古工作照

1989年6月与同事郭木森在宝丰清凉寺窑址

1987年9月发掘泌阳县东汉墓工作照

2001年7月与同事郭木森（左一）、赵文军（右一）在山东济南参加全国十大考古新发现评选并领取证书

2006年4月参加全省表彰大会荣获全国五一劳动奖章

2010年3月与日本奈良文化财研究所田边征夫所长签订合作研究协议书

2012年7月在北京人民大会堂参加全国文物工作会议领取"全国文物系统先进集体"奖

2012年8月我所60年庆典与韩国中原文化财研究所金圣范所长签订合作协议书

2018年10月在四川成都参加第二届中国考古学大会荣获金鼎奖

2007年7月在郑州主持召开"动物考古国际学术研讨会暨《华夏考古》创刊20周年座谈会"

2011年10月在郑州召开的首届黄淮七省考古论坛上汇报河南考古成果

2008年4月与部分大学同班同学团聚在郑州大学历史学院

2009年9月在全省文物工作会议上与我所考古领队马萧林、李占扬、李素婷、潘伟斌共同领奖

2012年8月我所60年庆典与老所长郝本性先生（左二）、杨肇清先生（左一）和韩国朋友合影

2016年5月参加全国首届考古学大会与老所长郝本性先生（左二）、杨育彬先生（右二）和河南省文物局副局长马萧林（右一）合影

2002年与我所秦曙光书记（右二）、秦文生副所长（左二）、张志清副所长（右一）接待著名考古学家宿白先生（中）

2002年12月陪同著名考古学家张忠培先生考察我所出土文物

2009年3月与马俊才陪同著名考古学家李伯谦先生（右一）考察新郑胡庄墓地出土文物

2002年7月与曾晓民陪同中国社科院考古研究所所长刘庆柱先生（右二）、著名考古学家安志敏先生（右一）考察郑州商城出土文物

2005年6月与韩朝会陪同中国社科院考古研究所王巍所长（右一）考察方城县平高台遗址考古工地

2007年4月在我所接待著名历史学家李学勤夫妇（左二河南省文物局局长陈爱兰、右一郑州大学历史学院院长韩国河）

1991年4月参加"汉代文明展"随展组在新加坡文物馆前

2000年4月与北京大学宋豫秦教授（左二）、我所秦文生副所长（左三）访问美国圣路易斯华盛顿大学（右一沃尔森教授，右二冷健女士）

2001年澳大利亚拉楚布大学考古系主任蒂姆·马瑞教授（右一）、刘莉教授（左一）来我所进行学术交流

2002年与法国国立科学研究中心杜德兰（右一）在中外合作发掘的南阳粪营遗址

2006年7月与河南省文物局陈爱兰局长（左一）、国家文物局张建新副司长（右二）参观意大利庞贝故城

2011年3月参观英国英格兰威尔特郡巨石阵

2002年7月与河南省文物局局长常俭传（右一）陪同国家文物局局长张文彬（中）视察我所

2002年12月主管副省长王菊梅在河南省文物工作会议上为我所颁奖

2005年9月与楚小龙陪同全国政协副主席张思卿（左三）、全国政协委员谢辰生（右一）、张柏等（右三）等视察荥阳薛村遗址

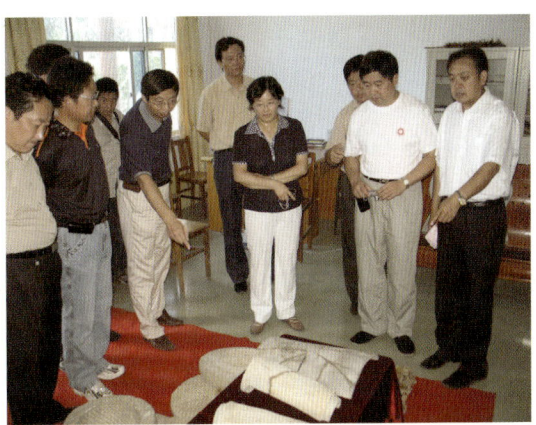

2006年8月与刘海旺、河南省文物局局长陈爱兰（中）、副局长孙英民（右一）陪同国家文物局局长单霁翔（右二）视察内黄县三杨庄考古工地

2012年4月在浙江杭州召开的全国考古工作会议上与考古界大咖一道领取田野考古奖

2012年7月在北京人民大会堂与山西考古所张庆捷书记（左一）、湖南考古所郭伟民所长（左二）、天津考古中心梅鹏云主任（右一）合影

1989年一家三口在河南省文物研究所门前

1995年7月与夫人万毅在巩义市宋真宗永定陵

2008年9月一家三口在陕西临潼兵马俑博物馆

2009年10月一家三口在北京天安门广场

2015年3月与女儿孙锦在郑州大学历史学院

2019年9月与夫人万毅在俄罗斯莫斯科察里津皇家庄园遗址区

自　序

时间犹如白驹过隙，转眼我已经退休了近6年，自1982年1月从郑州大学历史系考古专业毕业，分配至河南省文物研究所（1994年改名为河南省文物考古研究所，2013年又更名为河南省文物考古研究院）工作，至今也已过去了39个年头。

我是幸运的，有幸成为"文化大革命"后公开招生考试录取的首届大学生。我在高中毕业回乡务农五年后，再次踏入校门学习深造，因此犹如飞入百花园中的采花蜜蜂，如饥似渴、心无旁骛地学习了四年。记得那时的我们，除了周日上午去书店或洗衣服偶尔放松身心外，其他空闲和自习时间也均在教室里度过。由于那时上课大多没有教材，能够在校图书馆借到一本心仪的图书或者在系阅览室里抢占到一个座位，就是一种莫大的满足和享受。

我是幸运的，甫一大学毕业就入职了省级考古单位，成为河南文物考古战线的一员。河南是文物资源大省，地处中原和黄河流域中下游，历史上经常是兵家必争之地，定鼎中原是一代代枭雄驰骋纵横、梦寐以求的理想。得天独厚的地理位置，注定了其地下埋藏有丰富的古代文化遗存。在我国历史上，自夏代迄至北宋3000多年间，有22个王朝200多位帝王建都或迁都于此，长期以来一直是中国政治、经济和文化的中心。河南又是考古圣地，河南考古在中国考古学史上占有不可替代的地位。1921年，瑞典地质学家安特生与袁复礼等中国学者对渑池县仰韶村遗址的发掘，开创了中国新石器时代考古发掘和研究的先河，标志着中国近代考古学的诞生。1928年，中央研究院历史语言研究所对安阳殷墟的发掘，是首次由中国政府主导、中国学者系统参与的考古发掘项目。殷墟考古发掘以翔实的实物资料证实了《史记·殷本纪》的记载，使商代的历史真正成为信史。此后的20世纪二、三十年代，中国考古学家又分别在河南鹤壁（浚县）辛村、卫辉（汲县）山彪镇、辉县琉璃阁等地进行了一系列的科学考古发掘工作，建立了一套科学的考古发掘技术和研究方法，为中国现代考古学的发展奠定了坚实的基础。因此像我们那个年代绝大多数人干一行爱一行一样，我也是入职后一直工作到退休，"从一而终"没有离开过入职的考古单位。

回顾自己近四十年来一直从事的文物考古工作，大体可以 1999 年 4 月任职河南省文物考古研究所所长为界，分为前、后两个大的阶段。

1982 年 1 月至 1999 年 3 月，主要是从事田野考古工作，先后负责和主持发掘了开封北宋东京城、新乡丁固城古墓地、巩义北宋皇陵、禹州西关战国汉代墓地、开洛高速孟津段汉唐墓群、宝丰清凉寺汝窑址、鲁山段店瓷窑址等 10 余项考古项目。那时候交通不便，一般是启动考古发掘项目后，在考古工地一待就是一个月左右，回来休整几天后再继续下去工作，这样周而复始、年复一年。当时的考古工地比较艰苦，往往就近租住在工地附近的农户家里，白天风吹日晒一身灰尘，晚上经常停电或有的地方干脆没有电，晚饭后只能早早躺在被窝里睡觉。1988 年负责发掘宝丰县清凉寺汝窑遗址时，当地因挖煤致地下水位下降，需要从数千米外拉水饮用，因此往往是每人一天少半盆水，早上洗脸、中午洗手、晚上洗脚。当然考古也有很多乐趣，每遇到新的发现就会兴奋不已，而在河南只要发掘就一定会有收获。无论你从事早段旧、新石器时代或者夏商周时期考古，还是安排你负责晚段的汉唐抑或宋元时期考古项目，都会有所发现并做出一定成绩。我先后被分配在第二、第三研究室工作，所从事的主要是晚段考古发掘项目，无论是主动进行发掘的古代城址和瓷窑址，或是配合基本建设考古和抢救性发掘的汉、唐、宋代墓葬，基本上都能够在发掘结束后，将考古资料整理交由专业刊物发表。我一向认为，北京大学考古文博学院和中国社会科学院考古研究所是培养考古大家的地方，在那里工作的同行学术目标明确，可以专注于某一时段考古并进行深入研究，他们既学养深厚又视域宽广，往往站在全局的高度审视考古材料，思考问题高屋建瓴且宏观全面。作为省级考古单位人员，承担着更加繁重的田野考古工作量，还需要具备适应各时段考古的"万金油"精神。当然，在地方工作的好处是特能锻炼人，一个考古领队有时可以统领上百名民工工作，还需要与地方各类人员打交道，很快就锻炼提高了领导能力和管理水平。另一个好处是参加发掘的机会多，有可能一不留神就抱回个"金娃娃"，获得重要考古发现甚至是全国十大考古新发现。从全国文博界情况看，文物考古单位是人才摇篮，不少博物院院长、古建所所长和一些文物局局长或副局长，大都出身于考古研究所。

在此阶段内，我先后于1987年评为文博馆员、1992年评为文博副研究馆员和1999年评为研究馆员。在任职文博馆员之前，主要是在田野考古发掘之余，对自己负责发掘的考古项目，挤出时间进行资料整理，撰写出考古简报和报告，曾发表了《河南省新乡县丁固城古墓地发掘报告》（《中原文物》1985年第2期）、《禹县东十里村东汉画像石墓发掘简报》（《中原文物》1985年第3期）、《郑州市向阳肥料社汉代画像空心砖墓》（《中原文物》1986年第4期）。在任职文博馆员期间，除了参加田野考古发掘和整理考古资料外，开始将自己的发掘资料与其他同类型资料进行比对，并与相关文献材料结合做些初步研究，撰写有自己一得之见的学术论文。此期间发表的学术成果，主要有《宋太宗元德李后陵发掘报告》（《华夏考古》1988年第3期）、《禹州市坡街宋壁画墓清理简报》（《中原文物》1990年第4期）、《十年来河南宋元考古概述》（《华夏考古》1989年第3期）、《宋元德李后陵中的玉册及册匣考》（《华夏考古》1990年第2期）、《试论北宋早期的越窑秘色瓷》（《江西文物》1991年第4期）等。在任职副研究馆员期间，不仅限于熟悉自己的考古资料，开始逐渐放宽视野，可以按照自己的兴趣爱好，收集尽可能多的同类型资料展开综合性研究。此期间发表的学术成果，主要有《宝丰清凉寺汝窑址第二、三次发掘简报》（《华夏考古》1992年第3期）、《北宋东京外城的初步勘探与试掘》（《文物》1992年第12期）、《〈大唐故荆府长史孙府君之碑〉考略》（《华夏考古》1993年第2期）、《略谈北宋东京外城的兴废》（《华夏考古》1994年第1期）、《宋陵出土的定窑贡瓷试析》（《文物春秋》1994年第3期）、《越窑秘色瓷的烧造历史与分期》（《文博》1995年第6期）、《试论北宋陵园建制及其特点》（《河南文物考古论集》，1996年河南人民出版社）、《综论宋三彩》（《中原文物》1998年第3期）等。并于1997年出版了《北宋皇陵》（1997年中州古籍出版社）考古报告，参与执笔了《河南考古四十年》（1994年河南人民出版社）、《河南出土陶瓷》（1997年香港大学美术博物馆）、《20世纪河南考古发现与研究》（1997年中州古籍出版社）。上述《北宋东京外城的初步勘探与试掘》（合著）和《略谈北宋东京外城的兴废》两篇文章，是我入职后在开封宋城从事两年考古工作的主要成果。而《宋元德李后陵中的玉册及册匣考》、《试论北宋早期的越窑秘色瓷》和《宋陵出土的定窑贡瓷试析》，则均是在整理宋太宗元德李后陵考古资料后，对李皇后陵出土随葬品的一些初步思考。其中北宋皇陵田野考古工作前后约有五年时间，宋太宗李后陵考古发掘接近1年，"七帝八陵"调查工作进行了3个年度，宋真宗永定禅院遗址和永定陵地面建筑基址局部试掘大致工作1年。对于"七帝八陵"的田野调查，最大困难是将数百件神道石雕像绘制线图。最初设想是邀请美术院校的学生利用暑期描绘，后考虑到现场丈量尺寸有难度，恐绘出的是素描图非实测图而作罢。后经郝本性所长推荐，找到了中国人民解放军郑州测绘学院正在做近景摄影测量的团队，先由他们赴现场实地近景摄影，在室内仪器上绘出石雕像基本轮廓后，再由我所绘图技术人员现场补充细部花纹。历经三个寒暑春秋，终于顺利完成线图绘制并达到了出版要求。由我主持的北宋皇陵陵园遗址研究，曾列入1995年度全国哲学社会科学基金资助项目，该课题的最终成果《北宋皇陵》一书，于1997年提前结项并出版，由北京大学著名教授、中国考古学会理事长宿白先生为之作序，获得考古学界的好评。该书曾荣获1997年河南省社科联优秀成果一等奖、1996~1997年河南省社科优秀成果二等奖、夏鼐考古学研究成果二等奖、第二届郭沫若中国历史学三等奖。

从1999年4月至2013年5月任职河南省文物考古研究所所长（2013年1至5月为院长）期间，主要以日常行政管理工作为主，也兼顾一些田野考古项目，先后主持了宝丰县清凉寺汝窑、汝州市张公巷窑址、巩义市黄冶窑址、荥阳市薛村遗址、禹州市神垕镇窑址、社旗县陈郎店遗址等考古项目。其中，宝丰清凉寺窑址发掘是我田野考古生涯中负责时间最长的项目，从1988年和1989年第二、三次发掘的执行领队，到1998~2016年第四次至第十三次考古发掘担任领队，前后历时28年实际从事考古发掘达15个年头。由于1988年和1989年连续两次发掘不见汝窑瓷器，我又被安排参加1989年秋季至1990年春季国家文物局第五期考古领队培训班，学成归来后的1990年秋季又领队发掘了鲁山县段店瓷窑址，由此宝丰清凉寺窑址发掘被长期搁置了下来。1997年元月我于第三研究室主任任职副所长，在安排1998年业务工作时，我提议再对宝丰清凉寺窑址开展考古工作，得到了所里领导班子的支持和国家文物局的批准。在时隔9年后，终于在1998年秋季由我任领队再次启动了第四次考古发掘。后在清凉寺村民提供重要线索的基础上，经过1999年考古勘探，在当地人民政府的密切配合下搬迁了4户清凉寺村居民，2000年6月至10月揭露面积500余平方米，发现烧制御用汝瓷的窑炉15座，以及作坊、澄泥池、釉料坑等重要遗迹，并出土了大量的汝窑瓷器，尤其是有些器类为传世品所未见，终于找到了汝窑瓷器烧造区，取得了中国陶瓷考古的重大发现。宝丰清凉寺汝窑发掘项目入选2000年度全国十大考古新发现，并荣获国家文物局田野考古三等奖。"宝丰清凉寺汝窑的发现与研究"，是我主持的2001年全国哲学社会科学基金重点资助项目，2006年完成并以"优秀"等级结项，2008年出版结项成果《宝丰清凉寺汝窑》，该项目成果简介曾收入《国家社科基金项目成果简介汇编》（第四辑）一书。

在我任职所长期间，积极推进河南田野考古和科学研究工作，曾按照国家和我省文博系统十一五、十二五规划要求，组织编制全所五年发展规划，每年制定切实可行的工作计划。从1999~2012年，我所计荣获全国十大考古新发现12项，分别是焦作府城商代早期城址（1999年）、新密古城寨龙山时代城址（2000年）、宝丰清凉寺汝官窑遗址（2000年）、禹州神垕镇钧窑遗址（2001年）、鹤壁刘庄遗址（2005年）、内黄三杨庄汉代聚落遗址（2005年）、灵宝西坡新石器时代大型墓地（2006年）、许昌灵井旧石器时代遗址（2007年）、荥阳关帝庙遗址（2007年）、安阳固岸东魏北齐墓地（2007年）、新郑胡庄墓地（2008年）、安阳市西高穴曹操高陵（2009年）。基本上达到每年1项，有时还在一个年度入选2项或2.5项（其中0.5项为与邻省合并项目）。为鼓舞全所同事工作干劲,我与秦曙光书记曾专门找到时任文化厅厅长的郭俊民"说情":"内蒙古文物考古研究所在先后获得两次全国十大考古新发现后,自治区政府拨付专款50万元予以奖励,其中10万元分别奖励发掘团队个人。我所一年获得两项殊荣,是否也能给予一些奖励措施。"郭俊民厅长在研究后很快回复了意见,可以在一年获得两项时给予记功奖励。为此我所曾分别于2006年和2008年两次荣获河南省文化厅授予的集体二等功,我与主持全国十大考古新发现项目的多名领队也分别荣获个人二等功,参与此项目的其他同志分别荣获个人三等功。在我所争取下,河南省人事部门在职称晋升、荣誉评定时,还把全国十大考古新发现的入选证书,视同获得国家级奖项。

我在切实抓好史前、夏商周和秦汉时期等河南优势考古项目的同时,还积极推动河南瓷业考古的发掘与研究工作。2001年与北京大学考古文博学院合作,在禹州市神垕镇刘家门、河北地等窑址进行了考古发掘,清理出窑炉遗迹8座和石砌澄泥池3处,出土完整和可复原器物数千件,进一步确定了钧窑瓷器的烧制年代问题。2000~2004年抢救清理的汝州市张公巷窑址,出土一批类似汝窑的全新青釉瓷器,为寻找宋金官窑提供了重要线索。2002~2004年我所与中国文化遗产研究院合作,在巩义市黄冶窑址的考古发掘中,清理出10座窑炉和3处作坊,找到了洛阳唐三彩和唐青花的产地。2004年发掘的修武县当阳峪窑址,发现多座窑炉和窑洞式制瓷作坊,出土遗物丰富,尤其是一批精细白釉、酱釉和黑釉瓷器,堪与定窑同类器物相媲美。2005~2007年我所与中国文化遗产研究院合作发掘的巩义市白河窑址,发现北魏青瓷窑炉和出土大量青瓷,为北魏皇室使用青瓷找到了产地;首次出土早期白瓷,为研究中国白瓷的起源及其发展提供了珍贵的实物资料。2006年发掘的安阳相州窑,出土了一批北朝至隋代的优质青瓷和白瓷,全面了解了相州窑的烧制年代和产品特征。2011年与北京大学考古文博学院组成联合考古队,对禹州市闵庄钧窑遗址进行了主动性考古发掘,发掘面积565平方米,清理窑炉6座和作坊2处,出土了完整或可复原瓷器标本数千件,确定了闵庄钧窑制瓷历史历经金代和元代,并延烧至明代初年,完善了该地区的制瓷发展序列。2010～2012年，我所连续对河南北部200余处古代瓷窑遗址进行了系统调查，建立了一整套窑址文字和标本档案，为河南黄河以北窑业的综合研究奠定了基础。与此同时，我所与中国古陶瓷学会、相关地方政府合作，相继于2001年在汝州市举办了"中国古陶瓷研究会汝州年会暨汝瓷学术研讨会"、2004年在郑州举办了"巩义黄冶窑、汝州张公巷窑考古新发现专家座谈会"、2009年在郑州举办了"中国早期白瓷与白釉彩瓷学术研讨会"和2017年在平顶山市举办了"中国古陶瓷学会2017年年会暨汝窑、鲁山窑学术研讨会"。自2000年以来，我所与日本奈良文化财研究所合作对巩义窑址出土唐三彩进行研究，双方每年互派学者进行学术交流，出版中、日文图书近10部，并于2008年在日本奈良举办了"黄冶窑考古新发现展"。我与同事郭木森、刘兰华执笔编写的《巩义黄冶窑址》考古报告，在2018年召开的第二届中国考古学大会上获得金鼎奖。在此期间，我主编了以陶瓷为主的相关图书10余部，主要有《巩义黄冶唐三彩》（2002年大象出版社）、《河南古代瓷窑》（2002年台北历史博物馆）、《黄冶窑考古新发现》（2004年大象出版社）、《汝窑瓷鉴定与鉴赏》（2005年江西美术出版社）、《中国出土瓷器全集》（执行副主编，"河南卷"主编，2008年科学出版社）、《中原文化大典》文物典"瓷器"卷（2008年中州古籍出版社）、《汝窑与张公巷窑出土瓷器》（2009年科学出版社）、《中国巩义窑》（2011年中国华侨出版社）、《中国出土壁画全集》"河南卷"（2012年科学出版社）、《中国古代名窑系列丛书——汝窑》（2016年江西美术出版社）、《鲁山段店窑陶瓷遗珍》（2017年科学出版社）等。我所发掘出土的汝窑和张公巷窑瓷器，分别参加了2005年4至6月在韩国官窑博物馆举办的"韩国、中国青瓷比较展"、2006年12月至2007年3月在台北故宫博物院举办的"北宋汝窑特展"、2009年9至11月在北京保利博物馆举办的"河南新出宋金名窑瓷器展"、2010年3至5月在日本大阪市立东洋陶瓷美术馆举办的"北宋汝窑青瓷考古发掘成果展"、2013年3至5月在浙江省博物馆举办的"澄泥为范——河南新出宋金名窑瓷器展"、2015年9月至 2016 年 8 月在故宫博物院举办的"清淡含蓄——汝窑瓷器特展"等，极大地提升了河南瓷业考古的知名度和国际影响力。

在此阶段内，由于上班时间行政事务繁多，主要是利用一些业余时间进行学术研究，如周六、周日至少抽出一天假期等，这样积少成多，每年都会有所收获。作为文物考古大省的所长，似乎有一根鞭子在鞭策着自己，不容许你有稍许懈怠或停顿的时候。这些科研论文大都是应邀参加学术会议而写或必须完成的工作任务，大体分作三类。第一类属于职务行为的综述类文章，主要有《河南考古六十年》（《中国考古六十年》，2009 年文物出版社），是为庆祝中华人民共和国成立六十周年，国家文物局委派各省市自治区考古所总结六十年考古成果的任务；还有时任所长义不容辞的所庆文章，我有幸在所长任上主办过两次所庆，除安排同事在《中国文物报》整版刊载取得的工作成绩外，还撰写了《河南省文物考古研究所建所五十周年回眸》（《华夏考古》2002 年第 2 期）和《河南考古六十年，保护科研结硕果》（《华夏考古》2012 年第 2 期），对全所老、中、青三代作出的考古成果、学术研究、文物保护和对外交流等方面进行全面总结。第二类是应特别邀请完成的分内工作，主要有《五代十国陵墓制度述略》（《桃李成蹊集》，2004 年香港中文大学中国考古学研究中心），是应邀为庆祝安志敏先生八十寿辰完成的；《汝州张公巷窑的发现与认识》（《文物》2006 年第 7 期），是应邀为纪念《文物》杂志出版 600 期撰写；《洛阳唐三彩的考古学观察》（《泥火幻彩——唐两京三彩精华展》，2016 年三秦出版社），是应邀为陕西历史博物馆举办唐三彩展览撰写；《北宋皇陵的考古发现与研究》，是应邀为《中国考古学百年史》而作等。第三类数量最多，主要为参加学术研讨会而撰写的一得之见，主要有《30 年来中国瓷器业考古的新进展》（《中国考古学会第十一次年会论文集》，2010 年文物出版社），当年年会主题是"纪念改革开放 30 周年的中国考古学新进展"；《唐宋玉册的发现与研究》（《海峡两岸古玉学研讨会论文集》，2001 年台湾大学地质系）、《汝窑与老虎洞窑的对比研究》（《南宋官窑与哥窑——杭州南宋官窑老虎洞窑址国际学术研讨会论文集》，2004年浙江大学出版社)、《汝窑的考古发现与研究》(《开创典范——北宋的艺术与文化研讨会论文集》，2008年台北故宫博物院)、《关于汝窑性质问题的探讨》(《宋代官窑及官窑制度国际学术研讨会论文集》，2012年故宫出版社)、《河南出土定瓷与定窑类型瓷器概述》(《故宫博物院八十七华诞定窑学术研讨会论文集》，2014年故宫出版社)、《试述隋唐大运河与南北方陶瓷器的交流》(《流星王朝的遗辉——隋炀帝与扬州国际学术研讨会论文集》，2015年苏州大学出版社)、《试论汝窑瓷器的制作与烧造工艺》(《故宫博物院九十华诞汝窑学术研讨会论文集》，2020年故宫出版社)等。关于河南陶瓷考古方面的论文，分别涉及巩义窑、登封窑、宝丰清凉寺汝窑、汝州张公巷窑、鲁山段店窑和禹州钧窑等著名河南窑口，以及与其他窑口的比较研究等。其中，汝窑和巩义窑发掘成果丰硕，又是本人主持的考古项目，因此发表相关文章较多，其他窑口则多为一篇。

自2000年以来，先后应邀赴美国、法国、英国、日本、韩国、澳大利亚等国进行学术交流，并做专题演讲。在国外发表的文章有：《巩义市黄冶窑唐三彩窑址的新发现》(日文)，《唐三彩展》，日本大广，2004年；《汝州张公巷窑的发掘与研究》(英文)，《东方陶瓷》2004~2005年第69卷，英国东方陶瓷学会，2006年；《汝窑瓷器相关问题的探讨》(日文)，《北宋汝窑青瓷考古发掘成果展》，日本大阪，2009年；《十余年来河南考古的新进展》(日文)，《诞生·中国文明》，日本东京国立博物馆、朝日新闻社，2010年。

回想起来刚到单位报到时，安金槐所长即安排我参加开封宋城的发掘，最初我是有抵触情绪的。因为在大学期间的两次田野实习，分别是在登封王城岗龙山文化遗址和禹州瓦店龙山文化遗址，课余时间抄记的许多卡片也都是与新石器时代相关的内容。当时受"考古不下夏商周三代"影响颇深，对于从事宋代考古缺乏思想准备。30多年过去了，从最初的发掘开封宋城到发掘北宋皇陵，再到后来的发掘唐宋瓷窑遗址，这样一路走来逐渐爱上了唐宋考古和陶瓷考古。在我发表的学术论文中，除了《新密古城寨龙山文化城址的发现及其意义》(《20

世纪中国考古学与世界考古学》，2002 年中国社会科学出版社），是为参加中国社会科学院考古研究所 50 周年所庆介绍河南考古新发现外，其余论文全部是有关唐宋考古和陶瓷考古方面的内容。我把有关研究论文汇总后，按照我院安排交由科学出版社出版时，科学出版社闫向东副总经理建议论文集内容应主题鲜明和突出个性，可分作两册出版，并增加图版以便利读者。这样我把上述研究文章重新进行了梳理，分别取名《稽古中原》和《泥火匠心》，前者主要收录了河南考古的相关文章，后者则全部为陶瓷考古的研究成果，同时在部分文章中增添了一些图片。其中，《稽古中原》一书中《考古河南——记河南入选全国十大考古新发现项目》《南水北调中线工程河南段唐至清代考古主要收获》和《略述河南出土魏晋至明代铜镜》三篇文章为首次发表外，其余文章均已公开发表。上述文章均为应约撰写，因种种原因尚未公开发表。另外，收入两书的河南考古发现、汝窑和巩义窑文章有多篇，其中有部分段落存在内容重复现象，为保持论文原貌，所有收录本书的论文不再进行大的修改，在此予以说明。

孙新民

2021 年 1 月

目　录

自序 /i

考古篇

《大唐故荆府长史孙府君之碑》考略 /002
唐宋玉册的发现与研究 /009
五代帝陵葬制考略 /019
五代十国帝王陵墓制度述略 /029
略谈北宋东京外城的兴废 /047
开封宋城今安在 /055
试论北宋陵园建制及其特点 /062
宋元德李后陵中的玉册及册匣考 /069
北宋皇陵葬制与石雕艺术 /080
北宋皇陵的发现与研究 /089
河南省出土壁画概述 /098
略述河南出土魏晋至明代铜镜 /114

综述篇

河南省文物考古研究所建所五十周年回眸 /124
辉煌的河南考古六十年 /136
河南考古六十年，保护科研结硕果 /168
南水北调中线工程河南段唐至清代考古主要收获 /184
考古河南
——记河南入选全国十大考古新发现项目 /200
2014年河南省考古学研究综述 /221

  2015 年度河南省考古学研究综述 / 232
  2016 年河南省考古学发展综述 / 244
  2017～2018 年度河南省考古学研究综述 / 255

其他篇
  简析盛唐乐舞俑 / 272
  宋仁宗永昭陵上宫考古获丰硕成果 / 275
  汝窑考古工作者手记 / 278
  努力做到最好 / 280
  新密古城寨龙山文化城址的发现及其意义 / 282
  河南文物的优势与利用 / 287
  关于曹操高陵考古发现的说明 / 292
  我的田野考古生涯有你相伴 / 296
  我的考古故事 / 298

附录一 考古历程 / 304
附录二 学术成果 / 316
后记 / 325

考古篇

《大唐故荆府长史孙府君之碑》考略

《大唐故荆府长史孙府君之碑》，是配合310国道高等级公路建设工程进行文物钻探时发现的。1991年9月12日发掘出土，现藏孟津县文管会。该碑位于孟津县送庄乡西山头村西南约400米处，早年仆倒，埋入地下0.6米深处。出土时碑首朝南，正面向上，附近未见底座。

该碑为青灰色的石灰岩质，表面磨制光滑。碑身通高308厘米，厚30厘米，宽98.5～101厘米，碑下中部凸出一榫，高23厘米，宽60厘米，厚21厘米。碑首圆顶，高103厘米，宽109厘米，上部和两侧雕刻有对称的二龙戏珠图案。龙首向下，张口衔碑，龙体缠绕盘曲于上。龙身鳞甲匀密，龙爪遒劲有力，于中心处托一球状圆珠。雕刻技术法采用高浮雕，刀法以圆刀为主，直刀仅用以减地。二龙的造型矫健雄劲，又高踞于碑额之上，显得凶猛可怖。碑首中部作圭形，楷书"大唐故荆府长史孙府君之碑"，字三行，行四字（图1）。

碑文楷书，字体严谨，刻工规整。字26行，满行54字，总计1240余字。部分字迹漫漶不清，中间位置被人为毁坏较甚（图2）。现标点录文于后，字迹模糊、辨认不清的地方加方框以标识。

图1　大唐故荆府长史孙府君之碑首

故荆州大都督府长史上柱国乐安县开国伯孙公之碑并序

中书令弘文馆学士兼修国史上柱国河东郡开国公张嘉祯撰文　　□子前魏州朝城县主簿庭讽□□恭书

祯闻洪钟将扣，乃听声之远；溟海未涉，岂识水之□。故以□□求贤□席兴□者，曷无其量得而称□。遂咎繇以佐尧德，伊尹用举汤政，选贤择能，重在遗古。公为股肱之忠，佐理邦国，古今君臣，□美之称也。公讳□，字□，□郡富春人也。武烈皇帝十三代孙。曾祖祭高，直寝侍御史，武邑太守。祖子起，射策登科，解褐授许州襄城县令、汝州郏城县令。□□废职，道在养高。父处约，进士擢弟，授校书郎。永徽年，礼部尚书高士廉荐，应游情文藻，下笔成章，举对策高弟，特授著作佐郎，转考功员外郎，迁考功郎中。迁给事中、中书舍人。□□□□，累承天泽，特拜中书侍郎、同中书门下三品平章事。匡弼圣躬，夷戎饮化。虚心之理，其在兹乎！嗣子五人，俱为方□，公则第四子焉。三殻称高，鹡鸰推义；五常备德，棠棣相荣。公挺□杰出，□才广□。□若孤峰峻□，皎若大江澄明。凤翔武视，鹰扬其体也。千牛出身，官资履历廿七政。当在第六政，时丁家艰。恩敕以嘉州户口，饥□□散，择良□以化理，释公哀疲，除嘉州刺史。公伏诣朝堂，累日辞让，叩头流血。敕书相续，频降凶筵。公含悲奉命，展忠臣之节，□诣所部。夫□主□状，人性□鄙。公下车化演，闻风投聚，若归禽兽之心乎。非独逃还户人者众，抑亦他州百姓慕义而来，此则公之德□。□□入于王室，圣主□□□用□□公□□□□安北都护府申奏，番虏侵扰，军戎不堪征战之苦，思良策以□患，□忠潜运□□多智高识，策汇张房，咸同周亚。除公安北都护，驰急驿赴任，此则公之筹策高也。用人一心，侯鼓三气，大哉一柄，公将美焉。敕书慰锡丈，改灵州都督。英才逸远，重德明众，制古之术，咸光誉焉。又属河朔阻饥，鸿恩恤下，择仁明以去灾，用贤能以惠化。又授公邢州刺史。界中惩阳人皆饥馁，公至所部，旋降膏泽，岁稔康众，仁丰义行。得百里嵩之政，同廉叔度之歌。谓曰：加之以师□，因□以饥□，□将若是哉。帝曰：爪牙之委，必在仁德。又改授左羽林卫将军，加乐安县开国伯。荣宠累承，王臣謇謇；开物成务，德音洋洋。公因疾辞官，□顾犹甚，且□□□□□□□□武卫将军。顷以荆州申奏，岁频不稔，百姓不宁。圣心返□，求良教以□之。帝曰：□可任也。制书宠慰，令公力疾。卧理荆州，乘辇□迈，讴谣满路，日清畏□，知古今相替矣。行未达于□部，疾将□□。恩制追还医疗，状候渐加，以其年八月丁□日薨于河南宽政里之私弟也，春秋六十有三。恩敕赠绢布□□□□□葬并以官供，便迁卜于洛阳邙山之原，礼也。惟公聪□天假，才识神兼，文比振金，学同闰户。飞书走檄，未□□□□□名□□扬震。□□□于缙绅，忠贞备于冠盖。无可不可，缵之前哲。夫人河南元氏，广平郡君，有中馈之德，备关睢之美。方□立行，□□□□。□子庭讽□造□铭，恭纪先德。上答寰寰之恩，下成睦睦之孝也。俾后代称盛，存不朽之大美焉。敬仰公之嘉声，万不书一，岂无铭淑，伏□□□□其词曰：

　　□□□仪，□□仁德。孝行全己，温良通识。兴物为谟，成人之则。既周才智，何施不克（其一）。应兹间气，足表忠贤。刚柔负德，惠敏从□。□□□萤，□□□玄。□□□□，集□□年（其二）。游魂何依，生气如在。罢承制命，叹昔梗概。英秀云正，尚闻遗爱。玉树长往，永□□代（其三）。□□□繁，□如□□。□比曾□，信是郭级。文学推优，冠冕继袭。永悲松茂，孤坟伫泣（其四）。吴兴之后，胤绪荣门。事君尽节，务职承恩。兹以贤士，传哉令孙。嗟乎人失，至道长存（其五）。

　　开元廿九年岁次庚午正月丁酉朔十八日壬寅建，清河张彦升镌。

该碑仅在宋人郑樵撰的《通志》和陈思纂次的《宝刻丛编》中录有碑名，而碑文尚未见于前人著录。《通志·金石略》作"荆州都督长史孙公碑，张庭讽书"[①]；《宝刻丛编》则增加了撰者姓名和镌刻时间，作"唐荆州都督府长史孙公碑，唐张嘉贞撰，子庭讽书，开元二十六年"[②]。这里，《宝刻丛编》把镌刻时间记作"开元二十六年"，与碑文落款的"开元廿九年"不符，显然是错误的。清乾隆《河南府志》和嘉庆十八年《洛阳县志》皆据《金石略》，也录其碑名，而云墓"在西京，今其墓均不可考"[③]，已不知道具体埋葬地点。表明至迟在清代乾隆年间，该碑已被埋入地下。

该碑主人名字处被人凿毁，但碑文所记其父孙处约，曾任唐朝宰相，《新唐书》和《旧唐书》均有传。两书的孙处约传下，附记有处约之子孙佺，但无

---

① （宋）郑樵：《通志》卷七十三"金石一"，中华书局，1987年。
② （宋）陈思著，（清）吴式芬校刊：《宝刻丛编》卷四"京西北路上"，光绪十四年刻本。
③ （清）乾隆《河南府志》卷七十三"古迹志""陵墓二"，同治六年重新校刊本；（清）嘉庆《洛阳县志》卷十九"冢墓记二"。

图2 大唐故荆府长史孙府君之碑文

此碑主人①。孙处约墓志已于1943年被盗出土，墓志提到"有子六人。嫡子侹，前太子通事舍人；第五子儆，前岐州□阳县令；第六子□，□右骁卫三川府右果毅都尉"②，也未提到此碑主人。

碑文记述孙处约"嗣子五人，俱为方□，公则第四子焉"。检查《新唐书·宰相世系表》，孙处约的五个孩子分别为："侹，延州刺史、富春男；侑；俊，荆府长史、乐安子；儆，济州刺史；佺，幽州都督、会稽公。"③显然，表中所列的荆府长史、乐安子孙俊，即为出土的墓碑主人。但把孙俊排行老三，又作乐安县开国子，均与碑文不符，应以碑文为准才是。孙俊兄弟中，除侑可能官阶偏低，未曾列述何职外，其余均为一方重臣，证明碑文记述非虚。值得注意的是，孙处约墓志明确记述有子六人，并有第六子官衔，从第五子为儆看，其第六子名字处缺的应是"佺"字。而出土的孙俊神道碑亦云"公则第四子焉"，孙俊以下既然还有儆和佺两弟，无疑说明孙俊兄弟六人。

《通志·金石略》除记载孙俊碑名外，还有二碑为："中书侍郎兼黄门侍郎同三品孙公碑""延州刺史赠幽州刺史、太常卿孙公碑，开元二年。"《宝刻丛编》另外刊出的二碑为："唐中书侍郎孙公碑，撰写人及年月并缺""唐幽州都督孙公碑，唐徐彦伯撰，开元二年。"可以看出，上述两书的"唐中书侍郎孙公碑"，即为孙俊之父孙处约的神道碑；"延州刺史赠幽州刺史、太常卿孙公碑"，应是孙俊长兄孙侹的神道碑；而"唐幽州都督孙公碑"，无疑是孙俊末弟孙佺的神道碑。出土的孙俊墓碑虽然未见底座，考虑到该碑重达数吨，不易搬移，这次文物钻探又只是在45米宽的公路线内进行，因此估计墓碑距离原来位置不会太远。而孙处约墓志，据调查出土于今孟津县朝阳乡小梁村南，两者相距约3千米。那么在此范围内，还应有孙处约家族的墓地。

碑文称孙俊为"□郡富春人"，与新、旧唐书所载其父孙处约是"汝州郏城人"和孙处约墓志云"本□乘乐安人也"不合。据《新唐书·宰相世系表》，孙氏源于三支，分别出自姬姓、芈姓和妫姓。孙处约家族出于妫姓一支，"齐田完字敬仲，四世孙桓子无宇，无宇二子：恒、书。书字子占，齐大夫，伐莒有功，景公赐姓孙氏，食采于乐安。生恕，字起宗，齐卿。恕生武，字长卿，以田、鲍四族谋为乱，奔吴，为将军。三子：驰、明、敌。明食采于富春，自是世为富春人。"其后代子孙"世居清河，后魏有清河太守灵怀。武德中，子

---

① 《旧唐书》卷八十一、列传第三十一；《新唐书》卷一百六、列传第三十一。
② 黄明兰：《唐故司成孙处约墓志铭浅释》，《考古与文物》1983年第1期。
③ 《新唐书》卷七十三、表第十三、宰相世系三。

孙因官迁汝州郏城。灵怀曾孙茂道。茂道初名处约，字历通，相高宗"①。从碑主人孙俊祖父孙子起曾任汝州郏城县令，并废职退休情况看，孙俊家族是从唐初孙子起辈才开始迁居汝州郏城。孙处约应是跟随其父长于郏城，故史书称作"汝州郏城人"。孙俊碑文记为"□郡富春人"，论的是先辈祖籍。孙处约墓志称"□乘乐安人"，则上溯先辈更远，无疑都是正确的。

孙俊碑文之所以作祖籍"富春"，是与后文所述孙俊系"武烈皇帝十三代孙"和"吴兴之后"等语相呼应。据《三国志·吴书》："孙坚字文台，吴郡富春人，盖孙武之后也""坚四子：策、权、翊、匡。权既称尊号，谥坚曰'武烈皇帝'。"②按照碑文，孙处约及其家族应系三国武烈皇帝孙坚的后代。然而，此显赫家世在《新唐书·宰相世系表》和孙处约墓志中却只字不提，不免令人生疑。这可能与官修的《新唐书》视三国吴为非正统统治有关，或孙俊并非孙坚的嫡系子孙，而是风行于唐代的攀附名门。

碑文上溯三代官职，其"曾祖祭高，直寝侍御史、武邑太守。祖子起，射策登科，解褐授许州襄城县令、汝州郏城县令"，均不见于史书，而与孙处约墓志互相补充。新、旧唐书记述孙处约事迹甚少，仅寥寥数行。孙俊碑文著录了他从进士擢弟起，先任校书郎；后被高士廉举荐对策，特授著作佐郎，转考功员外郎；又进考功郎中，再迁给事中、中书舍人；最后官拜中书侍郎、同中书门下三品平章事，勾画出孙处约一生的仕途宦历，比史书记载更为详尽，可以与孙处约墓志相互印证。

碑文概述了孙俊一生的政治生涯，从千牛出身，到任嘉州刺史；后改灵州都督，又授邢州刺史；又改授左羽林卫将军、加乐安县开国伯；最后抱病赴任荆州大都督府长史，官场履历凡二十七年。碑文为我们记录了孙俊一生中的几件大事。一是逢嘉州饥荒、百姓纷纷逃离家园之际，孙俊被委任为嘉州刺史。他注重调查研究，关心百姓疾苦，不仅使嘉州"逃还户人者众，抑亦他州百姓慕义而来"，改变了贫穷落后局面。二是安北都护府受到番虏侵扰，军戎苦于征战，孙俊"多智高识""用人一心"大大鼓舞了士气，从而稳定了军心。三是上任邢州刺史后，"界中懿阳人皆饥馁。公至所部，旋降膏泽，岁康稔众，仁丰义行"，帮助百姓渡过了难关。四是在"荆州申奏，岁频不稔，百姓不宁"之时，皇帝指名让他前往，"制书宠慰，令公力疾，卧理荆州"，最后未能到任，患病而终。不可否认，作为歌功颂德的神道碑文，撰写者免不掉有夸张不实之词，

---

① 《新唐书》卷七十三、表第十三、宰相世系三。
② 《三国志》卷四十六、吴书一。

但它毕竟为我们提供了一份绝好的档案资料，使我们借以了解孙俊的官场生涯和为人处世。

碑文所提到的嘉州饥荒"河朔阻饥"、"郯阳人皆饥馁"和荆州的"岁频不稔，百姓不宁"等事件，不见于史书记载。而这些灾荒记录，又恰是在唐朝盛世的开元前和开元初年发生的，使我们看到了盛世掩盖下、普通百姓生活困苦的一面。

该碑镌刻于开元二十九年正月，但碑文中只有"以其年八月丁口日薨于河南宽政里之私弟也"，而不见碑主人孙俊的死、葬年份。碑文的撰写者是"中书令、弘文馆学士兼修国史、上柱国、河东郡开国公张嘉祯，"新、旧唐书均有传，作"张嘉贞"，应是一人。据记载："（开元）八年春，宋璟、苏颋罢知政事，擢嘉贞为中书侍郎、同中书门下平章事。数月，加银青光禄大夫，迁中书令。（开元）十一年，……出为幽州刺史，说遂代为中书令。"[①]由此看来，张嘉贞为孙俊撰写墓志，应为开元八年至十一年。即张嘉贞出任中书令期间。那么，孙俊的死亡时间，也一定在开元十一年之前。

碑文的书丹者是"口子前魏州朝城县主簿庭讽"，新、旧唐书无传。《通志·金石略》作"张庭讽书"；《宝刻丛编》作"张嘉贞撰，子庭讽书"，似乎书丹者庭讽是张嘉贞之子。但在《新唐书·宰相世系表》中，张嘉贞仅有一子，名"延赏，初名宝符，相德宗"[②]。在孙俊碑文叙述了"夫人河南元氏"之后，有"口子庭讽，口造口铭，恭纪先德。上答寰寰之恩，下成睦睦之孝也"语句。我们怀疑，庭讽应是孙俊的后代，而非张嘉贞之子。

总之，这次出土的唐代荆州大都督府长史孙俊神道碑，为我们确定高宗朝宰相孙处约的祖籍、家世和任职，研究盛唐时期的灾荒记录，以及了解孙俊的官场履历等，无疑提供了可靠的资料。

（原刊于《华夏考古》1993年第2期）

---

① 《旧唐书》卷九十九、列传四十九。
② 《新唐书》卷七十二、表第十二、宰相世系二。

唐宋玉册的发现与研究

　　玉册与玉璧、圭璧、玉带、玉组佩等一样，是中国古代玉礼器的一种。中国古代帝王在祭祀天地，册立和安葬皇帝、皇后、太子时，将诰文或诏书刻在玉石简片上，并用绳联缀，即为玉册。有关玉册的最早记载，见于《后汉书·郎𫖮传》"服干戚，建井旟，书玉板之策，引白气之异"一段话中，可知当时系用朱书或漆书而不刻。从考古材料看，玉册的最早实物见于河南省三门峡市虢国墓地九号墓。1991 年发掘的这座西周虢国国君墓，出土了青铜礼乐器、玉礼器等各类文物 3000 余件，其中玉遣册上有用毛笔所写的"南仲"字样[①]。最完整的玉册发现于河南省辉县固围村一号战国墓，该墓出土玉册 1 幅，计 50 枚之多，每枚长 22 厘米，宽 1.2 厘米，册上的文字惜全部剥落，不能知其作何用途[②]。

　　《旧五代史》礼志下记载："古者文字皆书于册，而有长短之差。魏、晋郊庙文书于册。唐初悉用祝版，唯陵庙用玉册，明皇亲祭郊庙，用玉为册。"由此可知，唐代郊祀、陵庙普遍使用玉册。宋承唐制，凡朝廷大事也用玉册。近年来，考古工作者在发掘唐宋时期都城和陵墓时，出土了许多包括玉册在内的珍贵历史文物，使我们有可能结合考古实物与经典史籍文献相对照，以比较深入地探讨中国古代的册命和用玉制度。

一、唐宋玉册的考古发现

　　迄今为止，唐宋玉册资料共发现 14 批，其中以唐代玉册最多，有 9 批；

[①] 姜涛、王龙正：《虢国墓地发掘又获重大发现》，《中国文物报》1992 年 2 月 2 日。
[②] 中国科学院考古研究所：《辉县发掘报告》，科学出版社，1956 年，第 80 页。

五代玉册发现3批，宋代玉册仅见2批。现按年代早晚顺序，分别叙述如下。

① 1971年发掘的唐懿德太子李重润墓出土玉册11段，大理石质，长条形，字口填金[①]。李重润系唐中宗长子，大足元年（701年）为人所构，武则天令杖杀，时年十九。中宗即位，追赠皇太子，谥曰懿德，陪葬于今陕西省乾县的乾陵。

② 1996年发掘的唐节愍太子李重俊墓共出土谥册和哀册残片150余段，其中完整者11枚，汉白玉质，字口填绿色，每枚长28.1厘米，宽3厘米，厚0.7厘米[②]。李重俊系唐中宗第三子，神龙二年（706年）立为皇太子。神龙三年矫制起兵杀武三思、武崇训父子，兵溃被杀。景云元年（710年）睿宗即位，令赠皇太子，谥曰节愍，陪葬于今陕西省富平县的定陵。

③ 1995～1996年发掘的唐惠庄太子李㧑墓出土玉册残片25段，汉白玉质，字口填金，每枚宽3厘米，厚0.9厘米[③]。李㧑系唐睿宗第二子，开元十二年（724年）病薨，追赠惠庄太子，陪葬于今陕西省蒲城县的桥陵。

④ 1931年由马鸿逵所率部队在山东省泰安蒿里山挖出的唐玄宗禅地玉册（图1），计15枚，大理石质，每枚长29.2～29.8厘米，宽3厘米，厚约1厘米[④]。据册文知，唐玄宗举行的封禅大典为开元十三年（725年）十一月。该禅地玉册在宋太平兴国年间曾经出土，大中祥符元年（1008年）仍埋于原地[⑤]。

⑤ 2000年发掘的唐让帝惠陵出土让皇帝李宪和恭皇后元氏玉哀册各1幅[⑥]。李宪是唐睿宗李旦长子，曾被立为皇太子，因其弟李隆基平定韦后之乱有功，而将太子之位让于李隆基。开元二十九年（741年）薨，时年六十三。玄宗李隆基念其让位之德，追赠谥曰让皇帝、宪妃元氏为恭皇后，于天宝元年（742年）五月以帝制祔葬于桥陵之侧。

⑥ 1981年发掘的唐史思明墓出土谥册和哀册各1幅（图2），计44段。其中8枚完整，汉白玉质，字口填金，每枚长28.4～28.6厘米，宽2.8～3.2厘米，厚1.2～2.1厘米[⑦]。史思明起兵于唐"安史之乱"，乾元二年（759年）杀安禄山之子安庆绪，"僭称大圣周王"，"夏四月更国号大燕，建元顺天，自称应

---

① 陕西省博物馆、乾县文教局联合唐墓发掘组：《唐懿德太子墓发掘简报》，《文物》1972年第7期。
② 王育龙、程蕊萍：《唐代哀册发现述要》，《文博》1996年第6期。
③ 陕西省考古研究所、蒲城县文体广电局：《唐惠庄太子墓发掘简报》，《考古与文物》1999年第2期。
④ 那志良：《唐玄宗、宋真宗的禅地祇玉册》，《故宫文物月刊》第106期；周郢：《唐宋玉册补考》，《故宫文物月刊》第114期。
⑤ （元）脱脱等撰：《宋史》卷一百七、志第五十七、礼七，中华书局，1977年，第2528～2533页。
⑥ 马志军、张蕴：《我国首次发掘唐代帝后合葬墓》，《中国文物报》2000年10月25日。
⑦ 北京市文物研究所：《北京丰台唐史思明墓》，《文物》1991年第9期。

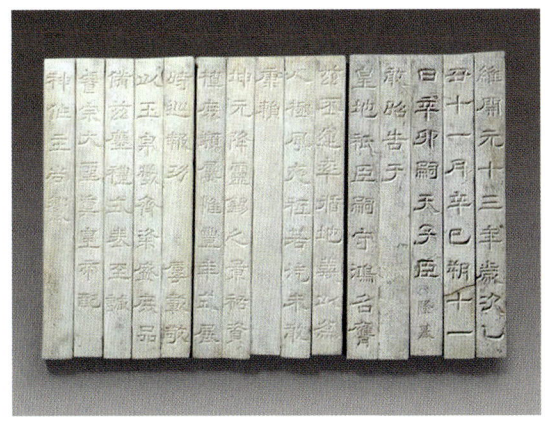

图1 唐玄宗禅地玉册

图2 唐史思明墓出土玉册

天皇帝"。上元二年（761年）三月，被其子史朝义所杀。宝应元年（762年）五月，葬于今北京市丰台区林家坟。

⑦ 1990～1991年发掘的唐惠昭太子李宁墓出土"册邓王为皇太子文"和哀册各1幅，计127段。其中册文29段、哀册98段，完整者17枚，汉白玉质，字口填金，每枚长28.2～28.5厘米，宽2.7～3.1厘米，厚1.1～1.2厘米①。李宁系唐宪宗长子，元和四年（809年）立为皇太子，元和六年十二月薨，时年十九。元和七年（812年）二月葬于今陕西省西安市临潼区椿树村。

⑧ 1995年发掘的唐僖宗李儇靖陵出土玉册残片若干，其中玉哀册1段，厚1.7厘米，内容为"圣恭定"三字，与唐僖宗谥号"惠圣恭定孝皇帝"相吻合②。唐僖宗靖陵位于今陕西省乾县南陵村，文德元年（888年）葬。

⑨ 1989年在唐东都洛阳宫城内出土玉册10枚，汉白玉质，字口填金，每枚长28.5厘米，宽2.7～3.1厘米，厚1.2～1.4厘米，其中6枚为唐哀宗李柷的即位册文（图3），与《唐大诏令集》《全唐文》等史料所载相同③。李柷系唐昭宗第九子，天祐元年（904年）八月即皇帝位于洛阳。天祐四年（907年）三月，被迫让位给朱全忠，唐朝灭亡。

⑩ 1950～1951年发掘的南唐先主李昪陵出土玉册残片23段，其中11枚完整，呈浅绿色或白色玉，每枚长16厘米，宽7厘米，厚0.2～0.3厘米，大多

---

① 陕西省考古研究所、临潼县文物园林局：《唐惠昭太子陵发掘报告》，三秦出版社，1992年，第6～12页。
② 王育龙、程蕊萍：《唐代哀册发现述要》，《文博》1996年第6期。
③ 中国社会科学院考古研究所洛阳唐城工作队：《唐洛阳宫城出土哀帝玉册》，《考古》1990年第12期。

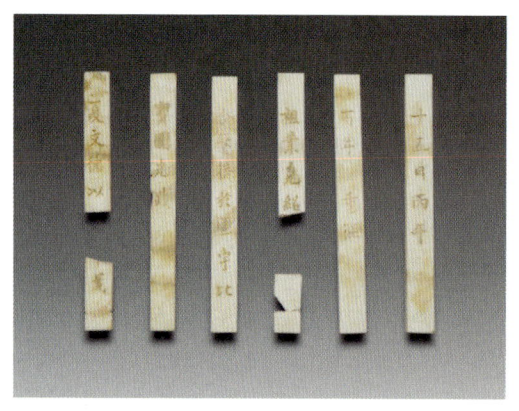

图3 洛阳出土唐哀宗李柷即位玉册

图4 宋元德李后陵出土哀册

数正面刻有三行楷书文字,字口填金①。李昪,吴天祚三年(937年)废吴帝杨溥,自立称帝,建都金陵(今南京)。升元七年(943年)二月崩,终年五十六,同年十一月葬永陵。永陵位于江苏省江宁县的牛首山南麓,与其妻宋氏合葬。

⑪ 1950~1951年发掘的南唐中主李璟陵出土玉册40段,石灰岩质,每段宽2.8厘米,厚1厘米②。李璟系李昪长子,保大元年(943年)嗣位。宋建隆二年(961年)崩,建隆三年葬于顺陵。顺陵与李昪的永陵仅相距50米,为李璟及其妻钟氏合葬墓。

⑫ 1942~1943年发掘的前蜀王建墓出土哀册和谥册各1幅,保存完整。其中哀册51枚,前后折襻各1;谥册50枚,册前折襻2、册后折襻1。大理石质,字口填金,每枚长33厘米,宽3.5厘米,厚1.9厘米③。王建,唐天复三年(903年)封为蜀王。后梁开平元年(907年)朱温建梁后,称帝于成都,国号蜀。在位十二年病卒,葬永陵。永陵位于四川省成都市老西门外的高地上。

⑬ 1984~1985年发掘的宋元德李后陵出土谥册和哀册各1幅,大理石质,字口填金。其中哀册41段,2枚完整,每枚长30.8厘米,宽3.3厘米,厚1.4厘米;谥册36段,3枚完整,每枚长30.8厘米,宽3.3厘米,厚1.3厘米④(图4)。元德李后系宋太宗妃子、宋真宗生母,太平兴国二年(977年)薨,终年34岁。真宗即位,尊为皇太后,咸平三年(1000年)四月祔葬宋太宗永熙陵。永熙陵位于河南省巩义市西村乡霁霩村。

---

① 夏仁琴、濮小南:《南唐二陵》,文物出版社,1957年。
② 夏仁琴、濮小南:《南唐二陵》,文物出版社,1957年。
③ 冯汉骥:《前蜀王建墓发掘报告》,文物出版社,1964年,第47~51页。
④ 河南省文物考古研究所编:《北宋皇陵》,中州古籍出版社,1997年,第318~321页。

图5 宋真宗禅地玉册

⑭ 1931年与唐玄宗禅地玉册同时出土的宋真宗禅地玉册（图5），计16枚，白色闪玉，字口填金，每枚长29.5～29.8厘米，宽2厘米，厚0.7～0.75厘米[①]。据册文可知，宋真崇赵恒的封禅大典于大中祥符元年（1008年）十月举行，仍在当年唐玄宗禅礼地点，先埋唐册，后埋宋册。

综上所述，目前已发现的唐宋玉册，从内容上可以分为皇帝即位的立册、祭祀天地的封禅册、埋入陵墓的哀谥册。从玉册质料上看，唐代无论立册、封禅册，还是哀谥册，均使用质地较差的汉白玉和大理石制成，即以石代玉；宋代的陵墓用玉，虽为大理石质的"阶玉"或"珉玉"，而封禅册则用白色闪玉的"和阗美玉"，反映出宋代对于祭祀天地的高度重视。

二、唐宋时期的玉册制度

中国古代册封制度由来已久，西周金文中就常见有关册命的内容。至唐宋时期册命制度更加完备，文献中用玉为册者，有立册、赠册、赐册、祝册、哀册、谥册、封册等。在这里仅结合考古出土实物，对立册、封禅册和哀谥册制度作一探讨。

1. 立册

皇帝即位、上尊号、册立皇后和太子等所使用的玉册，均称为立册。考古发现的立册有唐哀宗即位册文和惠昭太子李宁墓出土《册邓王为皇太子文》两种。唐哀宗即位册文，分别见于《唐大诏令集》卷一和《全唐文》卷九八，而考古发现的册文只有6枚，出土时散乱堆放在1座残房基中，应是哀帝被朱全忠杀害后，唐代亡国之君的档案在战乱中惨遭遗弃丢失。李宁墓出土玉册文两种，

[①] 那志良：《唐玄宗、宋真宗的禅地祇玉册》，《故宫文物月刊》第106期；周郢：《唐宋玉册补考》，《故宫文物月刊》第114期。

其中1篇为哀册，另1篇即为《册邓王为皇太子文》，这是唐宪宗在元和四年（809年）册立李宁为皇太子时的全文，《唐大诏令集》和《全唐文》均载。因为李宁是在被立为皇太子仅两年病故，所以元和七年（812年）安葬时将该幅立册也随葬于墓内，实际上起到了替代谥册的作用。尽管上述两立册皆残缺不全，但可以与史籍记述相印证，为我们了解唐代的立册制度提供了实物证据。

宋代的立册目前还缺乏实物资料，但史料中有上尊号、高宗内禅仪、上皇太后妃册宝、册立皇后、册命皇太子等仪制，其用册制度记述颇详：帝册"册制用珉玉，简长一尺二寸，阔一寸二分，简数从字之多少。联以金绳，首尾结带。前后褾首四枚，二枚画神，二枚刻龙缕金，若奉护之状。……后册用珉，或以象，缕文以凤，尺寸制度同并帝册。皇太子册，用珉简六十枚，乾道中，用七十枚，每枚高尺二寸，博一寸二分。前后褾首四枚，长随简，博四寸，其二刻神，其二刻龙，为奉护状。贯以金丝，首尾结为金花，饰以鈖錔"①。上述皇太子使用"珉简六十枚"，应是北宋晚期至南宋制度，而在宋仁宗及其以前，皇后和皇太子册制仅用珉玉五十简。如《文献通考》卷二五六："景祐元年九月立皇后曹氏，……其如册皇太子，用珉玉五十简，褾首在内，匣随册之长。"《宋史》礼志十四与此记述相同。

2. 封禅册

封禅意指"封土于山，而禅祭于地也"，即筑坛祭天称为封，祭地曰禅。唐宋皇帝亲行封禅之礼者，有以下四帝。

唐高宗乾封元年（666年）正月戊辰，封于泰山。庚午，禅于社首。

则天皇帝万岁登封元年（696年）腊月甲申，封于神岳。丁亥，禅于少室山。

唐玄宗开元十三年（725年）十一月庚寅，封于泰山。辛卯，禅于社首②。

宋真宗大中祥符元年（1008年）十月辛亥，设昊天上帝于泰山圜台。壬子，禅祭皇地祇于社首山③。

上述封禅仪式是首日封天，次日禅地。举行封天的地点，是在泰山的顶上，那里接近于天；举行禅地的地点，是在泰山下面的蒿里山，那里接近于地。武则天是封天于太室山，禅地于少室山。之前要将祝告辞刻于册，并封于匣中放入石函，祭后即埋入祭坛中。封祀的物件为昊天上帝，封祀之坛如圆丘之仪；

---

① （元）脱脱等撰：《宋史》卷一百五十四、志第一百七、舆服六，中华书局，1977年，第3588、3589页。
② （后晋）刘昫等撰：《唐书》卷二十三、志第三、礼仪三，中华书局，1975年，第881～904页。
③ （元）脱脱等撰：《宋史》卷一百七、志第五十七、礼七，中华书局，1977年，第2528～2533页。

禅祭的物件为皇地祇，降禅之坛如方丘之仪。在山东岱麓嵩里山出土的唐宋玉册，分别属于唐玄宗的禅地玉册和宋真宗的禅地玉册。

唐玄宗封禅的"玉牒、玉策，刻玉填金为字，各盛以玉匮，束以金绳，封以金泥，皇帝以受命宝印之。纳二玉匮于碱中，金泥碱际，以'天下同文'之印封之"①。但不见玉册尺寸的记载。参照唐高宗乾封元年正月的"封禅仪注"："又造玉策三枚，皆以金绳连编玉简为之。每简长一尺二寸，广一寸二分，厚三分，刻玉填金为字。又为玉匮一，以藏正座玉策，长一尺三寸。"②证之以出土的唐玄宗禅地玉册实物，两者长宽之比基本一致而稍厚，同时又以石代玉。唐玄宗封禅时的祭天之文见于《旧唐书》礼仪志三，而祭地之文却没有录入，由此禅地玉册册文可补史籍之缺。

宋真宗封禅的玉册之制与唐代相同："正坐、配坐，用玉册六副，每简长一尺二寸，广一寸二分，厚三分，简数量文多少。匮长一尺三寸。"③出土的册文与之对照，长、厚尺寸大致吻合，而广度又嫌不足。其册文内容与《宋史》所载相同，只是文献中省略了开头处的时间和结尾处的太祖、太宗皇帝谥号全称。按照唐代封禅典礼，一次用四副玉册，其中二副用于封礼，分别献给正座的昊天上帝和配座配享的祖先；另外二副用于禅礼，分别献予皇地祇和配享的祖先。而宋代封禅使用玉册六副，正座依然是昊天上帝和皇地祇，副座配享的祖先增加至两位，分别是宋太祖和宋太宗。

实际上，唐宋时期与封禅性质接近，而且活动更加频繁的还有效祀（凡重大时日告祭天地）、汾阴后土之祀、玉皇大帝之祀等，并且也是由礼院祥定仪注，制造有玉册和祭器。

3. 哀谥册

唐宋时期，皇帝、皇后和太子陵墓普通随葬玉册，以区别于文武重臣和宗室亲王墓中放置的石墓志，成为封建时代最高丧葬礼仪中的一种标志物。就唐代而言，玉册的使用范围似又有其演变过程：唐高祖至高宗时期，严格限制在皇帝、皇后和皇太后；唐中宗以后扩大到太子，作为"号墓为陵"的太子墓也随葬了玉册；安史之乱以后，藩镇割据势力增强，那些僭越称帝者如史思明之流，也在墓中使用了玉册。

作为陵墓中随葬的玉册，一般可分为谥册和哀册两副。按照礼制，皇帝崩、

---

① （后晋）刘昫等撰：《唐书》卷二十三、志第三、礼仪三，中华书局，1975年，第881~904页。
② （后晋）刘昫等撰：《唐书》卷二十三、志第三、礼仪三，中华书局，1975年，第881~904页。
③ （元）脱脱等撰：《宋史》卷一百七、志第五十七、礼七，中华书局，1977年，第2528~2533页。

皇后或太子薨后数日,例诏知制诰撰写哀谥册。谥册文是"祖奠"前一日,在南郊(皇帝)或太庙(皇后)请谥号时所读的册文,册文首称年月日,次称"哀子嗣皇帝臣某",其后是歌功颂德的语句,以说明定谥的理由;再言遣太尉上尊谥号,结尾处有"神灵来格,膺兹典礼"之语等。哀册文则为遣葬日举行"遣奠"时所读的册文。此时灵柩待发,嗣皇帝于阶下举行"遣奠",中书令宣读册文。册文始叙陵墓主人所死时间或被尊谥的时间,及某年某月某日葬于某陵;再叙几句哀辞后,以"其词曰"开始正文,正文为孝子如何哀慕之词,表达对死者的痛念之情;其末尾处多见"呜呼哀哉"的常用语。

唐代哀谥册文详见于《唐大诏令集》和《全唐文》,宋代哀谥册文详见于《宋大诏令集》和《宋会要辑稿》。其中,哀册文在文体上较谥册文灵活,历来为词章家所重。考古发现的唐史思明墓、南唐二陵、前蜀王建墓和宋元德李后陵,均出土哀谥册两副;已掘的唐代帝王和太子墓皆遭盗发,有的尚未刊发报告,仅知出土玉册而不辩哀或谥册。从出土的哀谥册形制看,除南唐李昇陵随葬的玉册短宽薄、正面刻有3行文字外,其余均呈长条状,表面刻有1行文字,一般长在28~33厘米,宽2.7~3.5厘米,厚1.1~2.1厘米之间。此与唐宋时期玉册"每简长一尺二寸、广一寸二分、厚三分"之制相比,长与宽比例均为10∶1,两者比较物合;而考古发现的玉册在厚度上普通稍厚,似更符合宋代上尊号玉册之制的"简长尺二寸、阔一寸二分、厚五分"[①]。

宋元德李后陵出土的谥册有前后褾首四枚,哀册残存前后褾首三枚,其中谥册褾首长30.8厘米,宽7.8厘米,厚1.5厘米,正面隐约可见贴金的彩绘画像。前蜀王建墓出土的玉册保存完整,哀册前后折褾各一,谥册册前折褾二、册后折褾一。其哀册的褾首绘一金甲神,双手执斧,神背后绘一龙;册尾折褾上则绘一金龙。上述褾首画像,与《宋史》舆服志六中"前后褾首四枚,二枚画神,二枚刻龙缕金,若奉护之状"完全一致,并提供了十分形象的实物标本。

上述哀谥册均在每简的两端横钻一小圆孔,系用金或银丝穿联,在编缀后皆用册匣盛放,而册匣之制在唐宋时期似有一定的区别。唐代皇帝册匣为石函,唐僖宗靖陵、南唐李璟和李昇陵中均发现石函。南唐李昇陵似从唐制,出土的1件石函长159厘米,宽43厘米,高7.5厘米,玉册分上下两排置放于函中。而唐太子墓哀谥册则放置于木质箱具中,以示等级上的差别。史料中记述宋太祖永昌陵册匣之制云:"册匣二具,长七尺五寸,使金镂银,含棱,遍地合罗花,盘龙装。红锦托里,揭搭象鼻鋜铁,银锁钥各全。穿联册银条,两头银丝结花两朵,

---

① (清)徐松:《宋会要辑稿》礼四九之一,中华书局,1957年。

各一幅。"①宋元德李后陵出土玉册匣实物较少，经考证为木质无疑②，表明宋代无论皇帝、皇后均作木质册匣。前蜀王建墓出土的两具册匣皆为木质，各长225厘米，宽45厘米，高21.5厘米，匣外漆深朱色，四周镶银皮五匝，盖饰银质镂孔团花，提供了完整的玉册册匣实物。

三、唐宋玉册的产地问题

关于唐宋封禅玉册质料，《宋会要辑稿》礼二十二："初议造册，文思院玉工言：'如用真玉，碾字难成，请用阶州玉石，可以速就。'帝曰：'玉册用石，于理未正，况前代已有论议，必须真玉。'王旦曰：'前代诏敕俱存，然唐明皇玉册亦止阶玉。'"对比出土的唐宋禅地玉册，两种质料截然不同，可知唐玄宗的禅地玉册为阶玉，而宋真宗的禅地玉册为真玉。

宋代的立册和陵墓用册质料中，又有所谓的珉玉或阶石。如《宋史》礼志十四"册立皇后仪"："仁宗皇后曹氏，其册制如皇太子，玉用珉玉五十简，匣依册之长短。"又如《宋会要辑稿》礼二九："开宝九年十月二十日，太祖崩于万岁殿，……中书省言制造哀、谥册二副，用阶玉。从之。"宋元德李后陵出土的哀谥册，系用白色大理石制成，因墓室塌陷长期埋在土中，出土时表面浸蚀出现凹状圆窝，应属所谓的"阶玉"。

珉玉或阶玉，质软而粗，产地较多而容易得到，同时玉工刻字"可以速就"，因此古代凡称玉的巨制，多系珉玉为之。而真玉质硬难琢，"碾字难成"，同时产地较远不容易得到，故使用者较少。这也是唐宋时期玉册质料多玉石而少真玉的缘故。

阶玉是产于阶州的一种大理石。唐代的阶州，治所在今甘肃省武都县皋兰镇，辖甘肃武都、康县等地。该地出产的大理石，在唐宋时期多用来代玉。南宋人张世南的《游宦纪闻》卷九云："阶州产石，品第不一，白者明洁，初琢时可爱，久则受垢色暗，今朝廷取为册宝等用。有黄、青、黑、绿数色，取之不穷。"唐代懿德太子墓、唐玄宗封禅、前蜀王建墓和宋元德李后陵等玉册，均使用了阶州白石。

珉玉的产地，有今河南息县等地。据《元和郡县图志》卷九："珉玉坑，在古息城东南五步，周回一百八十步，深三尺，其玉颜色洁白，堪为器物。隋

---

① （清）徐松：《宋会要辑稿》礼二九之三，中华书局，1957年。
② 孙新民：《宋元德李后陵中的玉册及册匣考》，《华夏考古》1990年第2期。

朝官常采用，贞观中，亦令采取，其后为淮水所没。开元中，淮水东移，珉坑重出。其玉温润，倍胜昔时，蔡州至今为厥贡之首。"又《元丰九域志》记载："新息县，古息国。珉玉坑，隋朝官采。"[①] 可见新息县的珉玉坑从隋朝开始官采，唐代贞观和开元年间又两次大规模开采，并用来制造器物。表明唐代所用玉器数量较多，真玉毕竟有限，祭祀用玉和陵墓用玉便用珉玉来代替。

唐宋时期的真玉产地主要是于阗。于阗，古西域国，在今新疆和田一带。唐于其地置毗沙都督府，属安西都护府。后晋天福三年（938年）封其王李圣天为"大宝于阗王"。北宋时为回鹘黑韩王所并。该地以产美玉著称，如《通典》卷一九二载于阗："有水出玉，曰玉河。"《宋史》"于阗国"记载："国城东有白玉河，西有绿玉河，次西有乌玉河，源出昆冈山，去国城西千三百里。每岁秋，国人取玉于河，谓之捞玉。"有关于阗向唐宋朝廷贡玉的记载很多，分别见于《册府元龟》《新唐书》和《宋史》等文献。

据南宋人张世南的《游宦纪闻》卷五云："国朝礼器，及乘舆服饰，多是于阗玉。"《宋史》礼志二十五记载迁葬宋宣祖赵弘殷时："安陵中玉圭、剑佩、玉宝等皆用于阗玉。孝明、孝惠内用珉玉、药玉。"由此可知，宋代大量使用的玉礼器中，以质精色润的于阗玉为主。迄今发现的玉册中，宋真宗的禅地玉册无疑属于阗所产的"真玉"。

（原刊于《海峡两岸古玉学研讨会论文集》，台湾大学，2001年）

---

① （宋）王存等撰：《元丰九域志》下，中华书局，1984年。

五代帝陵葬制考略

　　五代是唐宋两朝之间的过渡时期，也是中国历史上群雄并起、藩镇割据的大分裂时期。从公元907年唐朝灭亡，至公元960年北宋建立，五代历时53年，计经历了梁、唐、晋、汉、周五个相继更迭的短命王朝。在五代即位的14个皇帝中，除唐明宗李亶、晋高祖石敬瑭、汉高祖刘知远、周太祖郭威和周世宗柴荣5帝为子葬其父，是按照皇帝规格埋葬外，其余9帝均因战乱不得善终而草率安葬，梁郢王朱友珪、梁末帝朱友贞、唐闵帝李从厚、末帝李从珂和晋出帝石重贵尚未及建陵号，朱友珪和石重贵更是连葬地也不明。即使史载有陵号和葬地的五代皇帝，也因只统治黄河流域，限于国力羸弱和战乱频仍的环境，其陵墓建造相当简陋，与气势恢宏、制度完备的唐宋陵寝不可同语。迄今为止，五代帝陵尚未引起研究者的重视，仅有后周皇陵做过简单报道，而其他帝陵资料散见于地方志书中。本文结合有限的史料记述和陵园保存现状，拟对五代帝陵埋葬制度略做探讨，不当之处，敬希指正。

一、五代帝陵概况

1. 后梁

　　后梁历3帝，计17年。太祖朱温，宋州砀山人。原为黄巢部将，降唐赐名全忠，先拜宣武军节度使，后进封梁王。天祐四年（907年）废唐哀帝李柷，自立为帝，改名朱晃，国号梁，都开封。乾化二年（912年）六月被其子朱友珪所杀，卒年61岁，在位6年。朱友珪令埋于寝殿，同年十一月葬于宣陵。《五代会要》卷一记载：宣陵"在洛京伊阙县"①。《宋会要辑稿》礼三八之一："宣陵在河南伊阙县东北。"②较《五代会要》明确了具体方位。

郢王朱友珪，是朱温第三子，即位前为左右控鹤都指挥使。乾化二年六月，因朱温拟立次子友文做太子，便勾结左龙虎军统军韩京等杀父自立。次年二月，被弟朱友贞杀死，并废为庶人。朱友珪因在位时间短暂，连庙谥号也没有留下，其葬地史书无载。

末帝朱友贞，是朱温第四子。朱友珪即位，以他为东京留守，行开封府尹、检校司徒。后以讨逆为名杀兄即位。龙德三年（923年）十月，唐兵入汴州，末帝命控鹤都将皇甫麟将自己杀死，终年36岁，在位11年。《五代会要》卷一记载："（唐）庄宗入汴州，诏张全义收罪人首骨藏于大社，至（晋）天福二年安崇阮收葬之。"《宋会要辑稿》礼三八之一有：梁少帝"葬河南伊阙县"，推测距梁太祖宣陵不会太远。

2. 后唐

后唐历4帝，计14年。庄宗李存勖，沙陀部人。父李克用，因镇压黄巢起义有功，唐昭宗封为晋王，天祐五年（908年）李克用死，李存勖在太原继任河东节度使，并袭晋王封号。龙德三年（923年），李存勖称帝，国号唐。并在当年灭后梁，建都于洛阳，追尊李克用为太祖。同光四年（926年）四月魏州兵变，为部下所杀，卒年43岁，在位4年。史书记载："是时，帝之左右例皆奔散，唯五坊人善友，敛廊下乐器簇于帝尸之上，发火焚之。及明宗入洛，止得其烬骨而已。天成元年七月丁卯，有司上谥曰光圣神闵孝皇帝，庙号庄宗。是月丙子，葬于雍陵。"③《五代会要》卷一记载：雍陵"在洛京新安县，至晋天福二年正月以犯庙讳，改为伊陵"。《宋会要辑稿》礼三八之一有："雍陵在河南新安县东。"

明宗李嗣源，太祖李克用养子，追随李克用、李存勖四处征战，屡积战功。同光四年（926年），庄宗被杀，李嗣源入洛阳称监国，遂称皇帝。长兴四年（933年）十一月受惊而死，终年67岁，在位8年。李嗣源为其子闵帝李从厚所葬，曾以左仆射、平章事冯道为山陵使，户部尚书韩彦恽为山陵副使。朱宏昭、冯斌献钱助作山陵，石敬瑭也献银捐助作山陵。应顺元年（934年）三月，"宗正司奏：'准故事，诸陵有令、丞各一员，近例更委本县令兼之。缘河南洛阳是京邑，兼令、

---

① （宋）王溥撰：《五代会要》卷一，《景印文渊阁四库全书》第607册，台湾商务印书馆，1986年。
② （清）徐松：《宋会要辑稿》礼三八之一，中华书局，1957年。
③ （宋）薛居正等撰：《旧五代史》卷三十四、唐书十、庄宗纪八，中华书局，1976年。

丞不便。'诏特置陵台令、丞各一员。己未，以前金吾大将军李肃为左卫上将军，充山陵修奉上下宫都部署。"①清泰元年（934年）四月葬徽陵。《五代会要》卷一记载：徽陵"在洛京洛阳县"。《宋会要辑稿》礼三八之一："徽陵在河南洛阳县东北。"

闵帝李从厚，李嗣源第三子。长兴四年十一月明宗死，十二月即位。应顺元年（934年）四月，潞王从珂入洛，被废为鄂王，寻遇杀于卫州，卒年22岁。《旧五代史·唐书·闵帝纪》记载："晋高祖即位，谥曰闵，与秦王及末帝子重吉并葬于徽陵城中，封才数尺，路人观者悲之。"

末帝李从珂，李嗣源养子。闵帝被杀，乃即位。清泰三年（936年）十一月，自焚而死，卒年52岁。"晋高祖入洛，得帝烬骨于火中，来年三月，诏葬于徽陵之封中"②。《五代会要》卷一记载："晋天福元年十二月追降为庶人，葬徽陵之封中。"《宋会要辑稿》礼三八之一有：后唐末帝"葬河南洛阳东北"，与徽陵所在方位相合。

3. 后晋

后晋历2帝，计11年。高祖石敬瑭，沙陀部人。后唐时为河东节度使，镇守太原。清泰三年（936年），勾结契丹贵族灭后唐，并受契丹主册封为大晋皇帝，建都开封。天福七年（942年）六月病死，卒年51岁，在位7年。石敬瑭为其子所安葬，曾以司徒、兼侍中冯道为山陵使，门下侍郎窦贞固为副使，义成军节度使兼侍卫马军都指挥使李守贞充山陵一行都部署，同年十一月葬显陵。《五代会要》卷一记载：显陵"在洛京寿安县内"。《宋会要辑稿》礼三八之一："显陵在河南寿安县西北。"

出帝石重贵，石敬瑭之侄。高祖有六子，其中五子早亡，六子重睿年幼，因而重贵得立。开运三年（946年）十二月，契丹入开封，后晋亡。契丹主以石重贵为召义侯，徙之黄龙府（今吉林农安）。辽应历十四年（964年），石重贵死于辽，其葬地不明。

4. 后汉

后汉历2帝，计4年。高祖刘知远，沙陀部人，世居太原。原与石敬瑭俱事后唐明宗，后合谋反唐。契丹灭后晋，他在太原称帝，后都汴。乾祐元年（948年）

---

① （宋）薛居正等撰：《旧五代史》卷四十五、唐书二十一、闵帝纪，中华书局，1976年。
② （宋）薛居正等撰：《旧五代史》卷四十八、唐书二十四、末帝纪下，中华书局，1976年。

正月卒，终年54岁，在位2年。刘知远为其子所安葬，曾命五使，以宰臣窦贞固为山陵使，吏部侍郎段希尧为副使。同年十一月葬睿陵。《五代会要》卷一记载：睿陵"在洛京都城县"。

隐帝刘承祐，刘知远第二子。乾祐元年二月封周王，寻即位。乾祐三年（950年）十一月，遣使杀枢密使郭威，郭威乘机起兵，攻入开封。十二月，为左右郭允明杀于京北之赵村，卒年20岁，在位2年。《旧五代史》：周广顺元年正月"十五日，周太祖与百僚诣帝殡宫，成服亲奠，不视朝七日。又诏太常定谥曰隐。以其年八月二日，复遣前宗正卿刘皞护灵輴，备仪仗，葬于许州阳翟县之颖陵，祔神主于高祖之寝宫"①。《五代会要》卷一记载："周广顺元年五月追谥曰隐帝，其年八月十二日葬颖陵。（颖陵）在许州阳翟县。"与《旧五代史》所记大致相同。

5. 后周

后周历3帝，计10年。太祖郭威，邢州尧山人。行伍出身，曾助汉高祖刘知远建国。汉隐帝死，初请太后临朝听政，迎立刘知远侄刘赟做皇帝。旋废刘赟，灭后汉，建立后周。显德元年（954年）正月卒，终年51岁，在位4年。二月，以中书令冯道为山陵使，四月葬于嵩陵。《五代会要》卷一记载：嵩陵"在郑州新郑县"。

世宗柴荣，太祖圣穆皇后兄柴守礼之子，被郭威收为养子。太祖卒，即帝位。柴荣是五代时期最有作为的帝王，他亲率大军攻北汉、伐后蜀、征南唐、破辽兵，为北宋统一中原奠定了基础，历史上称之为"五代第一君"。显德六年（959年）六月以疾卒，终年39岁，在位6年。柴荣为其子柴宗训所安葬，曾以司徒、平章事范质为山陵使，户部尚书李涛为副使。同年十一月，"葬世宗皇帝于庆陵，以贞惠皇后刘氏附焉"②。《五代会要》卷一记载：庆陵"在郑州管城县"。

恭帝柴宗训，柴荣第四子。世宗病死即帝位，时年7岁。建隆元年（960年）正月，禅位于宋，降封为郑王。开宝六年（973年）三月卒于房州，卒年21岁。宋太祖赵匡胤"素服发哀，辍朝十日，谥曰恭帝，命葬庆陵之侧，陵曰顺陵"③。

上述后唐庄宗雍陵、明宗徽陵和后晋高祖显陵，广顺元年（951年）元月，周太祖即位伊始，制曰："唐庄宗、明宗，晋高祖，各置守陵十户，以近陵人户充。汉高祖皇帝陵置职员及守宫人，时日荐享，并守陵人户等，一切如故。"

---

① （宋）薛居正等撰：《旧五代史》卷一百三、汉书五、隐帝纪下，中华书局，1976年。
② （宋）薛居正等撰：《旧五代史》卷一百二十、周书十一、恭帝纪，中华书局，1976年。
③ （元）脱脱等撰：《宋史》卷三、太祖本纪三，中华书局，1977年。

四月，又诏"三处陵寝，各有守陵宫人，并放逐便。如愿在陵所者，依旧供给"①。可见五代时期尽管兵荒马乱，朝代更换频繁，但后代对前代陵寝仍然予以重视和保护。北宋王朝对前代帝陵更是重视有加，曾于乾德四年（966年）下诏，修葺历代陵寝，并分等级奉祀祭享。其中，后梁太祖、后唐庄宗、明宗、后晋高祖四帝，各给守陵二户，三年一祭；后梁少帝和后唐末帝两帝陵常禁樵采，著于甲令。开宝四年（971年）三月，又下诏先代帝王陵寝修砌庙宇，五代帝王中的后唐庄宗、明宗、后晋高祖"各置守陵庙五户。令逐州检校扫洒，无得损污，岁添置林木"②。还加强了对于陵寝的环境保护工作。

由于宋太祖赵匡胤是代周称帝，因此在建国伊始的建隆元年（960年）正月，即"命周宗正郭玘祀周陵庙，仍以时祭享"③。又于"（熙宁）四年四月二十五日，诏周嵩、庆、懿三陵柏子户，止留七户，（余）放归农"④。表明北宋王朝对后周陵寝礼遇明显高于其他五代帝陵，即在熙宁四年（1071年）以前的守陵户不会少于十户。

即使如此，五代帝陵还是遭到人为盗掘和破坏。明人王在晋《历代山陵考》引《纲鉴》记载："后唐庄宗同光元年，欲发梁太祖墓，斫棺焚尸。张全义言朱温虽国之深仇，然其人已死，刑无可加，屠灭其家足以为报，乞免焚所以存圣恩。唐王从之，但铲其阙室，削其封树而已。"又如后晋天福四年（939年）正月，盗发后唐闵帝陵⑤。天福八年春正月，盗发后唐坤陵，即庄宗母曹太后陵⑥。北宋大中祥府六年（1013年）六月，盗发后汉高祖睿陵，宋真宗"诏府县官吏巡检使臣，并劾其罪。仍以所盗物计其值，修设斋醮，别造衣冠明器安葬。命内侍主其事，仍遣知制诰刘筠诣陵祭告"⑦。

二、陵园保存现状

目前能够确定具体埋葬位置和保存有地面遗迹的五代帝陵，主要有后梁宣陵、后唐雍陵、后晋显陵、后汉睿陵、后周嵩陵、庆陵和顺陵等。上述帝陵中，除后唐雍陵外，后周皇陵被国务院公布为第五批全国重点文物保护单位，其余

---

① （宋）薛居正等撰：《旧五代史》卷一百一十一、周书二、太祖纪第二，中华书局，1976年。
② （清）徐松：《宋会要辑稿》礼三八之一至四，中华书局，1957年。
③ （元）脱脱等撰：《宋史》卷一、太祖本纪一，中华书局，1977年。
④ （清）徐松：《宋会要辑稿》礼三八之二，中华书局，1957年。
⑤ （宋）薛居正等撰：《旧五代史》卷七十八、晋书四、高祖纪第四，中华书局，1976年。
⑥ （宋）薛居正等撰：《旧五代史》卷八十一、晋书七、少帝纪第一，中华书局，1976年。
⑦ （清）徐松：《宋会要辑稿》礼三八之五、六，中华书局，1957年。

被河南省人民政府公布为河南省文物保护单位。

后梁宣陵位于今伊川县白沙乡常岭村北的高台地上，陵园坐北面南，地势南高北低。据《洛阳古今谈》一书介绍，在建国前夕，宣陵封土圆周为一百二十二弓，高五丈，占地九亩八分。陵南面从园门至陵墓有南北向神道，神道东西两侧有两排石翁仲（有石人、石马、石狮子、石羊等）。据了解，当地群众于 1958 年大炼钢铁时挖墓取石，并砸毁一些石像生。陵园地面现存封土和少量残缺不全的石像生，其中封土东西长 30 米，南北宽 25 米，残高 10 米，在封土前还遗有一个深约 3 米的竖洞，应是盗掘者留下的遗迹[①]。

后唐雍陵据清乾隆《新安县志》卷一："在县北七十里郑驸马墓西，高二丈许。韩佟志皆载之，其碑向已无存，后于雍正七年知县于学谦礲石补立，至今人始得其所指。"郑驸马为唐人，墓在"县北七十里黄岵峪东"[②]。在今新安县西沃乡下岵峪村，传为后唐庄宗李存勖的雍陵，村旁一水井上尚有一清代石碑题曰"庄宗陵"。只是地面上封土不明显，也不见石刻仪仗踪迹[③]。1995 年，河南省文物考古研究所配合黄河小浪底水库建设工程，曾组织人力在该地进行了考古勘探，也未能发现雍陵的有关线索。倒是葬于山西省代县的李存勖之父李克用陵，还保留一些地面遗迹，可补后唐陵墓之缺。李克用被追尊为太祖，埋葬规格自然高于一般人臣，现陵园尚有石羊 2 件、石碑 1 通，只是封土已毁，地宫裸露，积水很深，令人扼腕叹息。

后晋显陵位于今宜阳县城北 12.5 千米的石陵乡石陵村西，陵园坐北向南，现存封土呈覆斗形，底部周长 100 米，高 20 米。封土南面立有清雍正二年（1724年）石碑 1 通，上书"晋高祖墓冢"五个大字。封土前神道低于现地表 4 米，原有石像生 9 对和望柱 2 件。因神道处地势低洼，泥土淤积，石像生多已掩埋于地下。只有封土前 300 米处的 2 件六棱形石望柱，仍保存在原地，东西间距 25 米，露出地表部分高 1.5 米，据此可以推断出神道的宽度和陵园的规模。另外，被当地村民挖出的 1 对石虎，已被移至石陵村内，石虎呈蹲姿，高 1.3 米。在封土之东不远处，有一寺院名"邱灵寺"，传为石敬瑭灵辇停放之所，后为护陵人的住处。现寺内建筑多为后期改建，1966 年以前尚存 1 通石碑，为宋真宗景德年间所立[④]。据清光绪七年（1881 年）《宜阳县志》卷六"陵墓"条记载：

[①] 洛阳市地方史志编辑委员会编：《洛阳市志·14》，中州古籍出版社，1995 年。
[②] （清）邱峨修、吕宣曾纂：《新安县志》卷一，乾隆三十一年（1766 年）刊本，民国三年（1914 年）重印本。
[③] 河南省文物管理局、水利部小浪底水利枢纽建设管理局移民局：《黄河小浪底水库文物考古报告集》，黄河水利出版社，1998 年，第 50 页，彩版三四。
[④] 洛阳市地方史志编辑委员会编：《洛阳市志·14》，中州古籍出版社，1995 年。

晋高祖陵在"县西北二十五里，石家陵村西，村亦因陵得名。村西有邱陵寺，传为高祖停辇处。寺有碑，字迹残毁，惟存大宋景德年号"。

后汉睿陵位于今禹州市西北30千米的柏嘴山之阳，陵园坐北面南，封土现存周长60米，高8米。在封土四面各100米处，均立有1对石狮（近年移回禹州市文管所），应是陵园四门外的守门狮子，据此可知陵园的四至范围。据清道光《禹州志》记载：后汉高祖睿陵在"州北五十里柏嘴山下，基址岿然，翁仲石兽俱列如故"①。据了解，陵前石刻尚存大部分，在"文革"中东边的一排全遭破坏，西边的一排被掩埋于地下。现封土前有1个正方形石座，左角处刻有"赵奂祠"三个字②。封土以东约500米处的山上还有1棵古柏，与山下封土、石狮遥遥相对，为睿陵增加了些许庄严肃穆的气氛。

后周皇陵位于今新郑市城北约18千米的郭店乡，现存陵墓4座，分别为嵩陵、庆陵、顺陵，以及周世宗符皇后的懿陵③。嵩陵在郭店乡周庄村南约500米处，陵园坐北面南，地势北高南低。地面仅存封土，周长103米，高约9米。据《旧五代史》记载郭威临终前对其养子柴荣说："我若不起此疾，汝即速治山陵，不得久留殿内。陵所务以俭素，应缘山陵役力人匠，并须和雇，不计近远，不得差配百姓。陵寝不须用石柱，费人工，只以砖代之。用瓦棺纸衣。临入陵之时，召近税户三十家为陵户。下事前揭开瓦棺，遍视过陵内，切不得伤他人命。勿修下宫，不要守陵宫人。亦不得用石人石兽，只立一石记之，镌字云：'大周天子临晏驾，与嗣帝约，缘平生好俭素，只令著瓦棺纸衣葬。'若违此言，阴灵不得相助。"又言："朕攻收河府时，见李家十八帝陵原，广费钱物人力，并遭开发。汝不闻汉文帝俭素，葬在霸陵园，至今见在。如每年寒食无事时，即仰量事差人洒扫，如无人去，只遥祭。兼仰于河府、魏府各葬一副剑甲，澶州葬通天冠、绛纱袍，东京葬一副平天冠、衮龙服。千万千万，莫忘朕言。"④周太祖郭威埋葬时是否用瓦棺纸衣，尚不得而知，但遗存至今的嵩陵前确实没有石人石兽，此制并影响到庆陵、顺陵等一代后周皇陵。据清乾隆四十一年（1776年）《新郑县志》记载：嵩陵"在县北四十里郭庙西南，陵前旧有石刻云：'周天子平生好俭约，遗令用纸衣瓦棺，嗣天子不敢违也。'今碑已亡"。

周世宗庆陵位于郭店乡陵上村西100米处，陵园地面平坦，封土高大巍峨，现存周长105米，高约20米。封土南面原有明清时期的御制祭文碑44通，现

---

① （清）朱炜修、姚椿、洪符孙纂：《禹州志》卷十五，道光十五年（1835年）刊本。
② 河南省地方志编纂委员会：《河南省志·文物志》，河南人民出版社，1993年。
③ 新郑县文化馆：《新郑县后周皇陵》，《河南文博通讯》1979年第4期。
④ （宋）薛居正等撰：《旧五代史》卷一百一十三、周书四、太祖纪第四，中华书局，1976年。

存35通，多数下半截埋入土中，其中7通仅露碑首。现存碑刻中，最早是明宣德元年（1426）所立，最晚的立于清宣统元年（1909年），碑文内容均为赞颂周世宗的功绩。在陵上村内，有周世宗皇后符氏的懿陵，现存封土周长30米，高约3米。清乾隆《新郑县志》记载，庆陵陵园是明朝初年开始修建，平面呈方形，边长约200米，四周墙高约2米，陵园南大门高约4米，宽约3米，门额悬匾，大门左右对称各有1个小门。进入南大门，有一条长80米，宽3米的砖铺神道，直通墓前祭坛。祭坛用砖砌成，平面呈方形，高约1米，面积330平方米①。祭坛附近石碑林立，陵园四周古柏参天，是五代帝陵所仅见的一例。

明人王在晋所著《历代山陵考》云："洪武三年，遣官访历代帝王陵庙，令具图以进。四年，遣官祭历代陵寝。……九年，遣官行祀历代帝王陵寝，凡三十六陵。令百步内禁樵采，设陵户二人看守，有司督近陵之民以时封培，每三年一降旨致祭。"②明代遣官行祀的三十六陵中，五代帝陵只有周世宗庆陵享此殊荣。另外，每遇国家庆典或大事，朝廷即遣官致祭，这种情况一直延续到清末。按照通例，明清两代在每次祭祀后，还刻碑于陵前以示纪念，庆陵封土前遗留的御祭碑，即是明清两代统治者遣官行祀的实物见证。

周恭帝顺陵位于陵上村东北约300米处，封土周长约40米，高4米。1991年，顺陵遭不法分子盗掘，考古工作者从盗洞进入墓室进行了勘察③。该陵坐北面南，由竖穴墓道、砖砌甬道和墓室三部分组成。墓室平面呈圆形，穹窿顶，直径约6.2米，高约7米，在墓室周壁的中部墙体上，有6处凸出叠砌的两块砖，似作放置灯盏之用。在墓室及甬道的砖砌壁面上皆涂抹一层白灰，上绘彩色的仿木建筑构件和人物图像，墓室顶部绘有星相图。由于大部分壁面被盗贼铲除或自然剥落，现仅在甬道的东侧和墓室的西侧各留下一幅壁画。其中，甬道东侧的一幅为《文吏迎侍图》，通高1.4米，宽1.7米，画面人高1.17米。图上绘文吏2人，右侧1人头戴黑色长角幞头，身穿红色圆领袍服，腰系玉带，两手握于胸前侍立，呈侧视状；左侧文吏与右侧的基本相同，仅袍服为白色，呈正视状。墓室西侧的一幅为《武吏执斧图》，通高1.9米，宽1.6米，人高1.24米，武吏头戴黑色长角幞头，身穿红色圆领袍服，下着白色束脚长裤，脚蹬云头靴。头稍倾斜，面部微露骄横之气，侧身侍立。两手攒握于胸前，斜执一长柄斧。图像两侧各绘朱红色立柱，上部绘有枋木及斗拱。两图的绘制方法，是用黑色线条勾勒出整体轮廓，然后用红色或白色颜料平涂填色。

---

① （清）黄本诚纂修：《新郑县志》，乾隆四十一年（1776年）刊本。
② （明）王在晋：《历代山陵考》卷上，泽古斋重钞第七集。
③ 李书楷：《五代周恭帝顺陵出土壁画》，《中国文物报》1992年4月5日。

三、五代帝陵葬制

五代帝陵陵园都有一定的规模，但相对来说建造得比较简陋。从目前掌握的地面调查资料来看，五代帝陵皆平地起陵，墓冢用黄土封筑；地面上不见鹊台、乳台、门阙和角阙等唐宋陵园常见的标志物，推测在当时仅用土墙围护墓冢。汉高祖刘知远的睿陵陵园四面尚保留 4 对门狮，距离封土分别在 100 米左右，即陵园每边长约不少于 200 米。这样的规模虽低于北宋皇帝陵园的每边长 240 米，而远远大于北宋皇后陵园的每边长 105~120 米①。五代帝陵陵园一般地势平坦，只有晋高祖石敬瑭的显陵，将神道设于两道土岭之间的低洼处，可能是因地制宜选择陵园的结果。显陵的封土呈覆斗形，底部周长 100 米，高达 20 米，其封土面积比北宋皇后陵的 20 米见方要大，而封土高度甚至超过北宋的皇帝陵。

据《宋会要辑稿》礼三八之二记载："（熙宁）三年六月九日，郑州言'准诏修葺嵩陵殿宇，缘材植阙乏，乞于元（原）数内量行裁损。'诏依元（原）制修葺。"表明在后周皇陵陵园内曾建有献殿类礼制性建筑，并具有一定的气势和规模。依此推测，按帝陵规格安葬的唐明宗徽陵②、晋高祖显陵、汉高祖睿陵和周世宗庆陵等五代帝陵，也应在陵园内建有用于祭祀类的地面建筑。前引史料中，应顺元年三月建造唐明宗李亶徽陵时，曾诏曰"以前金吾大将军李肃为左卫上将军，充山陵修奉上下宫都部署"，可见李亶徽陵还分设有上、下宫，应仿自关中唐十八陵的陵寝制度。

五代帝陵除后周外，在梁太祖宣陵、晋高祖显陵、汉高祖睿陵，以及唐太祖李克用陵前，均发现列有神道石雕像。石雕像分别有望柱、马、虎、羊、门狮和人物等。基本上相当于北宋皇后陵神道石雕像的种类，而与唐代帝陵石刻仪仗不设虎、羊大异其趣。据唐人封演的《封氏闻见记》记述："人臣墓前有石羊、石虎、石人、石柱之属，皆所以表饰坟垄，如生前之仪卫耳。"③可见唐代石虎、石羊均是在人臣墓前设置，五代皇帝把它们安放在帝陵神道两侧，开创了北宋皇陵例设虎羊的先河。

---

① 河南省文物考古研究所编：《北宋皇陵》，中州古籍出版社，1997 年。
② （宋）薛居正等撰：《旧五代史》卷一百一十二、周书三、太祖纪第三："（广顺元年十一月）丁亥，诏曰：'唐朝五庙，旧在至德宫安置，应属徽陵庄田舍宅，宜令新除右监门将军李重玉为主。其缘陵缘庙法物，除合留外，所有金银器物，充迁葬故淑妃王氏及许王从益外，其余并给予重玉及尼惠英、惠灯、惠能、惠严等。令重玉以时祀陵庙，务在丰洁。'重玉，故皇城使李从王氏之子，明宗之孙，惠英等亦明宗亲属也，故帝授重玉官秩，令主先祀，恤王者之后也。"上述的"以时祀陵庙"应包括了按时祭奠陵寝和宗庙两种含义，从侧面反映出后唐皇陵上应有"寝"类建筑。
③ （唐）封演：《封氏闻见记》卷六"虎羊"条，学苑出版社，2001 年。

五代时皇帝像走马灯似的轮换，皆在位短暂，非正常死亡者居多，因此皇后也往往不能按照规格安葬。后周皇后陪葬帝陵制度开始完备，如周太祖崩葬嵩陵，已故的一后三妃时皆陪葬。因淑妃杨氏卒于晋天福末年，葬在太原近郊，而当时太原未平。"世宗乃诏有司于嵩陵之侧，预营一冢以虚之，俟贼平即议襄事。显德元年夏，世宗征河东，果成素志焉"[1]。周世宗的宣懿皇后符氏，因世宗在位时崩，不仅祔葬于新郑的嵩陵之侧，而且自立陵名曰懿陵。这种皇后自立陵园，并且祔葬于父辈皇帝之侧的埋葬制度，也为以后的北宋皇陵所承继。

五代帝陵地宫均未发掘，被盗的后周恭帝顺陵建于宋开宝六年（973年），已是后周灭亡后的第十四个年头，严格意义上说应属于北宋墓葬。该墓作圆形穹窿顶，墓室直径6.2米，高约7米，在规模上仅同于陪葬宋英宗永厚陵的魏王赵頵墓[2]，当然也符合"周恭帝禅位于宋，降封为周王"的身份。

由于五代帝陵保存较差，迄今又没有做过详细的勘察和考古发掘，加上史料记述不多，因此实难对其埋葬制度作一全面表述。尽管如此，作为一个特定历史阶段的皇帝陵寝，还是有它不拘泥于常规的埋葬习俗，并且在平地起陵、帝后同域合葬、神道设置虎羊等方面，还为北宋皇陵所仿效。

---

[1] （宋）薛居正等撰：《旧五代史》卷一百二十一、周书二十、后妃列传第一，中华书局，1976年。
[2] 周到：《宋魏王赵頵夫妻合葬墓》，《考古》1964年第7期。

五代十国帝王陵墓制度述略

五代十国是唐宋两朝之间的过渡时期，也是中国历史上群雄并起、藩镇割据的大分裂时期。此时，在北方黄河流域出现了梁、唐、晋、汉、周五个相继更迭的短命王朝，史称"五代"。与五代大约同时，南方和山西地区先后有吴、南唐、吴越、楚、闽、南汉、前蜀、后蜀、荆南（南平）和北汉等十个基本上并立的政权，史称"十国"。自1949年以来，中国考古工作者在重视古文化遗址、古代城址发掘和研究的同时，也相继开展了对于历代帝王陵墓的勘察、测绘和维修保护工作。连一向不被研究者重视的五代十国陵墓，也得到了应有的保护，有的还被公布为全国或省级文物保护单位。本文拟就已刊布的考古材料，对五代十国帝王陵墓制度作一概略叙述，以求正于识者。

一

从公元907年唐朝灭亡，至公元960年北宋王朝建立，五代共历时53年，计在位有14个皇帝。其中除唐明宗李嗣源、晋高祖石敬瑭、汉高祖刘知远、周太祖郭威和周世宗柴荣为子葬其父，是按照皇帝规格埋葬外，其余九帝均因战乱不得善终而草率安葬。梁郢王朱友珪、梁末帝朱友贞、唐闵帝李从厚、唐末帝李从珂和晋出帝石重贵尚未及建陵号，朱友珪和石重贵更是连葬地也不明。即使史载有陵号和葬地的五代皇帝，也因只统治黄河流域，限于国力羸弱和战乱频仍的环境，陵墓建造相当简陋，与气势恢宏、制度完备的唐宋陵寝不可同语。目前能够确定具体埋葬位置和地面保存有遗迹的五代帝陵，主要有后梁宣陵、后唐雍陵、后晋显陵、后汉睿陵、后周嵩陵、庆陵和顺陵等。

后梁宣陵为梁太祖朱温的陵墓。朱温于天祐四年（907年）废唐哀帝李柷，自立为帝，国号梁，都开封。乾化二年（912年）六月被其子朱友珪所杀，卒年61岁。朱友珪令埋于寝殿，同年十一月葬于宣陵。《五代会要》卷一记载：宣陵"在洛京伊阙县东北"[①]。《宋会要辑稿》礼三八之一："宣陵在河南伊阙县东北。"[②]宣陵现位于今伊川县白沙乡常岭村北的高台地上，陵园坐北面南，地势南高北低。据《洛阳古今谈》一书介绍，在建国前夕，宣陵封土圆周为一百二十二弓，高五丈，占地九亩八分。陵南面从园门至陵墓有南北向神道，神道东西两侧有两排石翁仲（有石人、石马、石狮子、石羊等）。据了解，当地群众于1958年大炼钢铁时挖墓取石，并砸毁一些石像生。陵园地面现存封土和少量残缺不全的石像生，其中封土东西长30米，南北宽25米，残高10米，在封土前还遗有一个深约3米的竖洞，应是盗掘者留下的遗迹[③]。

后唐雍陵为唐庄宗李存勖的陵墓。李存勖于龙德三年（923年）称帝，国号唐，建都于洛阳。同光四年（926年）四月魏州兵变，为部下所杀，卒年43岁。史书记载："是时，帝之左右例皆奔散，唯五坊人善友，敛廊下乐器簇于帝尸之上，发火焚之。及明宗入洛，止得其烬骨而已。天成元年七月丁卯，有司上谥曰光圣神闵孝皇帝，庙号庄宗。是月丙子，葬于雍陵。"[④]《五代会要》卷一记载：雍陵"在洛京新安县，至晋天福二年正月以犯庙讳，改为伊陵"。《宋会要辑稿》礼三八之一有："雍陵在河南新安县东。"据清乾隆《新安县志》卷一："在县北七十里郑驸马墓西，高二丈许。韩佟志皆载之，其碑向已无存，后于雍正七年知县于学谦砻石补立，至今人始得其所指。"郑驸马为唐人，墓在"县北七十里黄岐峪东"[⑤]。在今新安县西沃乡下岐峪村，传为后唐明帝李存勖的雍陵，村旁一水井上尚有一清代石碑题曰"庄宗陵"。只是地面上封土不明显，也不见石刻仪仗踪迹[⑥]。1995年，河南省文物考古研究所配合黄河小浪底水库建设工程，曾组织人力在该地进行了考古勘探，也未能发现雍陵的有关线索。倒是葬于山西省代县的李存勖之父李克用陵，还保留一些地面遗迹，可补后唐陵墓之缺。李克用被追尊为太祖，陵名极建，埋藏规格自然高于一般人臣，现陵园尚有石羊2件，石碑1通。墓室石砌，平面呈圆角方形，穹窿顶结构，直径9.7

[①] （宋）王溥撰：《五代会要》卷一，《景印文渊阁四库全书》第607册，上海古籍出版社，1989年，第440~449页。

[②] （清）徐松：《宋会要辑稿》礼三八之一，中华书局，1957年，第1358页。

[③] 洛阳市地方史志编辑委员会：《洛阳市志·14》，中州古籍出版社，1995年，第88页。

[④] （宋）薛居正等撰：《旧五代史》卷三十四、唐书十、庄宗纪八，中华书局，1976年。

[⑤] （清）邱峨修、吕宣曾纂：《新安县志》卷一，乾隆三十一年（1766年）刊本，民国三年（1914年）重印本。

[⑥] 河南省文物管理局、水利部小浪底水利枢纽建设管理局移民局：《黄河小浪底水库文物考古报告集》，黄河水利出版社，1998年，第50页，彩版三四，1。

图1　后晋高祖石敬瑭显陵

米，高5.56米。东、西、北三面均浮雕有门窗及守门侍从像，四周还间隔放有十二生肖石刻俑像。甬道也为石券，洞壁两侧彩绘有"出行图"和"仪仗图"壁画[1]。

后晋显陵为晋高祖石敬瑭的陵墓（图1）。石敬瑭于清泰三年（936年）勾结契丹贵族灭后唐，并受契丹主册封为大晋皇帝，建都开封。天福七年（942年）六月病死，卒年51岁，在位7年，同年十一月葬显陵。《五代会要》卷一记载：显陵"在洛京寿安县内"。《宋会要辑稿》礼三八之一："显陵在河南寿安县西北。"显陵位于今宜阳县城北12.5千米的石陵乡石陵村西，陵园坐北向南，现存封土呈覆斗形，底部周长100米，高20米。封土南面立有清雍正二年（1724年）石碑1通，上书"晋高祖墓冢"5个大字。封土前神道低于现地表4米，原有石像生9对和望柱2件。因神道处地势低洼，泥土淤积，石像生多已掩埋于地下。只有封土前300米处的2件六棱形石望柱，仍保存在原地，东西间距25米，露出地表部分高1.5米，据此可以推断出神道的宽度和陵园的规模。另外，被当地村民挖出的1对石虎，已被移至石陵村内，石虎呈蹲姿，高1.3米（图2）。在封土之东不远处，有一寺院名"邱灵寺"，传为石敬瑭灵榇停放之所，后为护陵人的住处。现寺内建筑多为后期改建，1966年以前尚存

---

[1]　杨继东：《极建陵》，《文物世界》2002年第5期。

1通石碑，为宋真宗景德年间所立①。据清光绪七年（1881年）《宜阳县志》卷六"陵墓"条记载：晋高祖陵在"县西北二十五里，石家陵村西，村亦因陵得名。村西有邱陵寺，传为高祖停辇处。寺有碑，字迹残毁，惟存大宋景德年号"。

后汉睿陵为汉高祖刘知远的陵墓（图3）。刘知远原与石敬瑭俱事后唐明宗，后合谋反唐。契丹灭后晋，他在太原称帝，后都汴。乾祐元年（948年）正月卒，终年54岁，在位2年。刘知远为其子所安葬，曾命五使，以宰臣窦贞固为山陵使，吏部侍郎段希尧为副使。同年十一月葬睿陵。《五代会要》卷一记载：睿陵"在洛京都城县"。睿陵位于今禹州市西北30千米的柏嘴山之阳，陵园坐北面南，封土现存周长60米，高8米。在封土四面各100米处，均立有1对石狮（近年移回禹州市文物管理所），应是陵园四门外的守门狮子（图4），据此

图2　后晋高祖显陵石虎

可知陵园的四至范围。据清道光《禹州志》记载：后汉高祖睿陵在"州北五十里柏嘴山下，基址岿然，翁仲石兽俱列如故"②。据了解，陵前石刻在20世纪50年代尚存大部分，在"文革"中东边的一排全遭破坏，西边的一排被掩埋于地下。现封土前有一个正方形石座，左角处刻有"赵冀祠"三个字③。封土以东约500米处的山上还有1棵古柏，与山下封土、石狮遥遥相对，为睿陵增加了些许庄严肃穆的气氛。

后周历三帝，共计10年。太祖郭威，曾助汉高祖刘知远建国。汉隐帝死，初请太后临朝听政，迎立刘知远侄刘赟做皇帝。旋废刘赟，灭后汉，建立后周。显德元年（954年）正月卒，终年51岁，在位4年。四月葬于嵩陵。《五代会要》卷一记载：嵩陵"在郑州新郑县"。世宗柴荣，太祖圣穆皇后兄柴守礼之子，被郭威收为养子。太祖卒，即帝位。柴荣是五代时期最有作为的帝王，

---

① 洛阳市地方史志编辑委员会：《洛阳市志·14》，中州古籍出版社，1995年，第88页。
② （清）朱炜修、姚椿、洪符孙纂：《禹州志》卷十五，道光十五年（1835年）刊本。
③ 河南省地方志编纂委员会：《河南省志·14》，河南人民出版社，1993年，第198页。

图3 后汉高祖刘知远睿陵

图4 后汉高祖睿陵石狮

他亲率大军攻北汉、伐后蜀、征南唐、破辽兵，为北宋统一中原奠定了基础，历史上称之为"五代第一君"。显德六年（959年）六月以疾卒，终年39岁，在位6年。同年十一月，"葬世宗皇帝于庆陵，以贞惠皇后刘氏附焉"①。《五代会要》卷一记载：庆陵"在郑州管城县"。恭帝柴宗训，柴荣第四子。世宗病死即帝位，时年7岁。建隆元年（960年）正月，禅位于宋，降封为郑王。开宝六年（973年）三月卒于房州，卒年21岁。宋太祖赵匡胤"素服发哀，辍朝十日，谥曰恭帝，命葬庆陵之侧，陵曰顺陵"②。

后周皇陵位于今新郑市城北约18千米的郭店乡，现存陵墓4座，分别为嵩陵、庆陵、顺陵，以及周世宗符皇后的懿陵③。嵩陵在郭店乡周庄村南约500米处，陵园坐北面南，地势北高南低。地面仅存封土，周长103米，高约9米（图5）。据《旧五代史》记载郭威临终前对其养子柴荣说："我若不起此疾，汝

---

① （宋）薛居正等撰：《旧五代史》卷一百二十、周书十一、恭帝纪，中华书局，1976年。
② （元）脱脱等撰：《宋史》卷三、太祖本纪三，中华书局，1977年。
③ 新郑县文化馆：《新郑县后周皇陵》，《河南文博通讯》1979年第4期。

即速治山陵，不得久留殿内。陵所务从俭素，应缘山陵役力人匠，并须和雇，不计近远，不得差配百姓。陵寝不须用石柱，费人工，只以砖代之。用瓦棺、纸衣。临入陵之时，召近税户三十家为陵户，下事前揭开瓦棺，遍视过陵内，切不得伤他人命。勿修下宫，不要守陵宫人，亦不得用石人石兽，只立一石记之，镌字云：'大周天子临晏驾，与嗣帝约，缘平生好俭素，只令著瓦棺纸衣葬。'若违此言，阴灵不相助。"又言："朕攻收河府时，见李家十八帝陵原，广费钱物人力，并遭开发。汝不闻汉文帝俭素，葬在霸陵园，至今见在。如每年寒食无事时，即仰量事差人洒扫，如无人去，只遥祭。兼仰于河府、魏府各葬一副剑甲，澶州葬通天冠、绛纱袍，东京葬一副平天冠、衮龙服。千万千万，莫忘朕言。"①周太祖郭威埋藏时是否用瓦棺纸衣，尚不得而知，但遗存至今的嵩陵前确实没有石人石兽，此制并影响到庆陵、顺陵等一代后周皇陵。据清乾隆四十一年（1776年）《新郑县志》记载：嵩陵"在县北四十里郭店西南，陵前旧有石刻云：'周天子平生好俭约，遗令用纸衣瓦棺，嗣天子不敢违也。'今碑已亡"②。

周世宗庆陵位于郭店乡陵上村西100米处，陵园地面平坦，封土高大巍峨，现存周长105米，高约20米（图6）。封土南面原有明清时期的御制祭文碑44通，现存35通，多数为下半身埋入土中，其中7通仅露碑首。现存碑刻中，最早是明宣德元年（1426年）所立，最晚的立于清宣统元年（1909年），碑文内容均为赞颂周世宗的功绩。在陵上村内，有周世宗皇后符氏的懿陵，现存封土周长30米，高约3米。清乾隆《新郑县志》记载，庆陵陵园是明朝初年开始修建，平面呈方形，边长约200米，四周墙高约2米。陵园南大门高约4米，宽约3米，门额悬匾，大门左右对称各有1个小门。进入南大门，有一条长80米，宽3米的砖铺神道，直通墓前祭坛。祭坛用砖砌成，平面呈方形，高约1米，面积330平方米。祭坛附近石碑林立，陵园四周古柏参天，是五代帝陵所仅见的一例。

周恭帝顺陵位于陵上村东北约300米处，封土周长约40米，高4米。1991年，顺陵遭不法分子盗掘，考古工作者从盗洞进入墓室进行了勘察③。该陵坐北面南，由竖穴墓道，砖砌甬道和墓室三部分组成。墓室平面呈圆形，穹窿顶，直径约6.2米，高约7米，在墓室周壁的中部墙体上，有6处凸起叠砌的两块砖，似作放置灯盏之用。在墓室及甬道的砖砌壁面上皆涂抹一层白灰，上绘彩色的

---

① （宋）薛居正等撰：《旧五代史》卷一百一十三、周书四、太祖纪四，中华书局，1976年。
② （清）黄本诚纂修：《新郑县志》卷十一"祠祀志"，乾隆四十一年（1776年）刊本。
③ 李书楷：《五代周恭帝顺陵出土壁画》，《中国文物报》1992年4月5日。

图 5　后周太祖郭威陵　　　　　　　图 6　后周世宗柴荣陵

仿木建筑构件和人物图像，墓室顶部绘有星相图。由于大部分壁面被盗贼铲除或自然剥落，现仅在甬道的东侧和墓室的西侧各留下一幅壁画。其中，甬道东侧的一幅为《文吏迎侍图》（图 7），通高 1.4 米，宽 1.7 米，画面人物高 1.17 米。图上绘文吏 2 人，右侧 1 人头戴黑色长角幞头，身穿红色圆领袍服，腰系玉带，两手握于胸前侍立，呈侧视状；左侧文吏与右侧的基本相同，仅袍服为白色，呈正视状。墓室西侧的一幅为《武吏执斧图》（图 8），通高 1.9 米，宽 1.6 米，画面人物高 1.24 米，武吏头戴黑色长角幞头，身穿红色圆领袍服，下着白色束脚长裤，脚蹬云头靴。头稍倾斜，面部微露骄横之气，侧身侍立。两手攒握于胸前，斜执一长柄斧。图像两侧各绘朱红色立柱，上部绘有枋木及斗拱。两图的绘制方法，是用黑色线条勾勒出整体轮廓，然后用红色或白色颜料平涂填色。

二

十国历史繁复，如果从天复二年（902 年）唐昭宗封杨行密为吴王开始，至太平兴国四年（979 年）宋太宗赵光义最后灭北汉，期间历 78 年，计在位 40 个帝王。由于分属地方割据政权，多非按传统礼制行事，这 40 个帝王中史料记载陵名的只有 11 个，葬地明确的仅 8 个。目前经过考古发掘或勘察，可以证实墓主人身份的十国陵墓，有南唐烈祖李昪及夫人宋氏的钦陵、南唐元宗李璟及夫人钟氏的顺陵、吴越文穆王钱元瓘墓、钱元瓘夫人马氏的康陵、钱元瓘妃吴汉月墓、闽太祖王审知及夫人任氏墓、闽太宗王延钧夫人刘华墓、南汉高祖刘

图7　后周恭帝柴宗训陵文吏迎侍图

图8　后周恭帝柴宗训陵武吏执斧图

龑的康陵、南汉中宗刘晟的昭陵、前蜀高祖王建的永陵和后蜀高祖孟知祥的和陵等。这些小朝廷的帝王陵墓,为研究十国历史和唐宋陵寝制度提供了重要的参考资料。

南唐为李昪所创建,公元937年代吴称帝,都金陵(今江苏南京市)。公元975年为北宋所灭,共历五王,前后凡39年。曾灭闽、楚,极盛时有今江苏、安徽淮河以南和福建、江西、湖南及湖北东部。南唐二陵位于江苏省江宁县牛首山南麓,东西相距约50米,1950~1951年发掘[①]。二陵形制大同小异,都分前、中、后三室,以钦陵的建筑及装饰更为宏伟华丽。钦陵为南唐烈祖李昪及夫人宋氏的陵墓,建于南唐保大元年(943年),地面封土直径约30米,高约5米。墓室全长21.48米,宽10.45米,高5.3米,前中室为砖砌穹窿顶,后室为石板叠涩顶。墓门及3个墓室的壁面上均砌有仿木结构的柱、枋和斗拱,其上彩绘牡丹、宝相、莲花、海石榴和云气图案。后室顶部彩绘天象图,地面雕刻象征山川河流的沟槽。棺床正面上方横刻双龙戏珠纹,其下两侧各有一个披甲持剑的武士雕像。顺陵为南唐元宗李璟及夫人钟氏的陵墓,建于北宋建隆二年(961年),全长21.9米,宽10.12米,高5.42米,三室均为砖结构,没有仿木结构装饰和石刻。二陵出土文物约600件,除可表明墓主人身份的玉、石哀册外,还有大量陶俑和各种陶制神怪、动物形象,以及黑、白、黄、绿釉瓷器。陶俑中有内侍、宿卫、伶人、舞姬等,形态各异,丰富多彩。

吴越是钱镠建立的,公元907年受后梁封为吴越王,都杭州(今浙江杭州市),居今浙江全部和江苏部分。公元978年降北宋,共历三世五王,前后凡71年。

---

① 南京博物院:《南唐二陵发掘报告》,文物出版社,1957年。

钱元瓘为吴越国二世国王，据《吴越备史》卷三：天福六年"八月辛亥，王薨于瑶台院之彩云堂，年五十五，在位十年。赠谥曰文穆，敕宰相和凝撰神道碑。七年壬寅二月癸卯，葬于国城龙山之南原"①。钱元瓘墓位于杭州市郊玉皇山脚，地理位置与史料相符，1965年清理；钱元瓘妃吴汉月墓位于杭州市施家山南麓，西距钱元瓘墓约400米，1958年发掘②。钱元瓘夫人马氏的康陵位于临安市玲珑镇祥里村，1996~1997年发掘③。三墓皆采用土坑石椁，外砌砖拱，钱元瓘墓和康陵为前中后三室，吴汉月墓仅作前后室。其中康陵保存完好，为带斜坡墓道的长方形砖石结构墓。前室砖筑，两侧各有1个耳室，壁面彩绘斗拱和牡丹图案。在前室左耳室正壁镶嵌石墓志1方，中、后室均用红砂石板构筑，石室外加筑砖结构拱顶。中室平面呈正方形，中间放置石质供桌，两侧石壁上彩绘牡丹，周边彩绘云气图案。后室四壁上部是加以彩绘和贴金装饰的"四神"浮雕，下部分别凿有3个石龛，龛内雕刻十二生肖神像。后室后部设置石棺床，顶部石板正中刻有一幅星相图。整个星相图共有218颗星，完全以写实手法绘制，阴线同心圆、星象和星星之间的连线也贴有金箔片，显示出墓葬等级和墓主人的高贵身份。墓内出土有精美的龙形玉雕、石长明灯和越窑青瓷器等。钱元瓘墓也出土越窑青瓷多件，有肩腹上浮雕双龙的大瓶、划花壶、方形盘等，大瓶的龙身上还有贴金。两墓出土的青瓷，是吴越专门在越州烧造的优质瓷器，应属史料中记载的"秘色瓷"④。

闽是王审知建立的。后梁开平三年（909年），梁太祖封王审知为闽王。公元933年其子王延钧称帝，建都长乐（今福建福州市），国号闽。统治地区为今福建全境，945年为南唐所灭，共历六主，计37年。王审知于后唐同光三年（925年）十二月卒于福州，追封忠懿王。翌年三月安葬在福州西郊的凤池山，与妻任氏墓毗邻。后唐长兴三年（932年），王审知次子、闽国第三代主王延钧，以父母坟墓所在山岗风水不顺国运为由，迁葬于福州北郊莲花峰南麓。王审知夫妇陵墓依山修筑，墓冢近长方形，长11米，前宽4.9米，高2.2米，两冢间距2~7米。在墓冢后16米的土坡中央，竖有明万历三十年（1602年）重修闽王墓碑，墓前神道两侧依次排列文武石翁仲各2对，石虎、石羊、石狮各1对。

---

① （宋）钱俨撰：《吴越备史》卷三，《景印文渊阁四库全书》第464册，台湾商务印书馆，1986年。
② 浙江省文物管理委员会：《杭州、临安五代墓中的天文图和秘色瓷》，《考古》1975年第3期；浙江省文物管理委员会、杭州师范学院考古组：《杭州郊区施家山古墓发掘报告》，《杭州师范学院学报（社会科学版）》1960年第1期。
③ 杭州市文物考古所、临安市文物馆：《浙江临安五代吴越国康陵发掘简报》，《文物》2000年第2期。
④ （宋）赵令畤的《侯鲭录》卷六："今之秘色瓷器，世言钱氏有国，越州烧造，为供奉之物，不得臣庶用之，故云秘色。"明稗海本。

1981 年修缮时对墓室进行了清理①，墓道长 8.8 米，宽 2.25 米。墓室东西并列，用花岗岩条石砌筑，平面略呈长方形，各有双重封门。东墓室安葬王审知，全长 7.96 米；西墓室安葬王审知之妻任氏，全长 7.76 米。两墓室多次被盗，残存随葬器物有墓志、玻璃器和青、白瓷器。

刘华系南汉南平王的次女，后梁贞明三年（917 年）嫁与闽国第三主王延钧，后唐长兴元年（930 年）卒于闽。刘华墓位于福州市郊战坂乡莲花峰下，在王审知墓东约 0.5 千米的东室山上②。墓地两冢并列，封土为长方形，长 10 米，宽 4 米，高 3.5 米。墓室全用花岗石砌筑，再用白灰涂抹。墓葬为前后两室，平面作长方形，全长 8.4 米，此墓早年被盗，现存随葬品有陶俑、神怪俑、陶瓷器、鎏金开元通宝钱、石幢、墓志等。其中 3 件孔雀蓝陶罐形制特殊，比较少见。

南汉小朝廷建都广州，居今广东和广西地区，共历 55 年（917～971 年），前后有 4 个皇帝。其中高祖刘龑的康陵和中宗刘晟的昭陵，已作勘察或清理；殇帝刘玢在位 11 个月即被其弟刘晟所杀，没有建陵；后主刘𬬮在位不到三年降宋，宋先后封他为恩赦侯公、卫国公等，其墓在韶州治北六里的狮子岗③。康陵位于番禺市新造镇北亭村青岗山麓处，早在明崇祯九年秋发现，《番禺县志》卷二十四记载颇详。1972 年 6 月又做了勘察，墓室砖砌，分前后两室，顶部作五层券拱，室内全长 12 米。前室平面呈长方形，宽约 2.8 米，在两侧壁面上各砌有八个呈"凸"字形的壁龛；后室平面近方形，两室之间有券形的短过道连通。昭陵位于广州市大岭田乡石马村，1954 年清理。昭陵地处石牛山麓，高出墓前盆地约 3 米。神道石雕像发现 5 件，有马 2 件、人 2 件和象 1 件，是十国王陵神道石雕像保存最多的 1 处。墓室砖砌，分前后两室，顶部作三层券拱，全长 11.64 米。在前室的两侧各用砖砌成八个长方形的器物箱，箱内满置青釉瓷罐和灰陶罐。其中的青釉四耳罐、六耳罐和夹耳罐，造型独特，釉色晶莹，是同期青瓷中少见的精品。

前蜀为王建所创。天复三年（903 年），唐封王建为蜀王。907 年朱温建梁后，王建称帝于成都，统治地区有今四川和甘肃东南部、陕西南部和湖北西部。咸康元年（925 年）为后唐所灭，共历二主，计 23 年。前蜀王建的永陵位于四川

---

① 福建省博物馆、福州市文物管理委员会：《唐末五代闽王王审知夫妇墓清理简报》，《文物》1991 年第 5 期。
② 福建省博物馆：《五代闽国刘华墓发掘报告》，《文物》1975 年第 1 期。
③ 商承祚：《广州石马村南汉墓葬清理简报》，《考古》1964 年第 6 期；麦英豪：《关于广州石马村南汉墓的年代与墓主问题》，《考古》1975 年第 1 期。

省成都市三洞桥西北，建于前蜀光天元年（918年），1942～1943年发掘[①]。陵台呈圆形，直径约80米，高15米，基部周围用条石叠砌。陵台外有砖基3道，正南砖基之间建包砖夯土墩1对。1971年，在陵南300米处发现文官石像1躯，高3.18米，造型浑厚，应为陵前的神道石雕像[②]。墓室南向，无墓道，以14道红砂岩券拱构筑，全长30.8米。分前中后三室，每室间有木门间隔，室内长23.4米。中室面积最大，置有须弥座式石棺床，两侧列置十二神半身雕像，作抬棺状，顶盔贯甲，神态勇猛。棺床东、西、南三面雕刻一组24名乐伎，其中舞者2人，奏乐者22人，姿态各异，形神毕肖。后室设石床，置有墓主人圆雕石像。该墓早年被盗，出土随葬品有玉哀册、谥册、谥宝、银扣玉大带、银盒、银钵、漆胎银碟、银平脱朱漆镜奁、铁牛、铁猪等，不少器物装饰繁缛精美，是当时的工艺佳作。

后蜀为孟知祥所建。公元925年后唐庄宗灭前蜀，以孟知祥为四川节度使。公元933年后唐明宗封孟知祥为蜀王，次年称帝，建都成都，史称后蜀。统治地区有今四川和陕西南部、甘肃东部、湖北西部。乾德三年（965年）为北宋所灭，共历二王，计33年。孟知祥夫妇合葬墓位于四川省成都市北郊约7千米的磨盘山南麓，1971年发掘[③]。该墓构造颇为别致，为三个并列的穹窿顶圆形墓室，中间主室较大，直径6.7米，高8.16米，两个侧室较少，全部用青石叠砌。墓门为牌楼式建筑，左右各置有一个高1.1米的守门卫士石像，两壁彩绘男女宫人。中室棺床底座浮雕十个裸身卷发的力士，中层四角各雕一个身披甲胄的力士，上层四周刻有双龙戏珠图案。该墓早年被盗，仅余孟知祥玉册数片和孟知祥妻子"福庆长公主"墓志1方。

三

五代时期，中原地区封建割据势力连年混战，朝廷像走马灯似的更换频繁。其中统治时间最长的后梁历时17年，最短的后汉仅4年。在当时局势极不稳定的情况下，社会生产往往得不到恢复，国库殚竭，民不聊生。加上多数皇帝不是善终，非子葬其父或仓促安葬，因此五代帝陵虽有一定的规模，但建造十分简陋。从目前掌握的地面调查资料来看，五代帝陵皆平地起陵，墓冢用黄土封筑；地面上不见鹊台、乳台、门阙和角阙等唐宋陵园常见的标志物，推测在当

[①] 冯汉骥：《前蜀王建墓发掘报告》，文物出版社，1964年。
[②] 陈古全：《成都永陵出土石人》，《文物》1981年第6期。
[③] 成都市文物管理处：《后蜀孟知祥墓与福庆长公主墓志铭》，《文物》1982年第3期。

时仅用土墙围护墓冢。汉高祖刘知远的睿陵陵园四面尚保留4对门狮,距离封土分别在100米左右,即陵园每边长约不少于200米。这样的规模虽低于北宋皇帝陵园的每边长240米,而远远大于北宋皇后陵园的每边长105～120米[1]。五代帝陵陵园一般地势平坦,只有晋高祖石敬瑭的显陵,将神道设于两道土岭之间的低洼处,可能是因地制宜选择陵园的结果。显陵的封土呈覆斗形,底部周长100米,高达20米,其封土面积比北宋皇后陵的20米见方要大,而封土高度甚至超过北宋的皇帝陵。

据《宋会要辑稿》礼三八之二记载:"(熙宁)三年六月九日,郑州言'准诏修葺嵩陵殿宇,缘材植阙乏,乞于元(原)数内量行裁损。'诏依元(原)制修葺。"表明在后周皇陵陵园内曾建有献殿类礼制性建筑,并具有一定的气势和规模。依此推测,按帝陵规格安葬的唐明宗徽陵[2]、晋高祖显陵、汉高祖睿陵和周世宗庆陵等五代帝陵,也应在陵园内建有用于祭祀类的地面建筑。另外,应顺元年三月建造唐明宗李亶徽陵时,曾"以前金吾大将军李肃为左卫上将军,充山陵修奉上下宫都部署"[3]可见李亶徽陵还分设有上、下宫,应仿自关中唐十八陵的陵寝制度。

十国时期的长江流域,虽有多个割据政权存在,但战事相对较少,局势比较稳定,社会经济长足发展。因此十国帝王陵墓虽然规模不大,但建造相当讲究。陵墓多建于山的南麓,地势高亢,显得颇有气势。地面封土均较五代帝陵卑小,而在封土基部使用条石或青砖叠砌,则是五代帝陵所没有的。

五代帝陵除后周外,在梁太祖宣陵、晋高祖显陵、汉高祖睿陵,以及唐太祖李克用陵前,均发现列有神道石雕像。石雕像分别有望柱、马、虎、羊、门狮和人物等,基本上相当于北宋皇后陵神道石雕像的种类,而与唐代帝陵石刻仪仗不设虎、羊大异其趣。据唐人封演的《封氏闻见记》记述:"秦汉以来帝王陵前有石麒麟、石辟邪、石象、石马之属,人臣墓前有石羊、石虎、石人、石柱之属,皆所以表饰坟垄,如生前之仪卫耳。"[4]可见唐代石虎、石羊均是在

---

[1] 河南省文物考古研究所编:《北宋皇陵》,中州古籍出版社,1997年,第451～452页。
[2] (宋)薛居正等撰的《旧五代史》卷一百一十二、周书三、太祖纪三:"(广顺元年十一月)丁亥,诏曰:'唐朝五庙,旧在至德宫安置,应属徽陵庄田园舍,宜令新除右监门将军李重玉为主。其缘陵缘庙法物,除合留外,所有金银器物,充迁葬故淑妃王氏及许王从益外,其余并给予重玉及尼惠英、惠灯、惠能、惠严等。令重玉以时祀陵庙,务在丰洁。'重玉,故皇城使李从璨之子、明宗之孙,惠英等亦明宗亲属也,故帝授重玉官秩,令主祀先,王者之后也。"上述的"以时祀陵庙"应包括了按时祭奠陵寝和宗庙两种含义,从侧面反映出后唐皇陵上应有"寝"类建筑。中华书局,1976年。
[3] (宋)薛居正等撰:《旧五代史》卷四十五、唐书二十一、闵帝纪,中华书局,1976年。
[4] (唐)封演:《封氏闻见记》卷六"羊虎"条,《景印文渊阁四库全书》第862册,上海古籍出版社,1989年。

人臣墓前设置，五代皇帝把它们安放在帝陵神道两侧，开创了北宋皇陵例设虎羊的先河。十国帝王陵墓前少有神道石雕像，目前仅在南汉刘晟墓前发现石象、石马、石人和前蜀王建墓发现1件石人，反映出与五代帝陵的差异。

五代时皇帝皆在位短暂，非正常死亡者居多，因此皇后也往往不能按照规格安葬。后周皇后陪葬帝陵制度开始完备，如周太祖崩葬嵩陵，已故的一后三妃时皆陪葬。因淑妃杨氏卒于晋天福末年，葬在太原近郊，而当时太原未平。"世宗乃诏有司于嵩陵之侧，预营一冢以虚之，俟贼平即议襄事。显德元年夏，世宗征河东，果成素志焉"[①]。周世宗的宣懿皇后符氏，因世宗在位时崩，不仅祔葬于新郑的嵩陵之侧，而且自立陵名曰懿陵。这种皇后自立陵园，并且祔葬于父辈皇帝之侧的埋葬制度，也为以后的北宋皇陵所承继。十国帝王陵墓多作帝、后合葬，而不再单独建造陵寝，与五代帝陵在葬制上显然有别。

五代帝陵地宫均未发掘，被盗的后周恭帝顺陵建于宋开宝六年（973年），已是后周灭亡后的第十四个年头，严格意义上说应属于北宋墓葬。该墓作圆形穹窿顶，墓室直径6.2米，高约7米，在规模上仅同于陪葬宋英宗永厚陵的魏王赵頵墓[②]。十国帝王陵墓中，已有6国8个帝王、3个后妃地宫进行过勘察或发掘。南唐、吴越、前蜀陵墓均作前中后三个墓室，后蜀孟知祥墓是三个并列的圆形墓室，南汉陵墓和蜀国刘华墓也有前后两室，墓葬形制较大。目前所见到的唐代最大的墓葬，是"号墓为陵"的懿德太子墓和永泰公主墓，也只是双室砖砌墓[③]。十国帝王陵墓不少设置有石棺床，并雕刻石像和花卉，有的还彩绘有花纹图案，使墓室显得异常华丽。吴越陵墓皆在后室四壁雕刻四神十二辰像、后室顶部线刻有十分准确的星相图。据《通典》礼四十五："大唐制，诸葬不得以石为棺椁及石室，其棺椁皆不得雕镂彩画施户牖栏槛，棺内又不得有金宝珠玉。"显然，十国帝王是以土皇帝自居的，在墓葬规格上往往僭越礼制，完全仿效唐代皇帝行事。

十国帝王陵墓随葬品差异较大，南唐二陵、闽国刘华墓以随葬男女陶俑和各类动物俑为特点，其中南唐李昪钦陵出土男女陶俑136件、动物俑21件，南唐李璟顺陵出土男女陶俑54件，动物俑20件，闽国刘华墓出土各种陶俑8件。吴越钱元瓘墓、康陵和吴汉月墓均随葬有精美的越窑秘色瓷，表现出吴越国的地方特色。南汉刘晟墓在前室两侧各用砖砌出八个器物箱，箱内装满青釉瓷罐

---

① （宋）薛居正等撰：《旧五代史》卷一百二十一、周书十二、后妃列传一，中华书局，1976年。
② 周到：《宋魏王赵頵夫妻合葬墓》，《考古》1964年第7期。
③ 陕西省博物馆、乾县文教局唐墓发掘组：《唐懿德太子墓发掘简报》，《文物》1972年第7期；陕西省文物管理委员会：《唐永泰公主墓发掘简报》，《文物》1964年第1期。

和灰陶罐，有的陶罐内存有鸡、鱼骨或蚶壳，也为南方地区所独有的葬制。南唐二陵和前蜀王建墓均随葬有唐宋帝王专用之玉哀、谥册，王建墓还在御床上设有谥宝和墓主人像，反映出南唐和前蜀两国雄厚的经济实力和仿效唐帝的埋葬制度。

（原刊于《桃李成蹊集——庆祝安志敏先生八十寿辰》，香港中文大学中国考古学研究中心，2004年）

表一 五代十国帝王陵墓一览表

朝代		谥号及帝名	在位时间	陵名	史载葬地	资料出处
五代	梁	太祖 朱 温	907~912年	宣陵	洛京伊阙县	《五代会要》卷一
		朱友珪	912~913年			
		末帝 朱友贞	913~923年			
	唐	庄宗 李存勖	923~926年	雍陵	洛京新安县	《五代会要》卷一
		明宗 李 亶	926~933年	徽陵	洛京洛阳县	《五代会要》卷一
		闵帝 李从厚	933~934年		徽陵之封中	《五代会要》卷一、《旧五代史》卷四十五
		末帝 李从珂	934~936年		徽陵之封中	《五代会要》卷一、《旧五代史》卷四十八
	晋	高祖 石敬瑭	936~942年	显陵	洛京寿安县	《五代会要》卷一
		出帝 石重贵	942~946年			
	汉	高祖 刘知远	947~948年	睿陵	洛京都城县	《五代会要》卷一
		隐帝 刘承祐	948~950年	颖陵	许州阳翟县	《五代会要》卷一、《旧五代史》卷一百三
	周	太祖 郭 威	951~954年	嵩陵	郑州新郑县	《五代会要》卷一
		世宗 柴 荣	954~959年	庆陵	郑州管城县	《五代会要》卷一
		恭帝 柴宗训	959~960年	顺陵	庆陵之侧	《旧五代史》卷一百二十、《宋史》卷三

续表

朝代		谥号及帝名	在位时间	陵名	史载葬地	资料出处
十国	吴	太祖 杨行密	902~905年	兴陵		
		烈祖 杨渥	905~908年	绍陵		
		高祖 杨隆演	908~920年	肃陵		
		睿帝 杨溥	920~937年	平陵		
	南唐	烈祖 李昪	937~943年	永陵		
		元宗 李璟	943~961年	顺陵		
		李煜	961~975年		洛京之北邙山	马令:《南唐书》卷五
	吴越	武肃王 钱镠	907~932年		安国县衣锦乡茅山之原	《吴越备史》卷二
		文穆王 钱元瓘	932~941年		国城龙山之南原	《吴越备史》卷三
		忠献王 钱弘佐	941~947年		龙山之西原	《吴越备史》卷四
		忠逊王 钱弘倧	947年		会稽秦望山之原	《吴越备史》卷四
		忠懿王 钱弘俶	948~978年		洛阳县贤相里陶公原	《吴越备史补遗》

续表

朝代		谥号及帝名	在位时间	陵名	史载葬地	资料出处
十国	楚	武穆王 马 殷	907～930年		衡阳之上潢	《十国春秋》卷六十七
		衡阳王 马希声	930～932年			
		文昭王 马希范	932～946年			
		废 王 马希广	947～950年			
		马希萼	950～951年			
	闽	太祖 王审知	909～925年	宣陵	先葬福州城北凤池山，后改葬莲花山	《十国春秋》卷九十
		嗣王 王延翰	925～926年			
		太宗 王延钧	926～935年			
		康宗 王 昶	935～939年			
		景宗 王 曦	939～943年		福州之城北	《十国春秋》卷九十二
		恭懿 王延政	943～945年			
	南汉	高祖 刘 䶮	911～942年	康陵	兴王府城东二十里之漫山	《十国春秋》卷五十八
		殇帝 刘 玢	942～943年			
		中宗 刘 晟	943～958年	昭陵	兴王府城北	《十国春秋》卷五十九
		后主 刘 鋹	958～971年		韶州之越王山	《十国春秋》卷六十
	前蜀	高祖 王 建	907～918年	永陵		
		后主 王 衍	918～925年		长安南三赵村	《蜀梼杌》卷上
	后蜀	高祖 孟知祥	934年	和陵		
		孟 昶	934～965年		洛阳之北邙	《十国春秋》卷四十九
	荆南	武信王 高季兴	924～928年		江陵城西之龙山乡	《十国春秋》卷一百
		文献王 高从诲	928～948年		龙山乡	《十国春秋》卷一百一
		贞懿王 高宝融	948～960年		龙山乡	《十国春秋》卷一百一
		高保勖	960～962年			
		高继冲	962～963年			
	北汉	世祖 刘 旻	951～954年		交城北山	《十国春秋》卷一百五
		睿宗 刘 钧	954～968年			
		少主 刘继恩	968年			
		刘继元	968～979年			

表二 五代十国帝王陵墓地宫情况一览表

陵墓主人	纪年材料	形制与结构	随葬品	资料出处
南唐李昪	玉哀册保大元年（943年）	前中后三室，并附10个侧室，前中二室砖砌，后室石砌，仿木建筑结构，施彩画	陶器34、瓷器14、玉册2、陶人物俑136、动物俑21、铜器2	《南唐二陵》，文物出版社，1957年
南唐李璟	石哀册建隆二年（961年）	前中后三室，并附8个侧室，皆砖砌，施彩画	陶器6、瓷器15、石册2、陶人物俑54、动物俑20、铜钱2	《南唐二陵》，文物出版社，1957年
吴越钱元瓘	《吴越备史》卷三天福七年（942年）	前中后三室、前室附2耳室，红砂岩石椁，外砌砖拱，后室雕刻四神十二生肖像	秘色青瓷9	《考古》1975年第3期
吴越马氏	墓志天福四年（939年）	前中后三室，土坑石椁，外砌砖拱，后室雕刻四神十二生肖像	秘色青瓷4、玉器70、铜器9、铜钱6、石雕2、石墓志1、铁器9、金银器9	《文物》2000年第2期
吴越吴汉月	《吴越备史》卷四广顺二年（952年）	前后两室，土坑石椁，后室雕刻四神十二生肖像	秘色青瓷2、白瓷1	《考古》1975年第3期
闽国王审知	墓志同光四年（926年）	两室并列，墓室呈长方形，花岗岩石砌，双重条石封门	青瓷器3、白瓷器4、玻璃器2、石墓志2	《文物》1991年第5期
闽国刘华	墓志长兴元年（930年）	两室并列，墓室呈长方形，花岗岩石砌，双重条石封门	陶人物俑43、动物俑5、石器4、陶器3、瓷器8、铜钱1、石墓志1	《文物》1975年第1期
南汉刘龑	《番禺县志》卷二十四	前后两室，前室两侧有8个壁龛，墓室砖砌，五层券拱		《考古》1975年第1期
南汉刘晟	字砖乾和十六年（958年）	前后两室，前室两侧有8个边箱，墓室砖砌，三层券拱	陶器153、瓷器33、铜器1	《考古》1964年第6期
前蜀王建	玉哀册光天元年（918年）	前中后三室，中室置石棺床，红砂岩石砌，三重木门间隔	银器10、玉器5、铜器2、漆器1、铁器3、石器5、陶器5、玉册2	《前蜀王建墓发掘报告》，文物出版社，1964年
后蜀孟知祥	玉哀册明德元年（934年）	三个圆形墓室并列，青石垒砌，牌楼式门楼，中室置石棺床	玉册、石墓志1	《文物》1982年第3期

略谈北宋东京外城的兴废

北宋以东京为国都的167年，是开封城建史上的鼎盛时期。由于开封地处豫东平原，旷野千里，无险可守，因此统治者十分重视城垣的修筑。尤其是外城，更被视为防御京都的重要屏障。不幸的是，这座雄伟庞大的东京外城，自宋室南渡后，在黄河淹灌、风沙沉积和人为的破坏下，早已掩埋于地下。长期以来，研究者只能凭借《东京梦华录》和《清明上河图》等史籍画卷，去追忆当时的盛况。

中华人民共和国成立后，这座历史名城得到妥善的保护，并于1982年2月被国务院公布为全国重点文物保护单位。自1981年以来，考古工作者曾对北宋东京城址进行了全面勘探和部分试掘，基本搞清了外城的位置、范围和建筑结构[1]。笔者曾参加了这次试掘工作，拟对外城的兴废略作阐述，以便对该城的历史有较多的了解。

一、后周的创建与北宋的增修

北宋是继五代的后周之后而建都东京的，外城始建于后周显德年间。《旧五代史》记载："（显德二年四月）乙卯，诏于京城四面，别筑罗城，期以来春兴役""（显德三年正月）戊戌，发丁夫十万城京师罗城。"[2]宋敏求的《东京记》记载较详："周世宗显德二年四月，诏京城四面别筑罗城。三年正月，发京畿滑郑曹之民，命薛可言等四面督之，韩通总其事，王朴经度，凡通衢委巷广袤之间，皆朴定其制，逾年而成。"[3]由此可知，东京外城是于后周显德二

---

[1] 开封宋城考古队：《北宋东京外城的初步勘探与试掘》，《文物》1992年第12期。
[2] 《旧五代史·周书·世宗本纪》。
[3] 高承：《事物纪原》卷六"京城条"。

年下诏修建，三年（956年）正月兴役动工，逾年竣工。后周时，称为罗城或新城；北宋沿用之，除罗城、新城外，还称外城和国城①。后周时的外城范围，文献记载略异：有"周回四十八里二百三十三步"②、"四十八里二百三十步"③和"四十八里二百二十三步"④三说，相差最多不过十步，恐是文献转抄时的笔误，应以前一说为是。

后周在外城修建之后三年，便被赵宋王朝所取代。据文献记载，终宋一代，曾对外城进行过十余次不同程度的增修（参见附表）。其中规模较大的修建有三次：第一次是宋真宗大中祥符九年至天禧三年（1016~1019年）的"增筑"；第二次是宋神宗熙宁八年至元丰元年（1075~1078年）的"重修"，曾出动"羡卒万人，创机轮以发土"，费工约四百万，城周扩展至五十里一百六十五步；第三次是宋徽宗崇宁五年（1106年）和政和六年（1116年）的"度国之南，展筑京城，移置官司军营"。

近年来，通过考古工作者对东京外城的实地勘察，其实测结果是：东墙长7660米，西墙长7590米，南墙长6990米，北墙长6940米，合计四周总长29180米左右，折合宋里约五十余里，这与宋神宗熙宁八年至元丰元年重修都城的"城周五十里百六十五步"基本吻合，而与宋末的所谓"京城周围八十里"⑤的记载不符。因此，后者恐是种师道说与皇帝壮胆的话，不能据以为凭。过去，不少学者仅依据《宋史·地理志》，认为东京外城在宋徽宗政和年间增至五十里百六十五步，是明显错误的。

在勘探的基础上，我们曾在外城的西墙南段进行了考古试掘。从发掘的断面上得知，在南北长仅8米的城墙上曾经过两次增修，即该段城墙是分三个时期筑成的。主一层属夯土，总宽达19米，靠近内（东）侧，是城墙的主体；主二层夯土宽8米，是在主一层夯土的外（西）侧自上而下增添筑成的，从土质土色和建筑方法看都与主一层基本相同；主三层夯土宽6米，残高仅2米余，

---

① （清）徐松的《宋会要辑稿》方域一之一："新城周回四十八里二百三十三步，周显德三年令彰信节度使韩通董役兴筑。国朝以来，号曰国城，亦曰外城，又曰罗城。"《宋史·地理志》和《玉海》卷174皆记为"四十八里二百三十三步"。
② （清）徐松的《宋会要辑稿》方域一之一："新城周回四十八里二百三十三步，周显德三年令彰信节度使韩通董役兴筑。国朝以来，号曰国城，亦曰外城，又曰罗城。"《宋史·地理志》和《玉海》卷174皆记为"四十八里二百三十三步"。
③ 高承的《事物纪原》卷六"京城"条转引《宋朝会要》："周显德五（疑是三之误）年，始广新城，周回四十八里二百三十步。"
④ （宋）赵令畤：《侯鲭录》卷三。
⑤ （宋）徐梦莘的《三朝北盟会编》卷三〇中种师道于靖康元年正月奏称："京城周围八十里如何可围，城高数十丈，粟支数年，不可攻也。"

是在主二层夯土外（西）侧另外加筑的，其夯窝稀疏，土质较软。主三层夯土内出土有铜钱三枚，分别为宋仁宗时期的"天圣元宝"（两枚）和宋英宗时期的"治平元宝"（一枚）。从而表明，主三层夯土建筑的年代不能早于宋英宗治平年间。结合夯土内出土有北宋晚期的瓷片等遗物推断，主三层夯土的建筑年代似应为宋神宗时期，即属于熙宁八年至元丰元年的"重修"部分。而主二层夯土完全贴筑在主一层夯土之上，又两者的夯土结构相似，可能分别属于后周显德三年东京外城的创建和宋真宗时期"增筑"的城墙部分。

二、外城的形制和建筑结构

关于东京外城的形制，岳珂《桯史》记载："开宝戊辰，艺祖初修汴京，大其城址，曲而宛如蚓诎焉。……及政和间，蔡京擅国，亟奏广其规，以便宫室苑囿之奉，命宦侍董其役，凡周旋数十里，一撤而方之如矩。"但也有记载称外城"状如卧牛，保利门其首，宣化门其项"[①]"俗呼为卧牛城"[②]。从实际勘探情况看，东京外城呈一东西略短、南北稍长的长方形，东、西两城墙中段稍向内弧，证明外城形制近于"方之如矩"，而非呈"卧牛"状。

东京外城的建筑非常坚固，"父老所传周世宗筑京城，取虎牢土为之，坚密如铁，受炮所击唯凹而已"[③]。考古资料表明，外城垣全系夯土筑成，这种夯土的层次明显，每层厚8～12厘米，其夯窝密集均匀，结构坚实。根据揭露的主一、二层夯土来看，皆是在下层夯土上，先垫一层厚2～4厘米，含有灰、白、红颗粒状的灰褐黏土，再填一层厚7～8厘米含沙量较大的红褐沙土，然后再进行夯打。此种作法，与今豫西地区夯打土墙时，为避免土粘夯具，在填土上面洒一薄层细沙或草灰的筑法明显不同。毫无疑问，此种使用"黏合剂"夯筑城墙的做法，是由于开封土碱、含沙量大所采取的必要措施。发掘表明，此种含沙量较大的红褐沙土，与墙基下的自然生土完全相同。我们认为，这种使用量最大的红沙土，应是取自护城壕或挖筑河道时的本地土[④]，而另一种仅作为"黏合剂"使用的灰褐土，则极有可能是从郑州以西的虎牢关运来的。

[①] （宋）徐梦莘：《三朝北盟会编》卷六六。
[②] （明）李濂：《汴京遗迹志》卷一"宋京城"。
[③] 《金史·赤盏合喜传》。
[④] 《宋史·河渠志》"广济河"条："（元丰）七年八月，都大提举汴河堤岸司言：'京东地富，谷粟可漕，独患河涩。若因修京城，令役兵近汴穴土，使之成渠，就引河水注之广济，则漕舟可通，是一举而两利也'。从之。"

从文献记载得知，东京外城垣收分很大，"横度之基五丈九尺，高度之四丈，而坤垠七尺"①。此与《武经总要》"筑城之法，每下阔一丈，上收四尺。凡城高五尺，底阔五丈，上收二丈，尤坚固矣"②，即城墙的宽与高相一致不同；而与北宋法定的"筑城之制，每高四十尺，则厚加高一十尺，其上斜收减高之半，若高增一尺，则其下厚亦加一尺，其上斜收亦减高之半，或高减者亦如之"③，即基宽、顶阔与城高的比例为5∶2.5∶4近似。在外城西墙南段的试掘中，发现保存在地下的城墙顶部残宽4米，底宽34.2米，现高达7米，仍可以想见当年外城"其高际天，坚壮雄伟"④的神姿。正是由于东京外城"城壁且高，楼橹诚未备也，然不必楼橹，亦可守"⑤。因此在宋末靖康元年的两次东京保卫战中充分发挥了作用。如第一次金兵围攻东京时，"敌方渡濠，以云梯攻城，班直乘城射之，皆应弦而倒。将士无不贾勇，近者以手炮、檑木击者，远者以神臂弓射之，又远者以术子弩坐炮击之。而金人有乘筏渡濠而溺者，有登梯而坠者，有中矢石而踣者，纷纷甚众"⑥。又同年十一月，金兵仅东水门一役就残伤数万人："闰十一月三日，金人攻东水门，矢石飞注如雨，或以磨盘及砖碌绊之为旋风炮""十八日，以炮击东水门外二拐子城，冀击坏之作斜道登城，半月城坚而不坏。……金人攻击十五日，炮石积城下高丈余，残伤金人几万人。"⑦尽管如此，昏庸腐败的北宋王朝，终于在金人的强大攻势下，城破帝掳，被迫南迁。

三、外城的城门及形制

据有关文献记载，北宋东京外城共有城门12个、水门6个。如《东京梦华录》："新城南壁，其门有三，正南门曰南薰门。城南一边，东南则陈州门，傍有蔡河水门；西南则戴楼门，傍亦有蔡河水门。……东城一边，其门有四：东南曰东水门，乃汴河下流水门也。……次则曰新宋门，次曰新曹门，又次曰东北水门，乃五丈河之水门也。西城一边，其门有四：从南曰新郑门，次曰西水门，汴河上水门也；次曰万胜门，又次曰固子门，又次曰西北水门，乃金水河水门也。北城一边，其门有四：从东曰陈桥门，次曰封丘门，次曰新酸枣门，

---

① （清）徐松：《宋会要辑稿》方域一之二二，中华书局，1957年。
② （宋）曾公亮：《武经总要》前集卷一二"守城"条。
③ （宋）李诫：《营造法式》卷三"壕寨制度"条。
④ （宋）周密的《癸辛杂识》："汴之外城，周世宗时所筑，宋神宗时又展拓之，其高际天，坚壮雄伟。"
⑤ （宋）徐梦莘：《三朝北盟会编》卷二七，靖康元年正月李纲奏称。
⑥ （清）毕沅：《续资治通鉴》卷九六。
⑦ （宋）徐梦莘：《三朝北盟会编》卷六六、六八。

次曰卫州门。"[1]需要说明的是，上述诸门名多为俗称。由于外城始建于后周，宋初城门皆因周旧名，至宋太宗太平兴国四年才大改了一次门名；水门则皆为太平兴国四年赐名，宋仁宗天圣初年又改动了一次。如新郑门正名为顺天门，固子门为金耀门等。

经过对外城的初步勘探，在东、西、南三面计发现十处缺口，其北墙由于被破坏较甚和地下水位太高，尚未能确定城门的具体位置和形状。已发现的十处缺口中，按照分布位置南墙的三处分别为南薰门、戴楼门和蔡河水门；东墙两处可能为新曹门和汴河下水门旁边的拐子城；西墙的五处怀疑为新郑门、汴河上水门、固子门、万胜门和金水河水门。其他城门和水门则因被压于建筑物下而无法究明。其南薰门和新郑门的瓮城门址，皆平面呈长方形，瓮门与城门相对，前者东西长130米，南北宽80米，后者东西宽120米，南北长达165米。两门形制与《东京梦华录》"城门皆瓮城三层，屈曲开门，惟南薰门、新郑门、新宋门、封丘门皆直门两重，盖此系四正门，皆留御路故也"的记载相符合。属于"屈曲开门"的万胜门和新曹门，瓮城平面则呈半圆形，瓮门均位于瓮城右侧。万胜门南北长105米，东西宽60米，新曹门南北长108米，东西宽50米，两瓮城大小相若，而较南薰门和新郑门的规模小得多。

诸城门中仅新郑门作了小面积试掘，发现在明代路土下有一层厚80厘米的砖瓦堆积层，估计是城门倒塌后的残迹，此表明宋代外城的城门处可能已使用包砖，宋人张择端绘制的传世名画《清明上河图》上的砖砌城门得到了实物印证。

北宋统治者除加固城门、建造瓮城外，还于宋神宗元丰年间"封筑团敌马面"，设置战棚、女头等类设施，以加强外城的防御功能。《东京梦华录》卷一"东都外城"条云："新城每百步设马面战棚，密置女头，旦暮修整，望之耸然。"表明了统治者对外城的重视程度。马面是城墙的附属物，为古代城市的主要防御设施之一，其作用在于加强防守，使攻城者三面受敌，攻势受阻。它最早出现在阶级矛盾和民族矛盾尖锐复杂的边塞区，在内地的汉唐长安城和隋唐洛阳城皆未设置。目前内地都城发现的马面遗迹，仅在洛阳汉魏故城城垣上发现一例，约属魏晋和北魏时期所修筑[2]。在北宋立国的167年间，内忧外患不断，尤其是北宋晚期，随着民族矛盾的尖锐，辽金的不断滋扰，统治者千方百计加强外城的坚固程度，特别增加了马面、瓮城等防御性设施。自北宋以后，内地的城址已经比较普遍地使用了马面。

---

[1] （宋）孟元老撰，邓之诚注：《东京梦华录》卷一"东都外城"条，中华书局，1982年。
[2] 中国社会科学院考古研究所汉魏故城工作队：《洛阳汉魏故城北垣一号马面的发掘》，《考古》1986年第8期。

四、东京外城的荒废

北宋末年的频繁战争，使东京城垣遭受一定程度的损坏。但至宋室南渡，该城又成为宋金双方相峙的战场。南宋初曾一度收复，外城并加以修筑。金人统治时，将其改称为南京，宣宗时，为避蒙古族的入侵，又由北京迁都于此。但终金一朝，外城未再更动。在金末蒙古兵攻城时，金兵初曾坚守外城，最后城陷金亡。经过这次战乱，外城又受到一次严重的破坏。

元代，开封为汴梁路。至正十九年，元将察罕帖木儿为进袭红巾军刘福通，曾围攻汴梁，"首夺其外城，……环城而垒。……又令弱卒立栅外城以饵贼"[①]。终于攻破汴梁，刘福通退走。可见，当时的外城仍具有一定的防御功能。另外，有记载说元末"尽毁天下城隍，开封城亦仅余土阜"[②]。明人李梦阳在开封《修城碑记》中也有"宋亡，入金历元，外城毁而内城存"[③]的感叹。

明代时，外城"仅余基址，有门不修，以土填塞，备防河患"[④]，被毁的北宋外城还曾作为土堤，以拦阻河水。在我们发掘过程中，于今地面下5米的宋城墙外（西）侧，还发现一道明代依城垣夯筑的宽4米，高2米余的土堤，可作为明代外城防水的实物见证。甚至那荆棘丛生的外城基址，在明末李自成农民起义军攻打开封时，明守城官兵和农民起义军都还用作设防的阵地。明末白愚《汴围湿襟录》"削堤防逃"条曾载："恐民兵暗逃，将土城周围峻削，路口把守闭塞，镇以棘，畜以犬，昼夜严防。"周在浚《大梁守城记》也记载："（崇祯十四年七月）十七日，贼铲土城至尽，下掘深沟，以防我兵。"当然，明代已重建了开封府城（约相当于宋内城范围），并于内外砌以砖石，开始取代外城地位而成为开封的主要防御屏障。

清代道光二十一年（1841年）黄河决口，外城残垣俱淹没于地下。至此，历经850年巍峨壮观的北宋东京外城，在人为破坏和黄沙淤埋下，终于从地平线上消失了。

---

① 《元史·察罕帖木儿传》。
② 顾祖禹：《读史方舆纪要》转引《城邑考》。
③ 《光绪祥符县志》"建置"条。
④ 孔宪易校注：《如梦录》"城池纪第一"，中州古籍出版社，1984年。

附表　北宋时期东京外城修缮一览表

增修时间		增修内容	有关文献
宋太祖	开宝元年（968年）	正月甲午，发近甸丁夫增修京城。 艺祖初修汴京，大其城址，曲而宛如蚓诎焉。 太祖皇帝将展外城，幸朱雀门，亲自规划，独赵韩王普时从幸。	《玉海》卷一七四 《桯史》卷一 文莹《湘山野录》卷中
宋真宗	大中祥符元年（1008年）	正月十四日，勾当八作司谢德权言："京城外城女墙圮缺，水道壅塞，望发兵完葺，修东京外城计六十三万五千六十二工。"从之。 正月丙子（十四日），修东京外城。	《宋会要辑稿》方域一之一二 《玉海》卷一七四
	大中祥符九年（1016年）	增筑。 七月丁未增筑新城，天禧二年三月毕工。 七月五日增筑京新城，天禧三年三月工毕。	《宋史·地理志》 《玉海》卷一七四 《宋会要辑稿》方域一之一三
宋仁宗	天圣元年（1023年）	正月辛卯发卒增筑京城。 正月发卒增筑京城。七月二十四日诏内殿崇班秦怀志、白仲达增筑新旧城墙。	《玉海》卷一七四 《宋会要辑稿》方域一之一三
	嘉祐四年（1059年）	正月十一日，修筑京新旧城，及兴役赐兵卒缗钱。	《宋会要辑稿》方域一之一四
宋英宗	治平元年（1064年）	十月十六日，命内侍供奉官王希古贴筑在京新旧城墙。	《宋会要辑稿》方域一之一四

续表

增修时间		增修内容	有关文献
宋神宗	熙宁中	始四面为敌楼,作瓮城及浚治壕堑也。	转引《东京记》
	熙宁八年 (1075年)	八月二十一日诏:"都城久失修治,熙宁初虽曾设官,缮完费工以数十万计,今遣人视之,仍颓圮如故。"……九月七日,重修都城,诏内臣宋用臣董之。	《宋会要辑稿》方域一之一五
		九月癸酉重修都城,元丰元年十月丁未告毕。	《玉海》卷一七四
	元丰元年 (1087年)	重修。	《宋史·地理志》
		十月六日,重修都城讫功,诏知制诰、直学士院孙洙撰记刻南薰门上。洙卒,改命知制诰李清臣。城周五十里百六十五步,高四丈,广五丈九尺,外距隍空十五步,内空十步。自熙宁八年九月癸酉兴工,以内侍宋用臣董其役,羡卒万人,创机轮以发土,财力皆不出于民。初度功五百七十九万有奇,至是所省十之三。	《宋会要辑稿》方域一之一六
	元丰五年 (1082年)	十二月十八日,诏在京新城外四壁城壕开阔五十步,下收四十步,深一丈五尺,地脉不及者至泉止。	《宋会要辑稿》方域一之一七
	元丰七年 (1084年)	六月二十四日,赐专一主管制造军械所度牒千五百,买木修置京城四御门及诸瓮城门,封筑团敌马面。	《宋会要辑稿》方域一之一八
宋哲宗	元祐三年 (1088年)	十月庚子,命将作监丞李士京修京城。(绍圣元年)正月八日增筑功毕。外门正门为方城,偏门为瓮城。	《玉海》卷一七四
	崇宁五年 (1106年)	二月二十六日诏曰:"……可令有司度国之南,展筑京城,移置官司军营,将来缮修诸王外第与帝姬下嫁,并不得起移居民。"	《宋会要辑稿》方域一之二〇
宋徽宗	政和六年 (1116年)	诏有司度国之南,展筑京城,移置官司军营。	《宋史·地理志》
		及政和间,蔡京擅国,亟奏广其规,以便宫室,苑囿之奉。命宦侍董其役,凡周旋数十里,一撤而方之如矩,墉堞楼橹虽甚藻饰,而荡然无曩时之坚朴矣。	《桯史》卷一

(原刊于《华夏考古》1994年第1期)

开封宋城今安在

开封素有"七朝古都"之称，战国的魏，五代的梁、晋、汉、周和北宋，以及金代的后期均曾建都于此。其中，北宋王朝统治的167年，无疑是开封城市发展史上的鼎盛时期。

公元960年，后周殿前都点检赵匡胤发动"陈桥兵变"，代周称帝，建立北宋王朝，并定都开封。经过北宋九帝的大力营建，开封遂成为"人口上百万，富丽甲天下"的国际大都会，那由外城、内城和皇城三道城垣围护的宏伟气势，在向人们展示着当时世界上最大和最繁华城市的辉煌（图1）。然而，北宋末年的"靖康之变"，使中国的经济和政治中心南移，开封从此一蹶不振，昔日富丽堂皇、巍峨壮观的宫阙被深深淤埋于地下。今人只能依据宋人孟元老的《东京梦华录》和张择端的《清明上河图》，来追忆北宋东京城内城楼高耸、店铺林立、人流熙攘、商业繁盛的历史陈迹。

一、湖底清出宋皇宫

1981年春，开封市城建部门在龙亭前的潘湖湖底清理淤泥时，意外地发现了明周王府和北宋皇宫遗迹。河南省文物考古研究所和开封市博物馆闻讯后，联合组成开封宋城考古队，立即投入紧张而有序的发掘工作，从而揭开了宋城考古的序幕（图2、图3）。

北宋皇宫，又称皇城、宫城、大内，是帝王生活议政的场所。北宋皇宫的前身，为唐汴州宣武军节度使衙署，后梁为建昌宫，后晋改为大宁宫。宋太祖建隆三年（962年），广皇城东北隅，命有司画洛阳宫殿，按图修之。经考古勘探，皇城略呈东西短、南北长的长方形，周长为2521米，南墙位于今午朝门处的东

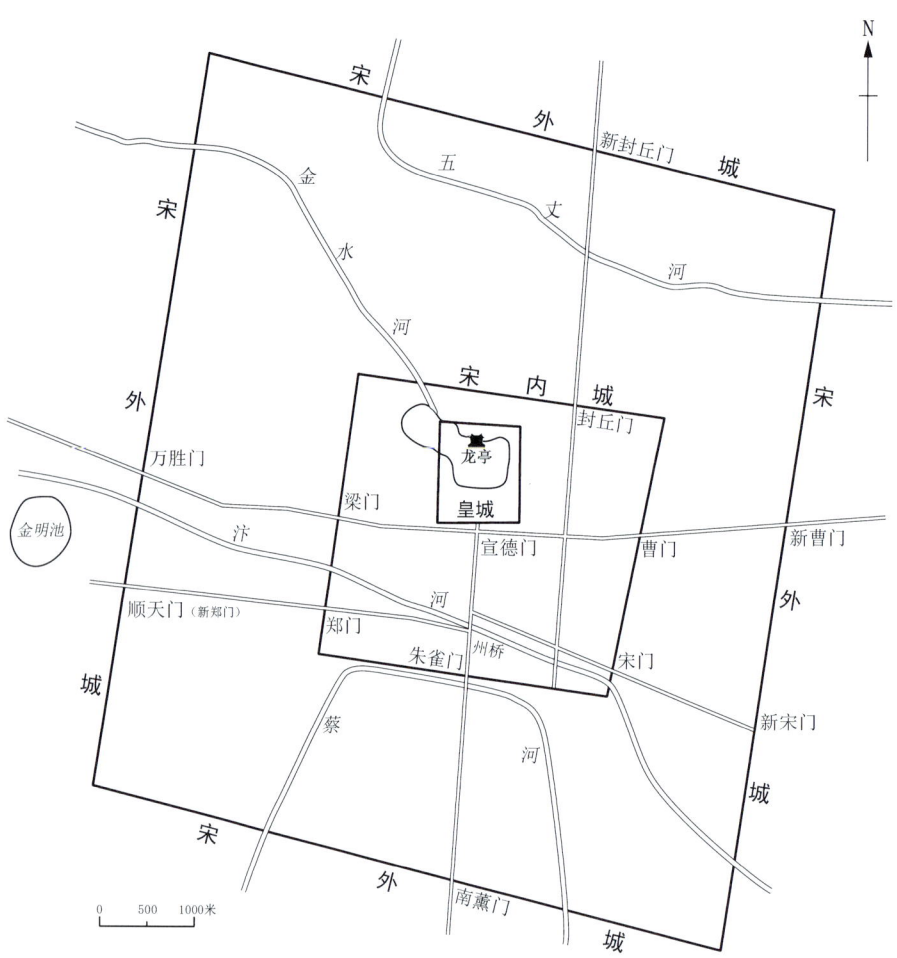

图 1　开封北宋东京城平面示意图

图 2　T46 清理出的明代房屋建筑基址

图 3　开封明周王府发掘现场局部

西一线，北墙位于今龙亭大殿后墙的东西一线，东西墙分别位于今潘、杨两湖的东西岸。城墙是先垫一层碎砖瓦，再填一层灰土后夯筑而成，每层厚10厘米，夯土内外均用青砖包砌。皇城的位置和规模，与《宋史·地理志》"大内据阙城之西北，周回五里"的记载相吻合。

皇城有城门6座，正南门为宣德门，因门楼上雕有5只凤凰，又名五凤楼或丹凤楼。整座门楼雕甍画栋，华丽异常，宋徽宗赵佶的《瑞鹤图》和北宋铜钟上的宣德楼图样，为我们描绘了该门楼当年的雄姿。在皇城前面发现的两座门址，一处在今午朝门前的1对石狮处，一处在今新街口附近，皆埋于地表以下约8米深处，其中1座应是宣德门的遗迹。

入宣德楼，经大庆门，就进入皇宫内的主要建筑物——大庆殿。大庆殿两侧，排列有中央政府的部分官署，西侧为枢密院、中书省、国史院、门下省等机构，东侧有崇文院、秘阁和后改为颁布诏书、历法的明堂等。在今龙亭公园的石桥与嵩呼之间，考古工作者探明一座大殿基址。殿基平面呈"凸"字形，东西宽80米，南北最大进深60米，台基四壁均用青砖包砌，四周环有宽约10米、长近千米的包砌夯土廊庑。根据殿基的规模和建筑形式，应为北宋皇宫的正殿大庆殿遗址。

二、裂缝露出宋城墙

北宋东京城地处豫东大平原，在地理位置上缺乏长安（今陕西西安）的"关中之险"、洛阳的"山河之固"，因此北宋统治者十分重视城市的防御设施。外城，又称新城、罗城，是京师防御的第一道屏障。外城始建于后周显德三年（956年），北宋时曾多次加以重修、增筑和扩展。城墙高13.3米，宽19.3米，"每百步设马面、战棚，密植女头，旦暮修整，望之耸然"。经考古勘探，外城位于今开封明清砖城外四周1.3～2千米处，平面呈南北稍长、东西略短的长方形，周长计29180米，折合宋里约50余里，与宋神宗重修都城的"城周五十里百六十五步"基本吻合。

外城墙皆埋于地下，一般在地表下3～5米，墙宽15～20米不等。其中，南城墙大部分被现代建筑物所压，给钻探工作带来困难。但由于建在城墙上的房屋，因地基软硬不一，大多出现裂缝，考古工作者顺着裂缝寻找，终于确定出南墙的具体位置。在西墙南段的试掘表明，外城墙系用夯土版筑而成，现存顶部宽4米，底部宽达34.2米，高8.7米（图4、图5）。城墙外的护城壕宽约40米，距今地表深11米。

据《东京梦华录》记载，外城共有城门12个、水门6个。这次勘探计发现

图 4 开封北宋东京外城西墙 T1 发掘出的城墙顶部　　图 5 开封北宋东京外城西墙 T1 解剖出的城墙夯窝

10 处缺口，按照分布位置南墙的 3 处分别为南薰门、戴楼门和蔡河水门；东墙两处可能为新曹门和汴河下水门旁边的拐子城；西墙的 5 处应为新郑门、汴河上水门、固子门、万胜门和金水河门。其中，南薰门为外城南墙的正门，瓮城门址东西长 130 米，南北宽 80 米，瓮墙厚 15 米；新郑门为外城西墙的正门，瓮城门址南北长 165 米，东西宽 120 米，瓮门与城门呈直线对应，与《东京梦华录》所载的正门皆"直门两重"相一致，西墙的万胜门和东墙的新曹门皆属外城侧门，瓮城门均为"屈曲开门"，平面呈半圆形，瓮门位于瓮城右侧。万胜门南北宽 105 米，东西进深 60 米；新曹门南北宽 108 米，东西进深 50 米，较南薰门和新郑门的规模略小。

内城，又称里城、旧城，为东京城的第二道城垣。内城主要为商业和居民区，也是京师最繁华的地方。内城始建于唐汴州节度使李勉时期，北宋时屡有修补和增筑。金代末年定都开封期间，曾将内城进行扩展，形成了现存明清城墙的基础。整个内城略呈正方形，南墙位于今大南门以北约 300 米的东西一线，北墙在龙亭大殿以北 500 米的东西一线，东、西墙则被叠压于明清砖砌城墙之下。城墙现埋于地下 4 米，墙宽 8～15 米，四周总长 11550 米，折合宋里是 20.63 里，与《宋会要辑稿》记载的"旧城周回二十里一百五十五步"相一致。

文献记载内城的 10 座城门、两座水门，只有朱雀门遗址和汴河西角子门遗址的位置大致确定。朱雀门为内城正南门，位于今大南门以北 300 米处的中山路路面下，已知缺口宽约 150 米。汴河西角子门位于现存的明清城西墙南门北侧，南距明清城墙西南角约 920 米。

三、路下挖出古州桥

东京城内的街道规划整齐，有 4 条主要干道通往外城的正门，其他大小街道与 4 条干道互相贯通，形成了城内四通八达的交通网络。其中最主要街道称为御街，北起皇宫宣德门，向南通过内城朱雀门，直达外城南薰门，是东京城的南北中轴线。东京城内有四条河道，分别是汴河、金水河、五丈河和蔡河。其中汴河流向东南，至扬州汇入长江，运送江南、湖广的贡赋货物，是北宋王朝的交通命脉。

1984 年 8 月，在今开封市中山路中段的市皮鞋厂门前路面下 4.3 米处，发现了古州桥遗址。州桥，又名天汉桥，是东京城内御街上横跨汴河的一座重要桥梁。该桥为南北向砖石结构的拱形桥，南北长 17 米，东西宽 30 米，保存基本完好（图 6）。桥面系用青石板铺砌，石板下衬砖两层（图 7）。桥洞为青砖三圈三衬砌就，跨度 5.8 米，券高 6.5 米。桥墩由青石条筑成，河底铺有石板，石桥下衬有至今保存完好的方木（图 8）。该桥是明代在宋州桥的基础上重修而成，为复原北宋东京城增添了一个可靠的坐标。

四、钻机探出金明池

金明池因引金水河注之故名，开凿于宋太宗太平兴国元年（976 年）。最初是在此教练水军，修建有停放大龙船的船坞。后来渐变成娱乐场所，每年三月一日，皇帝率近臣乘龙船观看精彩的水戏表演。金明池的布局及池内设施，宋人张择端的另一幅名作《金明池争标图》给予了形象展示（图 9）。

1993 年秋，开封市文物队使用两台机械地质钻机，钻探了三个月，搞清了金明池的位置及大致范围。金明池位于东京外城西墙外近 300 米处，池大致呈方形，东西长约 1240 米，南北宽 1230 米，周长 4940 米，与史载的"方圆九里三十步"大致吻合。池底上距地表深为 12.5～13.5 米，低于当时池岸 4～5 米。

1996 年 7 月至 8 月，开封市文物队又采用新型地质液压钻机，对金明池进行了二期勘探工作（图 10），探出了池南岸的临水殿遗址。该殿原为北宋时"车驾临幸观争标、赐宴"之地，徽宗政和年间改彩屋为土木结构。殿基长约 20 米，宽 15 米，深约 9 米，出土有白瓷片、腐木块等遗物。并探出一段从金明池西北

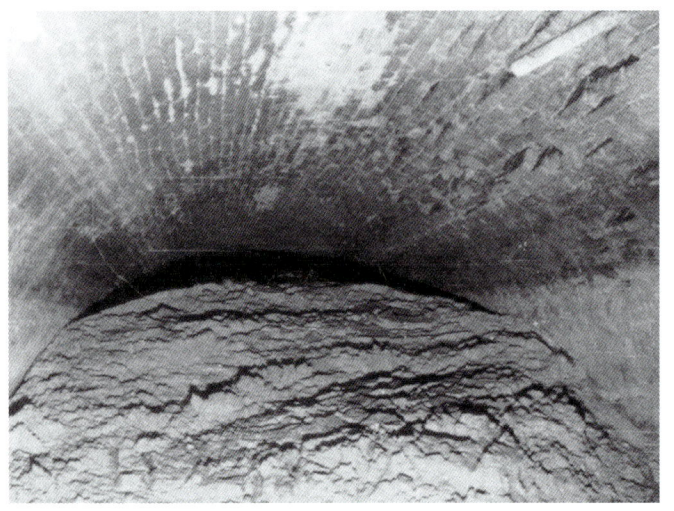

图6 开封明州桥桥券

图7 开封明州桥桥面东侧

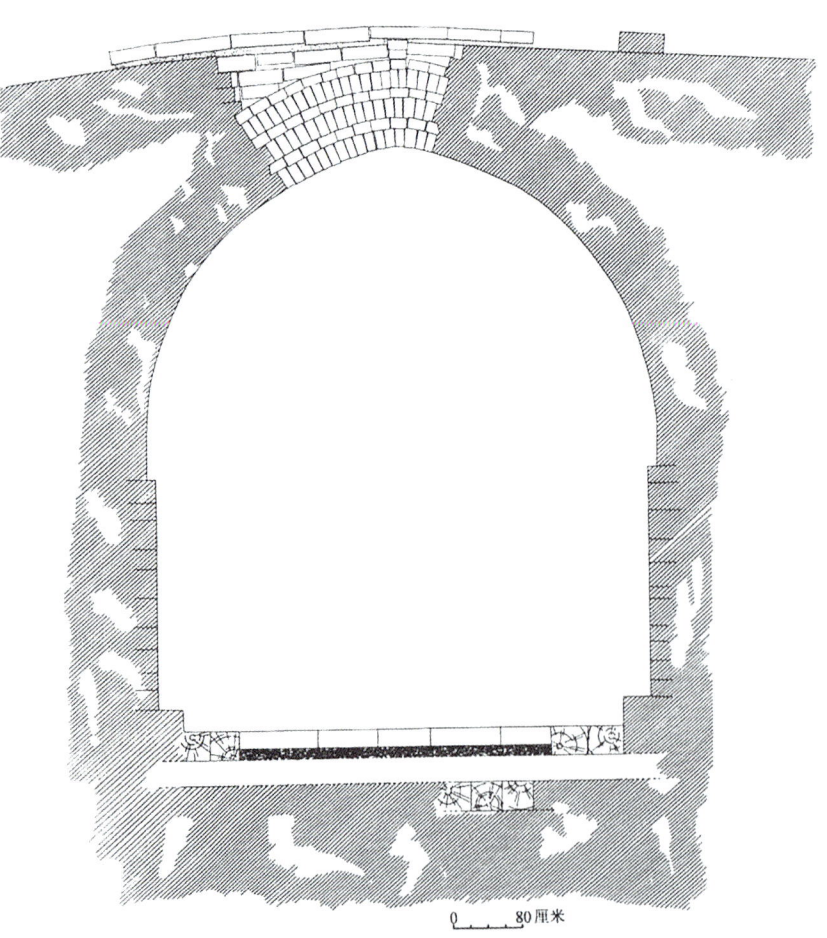

图8 开封明州桥桥孔纵剖面图

图9 金明池争标图

图10 开封金明池遗址勘探现场

角向北延伸的古河道，深约12米，宽约11米，正与张择端《金明池争标图》所描绘的金水河注水门相连接。这些发现是研究金明池的珍贵资料，亦有助于探讨北宋京城址的整体布局。

（原刊于《启封中原文明》，河南人民出版社，2002年）

试论北宋陵园建制及其特点

北宋皇陵位于巩义市西南部的黄土丘陵上，陵区范围南北长12千米，东西宽15千米。自宋太祖赵匡胤登基的第五年（964年）开始营建，至宋钦宗靖康二年（1127年）北宋灭亡，前后历经163年之久。北宋王朝的九个皇帝中，除徽宗、钦宗二帝被金人所虏囚死漠北外，其余七帝均葬于此，即宋太祖永昌陵、宋太宗永熙陵、宋真宗永定陵、宋仁宗永昭陵、宋英宗永厚陵、宋神宗永裕陵和宋哲宗永泰陵，加上被追封为宣祖的赵匡胤之父赵弘殷的永安陵，统称"七帝八陵"。

诸陵中，永安、永昌和永熙三陵为一区，由东南向西北依次排列；永定陵自成一区，位于上述三陵的东北；永昭和永厚二陵组成一区，建于永定陵的北部；永裕和永泰二陵相距较近，位于上述三区的西南。就各陵区而言，晚葬的皇帝均葬于父辈皇帝的西北部，宋太祖和宋太宗因是兄弟关系，则同坐昭位。这应是北宋皇帝在选址方面尊崇阴阳葬术中"角姓昭穆（贯鱼）葬"的结果[①]。

各陵园建制相同，在平面布局上整齐划一，皆由上宫、下宫、皇后陵和陪葬墓组成。帝陵上宫以陵台为主体，四周围护神墙，神墙四隅建有角阙，四面正中开门，门侧设有阙台，门外各列石狮1对。南神门外的神道两侧，东西对称排列着石雕像群，再南设置乳台，陵园南端为鹊台。从实地调查情况来看，除永安陵上宫仅余陵台外，其余七座帝陵地面皆保存有诸阙台建筑基址，尤以神道石雕像基本完整。一般说来，两鹊台和两乳台东西间距皆42米，鹊台至乳台、乳台至南神门的距离均为140米。鹊台、乳台、门阙和角阙皆为夯土筑成，其外均有包砖。陵台"三重"，底部边长约52米，现高15米左右。宫城四周的神墙用黄土夯筑，表面粉以红灰，每边边长约240米。门狮皆位于神门外近10

---

① 冯继仁：《论阴阳堪舆对北宋皇陵的全面影响》，《文物》1994年第8期。

米处。上宫的石雕像计60件，除8件门狮外，集中排列在南神门外至乳台之间。石雕像东西分列，对称布置，由南往北依次顺序是：望柱2、石像与驯象人各2、瑞禽石屏2、角端2、仗马4、控马官8、虎羊各4、客使6、文武臣各4、武士2、上马石2和宫人4。

下宫位于帝陵上宫的西北部，地面现存有南门狮一对。据初步钻探资料，下宫范围约南北长170米，东西宽140米。宋人李攸在记述永厚陵下宫时云："下宫有正殿，置龙輴，后置御座。影殿置御容，东幄卧神帛，后置御衣数事。斋殿旁，皆守陵宫人所居，其东有浣濯院，有南厨。厨南陵使廨舍，殿西侧副使廨舍。"① 由此可以大致勾画出宋陵下宫的平面布局。

皇后陵皆祔葬于帝陵陵园之西北隅，其平面布局大致仿照帝陵上宫。以已进行地宫清理的宋太宗元德李后陵为例，鹊台至乳台、乳台至南神门的距离皆为70米，神墙边长约110米，陵园范围较帝陵缩小。陵台"两重"，底部边长20米，现高8.5米②。皇后陵石雕像减至30件，除四神门外各设2件门狮外，神道两侧的石雕像依次排列为：望柱2、仗马2、控马官4、虎羊各4、文武臣4和宫人2。其中，北宋前四座帝陵祔葬的皇后陵，文、武臣石雕像皆一文一武，东西对称排列；后四座帝陵祔葬的皇后陵，即从宋仁宗曹后陵开始，文、武臣石雕像皆东列为二文臣，西列为二武臣。

陪葬墓一般位于皇后陵的北和西北部，每墓又自成茔园。宋初三座帝陵的陪葬墓数量，据景德四年宋真宗朝陵时统计：永安陵百二十一坟，永昌陵十五坟，永熙陵八坟③。事实上，直到宋仁宗统治时期，宋太宗长子赵元佐仍"陪葬永熙陵"④。可见，永熙陵的陪葬墓数量远不止8座。宋陵的陪葬墓还有严格的等级制度，亲王一品"坟高一丈八尺，墓田方九十步"；三品"坟高一丈四尺，墓田方七十步"⑤。从实地调查看，墓主人身份在三品以上者，封土南侧设有望柱、虎羊和文武臣等石雕像；身份贵为亲王或未出阁公主的墓前，往往还立有追封记碑。

北宋皇陵的这种陵园布局，大体因袭唐代皇陵制度，与"积土为冢"的唐高祖献陵、唐敬宗庄陵、唐武宗端陵和唐僖宗靖陵等四陵相仿。但北宋皇帝生前不预造寿陵，死后建陵又受到"七月葬期"的限制，因而在陵园规模上明显

---

① （宋）李攸：《宋朝事实》卷十三，中华书局，1955年。
② 河南省文物研究所、巩县文物保管所：《宋太宗元德李后陵发掘报告》，《华夏考古》1988年第3期。
③ （元）脱脱等撰：《宋史·礼志》"上陵之礼"条，中华书局，1977年。
④ （元）脱脱等撰：《宋史·宗室传》"汉王元佐"条，中华书局，1977年。
⑤ （清）徐松：《宋会要辑稿》礼三七之四八，中华书局，1957年。

逊于唐陵。同时，由于政治、经济和文化诸方面的差异，以及受阴阳堪舆的影响较深，北宋陵园在建制上也具有它自身的特点。

一、陵园位于山阴，地势南高北低

唐十八陵集中建于关中盆地的北部，即渭北第二道黄土高原和北山各陵之顶峰。"整个唐陵陵园的设计坐北朝南，地势北高南低，可分三阶：帝陵玄宫、神道和乳台以南至鹊台间兆域，这三阶的相对高差一般在50～100米左右"[①]。其中，唐太宗昭陵等十四陵皆利用山的自然形势，在山的南面开凿墓室，陵园居高临下，宏伟壮观。

北宋皇帝则信奉阴阳堪舆，按照自唐而兴的"五音姓利"说来选择陵园。北宋皇帝姓赵，属于"五音"中的角音，陵园形势需"东南地穹，西北地垂，东南有山，西北无山，角音所利如此"[②]。因此，"七帝八陵"皆葬于嵩山少室山脉之阴，东据青龙山，南抵金牛山和白云山，北枕蜿蜒东流的伊洛河水。诸陵地貌呈南高北低、东穹西垂之态势，陵园坐北朝南，由鹊台、乳台至陵台逐渐斜降，置中心建筑——陵台于全陵的低凹处。除宋真宗永定陵位于岗地顶部偏西，陵园形势起伏不大外，其余诸陵由南到北均有数米至十余米的落差。尤其是宋仁宗永昭陵从鹊台地面至陵台地面下降达14.3米，其落差幅度几乎等于陵台高度。尽管北宋皇陵的陵台规模与积土为冢的唐献陵等四陵相差无几，但由陵园南端北眺，宋陵的气势明显减弱。这种坐北朝南、而又南高北低的陵园布局，一反中国古代建筑逐进增高的传统方法，因此不见于历史上其他朝代的皇陵，成为中国古代陵寝建筑史上的孤例。

二、下宫选择吉地，建于帝陵西北

由于唐代依山为陵，下宫多建在山下，即在帝陵西南、鹊台西北处。而北宋皇陵的下宫位置与此不同，皆建于帝陵西北部。其中，永安、永昌和永熙三陵的下宫位于上宫西北隅、祔葬的皇后陵之南；永定、永昭、永厚、永裕和永泰五陵的下宫则建于祔葬的皇后陵北部。

北宋皇陵的这种上、下宫布局，显然与赵姓角音所利于丙、壬方位有关，

[①] 刘庆柱、李毓芳：《陕西唐陵调查报告》，《考古学集刊》第5集，中国社会科学出版社，1987年。
[②] （宋）赵彦卫：《云麓漫钞》卷九，中华书局，1996年。

宋真宗赵恒安葬时，"(乾兴元年)八月六日，司天监言：'太宗梓宫先于丙地内奉安，按经书：壬、丙二方皆为吉地。今请灵驾先于上宫神墙外壬地新建下宫奉安，俟十月十二日申时发赴丙地幄次，十三日申时掩皇堂'"①。由此可见，宋陵下宫之所以建于上宫的西北部，应是按照经书来选择吉地的结果。

北宋时期，上宫是举行朝拜致奠的地方，朝拜时礼仪隆重，备有少牢祭品，要读祝册，有司奉事。下宫是供奉墓主灵魂衣食起居的处所，正殿安置有龙輴、御座，影殿陈设有皇帝遗像。这样，北宋皇陵在陵园建制上突出了以祭祀朝拜为主题的上宫，而降低了作为日常供奉为内容的下宫地位。南宋诸帝死后营建的"攒宫"，规模较小，不筑陵台，仅将棺椁藏于献殿后部的龟头屋内。其后的明清陵则不设下宫，而在陵墓的宝顶之前，以棱恩殿为中心，布置成三重院落，陵墓纵深延长，更加突出了陵墓主体的崇高地位。

三、帝后同茔合葬，皇后单独起陵

唐代由于预造寿陵和凿山为陵，往往将皇帝和皇后合葬于一个陵中，如唐太宗李世民与长孙皇后合葬于昭陵、唐高宗李治和武则天合葬于乾陵等。

北宋诸陵除追封为宣祖的赵弘殷与昭宪杜太后合葬于永安陵外，其余皇帝和皇后皆实行"同茔合葬"制，即皇后单独建造陵园，祔葬于帝陵的西北隅。皇后陵一般不再另立陵名。宋真宗咸平二年修奉元德李后陵时，曾议立陵名："礼官言：'周显德末，都省集议故事，帝后同陵谓之合葬，同茔谓之祔葬。汉吕氏陵在长陵西百余步，以同茔兆而无名号。又唐穆宗二后王氏生恭宗、肖氏生文宗，并祔葬光陵之侧。今园陵鹊台在永熙陵封地之内，恐不须别建陵号。'从之。"②因此，除宋真宗章怀潘皇后陵曰"保泰"外，其余祔葬的皇后均无陵名。

北宋实行的皇后祔葬制，显然是受西汉帝陵的影响，承袭了"汉帝后同茔，则为合葬，不合陵也。诸陵皆如此"③，即"同茔不同穴"的埋葬制度。与西汉帝陵有所不同的是，西汉诸陵只以一个皇后合葬，而北宋不仅以数个皇后(包括追封的皇后)合葬于一陵，而且不按辈分，早死的皇后也可祔葬于父辈皇帝身旁。如宋太祖王后祔葬于宣祖永安陵、真宗郭后祔葬于宋太宗永熙陵、徽宗王后祔葬于宋神宗永裕陵等。

北宋时期，皇后参与政治，其政治地位显著提高。在北宋历史上，先后由

---

① (清)徐松：《宋会要辑稿》礼二九之二七，中华书局，1957年。
② (元)马端临：《文献通考·王礼考》"山陵"条，中华书局，2011年。
③ 《史记·外戚世家》集解引《关中记》。

真宗刘皇后、仁宗曹皇后和英宗高皇后，以皇太后或太皇太后身份临朝称制，有的听政达十余年之久。表现在礼制上，称制的皇后谥号由原来的两个字增加到四个字，如真宗刘皇后死后谥"章献明肃"，仁宗曹皇后死后谥"慈圣光献"，英宗高皇后死后谥"宣仁圣烈"等[①]。同时，太皇太后和皇太后园陵名字也改称"山陵"，而与皇帝陵相同。因此，北宋皇后陵园的建制完全仿照帝陵上宫，只是规模上有所缩小，神道石雕像有所减少而已。

四、石雕数目固定，集中陈于陵前

唐初三座帝陵石雕内容和陈放位置没有定式，在石雕数目上也差距过大，有唐高祖献陵的12件和唐高宗乾陵的115件之差。乾陵以后的诸陵石雕像虽有定制，但仍存在有无蕃使或小石狮之别。北宋诸陵的石雕像数目则完全相同，除陵园的四神门外各置一对石狮外，其余石雕像均置于陵前，并集中列于神道东西两侧。同时，石雕像排列密集，陵园前后间的距离缩短，使整座陵园显得更加紧凑。这样，尽管宋陵在气势上不及唐陵博大雄伟，但如果置身于宋陵神道上，仍能感受到皇家陵园那种既威严又神秘的特有氛围。

宋陵上宫的石雕像计60件，不仅在数量上较唐陵（乾陵除外）有所增加，而且在种类上也有变化和创新。除望柱、仗马、控马官、门狮和文武臣是唐陵固有的以外，唐陵石雕像中位置不甚固定的"蕃酋"或"蕃民"形象，在宋陵成为仪仗行列中的六躯客使像；由角端代替了翼马，高浮雕鸵鸟变为瑞禽石屏。同时，新增加了象与驯象人、用以辟邪的虎羊和以便差役的宫人，近神门处则多了守门的武士和便于皇帝登程的上马石等。由排列顺序看，除瑞禽、角端、虎、羊等为"嘉瑞"、辟邪外，石象、仗马、武臣、文臣、武士和宫人，则基本上同于皇帝生前的驾行仪卫。因此可以说，宋陵石雕像的变化和创新，较唐陵更接近于现实生活中的宫廷仪仗队。

五、兆域围以枳橘，"三重"陵台施色

兆域，指每座帝陵所占有的区域。在中国古代陵寝史上，各朝代均重视皇陵区的绿化。汉代时已在陵区种植柏树，唐代则称兆域为"柏城"。北宋时期，每座帝陵皆设有"柏子户"，专司培育柏苗，绿化陵园，宋仁宗时的柏子户人

---

① （元）脱脱等撰：《宋史·后妃传》，中华书局，1977年。

数："安陵、永昌陵、永熙陵各八十人，永定陵一百人。"①宋人郑刚中在《西征道里记》中记述宋陵制度云："仁庙永昭陵最与英庙永厚陵近，昭陵因平岗，种柏成道，道傍不垣，而周以枳橘。"表明宋陵在陵园绿化上，不仅种植有柏树，而且陵区还围以枳橘为界，禁人擅入采樵。

近年来，我们结合宋陵资料建档工作，进一步勘查了宋真宗永定陵。从试掘情况看，永定陵陵台用夯土筑成，作三层台状，下部两层均外表包砖，与文献记载的"陵台三重"相吻合。而且陵台的外表皆刷饰有一层红灰，仿照皇宫建筑表面的朱色。迄今所知，皇帝陵陵台封成三层的建筑形制，为关中唐陵所不见，而见于西汉宣帝许皇后陵②。据调查，西汉中、晚期的一些帝陵，如汉昭帝平陵、汉平帝康陵、汉元帝谓陵和汉威帝延陵等，也有将封土封成多重层台形状的，研究者推测"可能是仿造'山'形筑坟所致，古代人们认为有的'山'是有层台的"③。在中国封建社会中，皇帝陵墓泛称为"山陵"或"山"，秦始皇陵即称"骊山"，唐昭陵等十四陵依山而建，是名副其实的"山陵"。北宋皇陵因平地起陵，把陵台筑成"三重"，显然也是寓"山"形之意。

另外，在皇帝陵陵台表面施朱的做法，也不见于关中唐十八陵，目前仅知位于宁夏贺兰山东的西夏王陵的灵台第一层有施朱现象④。而西夏王陵的葬制，据《嘉靖宁夏新志》卷二"陵墓"条云"贺兰之东数冢巍然，即伪夏嘉、裕诸陵是也。其制度仿巩县宋陵而作"，应是仿效了北宋皇陵的陵寝建制。

六、设县以奉陵寝，建寺追福祖先

在我国历史上，陵邑之设启于秦代。《后汉书·东平宪王苍传》云："园邑之兴，始自疆秦。"西汉承袭秦制，一般帝陵都设有陵邑。据《西汉十一陵》一书介绍，西汉时代计置陵邑十一座⑤。西汉帝陵陵邑的作用，除了供奉陵园外，还与迁徙关东大族、达官巨富，巩固中央统治政权有关。

唐代帝陵不再专设陵邑，只于"每陵取侧近六乡以供陵寝"⑥。北宋自乾德二年（964年）将追封为宣祖的赵匡胤之父赵弘殷迁葬于巩县后，即由巩县令

---

① （清）徐松：《宋会要辑稿》礼三七之三，中华书局，1957年。
② 中国社会科学院考古研究所：《汉杜陵陵园遗址》，科学出版社，1993年。
③ 刘庆柱、李毓芳：《西汉十一陵》，陕西人民出版社，1987年。
④ 李志清：《西夏墓封土形制、施色及置位探讨》，《考古学集刊》第5集，中国社会科学出版社，1987年。
⑤ 刘庆柱、李毓芳：《西汉十一陵》，陕西人民出版社，1987年。
⑥ （后晋）刘昫撰：《旧唐书·礼仪志》，中华书局，1975年，第292页。

兼陵台令，掌管陵寝公事。后于景德四年（1007年）正月，宋真宗下诏："永安镇特建为县，隶河南府，同赤县，委本府与转运使割就近税户隶焉。夏秋二税，止输县仓，不得移拨。常赋之外，免其他役。"①随割巩、偃师县地为永安县。可见，北宋建永安县的目的，就是用其税役，"充奉山园"，显然属于陵邑的性质。与西汉每座帝陵设一个陵邑不同，北宋皇陵埋葬集中，只建一县，而统管"七帝八陵"整个陵区。

专为皇陵设置寺院，约开始于东汉明帝。《洛阳伽蓝记》有云："明帝崩，起祇洹于陵上。自此以后，百姓冢上或作浮图焉。"②关中唐代诸陵附近，迄今未见有关寺院遗址的报道。而专为宋陵设置的寺院，就目前调查资料已有五处之多。即三陵永昌院、永定禅院、昭孝禅院、宁神禅院和净惠罗汉院。除净惠罗汉院是作为永昌院的下院，位于今巩义市夹津口乡丁沟寺村，距离宋陵较远外，其余四个寺院皆是按照宋陵的四个分布区域建立的，位于帝陵陵区的西北部，或一陵一个寺院，或二至三个帝陵共有一个寺院。由《敕住宁神法照大师碑》碑文："本朝建寺，追奉陵寝，以昭圣孝，讲诵有常，负荐无已。盖两汉以孝纪号，本朝以孝为德。"③可知北宋在陵区建立佛寺，完全是为先代帝王"荐在天之福"。

综上所述，北宋皇陵在陵园的选址、下宫的位置、石雕像内容、陵台施朱色和设陵邑建寺院等方面，均有其鲜明的时代特点。其中，在皇帝陵上宫的平面布局上，大体沿袭"积土为冢"的唐陵制度，而帝陵作"三重"陵台、皇后同茔祔葬和陵区设置陵邑寺院等葬制，又与汉代帝陵相仿。因此，与其说宋陵陵园在建制上仿照唐代，不如说宋陵是在汉、唐陵寝制度上的继承和发展。同时，北宋皇陵埋葬比较集中，在陵园布局上突出陵墓主体等做法，又为以后的明清陵墓所仿效。

（原刊于《河南文物考古论集》，河南人民出版社，1996年）

---

① （清）徐松：《宋会要辑稿》礼四七之二八至二九，中华书局，1957年。
② 范祥雍校注：《洛阳伽蓝记校注》卷四，上海古籍出版社，1978年。
③ 刘莲青、张仲友、杨保东，等：《民国巩县志》卷一七"金石志二"，民国二十六年刊本。

宋元德李后陵中的玉册及册匣考

1984年10月至1985年8月，河南省文物研究所和巩县文物保管所联合对宋太宗元德李后陵进行了抢救性发掘。因该陵严重被盗，除发现越、定窑瓷器等少量随葬品外，还出土可表明墓主人身份的玉册两副。其中谥册存36简（段），计187字，册文内容与文献记载相符；哀册存41简（段），计209字，册文内容与文献记载不同[①]。

宋代帝陵过去从未进行过正式发掘，因此元德李后陵的试掘，不仅为我们提供了探讨宋代陵寝制度的有益资料，而且出土的玉册实物，也是我们研究宋代陵墓用册的依据。今参照有关文献记载和考古资料，试对元德李后陵出土的谥册、哀册及册匣诸问题略作考证。不当之处，请方家指正。

一、谥册的撰册、读册和奉册人

在我国历史上，皇"陵中用玉册，只始于唐代，自汉至唐以前陵中仅用竹册"[②]。按谥册文是在"祖奠"前一日在南郊（皇帝）或太庙（皇后）请谥号时所读的册文，哀册文则为遣葬日举行"遣奠"时所读的祭文，两者在宋代是埋葬皇帝、皇后和太子时专用之物，以区别于品官以上乃至文武重臣、宗室亲王墓中放置的石墓志。

按照宋代礼制，皇帝或皇后崩后，例诏知制诰撰写哀、谥册，选定吉日由摄太尉奉谥册宝告于南郊（皇帝）或太庙（皇后），而后摄中书令读册于灵座。元德李后的谥册文，据《宋会要辑稿》礼三一"元德李后"条记载，是由"知

[①] 河南省文物研究所、巩县文物保管所：《宋太宗元德李后陵发掘报告》，《华夏考古》1988年第3期。
[②] 冯汉骥：《论南唐二陵中的玉册》，《考古通讯》1958年第9期。

制诰王禹偁"撰写;启攒宫时,"有司奉谥册册宝告于灵座,摄中书令梁周翰读册",未提及奉册人。《宋大诏令集》卷十五录记的"元德皇后谥册"文中,明言"摄太尉、门下侍郎兼兵部尚书、平章事张齐贤奉玉册玉宝",可知奉册人是张齐贤。元德李后陵出土的谥册文,在"摄太尉"下,又多出了"推忠协谋佐理功臣光禄""行门""八","平章事"前加"书门下"等字,较文献记载更为详尽。

撰册人王禹偁,《宋史》有传,记为"王禹偁"①,偁与偁同。王禹偁,(954~1001),字元之,宋济州矩野(今山东巨野)人,太平兴国八年考取进士,步入仕途。先任右拾遗,以刚直敢言著称,曾上《御戎十策》,向宋太宗陈说防御契丹之计。后因文章敏赡,累迁至翰林学士。宋真宗即位时,任刑部郎中、知制诰,预修《太祖实录》,因直书史事,被贬为黄州知州,后迁蕲州病死。今有《小畜集》三十卷存世。王禹偁降职知黄州的时间是宋真宗咸平元年十二月②,仅与"(咸平元年正月)十四日,知制诰王禹偁上谥册册文"③相差十一个月。徐规先生著有《王禹偁事迹著作编年》一书,称颂王禹偁"是北宋政治改革派的先驱,是关心民瘼、敢说敢为的好官,是诗文革新的旗手,是据实直书、不畏时忌的史家"④,但该书"编年文"中没有此谥册文,由此可补其缺。

读册人梁周翰,《宋史》有传。梁周翰(929~1009),字元褒,宋郑州管城(今河南郑州)人,后周广顺二年举进士,入宋为秘书郎、直史馆。乾德中,献《拟制》二十篇,擢右拾遗;淳化五年,领左史之职,兼起居郎,始创起居注每先呈皇帝、后付史馆之例。至道年间,迁工部郎中。"真宗在储宫知其名。……及即位,未行庆,首擢为驾部郎中、知制诰,俄判史馆、昭文馆。咸平三年,召入翰林学士"⑤。此人在元德李二后葬仪中,除读谥册外,还是哀册册文的撰写者。

奉册人张齐贤,《宋史》也有传。张齐贤(943~1014),字师亮,宋曹州冤句(今山东曹县西北)人,幼时家迁洛阳。太祖幸西京,张齐贤以布衣条陈十事,很得太祖赏奉识。太平兴国二年进士,先以大理评事通判衡州,八年擢签书枢密院事。雍熙三年知代州,御辽兵甚力。端拱二年为枢密副使,淳化二年擢参知政事,数月后拜吏部侍郎、同中书门下平章事,任相近两年。真宗即位,张齐贤自守户部尚书、知安州拜兵部尚书、同中书门下平章事,第二次

---

① (元)脱脱等撰:《宋史·王禹偁传》卷二九三,中华书局,1977年。
② (宋)李焘:《续资治通鉴长编》卷四十三,中华书局,1985年。
③ (清)徐松:《宋会要辑稿》礼三一之二一,中华书局,1957年。
④ 徐规:《王禹偁事迹著作编年》"序",中国社会科学出版社,1982年。
⑤ (元)脱脱等撰:《宋史·梁周翰传》卷四三九,中华书局,1977年。

出任宰相。著有《洛阳缙绅旧闻记》一书存世。史书评价："齐贤四践两府，九居八座，以三公就第，康宇福寿，时罕其比。[①]"可见，在北宋太宗和真宗两朝，张齐贤还是较得势的。因此，在咸平三年埋葬元德李后时，由宰相张齐贤奉谥册宝告于灵座，是理所当然的。同时也表明，宋真宗虽然是在二十三年后为生母元德李后迁葬，但仍然严格按照皇太后的葬仪行事。

元德李后陵出土的谥册册文中，较文献记载多出的"推忠协谋佐理功臣"一语，为宋代的功臣封号，一般授予担任宰相和参知政事者，正符合奉册人张齐贤的宰相身份。但在该简"太尉推忠协谋佐理功臣光禄"下尚缺"大夫"，"书门下平章事"简前尚缺"同中"，结合出土的"行门"残简，在上述两简之间缺少的一简简文应为"大夫行门下侍郎兼兵部尚书同"。"书门下平章事"简后和"张齐贤奉玉册玉宝上"简前也残，按两简满行计算，尚少九字。查北宋诸帝谥册册文，奉册人的名字前多载有勋、爵和食邑、食实封之数[②]；在皇后谥册中，也有类似的记载。如宋仁宗温成皇后谥册文："今遣摄太尉事、推忠协谋同德佐理功臣、光禄大夫、行尚书礼部侍郎、同中书门下平章事、集贤殿大学士、上柱国、安定郡开国公、食邑三千三百户、食实封一千户梁适，奉册谥曰'温成皇后'。"[③] 参照张齐贤于咸平三年十一月丙申罢相时，其职衔和勋爵为"光禄大夫、行门下侍郎、兼兵部尚书、同中书门下平章事、上柱国、清源郡开国公"[④]。在"书门下平章事"简后和"张齐贤册玉宝上"简前，还应有一简，即"上柱国清源郡开国公"和食邑食实封之数，约二十余字。"八"为一简之首字，应是食实封之数"八百户"的断简，即该简可复原为"八百户张齐贤奉玉册玉宝上"（图1、图2）。

元德李后的谥册册文，在《宋会要辑稿》礼三一和《宋大诏令集》卷第十五中皆有记载，内容相同，仅个别字略异，其中有的词句被《宋会要辑稿》略去。现将两书的相异处，按册文先后顺序列出，有出土实物者一并附后（见附录一），这将有助于整理和校订《宋会要辑稿》一书。

二、关于哀册的内容

哀册文是在灵驾发引，即举行"遣奠"时宣读的祭文。在宋代，哀册文有

[①] （元）脱脱等撰：《宋史·张齐贤传》卷二六五，中华书局，1977年。
[②] 司义祖整理：《宋大诏令集》卷九"帝统九"，中华书局，1962年。
[③] 司义祖整理：《宋大诏令集》卷二十"皇后下"，中华书局，1962年。
[④] 司义祖整理：《宋大诏令集》卷六五，"罢免"条，中华书局，1962年。

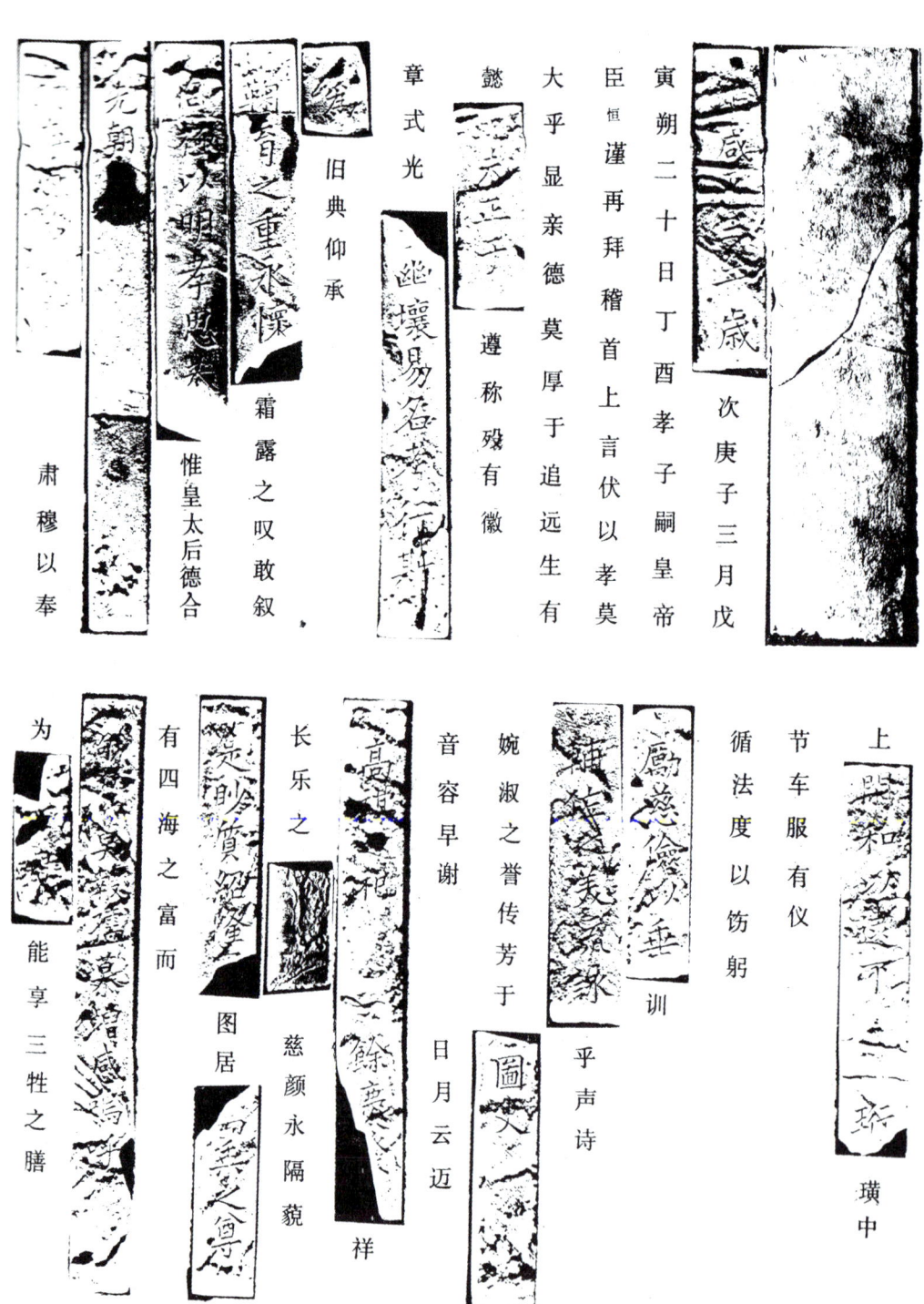

图 1 元德李后谥册复原图

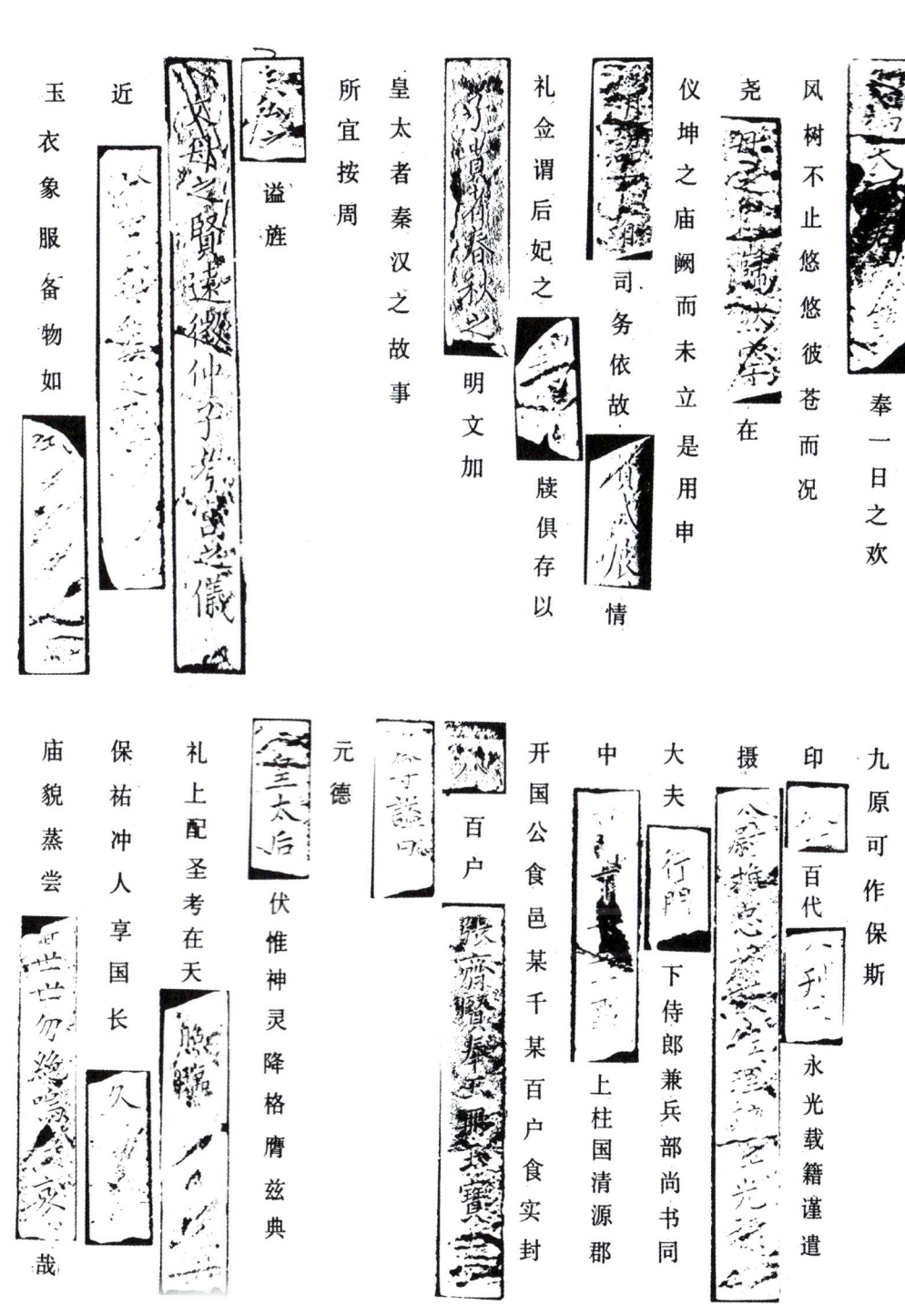

图 2　元德李后谥册复原图

一定的书写格式。开头皆为死者所崩时间或被尊谥的时间,及某月某日葬于某陵,以"礼也"结句;下接几句哀辞后,以"其词曰"开始正文。正文为孝子如何哀慕之词,表达对死者的痛念心情,其末尾处多见"呜呼哀哉"的常用语。

元德李后陵出土的哀册文与文献记载(见附录二)不符,但其内容和格式皆与宋代哀册文相似,如"追谥""嗣皇帝恒□劬劳之未报痛""其词曰""风驭以何之呜呼哀哉"等简文,皆为哀册的常用语。尤其是"恭宣:哀册之词庶褒"一简,无疑表明属于哀册文。

其"追谥"、"四月戊申朔"和"永熙陵"三简,应为哀册的开头语。其中"四月戊申朔",不见于文献记载,当是文献转录时的省略。按照宋代玉册中有关月日的用语习惯,在某月下连该月的朔日干支,某日下接该日的干支数。例如,与元德李后一样,也属死后追封和迁葬的真宗庄(章)懿皇太后,其哀册册文的开头语为:"维明道二年岁次癸酉、四月丙申朔六日辛丑,追上真宗宸妃李氏尊号曰庄穆皇太后,粤十月癸巳朔五日丁酉迁座祔于永定陵之次,礼也。"①查《两千年中西历对照表》,咸平三年四月的朔日干支正是"戊申",在"四月戊申朔"下应接日期,即"八日乙卯"。参照出土实物和文献记载,元德李后哀册册文的开头语应为:"维咸平三年岁次庚子三月戊寅朔二十日丁酉,追谥太宗皇帝贤妃李氏尊号曰元德皇太后,粤四月戊申朔八日乙卯迁座祔于永熙陵之次,礼也。"

需要指出的是,《宋会要辑稿》记载元德李后哀册册文的开头语:"维咸平元年三月戊寅朔二十日丁酉,追上太宗皇帝贤妃李氏尊谥曰元德皇太后。"把尊谥元德李后的时间记为"咸平元年三月二十日",是明显的笔误。因为"上尊谥曰元德皇太后"的谥议是在咸平元年的正月九日,而三月二十日,显然是指启欑宫,有司奉谥册宝告于灵座的时间。这个时间,早在真宗即位之初就已确定下来:"(咸平元年)二月一日,司天监言:准诏改卜园陵,请以三年庚子三月二十日启欑宫,二十五日发引,四月八日掩皇堂,祔葬永熙陵。从之。"②其后的启欑宫,灵驾发引和掩皇堂等确是按照预定的时间进行的。同时,在元德李后谥册册文的首句也是"维咸平三年岁次庚子三月戊寅朔二十日丁酉,孝子嗣皇帝恒谨再拜稽首上言……"。因此,上述的"咸平元年"应改为"咸平三年"。

《宋大诏令集》和《宋会要辑稿》记载的有关皇帝和皇太后的谥册、哀册文,

---

① 司义祖整理:《宋大诏令集》卷十六"皇太后四",中华书局,1962年;(清)徐松:《宋会要辑稿》礼三二之一九,中华书局,1957年。
② (清)徐松:《宋会要辑稿》礼三一之二一,中华书局,1957年。

"孝子嗣皇帝"下一般接"臣某"、"臣讳"或"真宗御名"等字样（有的哀册则直续下文），显然是避讳的缘故。元德李后陵出土的哀册文中，"嗣皇帝"下有真宗的名字"恒"。"恒"字书写的极小，仅有其他册文的五分之一，"恒"下没有空格，这对于了解宋代册文的书写格式有一定的帮助。

关于元德李后生平，史书记载甚少，仅有"太祖闻妃有容德，为太宗聘之"[①]"性恭肃，有法度，六宫推重之"[②]等只言片语。出土的哀册册文中，有"芳稽母仪与后德"、"日月等其辉光享"、"颂周诗之美"和"皇妣之懿范炜彤史"等句，虽然属奉承之语，但有助于了解元德李后的为人处世。

元德李后的哀册册文为何与文献记载相悖，是个令人费解的问题，尚需进一步探讨。按照文献记载，哀册册文为梁周翰所撰。《宋会要辑稿》记载："（咸平二年）六月二十六日，知制诰梁周翰上哀册文。"[③]《宋史》中也有"命驾部郎中、知制诰梁周翰撰哀册"[④]的记载。据《宋史·梁周翰传》评价："周翰性疏儁卞急，临事过于严暴，故多旷败。晚年才思稍减，书诏多不称旨。有集五十卷及《续因话录》。"从真宗即位伊始，即授梁周翰为驾部郎中、知制诰，咸平三年又召拜翰林学士的情况看，咸平二年的梁周翰是不大可能抗诏不书的，何况又是真宗生母元德李后的哀册册文。他所著的《续因话禄》一书不见于《宋史·艺文志》，可能早已失传。而其"集五十卷"未著书名，《宋史·艺文志》仅收有《翰苑制草集》二十卷，但也已散佚[⑤]，无法据以校正文献记载的元德李后哀册册文的失误。

三、册匣的形制和大小

元德李后陵出土的谥册简片虽不完整，但有文献记载相印证，可以大致推断出谥册的简数，并结合有关出土文物了解册匣的形制、大小和质料。哀册简片因残缺太多，无法复原，但按文献记载，其册匣也应与谥册册匣相同。

宋代以前玉册册匣实物，今仅见于南唐和前蜀陵墓中。唐代"号墓为陵"的懿德太子墓虽出土过玉册残片，但未发现册匣[⑥]。南唐李昇陵出土的两件石

---

① （元）脱脱等撰：《宋史·后妃传》卷二四二"元德李皇后"条，中华书局，1977年。
② （宋）王偁：《东都事略》卷十三，扫叶山房藏板，乾隆乙卯年镌。
③ （清）徐松：《宋会要辑稿》礼三一之二二，中华书局，1957年。
④ （元）脱脱等撰：《宋史·后妃传》卷二四二"元德李皇后"条，中华书局，1977年。
⑤ 宋史卷编纂委员会：《中国历史大辞典·宋史》第四百四十一页"梁周翰"条，上海辞书出版社，1984年。
⑥ 陕西省博物馆、乾县文教局唐墓发掘组：《懿德太子墓发掘简报》，《文物》1972年第7期。

册函，平面皆作长方形，但大小有别。大者长 159 厘米，宽 43 厘米，厚 7.5 厘米，小者长 125.5 厘米，宽 4.5 厘米，厚 8 厘米；玉册片短而宽，长 16 厘米，宽 7 厘米，厚 2～3 厘米，在册之正面刻有三行册文，背面还刻有"上一"、"上二"、"上三"和"一"、"二"、"三"等数字编号，以表明各简位置顺序，是把简片分作上、下两排平放于函内①。四川成都前蜀王建墓出土的两件木质册匣，大小、形制相同，平面呈长方形，长 225 厘米，宽 45 厘米，厚 21.5 厘米；玉册简片呈窄条状，长 33 厘米，宽 3.5 厘米，厚 1.9 厘米，正面只刻一行文字，是把简片作一竖排置于匣内②。关于宋代皇陵用册制度，文献记载有宋太祖永昌陵玉册和册匣形制："开宝九年十月二十日，太祖崩于万岁殿，……中书省言制造哀、谥册二副，用阶玉。从之（每册条六十，内一十条折髾四片，五十条书册文。册匣两具，长七尺五寸，使金缕银，合棱，遍地合罗花，盘龙装。红锦托裹，揭搭象鼻镊铁，银镊钥各全。穿联册银条，两头银丝结花两朵，各一幅。"③由此可见，宋陵的册匣当为木质。元德李后陵出土的玉册也呈窄条状，其册匣形制可能与前蜀王建墓出土的册匣相似。

元德李后陵出土的谥册简片中，有完整者 3 枚，可知每简长 30.8 厘米，宽 3.3 厘米，厚 1.3 厘米，比文献记载的宋代上尊号玉册之制"简长尺二寸、阔一寸二分、厚五分"④略窄小。元德李后的谥册简片数约为五十枚⑤，较"册立皇后仪"的用册数（髾首在内）五十枚⑥明显多出，而与宋太祖永昌陵的玉册数相同。这可能是元德李后是真宗生母缘故。由此，册匣的内框长 198 厘米，宽 30.8 厘米，推知册匣外长 220 厘米，宽 50 厘米左右（图 3），与前蜀王建墓的册匣大小相似，而较永昌陵玉册册匣"长七尺五寸"稍小。

宋代玉册的册匣装饰，文献对上尊号玉册册匣作了记载："册匣长广取容册，涂以朱漆金装隐起突龙凤金镊盼锴。匣上又以红罗绣盘龙蟠金帊复之，承以金装长竿床，金龙首，金鱼钩；籍匣以锦缘席锦褥。又纽红丝为条，以萦匣册。案涂朱漆，覆以红罗销金衣"⑦。元德李后陵墓室内出土的木雕龙首，表面绘

---

① 南京博物院：《南唐二陵发掘报告》，文物出版社，1957 年。
② 冯汉骥：《前蜀王建墓发掘报告》，文物出版社，1964 年。
③ （清）徐松：《宋会要辑稿》礼二九之三，中华书局，1957 年。
④ （清）徐松：《宋会要辑稿》礼四九之一，中华书局，1957 年。
⑤ 河南省文物研究所、巩县文物保管所：《宋太宗元德李后陵发掘报告》中所列谥册四十九简，加上本文考订的"张齐贤奉玉册玉宝上"简前缺少的一简，应为五十简。《华夏考古》1988 年第 3 期。
⑥ （元）马端临的《文献通考》卷二五六"帝系七"："景祐元年九月立皇后曹氏，……其如册皇太子，用珉玉五十简，髾首在内，匣随册之长。"中华书局，2011 年；《宋史·礼志》卷一一一"册立皇后仪"："仁宗皇后曹氏，其册制如皇太子，玉用珉玉五十简，匣依册之长短。"
⑦ （清）徐松：《宋会要辑稿》礼四九之一，中华书局，1957 年。

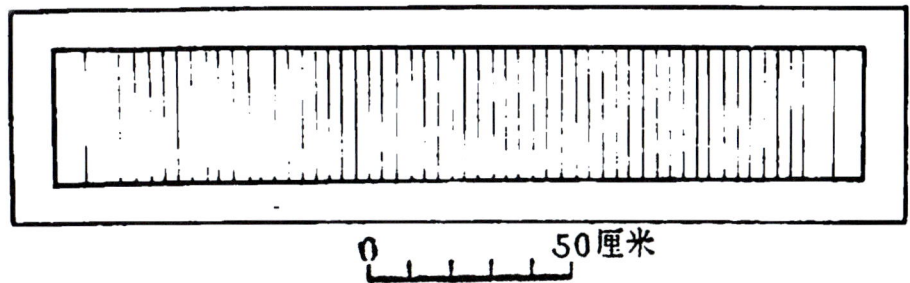

图3　玉册在册匣里的位置示意图

有红、绿、蓝和黑色，并施以金粉，应是"金装长竿床"上的所谓"金龙首"；出上的残木条上，多镶有条状薄铜片，铜片表面鎏金，并隐凿有缠枝花卉，可能属长竿床或册匣上所镶嵌的"金装"；残存的木块上，雕刻有镂空和剔地花卉，表面施彩，往往在白底上衬以红花绿叶，有的还在彩绘上施以金粉，也应属册匣匣面上的装饰。

元德李后陵的玉册册匣虽不能复原，但根据出土的册匣残件判断，可能与前蜀王建墓出土的册匣"全部涂深朱色，四周镶银皮五匝，合口处内外也均镶银皮。银皮系用小银钉钉上，盖面有椭圆形团花五，每团以忍冬花纹为地，而以双凤双鹤、双孔雀等图案花纹为主题……以上各种花纹，均为银质镂空，雕凿成细纹，重要的地方鎏金"[①]相近似，只是改银皮为铜皮鎏金，改银质镂空花卉为木雕彩绘涂金花卉，似较后者的册匣简陋些。

---

① 冯汉骥：《前蜀王建墓发掘报告》，文物出版社，1964年。

附录一

序号	《宋大诏令集》卷十五	《宋会要辑稿》礼三一	出土的册文
1	维咸平三年岁次庚子三月戊寅朔二十日丁酉	无	维咸平三年岁
2	无	谨再拜稽首上言	
3	德莫厚于	德莫厚乎	
4	德合先朝	德合先期	先朝
5	循法度以饬躬	循法度以率躬	
6	婉淑之誉	婉淑之裕	
7	傅芳于国史	傅芳于图史	图史
8	茹慕增感	孺慕增感	孺慕增感
9	为天下母弗能享三牲之膳	为天下之母弗能享三牲之养	天下母
10	为天下君弗能奉一日之懽	为天下之君弗能奉一日之膳	为天下君
11	网树不止	风林不止	
12	巍然空在	巍然空作	
13	远询仲子	远征仲子	远征仲子
14	近取照成	近取昭成	近取昭成
15	谨遣摄太尉门下侍郎兼兵部尚书平章事张齐贤	谨遣摄太尉	太尉推忠协谋理功臣光禄、行门、书门下平章事、八、张齐贤

附录二　元德皇太后哀册

维咸平元年三月戊寅朔二十日丁酉追上太宗皇帝贤妃李氏尊谥曰元德皇太后粤四月乙卯迁座祔于永熙陵之次礼也（以上见《宋会要辑稿》）翟辂霄陈鸡人晓唱灵（虚）庭洁乎祖载修路俨乎仙仗九重天高（至）以如慕六宫曰远而增哀（怆）孝（哀）子嗣皇帝运昌继体孝极因心荷宝图之惟永怀慈训之下临考（事）先运兮协兆（兆叶）志慎终兮感深乃诏近侍恭播徽音其词曰皇家积庆昊穹眷命构象膺乾来宾偶圣高阳命族厉乡得姓派别韩魏门传英伟华毂接轸黄云效祉五可夙彰六行纯备粤自艺祖揖让登皇帝尹京邑表则四方后治闺壸柔（身）顺含章流虹感粹梦日延祥涂山诞启挚氏生昌爰洎神宗承平御历汾晋荡定闽吴来格海外燀（惮）威域中渍泽辅佐邦治温柔惠迪登进时贤勤劳轸恻躬（助）享紫坛奉词（祠）清庙禋祀协（致）恭纮缝尽妙动循典□（礼）式是准绳居玩图史明于废兴聪睿周敏顾问允膺节励清门俭敦素履环珮有节（声）簪珥防侈恤隐流惠辞封播美贤以兴化世仰余辉仁则多寿天胡有违黄只陨载皓魄沉晖皇子胜衣受封胙土汉邸承徽姬宗夹辅维宁攸赖问安莫觊元良肇建万国以清（明）地启苍震天临玉京克广丕构长德（怀）善成德无疆兮坤元业有开兮圣嗣承天道兮庆其长启帝绪兮昌而炽寿觞称庆兮养莫伸脂泽增感兮恩（哀）靡寘呜呼哀哉礼祎衣兮有奉贵玉玺兮是膺（征）庙如在兮肃肃祭以时兮蒸蒸帝母之尊兮斯至昊天之戚兮难胜呜呼哀哉洞启山园风凄云驭企谷林之封域拂嵩邱之烟雾石阙沉沉兮夜台柏城惨惨兮朝露呜呼哀哉稽任姒之壸政冠周召之国风唯重熙之锡羡与三代而比隆播彤管兮有炜佑皇祚兮无穷呜呼哀哉。

（《宋大诏令集》卷第十六"皇太后四"；括号内为《宋会要辑稿》礼三一之二五、二六与之的相异字）

（原刊于《华夏考古》1990年第2期）

北宋皇陵葬制与石雕艺术

中国古代陵寝制度，自战国首发其端。随着秦朝统一中央集权封建国家的建立，与至高无上的皇权相适应，形成了日益完善的中国封建帝王陵园布局规制。北宋皇陵在汉、唐陵寝制度上的基础上有所继承和发展。在陵园的规划布局上，大体沿袭"积土为冢"的唐陵制度，而帝陵作"三层"陵台、皇后同茔合葬和陵区设置陵邑寺院等葬制，又与汉代帝陵相仿。

北宋皇陵位于巩义市西南部的黄土丘陵上，南依嵩山，北傍伊洛，陵区范围南北宽 12 千米，东西长 13 千米。自宋太祖赵匡胤登基的第五年（964 年）开始营建，至宋钦宗靖康二年（1127 年）北宋灭亡，前后经历 163 年之久。北宋王朝的 9 个皇帝中，除徽宗、钦宗被金人所掳囚死漠北外，其余 7 个皇帝均葬于此，加上追封为宣祖的赵匡胤之父赵弘殷的永安陵，统称"七帝八陵"。另外，还祔葬有一个庞大的皇室陵墓群（图 1）。

一、北宋皇陵陵园葬制

北宋皇陵陵园建制相同，在平面布局上整齐划一，皆由上宫、下宫、皇后陵和陪葬墓组成。帝陵上宫是举行大型朝拜祭奠的地方，以陵台为主体，陵台前置献殿，四周围护神墙，神墙四隅建有角阙，四面正中开门，门侧设有阙台，门外各列石狮一对。南神门外的神道两侧，对称排列着象征仪仗的石雕像群，再南设置乳台，陵园南端入口处为一对鹊台（图 2）。

从实地勘察情况看，除永安陵上宫仅余陵台外，其余七座帝陵皆保存有诸阙台基址，尤以神道石雕像基本完整（图 3）。一般说来，两鹊台和两乳台东西间距皆 42 米，鹊台至乳台、乳台至南神门的距离均为 140 米。鹊台、乳台、

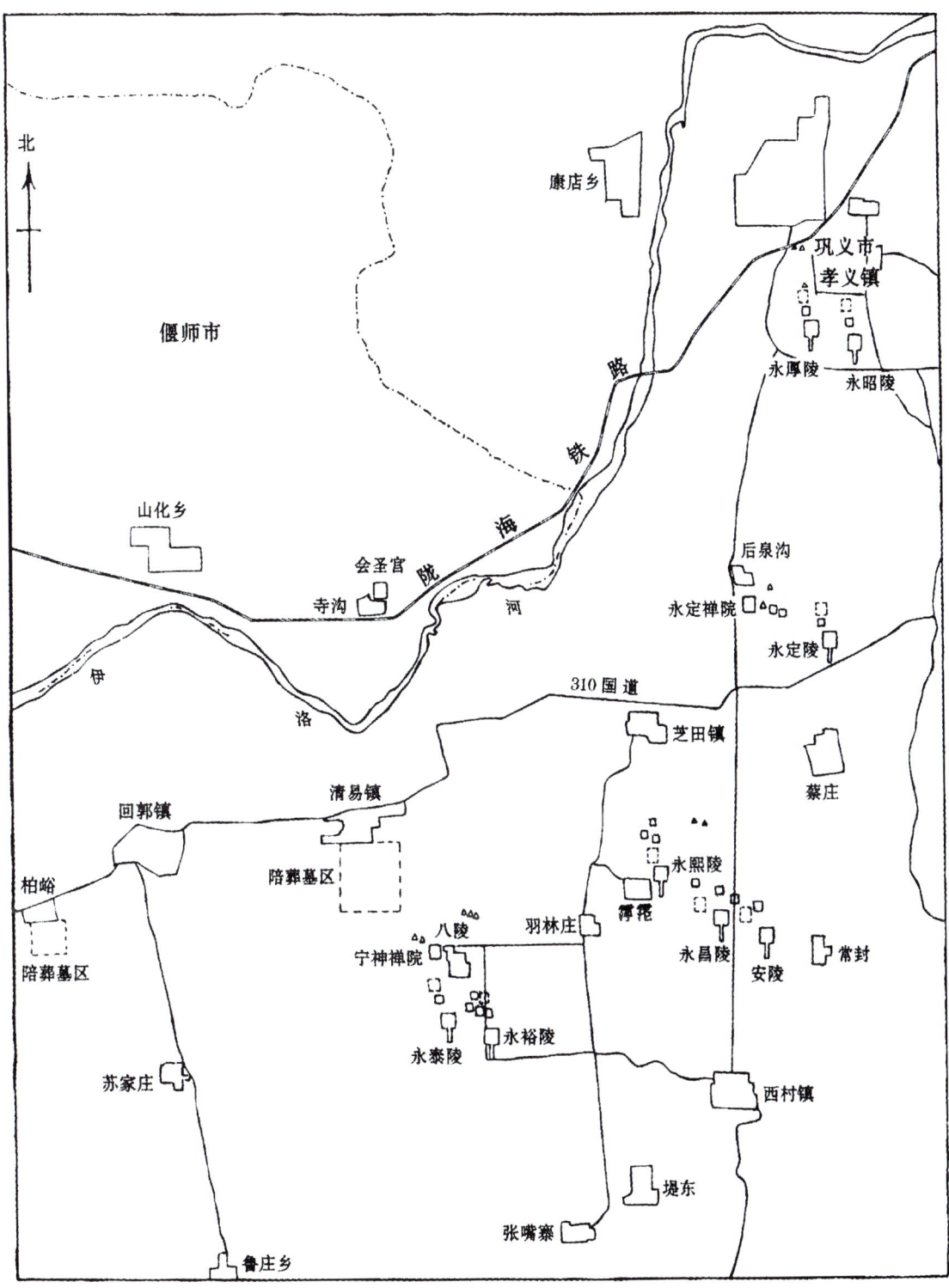

图 1　北宋皇陵分布示意图

图 2　宋太祖永昌陵上宫

图 3　宋真宗永定陵上宫

门阙和角阙皆为夯土筑成，台体四周用青砖包砌。其中，乳台和门阙台基上应建有错落有致的三出阙楼阁，且两两对称布局；而角阙台基顶面则为两个三出阙楼阁的复合式建筑。陵台平面呈正方形，作三层台阶状，底部边长约 52 米，垂直高度在15米左右。宫城四周的神墙用黄土夯筑，表面粉以红灰，每边边长约240米（图4）。

下宫是供奉墓主魂灵日常衣食起居的处所，"朝暮上食，四时祭享"。下宫皆位于帝陵上宫之西北部，地面现存有南门狮一对。据钻探资料，下宫范围约南北长170米，东西宽140米。宋人李攸《宋朝事实》卷十三记述宋英宗永厚陵下宫时云："下宫有正殿，置龙䡍，后置御座。影殿置御容，东幄卧神帛，后置御衣数事。斋殿旁，皆守陵宫人所居，其东有浣濯院，有南厨，厨南御陵使廨舍。"由此可以大致勾勒出宋陵下宫的平面布局。

皇后陵皆祔葬于帝陵上宫之西北隅，其平面布局大致仿照帝陵上宫，只是陵园范围较帝陵缩小，石雕像数目也减少一半，每陵均为30件（图5）。陪葬墓一般位于皇后陵的北部和西部，每墓又自成茔园，在茔园大小和石雕像数目方面也有严格的等级制度。

北宋皇陵的这种陵园布局，大体因袭唐代皇陵制度，但北宋皇帝生前不预造寿陵，死后建陵又受到"七月葬制"的限制，因而在陵园规模上明显逊于唐陵。同时，由于受阴阳堪舆的影响较深，按照"五音姓利"说来选择陵园，赵姓角音在阴阳地理上便是东南地穹，西北地垂。这样，北宋诸陵地貌呈南高北低、东穹西垂之态势，由鹊台、乳台、南神门至陵台逐渐斜降，置陵园中心建筑——陵台于全陵的低凹处。这种坐北朝南、而又南高北低的陵园布局，一反中国古代建筑逐渐增高的传统方法，因此不见于历史上其他朝代的皇陵，成为中国古代陵寝建筑史上的孤例。

图4　宋仁宗永昭陵南神门复原图

二、北宋皇陵石雕艺术

北宋皇陵诸帝陵上宫例设石雕像60件，除8件门狮外，集中排列在南神门外至乳台之间的神道两侧。石雕像东西分列，对称布置，由南往北依次是：望柱、石马与驯象人、瑞禽石屏、角端、仗马与控马官、虎羊、客使、文武官、武士、上马石和宫人（图6）。与唐陵相比，不仅在数量上有所增加（乾陵除外），而且在种类上也有所变化和创新。如新增加了象与驯象人、用以辟邪的虎羊、以便差役的宫人、守卫神门的武士和便于登程的上马石等。从排列顺序上看，除了"嘉瑞"的瑞禽、角端和辟邪的虎羊外，其他如象与驯象人、马与牵马官（图7）、客使、武官、文官、武士等，基本上同于皇帝生前出行的仪仗行列。

图5　宋仁宗曹皇后陵西侧石雕像

图6　宋真宗永定陵神道西侧部分雕像

这些石刻作品中，人物和兽类造型逼真，装饰花纹细腻，雕刻艺术精湛，代表了宋代雕刻艺术的最高水平。在人物形象方面，文臣头戴五梁冠，双手捧笏板，长袍着地，修长俊美，表现出彬彬有礼和深谋远虑；武士则戴盔着甲，手执斧钺，高大威猛，环目怒视，突出其严守职责的威严气势（图8）。动物造型中，石羊屈腿静卧，形态安详温顺；而门狮昂首走姿，气势强壮雄健。瑞禽别具一格，马首、龙身、鹰爪、凤翼，衬以山石背景，线条流畅，构图完美（图9）；角端造型奇特，鼻上长有独脚，四足如狮，昂首阔步。宋陵石雕刻画细腻，形神兼备，在继承汉唐陵墓石雕技法的基础上又有新的创造，形成了注重写实的艺术风格，在我国古代雕塑艺术史上占有光辉的一页。

面对雕刻精美的瑞禽石兽和高大浑厚的人物造像，参观者往往发出这样的

图 7　宋真宗永定陵石马与牵马官

图 8　宋神宗永裕陵武士

图 9　宋神宗永裕陵瑞禽石屏

图 10　宋陵采石场石刻题记

疑问：这成千上万吨的优质石料是从哪里来的呢？幸运的是，在宋代采石的大本营——今偃师市缑氏小学，人们发现了宋哲宗永泰陵和宋英宗高皇后陵等采石记碑。考古工作者根据碑文的记载，并经过多次实地查寻，终于在偃师市南部青萝山前的南横岭南麓，找到了宋陵石雕像的产地。采石场位于今偃师市大口镇白村，东距宋陵的直线距离约 25 千米。在采石场山谷内随处可见人工开凿的痕迹，除谷壁上满布的采石面和采石坑外，还有被弃置的柱础石半成品和已錾刻出眼鼻轮廓线欲作兽类的废石料等。与采石场山谷相连，还发现一处人工开凿的豁口，内有潭水外溢，在潭水的东、南、西三面断崖上，镌刻着与宋陵采石有关的题记 7 处。其中第 2 处题记有"元符三年二月十九日"落款，系为宋哲宗永泰陵采石时所刻（图 10）。该题记中的"导泉"一事，也与《永泰陵采石记》碑文完全吻合。

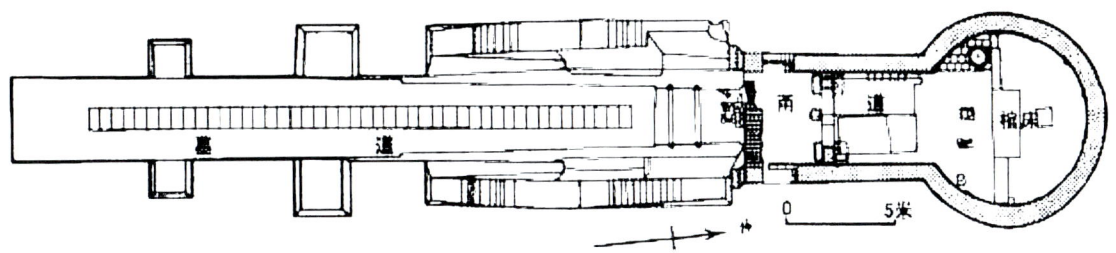

图 11　宋太宗李皇后陵地宫平面图

三、北宋皇陵地宫奥秘

北宋皇陵地宫的形制与结构，曾是到过宋陵的人普遍关心的问题。1984～1985 年考古工作者抢救清理的元德李皇后陵地宫，第一次揭开了宋陵地宫的奥秘。

元德李皇后，是宋太宗赵光义的妃子、宋真宗赵恒的生母，薨于太平兴国二年（977 年），享年 34 岁。宋真宗即位后，元德李皇后因"母以子贵"故，于咸平三年（1000 年）四月按照皇太后礼仪，迁葬于宋太宗永熙陵之西北隅。其地宫位于陵台之下，系单室砖砌，由墓道、甬道和墓室三部分组成（图 11）。斜坡墓道南北长 34 米，南端口宽 3.8 米，北端底宽 2.5 米，最深处上距地表 15 米。为防盗掘，墓道填土采用垫一层砖瓦块后填一层黄土，或者先垫一层碎石片再填一层黄土的办法，并经过石杵夯筑，坚固异常。甬道砖券拱形顶，南北长 9 米，东西宽 4.3 米，高 6 米。墓门青石质，门扉上线刻两个高大的戎装武士，门额上线刻两个飞天作凌空飞翔状。墓室平面呈圆形，穹窿顶，直径 7.95 米，高 11.26 米。环绕墓壁砖砌 11 根立柱，两立柱之间的壁面上用砖雕出桌椅、灯檠、衣架、盆架、梳妆台和门窗等装饰。在立柱之上，各有一组仿木结构的四铺作斗拱，斗拱表面用红、白二色刷饰，并间绘有花纹。房檐之上的 2.7 米高度内，原曾绘有楼阁图，再上至墓顶为星相图（图 12）。宋陵地宫完全模仿墓主人生前居室建造，反映出当时人"视死如生"的观念。

该陵墓道保存完好，但墓室顶部现有 3 个盗洞，表明曾不止一次遭受过盗贼的洗劫。尽管如此，但仍出土了代表墓主人身份的玉哀册、玉谥册各 1 幅，并出土了不少瓷器、铜饰件、铁钥匙和彩绘木雕龙首。其中越窑瓷器 3 件，釉色青绿，胎质坚硬，龙纹盘器形硕大，刻纹精湛；云鹤纹盒四层相套，划纹纤

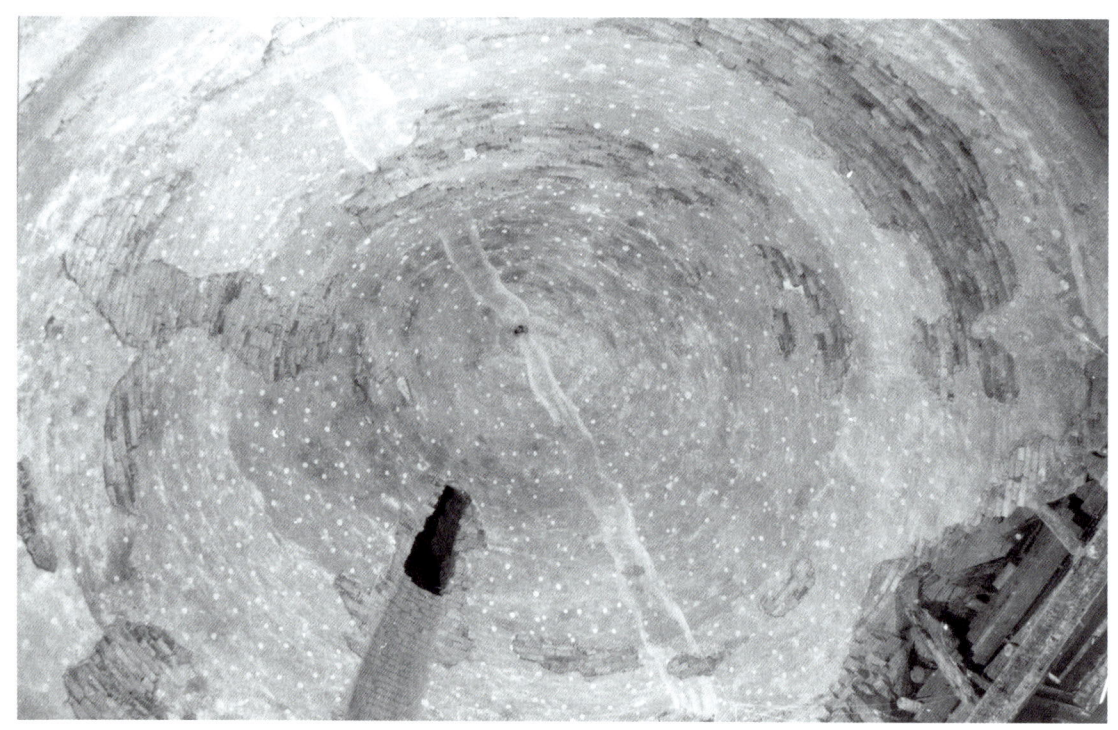

图 12　宋太宗李皇后陵星相图

细匀称,无疑是越窑青瓷的精品——秘色瓷。定窑"官"字款白瓷 17 件,有的刻划飞凤纹,有的胎薄而透明,也属定瓷中的上乘之作。元德李后陵的清理,不仅对研究宋代陵寝制度,而且为探讨北宋早期越、定两窑的烧造工艺和制作水平,均提供了珍贵的实物资料。

(原文题目为《中原皇室陵墓群——北宋皇陵》,刊于《启封中原文明》,河南人民出版社,2002 年)

北宋皇陵的发现与研究

北宋皇陵位于河南省巩义市西南部的黄土丘陵上，南依嵩山，北傍伊洛，陵区范围南北宽12千米，东西长13千米。自宋太祖赵匡胤登基的第五年（964年）开始营建，至宋钦宗靖康二年（1127年）北宋灭亡，前后经历163年之久。北宋王朝的9个皇帝中，除徽宗、钦宗被金人所掳囚死漠北外，其余7个皇帝均葬于此，加上追封为宣祖的赵匡胤之父赵弘殷的永安陵，统称"七帝八陵"。另外，还祔葬有一个庞大的皇室陵墓群。

北宋末年，金人在中原扶植的刘豫政权曾对北宋皇陵进行大规模盗掘。金朝占据中原后，北宋皇陵陵园建筑遭到毁坏，地宫珍宝被盗掘一空。元朝时候，陵区"尽犁为墟"。明朝初年，朱元璋曾命人加以修葺，"禁人樵采"。清朝年间，又分派民户看管，减免其赋税、劳役。

北宋皇陵于1963年6月公布为河南省第一批省级文物保护单位。1982年2月，经国务院公布为第二批全国重点文物保护单位。为了加强对宋陵的保护和利用，1981年4月设立巩义市文物保护管理所，内设有宋陵保护管理专职机构，配备专职干部保护管理宋陵。1997年7月成立巩义市永昭陵管理处，正科级事业单位。2006年10月撤销巩义市永昭陵管理处，成立北宋皇陵管理处，具体负责"七帝八陵"的文物保护管理工作。

一、史书记载与发现概况

关于北宋皇陵的记载，主要见于元人脱脱等撰的《宋史·礼志》、元人马端临著的《文献通考》和清人徐松辑录的《宋会要辑稿》等礼制典章类图书，以及宋人李攸的《宋朝事实》、宋人赵彦卫的《云麓漫钞》、明人王在晋的《历代山陵考》和清人李孔阳的《历代陵寝备考》等私家著述。元人乃贤（1309～？）在元代至正五年（1345年）时，便对巩县宋陵进行过走访，并将结果著录于其著作《河朔访古记》中①。明代成书于天顺五年（1461年）的《明一统志》和刊印于嘉靖三十四年（1555年）的《巩县志》亦对北宋皇陵有所提及。清人王昶《金石萃编》、清乾隆五十四年（1789年）《巩县志》和民国二十六年（1937年）《巩县志》除记述北宋皇陵外，还记录有关宋陵的碑志资料。

1907年，法国著名的汉学家沙畹及摄影师一行人等再次来到中国，遍历我国河南、四川、山西、山东、陕西、辽宁、北京等地名胜古迹，采集了石窟造像、陵墓石刻、金石拓片等图文资料。归国后于1909年在巴黎发布了《北中国考古图录》，其中第二卷图版313～324为北宋皇陵陵园及石刻图片②。1906～1918年，日本人关野贞曾三次到访中国，根据其在中国的游历考察，撰有《支那的建筑艺术》一文，收入他与常盘大定合著的《支那文化史迹》一书③，其中便涉及巩县宋陵。但对于宋陵石雕像的记述多有错讹，所谓的"宋太宗陵"武人、石人、西门外石狮，实为宋仁宗永昭陵的武士、武官、南门狮；所谓的"宋太宗陵"鞍马、瑞禽、虎及羊，实为宋英宗永厚陵的石马、瑞禽、虎及羊。

北宋皇陵的考古调查工作开始于20世纪50年代末期。1959年和60年代初，郭湖生等对巩县北宋皇陵进行了两次较为全面的调查，并对北宋皇陵的布局、建筑结构、神道石刻、陵墓制度等进行了初步研究④。1961年河南省文物工作队抢救发掘的魏王赵頵夫妇合葬墓，位于巩县孝义镇南郊的宋英宗永厚陵之北，由墓道、甬道和墓室组成。墓门为仿木构建筑，甬道两侧各有一耳室，砖砌墓室为圆形穹顶，墓内地面用石板平铺。墓葬早期被盗，出土墓志两合，随葬遗物有白瓷碗片等⑤。

20世纪80年代，巩县文管所傅永魁对北宋皇陵的分布、保存现状及其神道石刻等，曾作过实地调查和较为详细的记录⑥。1984年前后，中国社会科学院考古研究所洛阳汉魏故城考古队与偃师县文管会联合对位于偃师县大口镇的宋陵采石场进行了实地调查，并结合文献资料对相关遗迹和碑志进行了探讨，

---

① （元）乃贤：《河朔访古记》，中华书局，1991年。
② 〔法〕沙畹：《中国文化史迹：北中国考古图录》，浙江人民美术出版社，2018年。
③ 關野貞：《支那の建筑と艺术》，《支那文化史蹟》，法藏馆，1941年。
④ 郭湖生等：《河南巩县宋陵调查》，《考古》1964年第11期。
⑤ 游清汉：《河南巩县孝义镇发现宋益王墓》，《考古》1961年第9期；周到：《宋魏王赵頵夫妻合葬墓》，《考古》1964年第7期。
⑥ 傅永魁：《巩县宋陵》，《河南文博通讯》1980年第4期；傅永魁：《河南巩县宋陵石刻》，《考古学集刊》第2集，中国社会科学出版社，1982年。

为宋陵的营建等提供了重要参考①。1984~1985年，河南省文物考古研究所抢救发掘了宋太宗元德李皇后陵，第一次窥见了北宋皇陵地宫的全貌②。元德李皇后，是宋太宗赵光义的妃子、宋真宗赵恒的生母，薨于太平兴国二年（977年），咸平三年（1000年）四月迁葬于宋太宗永熙陵之西北隅。元德李皇后陵地宫为长斜坡墓道、砖砌甬道和圆形墓室，在墓室周壁砖砌仿木结构门窗、桌椅、灯擎和屋顶，屋顶上部彩绘有亭台楼阁，墓顶则绘有银河和星辰。该陵墓道保存完好，但墓室顶部现有3个盗洞，表明曾不止一次遭受过盗贼的洗劫。尽管如此，但仍出土了代表墓主人身份的玉哀册、玉谥册各1幅，并出土了不少瓷器、铜饰件、铁钥匙和彩绘木雕龙首。在宋英宗永厚陵的陪葬墓区，1985年发掘了燕王赵颢墓，1988年发掘了兖王赵俊墓，均出土有记录墓主人身份的石墓志，取得了宋陵陪葬墓的重要实物资料③。尤其是燕王赵颢墓作上下两层墓室，建筑结构独特，为北宋陵寝的地宫制度研究提供了重要资料。

1992~1995年，河南省文物考古研究所对北宋皇陵陵园遗址进行了全面的勘察和测绘，并发掘了宋真宗永定陵上宫部分建筑基址和永定禅院遗址。根据这次调查和发掘成果，首次出版了《北宋皇陵》考古报告④，该报告内容涵盖了陵区的地理环境、总体设计、每个陵园的布局、地上石刻、地下建筑遗迹，并记述了永定陵上宫、元德李后陵地宫的发掘，以及皇陵寺院、皇陵陵邑、皇陵采石场及砖瓦窑场等遗迹的情况。该书分北宋皇陵为西村、蔡庄、孝义、八陵四个陵区，并对各陵区陵园建制、陪葬制度、保存状况和遗物等进行了全面的分析研究。1995年，巩义市文物保管所对宋仁宗永昭陵园遗址进行了考古勘探⑤。1995年9月至1998年6月，河南省文物考古研究所配合宋陵抢救保护工程组成宋陵考古队，对宋仁宗永昭陵上宫进行了考古发掘，揭露面积一万余平方米，先后发掘了鹊台、乳台、神门、神墙、门阙、角阙、陵台等建筑的营建基址⑥。发掘表明，鹊台、乳台、门阙和角阙皆为夯土筑成，台体四周用青砖包砌。其中，乳台和门阙台基上应建有错落有致的三出阙楼阁，且两两对称布局；而角阙台基顶面则为两个三出阙楼阁的复合式建筑。陵台平面呈正方形，作三层台阶状，底部边长约52米，垂直高度在15米左右。宫城四周的神墙用黄土夯

---

① 中国社会科学院考古研究所洛阳汉魏故城考古队：《河南巩县宋陵采石场调查记》，《考古》1984年第11期；段鹏琦：《河南巩县宋陵采石场题记补遗》，《考古》1986年第6期。
② 河南省文物考古研究所、巩县文物保管所：《宋太宗元德李皇后陵发掘报告》，《华夏考古》1988年第3期。
③ 河南省文物考古研究所编：《北宋皇陵》，中州古籍出版社，1997年，第199~205页。
④ 河南省文物考古研究所编：《北宋皇陵》，中州古籍出版社，1997年。
⑤ 傅永魁等：《河南巩县宋永昭陵区的考察》，《考古学集刊》第8集，科学出版社，1994年。
⑥ 孙新民等：《宋仁宗永昭陵上宫考古获丰硕成果》，《中国文物报》1998年10月14日第1版。

筑，表面粉以红灰，每边边长约 240 米。宋仁宗永昭陵园的发掘，为复原宋陵上宫的平面布局和诸建筑基址的形制结构提供了丰富的实物资料，对于进一步深入探讨北宋皇陵陵寝营造制度提供了重要依据。1993 年，国家文物局把巩义市北宋永昭陵抢救保护工程定为"全国首批唯一的大型皇帝陵抢救保护示范工程"，同时列入河南省"八五"十大旅游项目。由巩县文化局负责永昭陵的建设，河南省古代建筑保护研究所勘察设计，河南省古代建筑保护研究所工程技术部、湖北大冶古建公司等 7 家施工企业负责施工。于 1995 年 6 月正式动工，征用土地 568 亩，工程投资 1.2 亿元。先后完成了永昭陵陵园 2 座鹊台、2 座乳台、8 座门阙、4 座角阙、2 座阙庭、陵台及宫城城墙等保护性构筑物工程，完成陵区内绿化、美化工程，1997 年 4 月正式对外开放。

2000 年以来的田野考古工作，主要有 2009 年河南省文物考古研究院配合基本建设工程发掘了宋真宗次子周王赵祐墓和 2017 年为提升陵园环境河南省文物考古研究院发掘了宋太祖永昌陵陵园遗址。赵祐死时年仅 9 岁，被封为周王，死后葬在了宋太宗赵光义的永熙陵陵区内。周王墓为一座长斜坡墓道的砖砌单室墓，墓室呈圆形，墓壁砖雕有桌椅、门窗和灯擎，墓葬形制与元德李皇后陵基本相同而规模略小[①]。该墓早年被盗，出土有石墓志和少量越窑瓷器等。对永昌陵陵园地面建筑基址进行了全面揭露，再一次明确了宋陵上宫建筑形制和布局结构[②]。

二、研 究 历 程

回顾北宋皇陵的研究历程，大体可以 2000 年为界分作前后两个阶段。

第一阶段，20 世纪 60 年代至 90 年代，主要是积累资料和初步研究阶段。随着考古工作的全面开展和实物资料的不断增加，北宋陵寝制度的研究在 90 年代逐渐展开。这一时期的相关研究不仅涉及陵寝地理位置、建筑结构的考证和神道石像生的初步探讨，还深入到对丧葬礼仪、堪舆术、等级制度等礼制观念及社会结构的分析等多个方面。

第二阶段，进入 21 世纪后，由于《北宋皇陵》考古报告的出版，对于北宋皇陵的研究内容更加广泛，涉及神道石刻、阴阳堪舆、等级制度和地宫结构等多个方面。无论是研究深度和研究广度，都较此前有所增加和扩宽。

---

① 赵文军等：《宋陵周王墓》，《2009 中国重要考古发现》，文物出版社，2010 年。
② 河南省文物考古研究院发掘资料，待刊。

具体来说，在北宋帝王丧葬礼仪方面，叶春芳于1993～1995年发表多篇文章进行了分析阐述，认为北宋帝王丧葬礼仪的主体是儒家传统丧葬礼仪，并且帝王丧葬仪制深刻影响着北宋的社会政治、经济、文化诸方面[①]。宋陵的建筑形制及堪舆葬术等也受到研究者的重视，冯继仁先后对北宋皇陵献殿形制、建筑构成和受阴阳堪舆的影响问题进行了探讨[②]。孙新民则根据最新调查和发掘成果，论述了北宋陵园建制及其特点；并结合元德李皇后陵出土遗物，对元德李皇后陵随葬的玉册、定窑白瓷和越窑秘色瓷进行了研究[③]。

根据相关文献记载，北宋皇陵布局受五音姓利说影响较深。郭湖生认为角姓贯鱼葬法乃指同一茔域（兆域）而言，不同兆域之间，似不拘于此法，且一陵所占地位甚大，为选择有利地形，也不可能拘于此法[④]。冯继仁针对郭说，提出角姓昭穆（贯鱼）葬法，是一昭一穆共三代之葬而非七代或八代之族葬。故以宣祖永安陵为尊穴，太祖永昌陵、太宗永熙陵在其西北同为昭穴，真宗永定陵因故向东北移动仍为穆穴。仁宗永昭陵又为尊穴，英宗永厚陵在其西北为昭穴。神宗永裕陵因故向西南移动再为穆穴，哲宗永泰陵在其西北为昭穴[⑤]。

关于北宋陵寝制度问题，由于北宋皇帝生前不预造寿陵，死后建陵又受到"七月葬制"的限制，因而在陵园规模上明显逊于唐陵。大体来看，北宋陵寝制度仿之汉、唐，少有大的创新，但也有自身特色。孙新民将其总结为六个大的方面：陵园位于山阴，地势南高北低；下宫选择吉地，建于帝陵西北；帝后同茔合葬，皇后单独起陵；石雕数目固定，集中陈于陵前；阙台设于门侧、三层陵台施色；设县以奉陵寝，建寺追福祖先[⑥]。刘毅对包括南宋六陵在内的宋代皇陵制度进行了比较深入地研究，认为宋代是中国古代陵寝制度发展史上的徘徊时期，与秦、汉、唐三代相比，宋代皇陵鲜见创新。其中堪舆术对宋陵选址、构筑的影响极大；宋陵规模比较小，帝陵相对集中于同一区域；宋代皇陵各有若

---

① 叶春芳：《北宋皇帝葬礼探考（上）》，《深圳大学学报（人文社会科学版）》1993年第4期；叶春芳：《北宋皇帝葬礼探考（下）》，《深圳大学学报（人文社会科学版）》1994年第2期；叶春芳：《北宋皇帝丧葬礼仪的性质及其对北宋社会的影响》，《深圳大学学报（人文社会科学版）》1995年第3期。

② 冯继仁：《巩县宋陵献殿的复原构想》，《文物》1992年第6期；冯继仁：《论阴阳堪舆对北宋皇陵的全面影响》，《文物》1994年第8期；冯继仁：《北宋皇陵建筑构成分析》，《考古学研究（二）》，北京大学出版社，1994年；冯继仁：《巩县北宋皇陵研究》，清华大学硕士学位论文，1989年。

③ 孙新民：《试论北宋陵园建制及其特点》，《河南文物考古论集》，河南人民出版社，1996年；孙新民：《宋元德李后陵中的玉册及册匣考》，《华夏考古》1990年第2期；孙新民：《宋陵出土的定窑贡瓷试析》，《文物春秋》1994年第3期；孙新民：《略论宋陵出土的越窑秘色瓷》，《越窑秘色瓷》，上海古籍出版社，1996年。

④ 郭湖生、戚德耀、李容淦：《河南巩县宋陵调查》，《考古》1964年第11期。

⑤ 冯继仁：《论阴阳堪舆对北宋皇陵的全面影响》，《文物》1994年第8期。

⑥ 孙新民：《试论北宋陵园建制及其特点》，《河南文物考古论集》，河南人民出版社，1996年。

干祔葬、陪葬墓；北宋置有永安县管理宋陵，各陵区还建有寺院追荐祖先①。

杨伯达、曾竹韶、林树中等学者从艺术价值方面，对于宋陵石刻进行了初步研究②。张广立则结合宋《营造法式》，通过与宋陵石雕纹饰的比较，探索了宋陵的石作制度，拓展了北宋皇陵的研究领域③。在北宋皇陵石雕像分期方面，林树中④、孙新民⑤等根据各类石刻的形态和装饰的变化，将宋陵石刻分作前、中、后三期。前期约当10世纪末至11世纪初，包括永安、永昌、永熙、永定四陵。各类人物造型较粗壮，带有晚唐遗风。中期约当11世纪前半叶，包括永昭、永厚二陵。人物造像由粗壮逐渐变为修长，文臣静雅，武臣也有"儒将"风度。晚期约当11世纪后半叶至12世纪初，包括永裕、永泰二陵。瑞兽图案失去了活泼神情，腹部两侧增饰云朵及水波纹，着意渲染其神秘色彩。人物皆作修长体态，文气十足，而威风日稀，正如赵宋的江山一样。

关于北宋皇陵地宫的形制和结构，孙新民通过已经发现的元德李皇后陵和燕王赵颢墓，并结合相关文献记载，把北宋皇陵形制和结构大致分为三个阶段。第一阶段为砖砌单室墓，约包括永安、永昌、永熙陵，以及祔葬三陵的诸皇后陵。第二阶段墓室仍作单室，但改为石结构，约包括永定、永昭陵和祔葬永定陵的诸皇后陵。第三阶段墓室分上、下层，即在石砌墓室内又建造有石椁，约包括永厚、永裕、永泰陵。以及祔葬永昭、永厚、永裕、永泰四陵的诸皇后陵⑥。

从2000年至今，祝炜平、余建新⑦和刘未⑧等深入分析了五音姓利对于宋代皇陵布局的影响。陈朝云⑨、高晓东⑩对北宋皇陵的营建制度、礼仪制度、埋葬制度等进行了综合梳理和分析。秦大树论证了北宋皇陵的等级制度，认为作为高度中央集权的宋朝，在帝陵及其祔葬、陪葬墓的营建和神主的下葬等方面，建立了严格的礼制规范和等级制度⑪。刘未还对流行于北宋后期的帝陵、后陵、

---

① 刘毅：《宋代皇陵制度研究》，《故宫博物院院刊》1999年第1期。
② 杨伯达：《古代艺术的瑰宝——巩县宋陵雕刻》，《中原文物》1980年第3期；曾竹韶：《宋陵石刻艺术》，《美术研究》1980年第4期；林树中、王鲁豫：《宋陵石雕》，人民美术出版社，1984年。
③ 张广立：《宋陵石雕纹饰与〈营造法式〉的"石作制度"》，《中国考古学研究（二）》，科学出版社，1986年。
④ 林树中、王鲁豫：《宋陵石雕》，人民美术出版社，1984年。
⑤ 河南省文物考古研究所编：《北宋皇陵》，中州古籍出版社，1997年，第456、457页。
⑥ 河南省文物考古研究所编：《北宋皇陵》，中州古籍出版社，1997年，第460页。
⑦ 祝炜平、余建新：《宋陵布局与堪舆术》，《绍兴文理学院学报》2009年第6期。
⑧ 刘未：《宋代皇陵布局与五音姓利说》，《浙江大学艺术与考古研究（第三辑）》，浙江大学出版社，2018年。
⑨ 陈朝云：《北宋陵寝制度研究》，《郑州大学学报》2003年第4期。
⑩ 高晓东：《北宋皇陵制度研究》，渤海大学硕士学位论文，2013年。
⑪ 秦大树：《试论北宋皇陵的等级制度》，《考古与文物》2008年第4期。

特制亲王宰臣墓石藏葬制做了深入探讨①。张广立②、卫琪③、孟凡人④等对宋陵石刻艺术、分期及社会内涵等进行了进一步的研究。

针对学界以往对宋陵布局的研究，均强调以尊、昭、穆穴关系来分析陵位关系，刘未认为宋代皇陵布局受五音姓利说影响，所体现的是五姓葬法中一种特殊形式，实际是将各陵作为墓域而非墓穴来处理。北宋帝后陵上宫围墙即构成一座单独墓域，陵台居中，恰处明堂地心。除非受到地形限制另择一地，后一座帝陵（或后陵）均位于前一座帝陵（或后陵）西偏北，合《地理新书》所谓昭穆葬原则；而首座后陵均位于其所祔葬帝陵北偏西，合《地理新书》所谓贯鱼葬原则。五音墓地的布局是以墓域为单元的，同一墓域内按各姓所利特定方位强调墓穴关系之间的位次关系，而不同墓域则依各姓所立方向（多朝左前方）斜行排列。南北宋陵均是如此，各陵之间既不存在丙、壬、甲之分，也不存在尊、昭、穆之列⑤。

在北宋皇陵的等级制度方面，秦大树结合考古发现和史料记载分作五个等级：第一等，在位皇帝的山陵制度最为尊崇；第二等，追尊皇帝的山陵，主要指宣祖安陵；第三等，皇后山陵，太皇太后或太后比一般皇后园陵在陵墓的各部丈尺方面都有所增制；第四等，皇后园陵，在各种制度上大体比皇帝山陵减半；第五等，为一品的陪葬墓，其制度上大体又比皇后园陵减半，在此等之下，二品、三品的制度按一定的比例递减。在体现等级的各种制度中，神墙的边长是最重要的标准，墓上石刻的数量和尺寸也非常重要；另外皇堂的下深和大小，陵台的上高、层数和底边长都是重要的等级制度的体现⑥。刘未通过排比北宋后期帝陵、后陵、特制亲王宰臣墓、亲王墓资料，发现在墓室尺寸、石藏尺寸、石门有无等方面都构成了比较明显的等级制度。在考虑宋代墓葬等级制度时，除了地上设施诸因素需要纳入考察视野外，对于特制墓例地下形制的独特之处也要给予充分的注意⑦。

孟凡人全面论述了北宋皇陵石像生的源流、艺术特色、形制类型与分期，他认为宋陵神道石像生既是唐代模式的继承和发展，也是自汉代以来石像生演变过程的总结和完善化，故而在中国帝陵神道石像生发展史中占有重要地位。

---

① 刘未：《宋代的石藏葬制》，《故宫博物院院刊》2009年第6期。
② 张广立：《宋陵石雕纹饰》，人民美术出版社，2003年。
③ 卫琪：《略谈宋陵神道石刻艺术》，《中原文物》2005年第5期。
④ 孟凡人：《北宋帝陵石像生研究》，《考古学报》2010年第3期。
⑤ 刘未：《宋代皇陵布局与五音姓利说》，《浙江大学艺术与考古研究（第三辑）》，浙江大学出版社，2018年。
⑥ 秦大树：《试论北宋皇陵的等级制度》，《考古与文物》2008年第4期。
⑦ 刘未：《宋代的石藏葬制》，《故宫博物院院刊》2009年第6期。

七帝八陵石雕像各具特色，各有时代特征。其中永熙陵石像生是北宋早期三陵的代表作，也是北宋七帝八陵石像生中的精品。永昭陵石像生在七帝陵中体量最大，雕工糙，缺乏力度，石像生水平远逊于永熙陵，也不如永定陵。永裕、永泰陵石像生风格和特点极为接近，在七帝八陵中，二陵的石像生是仅次于永熙陵的精品。在石像生分期方面，将七座皇帝陵石像生分作六期，即永裕、永泰陵为一期外，其余帝陵各为一期①。

对于孙新民提出的"永厚陵石椁应是建造于皇堂地面之下，一如燕王赵颢墓的上、下两层墓室，只不过赵颢墓的上层墓室为砖砌，永厚陵地宫的上、下层墓室均为石结构"②。秦大树表示认同，也认为"永厚陵的墓室是上、下两层的"③。刘未则进一步结合文献记载，提出永厚陵"从建筑技术角度考虑，新增加的石椁系在皇堂内平地垒砌，并没有向下建造石藏，也就没有形成双层结构"。真正在皇堂内设置地下石藏，始自元丰三年（1080年）慈圣光献曹皇后陵。而在此之前，熙宁八年（1075年）韩琦墓已首次特诏构筑石藏④。

（拟刊于《中国考古学百年史》，中国社会科学出版社，2021年）

---

① 孟凡人：《北宋帝陵石像生研究》，《考古学报》2010年第3期。
② 河南省文物考古研究所编：《北宋皇陵》，中州古籍出版社，1997年，第460页。
③ 秦大树：《试论北宋皇陵的等级制度》，《考古与文物》2008年第4期。
④ 刘未：《宋代的石藏葬制》，《故宫博物院院刊》2009年第6期。

附表　大事记

年份	发现与著录	研究
1959年、1960年	郭湖生等对巩县北宋皇陵进行了两次较为全面的调查	
1961年	河南省文物工作队发掘魏王赵頵夫妇合葬墓	
1984年	中国社会科学院考古研究所洛阳汉魏故城考古队调查宋陵采石场	
1984～1985年	河南省文物考古研究所发掘宋太宗元德李皇后陵	
1992～1994年		冯继仁先后对宋陵献殿形制、建筑构成和受阴阳堪舆的影响问题进行了探讨
1996年		张广立结合有关文献探索了宋陵的石作制度
1996年		孙新民论述了北宋陵园建制及其特点
1992～1995年	河南省文物考古研究所对北宋皇陵陵园遗址进行了全面的勘察和测绘，并发掘了宋真宗永定陵上宫部分建筑基址和永定禅院遗址	
1997年	《北宋皇陵》考古报告出版	
1996～1998年	河南省文物考古研究所发掘了宋仁宗永昭陵陵园遗址	
1999年		刘毅对包括南宋六陵在内的宋代皇陵制度进行了研究。
2008年		秦大树对北宋皇陵的等级制度进行了论述
2009年	河南省文物考古研究院发掘了宋真宗次子周王赵祐墓	
2009年		刘未对流行于北宋后期的帝陵、后陵、特制亲王宰臣墓石藏葬制进行了研究
2010年		孟凡人对于北宋帝陵石像生进行了深入研究
2017年	河南省文物考古研究院发掘了宋太祖永昌陵陵园遗址	
2018年		刘未探讨了五音姓利说对于北宋皇陵的影响

河南省出土壁画概述

河南地处中原，历史悠久，文化灿烂，自夏王朝开始直至宋代，有 20 多个王朝在此建都，留下了丰富的遗迹和遗物。在墙壁上作画，夏有"峻宇雕墙"[①]，商有"宫墙文画"[②]，周有明堂，周壁画尧、舜、桀、纣的容像，并周公相成王等图，以为国家兴废的鉴戒[③]。据文献记载，可见壁画至迟始于夏、商，盛传于汉、唐，名师辈出，极盛一时，乃至宋、元、明、清而不间断。壁画虽然缘起甚早，但多随着建筑被毁而湮没，考古发现的壁画材料，目前最早见于龙山时代晚期的山西襄汾陶寺、陕西神木石峁遗址，均为简单的几何纹样。田野考古获得的地下墓室壁画，看似"事死如事生"的冥间题材，其实是人间生活的真实写照，亦是古代社会的形象缩影。这些壁画仿佛带我们步入沉睡千百年后而方见天日的地下画廊，也是考古工作者给民众开启的浩瀚的地下艺术宝库。

一

河南古代壁画，目前最早可以追溯到商代。1975 年在安阳殷墟出土的壁画残块，是"在白灰墙皮上，以红色绘出对称的图案"[④]。1957 年在洛阳西郊发现的 1 座战国墓，墓室四壁折角处以红色涂成边饰，墓道西壁残存有红、黄、黑、白四色彩绘的图案[⑤]。汉以前的墓葬壁画发现较少，因受土圹质地所限，仅有简单的装饰图案，比较简略稚朴。

---

① 《夏书·五子歌》。
② 《说苑·反质篇》。
③ 孔子：《孔子家语》，王逸：《楚辞章句》。
④ 杨建芳：《汉以前的壁画之发现》，《美术家》总第 29 期。
⑤ 中国社会科学院考古研究所洛阳发掘队：《洛阳西郊一号战国墓发掘记》，《考古》1959 年第 12 期。

河南的西汉墓葬壁画，主要分布在洛阳和商丘地区，以洛阳最多，年代包括西汉初至王莽时期。这一时期的壁画墓较著名的有洛阳烧沟61号墓[①]、洛阳卜千秋壁画墓[②]、洛阳八里台壁画墓[③]、洛阳浅井头壁画墓[④]、新安县里河壁画墓[⑤]、洛阳金谷园新莽壁画墓[⑥]、偃师辛村新莽壁画墓[⑦]、永城柿园壁画墓[⑧]等。

永城柿园壁画墓，为凿山开洞的石室墓，年代为西汉早期。壁画位于墓室顶部，彩画青龙、白虎、朱雀等神禽异兽，周边绘几何形云纹图案。整个画面以红色为底，上用黑白两色描绘出流动的飞云，其构图丰满，充满动感，特别是带羽的青龙凌空飞动，具有巨大的艺术感染力和震撼力。这是目前所见最早的汉代壁画，在我国绘画史上占有较重要的地位。

洛阳卜千秋壁画壁，因墓内出土一枚"卜千秋印"而得名，年代为西汉昭帝至宣帝之间（公元前86～前49年）。在主室后壁绘有方相氏打鬼图，方相氏赤膊裸足，双目圆睁注视着墓门；其下绘青龙、白虎。主室顶脊绘升仙图，依次绘有女娲、月亮、持节方士、两青龙、两枭羊、朱雀、白虎、仙女、奔兔、猎犬、蟾蜍、卜千秋夫妇、伏羲（图1）、太阳、黄蛇等，气势宏大。墓门上额绘人首鸟身像，与升仙图相联系，寓意墓主人死后升天和避邪。

洛阳烧沟61号墓，年代在西汉元帝至成帝之间（公元前48～前8年）。壁画的主要内容有野宴图，绘九人姿态各异，生动传神。一说为"鸿门宴"，[⑨] 另说"汉宫中的傩戏飨事图"[⑩]。乘龙升天图，雕绘有天门、五曜和墓主夫妇灵魂乘羽龙，作凌空飞腾状。傩戏舞蹈图，彩绘体态庞大的方相氏和指挥大傩的黄门。主室两面墙梁上为"二桃杀三士"等历史故事（图2）。又有日月星云图，是目前发现最早的天文实物资料。墓门内额上为神虎吃旱魃图，图中间雕塑一羊头，下绘裸露上身的女子，长发悬于树上；右画一双翼猛虎，张口欲食。

偃师辛村新莽墓壁画，彩绘壁画8幅：两耳室门外北侧各绘一幅执棨戟门吏；前室与中室勾栏上门额，中央绘方相氏，其左绘常仪托月，其右绘羲和擎日；

---

① 河南省文化局文物工作队：《洛阳西汉壁画墓发掘报告》，《考古学报》1964年第2期。
② 洛阳博物馆：《洛阳西汉卜千秋壁画墓发掘简报》，《文物》1977年第6期。
③ 〔美〕吉·福廷等著，汤池译：《今藏美国波士顿的洛阳汉墓壁画》，《当代美术家》1986年第3期。
④ 洛阳市第二文物工作队：《洛阳浅井头西汉墓发掘简报》，《文物》1993年第5期。
⑤ 沈天鹰：《洛阳出土一批汉代壁画空心砖》，《文物》2003年第3期。
⑥ 梁晓景：《洛阳金谷园西汉墓发掘简报》，《中原文物》1987年第3期。
⑦ 洛阳市第二文物工作队：《洛阳偃师县新莽壁画墓清理简报》，《文物》1992年第12期。
⑧ 河南省商丘市文物管理委员会、河南省文物考古研究所、河南省永城市文物管理研究会：《芒砀山西汉梁王墓地》，文物出版社，2001年。
⑨ 郭沫若：《洛阳壁画试探》，《考古学报》1964年第2期。
⑩ 孙作云：《洛阳西汉卜千秋墓壁画考释》，《文物》1977年第6期。

图 1　洛阳卜千秋夫妇升仙图、伏羲图、日轮图

图 2　洛阳烧沟 61 号墓执戟持剑图

中室西壁南幅为庖厨图，北幅为六博宴饮图；中室东壁南幅绘宴饮舞乐图，北幅为宴饮图；中后室之间横额正中绘西王母壁画。该墓壁画所绘位置有所改变，并出现了与现实生活相关的内容，具有两汉之间承前启后的过渡性特点。"不论墓葬形制或壁画内容风格及布局等，既保留了西汉墓的因素，又孕育着东汉墓壁画的成分；尤其像庖厨宴饮和歌舞娱乐等表现现实生活的题材，是西汉墓壁画中所不曾见的"[①]。

二

河南的东汉墓葬壁画，更是丰富多彩，主要分布在洛阳和郑州两地区。洛阳是东汉都城，当时的洛阳文人云集，画工高手如林。因此，洛阳东汉墓壁画基本上代表了当时绘画的最高水平，反映了汉民族文化的内容和特色。东汉壁画墓受儒家思想影响较深，注重声势威仪，体现了汉代绘画深沉雄大的气势和古拙质朴的艺术风貌。

洛阳地区东汉壁画墓主要有：1980年发掘的新安县铁塔山壁画墓[②]，1981年发掘的唐宫路玻璃厂壁画墓[③]，1984年发掘的偃师杏园壁画墓[④]（图3），1987年发掘的洛阳道北石油站壁画墓[⑤]，1991年发掘的洛阳机车工厂壁画墓[⑥]，1991年发掘的洛阳朱村壁画墓（图4）等[⑦]。郑州地区发现的壁画墓有：1960年发掘的密县打虎亭2号壁画墓[⑧]，1963年发掘的密县后士郭壁画墓[⑨]，1995年因被盗发现并调查的荥阳苌村壁画墓等[⑩]。上述墓葬除石油站壁画墓为东汉早期，铁塔山壁画墓为东汉中期，朱村壁画墓为东汉末至曹魏时期，其余壁画墓均属于东汉晚期。东汉壁画墓的题材，以描绘墓主人生前地位、属吏、及出行车马仪卫和以表现宾朋宴饮、舞乐杂技的豪华场面为主，也有居家生活庖厨、仓厩、收租的内容。表现历史故事的内容仍有流行，想象中的各种怪异神兽相对减少。显然，东汉壁画正在脱离西汉壁画中那种企望死后成仙升天的

---

① 黄明兰、郭引强：《洛阳汉墓壁画》，文物出版社，1996年。
② 洛阳市文物工作队：《河南洛阳北郊东汉壁画墓》，《考古》1991年第8期。
③ 黄明兰、郭引强：《洛阳汉墓壁画》，文物出版社，1996年。
④ 中国社会科学院考古研究所河南第二工作队：《河南偃师杏园村东汉壁画墓》，《考古》1985年第1期。
⑤ 洛阳市文物工作队：《洛阳新安县铁塔山汉墓发掘报告》，《文物》2002年第5期。
⑥ 洛阳市文物工作队：《洛阳机车工厂东汉壁画墓》，《文物》1992年第3期。
⑦ 洛阳市第二文物工作队：《洛阳朱村东汉壁画墓发掘简报》，《文物》1992年第12期。
⑧ 河南省文物研究所：《密县打虎亭汉墓》，文物出版社，1993年。
⑨ 河南省文物研究所：《密县后士郭汉画像石墓发掘报告》，《华夏考古》1987年第2期。
⑩ 郑州市文物考古研究所、荥阳市文物保护管理所：《河南荥阳苌村汉代壁画墓调查》，《文物》1996年第3期。

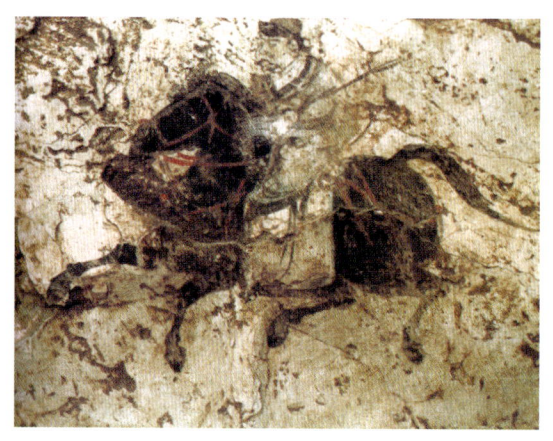
图3 偃师杏园东汉墓骑吏图

图4 洛阳朱村2号墓主车图

主题,代之而起的是表现现实生活的题材,这是思想艺术发展的一大进步。

洛阳道北石油站壁画墓,在甬道两壁绘神荼、郁垒,中室东西两壁绘文吏,布局对称。墓顶以流畅起伏的红云为地纹,上绘四组画面:南为乘车驾龙图、北部为乘车驾鹿图,东部为羲和擎日图,西部绘常仪擎月图。此墓壁画画面宏大,气韵生动,色彩鲜艳协调,在一定程度上反映了当时人的宇宙观和阴阳五行观念。

新安铁塔山壁画墓,墓门两侧绘守门武士。后山墙上部绘墓主人肖像,左绘执金吾,右绘一名女仆作奉酒状。左右两壁线条粗犷,画面漫漶,从残存痕迹看,右壁为车骑出行图,左壁绘彩罐。墓顶绘太阳和月亮,并有北斗七星和彩云,还填绘飞奔的鹿和羊。该墓壁画不用白灰地,直接绘于砖壁。墓顶的星相图,也是国内较早的日月星象记录。

洛阳唐宫路玻璃厂壁画墓,壁画是在涂黄色底彩的白灰面上绘制的,北壁东端主仆二人,均面向东作行走状,东壁画夫妇二人对坐。南壁东端绘一侍女,侍女身后绘两匹马,再后有马车一辆,车上一人依稀可辨。该墓夫妇对坐是较早的同类题材实例,开宋代墓葬壁画夫妇对坐题材之先河。偃师杏园村壁画墓,该墓壁画主要是墓主人车骑出行的场景,共计9乘鞍车,70余个人物,50余匹奔走行进的马队,车骑队伍浩浩荡荡。另外在前堂东部北墙上还有一幅作坊宴饮图,惜已漫漶不清。

密县打虎亭2号壁画墓规模大,形制复杂,各耳室和甬道顶部壁画用墨绘,中室顶部和南、北、东三壁用彩绘。壁画内容大致分为三部分:一是对墓主人生前生活的描绘,主要绘于中室南、北两壁,下层绘各种人物,上层绘宴饮、舞乐百戏和车马出行迎宾图等。南、北、东各耳室绘迎宾、厨事烹饪和马厩等。

二是反映墓主人希望成仙升天的内容，东壁绘仙人山聚图，券顶藻井两侧绘有各种珍禽异兽与活动于天上云气间的人物。三是中室顶部绘有格榠、莲花藻井和装饰性的边框云气图案。其中，中室南壁的车马出行图，再现了墓主人出行前导后从、壮观的迎宾场景。中室北壁的舞乐百戏图，以长卷形式绘一排贵族一边饮宴作乐，一边看百戏（图5），画面色彩富丽，人物众多，百戏表演惟妙惟肖，是一幅难得的艺术珍品。

荥阳苌村壁画墓，为砖石结构。甬道两侧和前室四壁及顶部满绘彩色壁画，总面积可达300平方米，其内容分别为：楼阙庭院、车马出行、人物故事、珍禽异兽、乐舞百戏。前室侧壁所绘以赤线为界，分上下4层。车骑出行图，车骑队伍排列整齐，气势宏大。在众车旁分别用隶体墨书榜题，如"郎中时车""供北陵令时车""长水校尉时车""巴郡太守时车""洛阳太守时车""齐相时车"等。车辆类别有斧车、白盖轺车、皂盖车、皂盖朱左轓轺车、皂盖朱两轓轺车、赤盖轩车等多种。南壁后室门外侧彩绘有伎乐人物，西壁为珍禽瑞兽、车马出行（图6）。该墓规模之大，壁画内容之丰富，特别是较多的墨书榜题，都为其他汉墓壁画所不见，对于了解此时期壁画的内容提供了重要的文字依据。

三

魏晋南北朝时期绘画艺术随着佛教艺术的传入，其题材、内容以及表现方法都发生了较大的变化。墓葬壁画在这一时期比较少见，代之而起的是石室、石棺及石棺床雕刻画的兴起和陶瓷人物俑、车马、动物俑的大量增加。北魏时期的墓葬壁画较多承袭汉魏旧制，都是依当时社会流行样式而设计绘制。银河星相图的出现，表明了当时社会对天文学的重视与天文学的进步。那种虚幻的神仙世界题材显著减少，描绘现实生活的内容成为主流，在构图上人大于山的情况较为普遍。少数民族文化和汉文化融为一体，外来的佛教艺术也对其产生重大影响，使绘画艺术得到了进一步的升华。1974年在洛阳市前海资村西南发现的北魏元义墓[1]和1989年在孟津朝阳北陈村发现的北魏王温壁画墓[2]，虽然墓葬壁画篇幅不多，但仍能够窥见北朝绘画内容及艺术风格之一斑。

元义，《魏书》有传。元义墓为方形砖室墓，在墓室上壁和顶部施彩绘。四壁壁画已被破坏，仅存上栏四神图像残迹；墓顶的"星相图"保存完整，绘

---

[1] 洛阳市博物馆：《河南洛阳北魏元义墓调查》，《文物》1974年第12期。
[2] 洛阳市文物工作队：《洛阳孟津北陈村北魏壁画墓》，《文物》1995年第8期。

图 5　新密打虎亭东汉壁画墓抛丸图

图 6　荥阳苌村东汉墓车马出行图

有银河贯穿南北，星辰 300 余颗，大多数有连线，绝大部分星宿可以辨认（图7）。据考证，图中的天象反映了当时的实际天空[①]。这是我国发现时代较早、幅度较大、星际较多的一幅"天象图"，是研究我国古代天文学的宝贵资料。

---

① 王车、陈徐：《洛阳北魏元乂墓的星象图》，《文物》1974 年第 12 期。

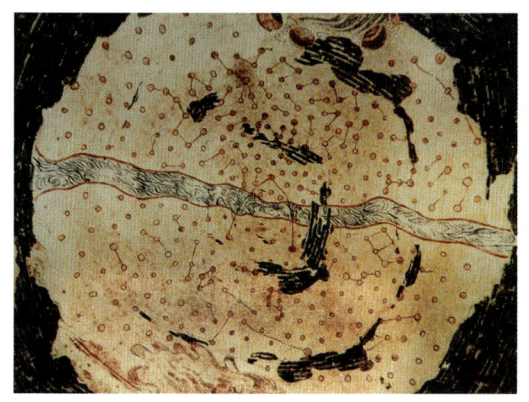

图7 孟津北魏元乂墓星相图

王温墓为单室土洞墓，在墓室东壁保存有壁画。画面中部为一四坡顶轿形帷幄，屋内有弯曲的屏风，端坐男、女二人。帷屋左侧有3女子做行进状，右侧有3女子站立做侍奉状。帷屋前一童子恭立，画面两侧绘有起伏的山峦和林木。该壁画动静交糅，景情融汇，是一幅不可多得的北魏世俗生活画卷。

南阳邓县（今邓州市）学庄村发现一座南朝兼有壁画的彩色画像砖墓，在拱券形墓门的正面上部和左右两侧绘有彩色壁画[①]。正上方绘一怪兽兽面，面目狰狞，口衔一长兵器。墓门中部两侧各绘一飞仙，门两侧各绘一持剑门吏，作守卫之姿。这是河南仅有的一座有壁画的南朝墓葬，其画技精妙，十分珍贵。

四

隋唐时代是中国封建社会的鼎盛时期，经济空前繁荣，文化发达进步。唐代东都洛阳，是仅次于京城西安的重要都市，故而河南地区的唐代壁画墓多发现于洛阳。唐代随着土洞墓的增加和陶三彩俑随葬之风的兴起，墓葬壁画较为少见。到目前为止，河南发现的唐代壁画墓仅有4例。唐代壁画题材，除四神有所保留外，绝大部分都是依现实生活场景描绘。写实性进一步加强，从人物、马匹、骆驼、花草、鸟兽、建筑等无所不包，生动而又传神，确似宫廷画师的气派。

1992年在洛阳市南郊龙门镇花园村发掘的唐睿宗贵妃豆卢氏墓[②]，埋葬年代为公元740年。在墓道两侧壁绘建筑、仕女和花草等。甬道两侧壁画分前后两段，西壁前段绘4个男仆双手捧物行进，人物之间均用花点缀；西壁后段画面分为二组，前一组有9位仕女，后面一组画5人1马。东壁前段画了个男仆呈行进状；东壁后段画面为14位仕女分三组作交谈状；墓室顶部和四壁也绘有壁画，内容有人物、云气和花草等。

2005年在洛阳洛南新区发现的唐安国相王孺人唐氏、崔氏两墓[③]，唐氏死

---

① 河南省文化局文物工作队：《邓县彩色画像砖墓》，文物出版社，1958年。
② 洛阳市文物工作队：《唐睿宗贵妃豆卢氏墓发掘简报》，《文物》1995年第8期。
③ 洛阳市第二文物工作队：《唐安国相王孺人唐氏、崔氏墓发掘简报》，《中原文物》2005年第6期。

图8　洛阳新区唐安国相王孺人唐氏墓牵驼图　　图9　洛阳新区唐安国相王孺人崔氏墓牵马图

于唐长寿二年（693年），崔氏埋葬于705~710年之间。两墓墓道以及过洞、天井、壁龛、甬道和墓室内均绘有壁画，但多数壁画上部残缺。两墓墓道所绘壁画内容相似，均为青龙、白虎及人物牵马和骆驼图（图8、9），墓道北端绘门吏；唐氏墓墓道北壁还残存影作木结构阁楼建筑。过洞所绘壁画，唐氏墓东西各绘一拷剑武士，武士身后有侏儒、乐伎等多种人物造型；崔氏墓过洞及天井两壁绘画均为武士形象。这批壁画的出土，使我们领略到唐代宫廷画家高超的绘画技艺和独特的艺术魅力。

2002年发掘的安阳市果品公司唐墓，为1座墓室平面呈长方形的土洞墓。在甬道两侧各有1个耳室，在耳室两侧彩绘男、女侍立图。墓室东壁被毁，墓室西壁保存基本完整，先用白灰涂抹作地，再用红线勾勒边框，形成三个长方形壁面。其中间一个壁面宽大，彩绘花鸟图案，两侧壁面较小，彩绘鸭戏和花鸟图（图10）。南壁西侧彩绘一仕女，北壁西侧用红线画成方格作窗棂状[①]（图11）。

五

北宋王朝的建立，结束了晚唐以来藩镇割据、四分五裂的局面，中国封建社会经济和文化得到了进一步的发展。北宋建都东京开封，作为北宋政治、经济、文化和军事的统治中心，河南境内已发现北宋壁画墓30多座，位居全国各省区

---

① 安阳市文物工作队发掘资料，待刊。

图 10　安阳果品公司家属楼唐墓鸭戏图

图 11　安阳果品公司家属楼唐墓侍女图

之首。宋代绘画是中国古代绘画艺术的繁盛时期，宋代壁画墓在继承汉唐壁画墓优秀传统的基础上又有所创新，一是壁画内容写实，以描绘日常生活为主；二是绘画技巧成熟，注重对色彩的合理搭配运用；三是造型严谨准确，注意细腻刻画人物衣、貌、动作和神态。作为宋代绘画的重要组成部分，宋代壁画墓真实再现了当时的社会生活、风俗习惯和经济状况，反映出高超的建筑艺术和绘画艺术水平。

宋代壁画墓往往是与仿木结构的砖雕结合在一起，多为砖砌单室墓，一般由竖穴或台阶式墓道、仿木结构门楼、砖券甬道和墓室四部分组成。墓室平面呈圆形和方形的时代较早，而等边多角形的时代较晚；单室的早于前、后两室的，墓室仿木结构简单的早于墓室结构复杂；斗拱以"一斗三升"托替木或"把头绞项造"发展到五铺作重拱，从简单的叠涩顶发展为宝盖式盝顶藻井，从版门直棂窗变为雕花格子门。壁画位置主要在墓内甬道两侧、墓室周壁和顶部，题材大致分作墓主日常生活、孝行故事、天象与升仙、花卉装饰等四大类。目前发现的纪年墓有巩义市霁霭村的咸平三年（1000年）宋太宗元德李后陵[①]、郑州市南关外的至和三年（1056年）胡进墓[②]、安阳市天禧镇的熙宁十年（1077年）王用墓[③]、登封市黑山沟的绍圣四年（1097年）李守贵墓[④]、禹州市白沙的元符二年（1099年）赵大翁墓[⑤]、新密市平陌的大观二年（1108年）墓[⑥]和新安县李村的靖康元年（1126年）宋四郎墓[⑦]等7座，基本上反映出河南地区北宋壁画墓的发展演变脉络。

元德李皇后是宋太宗赵光义的妃子、宋真宗赵恒的生母，其地宫单室砖砌，墓室平面呈圆形，墓顶作穹窿状，环绕墓壁砖砌11根立柱，两立柱之间的壁面上皆有砖雕仿居室装饰。在立柱之上各有一组仿木建筑结构的四铺作斗栱，斗栱表面用红、白二色刷饰，并间绘有花纹。房檐之上的2.7米高度之内绘有楼阁图，再上至墓顶为星相图，星相图由银河和诸星宿组成，布满整个墓室顶部，气势恢宏。郑州南关外胡进墓为近方形墓室，墓室四壁用砖雕成衣架、盆架、桌椅和灯檠，在四隅倚柱上砖砌斗栱，斗栱与斗栱之间及普柏枋上彩绘有各种花纹图案。壁画主要见于砖券甬道，在两侧壁上彩绘有马和男侍。安阳天禧镇王用墓的墓室平面呈方形，在墓室的左、右和后壁彩绘有人物壁画，内容为"散乐图"、墓主人夫妇对坐和送行图等。登封黑山沟李守贵墓的墓室平面呈八角形，墓室内富丽堂皇，彩绘壁画22幅，自下而上分为三部分。一是在墓室下部北壁砖砌假门，门上绘有卷起的竹帘；其余各壁彩绘壁画，内容分别为备宴图、伎乐图、宴饮图、育儿图、侍寝图和侍洗图，反映了墓主人的日常生活场景。二是在拱眼壁上绘有8幅行孝图，其中3幅榜题为："王武子"、"丁兰"和"王相"。三是在斗栱与垂花饰之间绘有壁画8幅，分别为仙女、菩萨、道士、道姑、宅院等与升仙有关的画面。该墓壁画内容丰富，为研究北宋晚期民间绘画和市井风俗提供了珍贵资料。

禹州白沙赵大翁墓作前、后两室，结构复杂。在甬道东壁彩绘3人，西壁彩绘3人1马，人物的手中或持筒囊，或捧酒瓶，当是向墓主人贡奉财物。前

---

① 河南省文物考古研究所编：《北宋皇陵》，中州古籍出版社，1997年。
② 河南省文化局文物工作队第一队：《郑州南关外北宋砖室墓》，《文物参考资料》1958年第5期。
③ 《河南省文化局调查安阳天禧镇宋墓》，《文物参考资料》1954年第8期。
④ 郑州市文物考古研究所、登封市文物局：《河南登封黑山沟壁画墓》，《文物》2001年第10期。
⑤ 宿白：《白沙宋墓》，文物出版社，1957年。
⑥ 郑州市文物考古研究所：《新密平陌宋代壁画墓》，《郑州宋金壁画墓》，科学出版社，2005年。
⑦ 叶万松、余扶危：《新安县石寺李村的两座宋墓》，《中国考古学年鉴（1985）》，文物出版社，1986年。

室平面为横长方形，顶部为宝盖盝顶藻井，东壁彩绘壁画，在卷帘和悬幔下绘有女乐伎 11 人，其中 10 人手持乐器，正中 1 人欠身扬袖起舞（图 12）；西壁雕砖和绘画相结合，中间砖砌 1 桌 2 椅，桌上砌有注子、盏和盏托，墓主人夫妇各坐于椅上，背后立有侍女 4 人（图 13）。后室平面为六角形，东北和西北两壁中间砖砌棂子窗，两侧彩绘灯檠或剪刀、熨斗；北壁上绘悬幔，下砌假门和妇人掩门。东南壁绘 3 女 2 男，作进奉状；西南壁绘有 5 女，在侍奉主人化妆。该墓除砖雕和人物壁画外，还在墓门、甬道、过道和墓室内彩绘有大量的建筑彩画，其内容包括花卉、青草、果品、云朵、瑞禽等图案。从没有出土墓志和壁画中常见银铤、银饼、钱贯和贡纳货币场面看，墓主人可能是地主兼营商业者。

新密平陌的大观二年墓为单室砖券墓，墓室呈八角形。墓室南壁为甬道，北壁砖砌假门，其余 6 壁彩绘家居图、梳妆图、备宴图和书写图等墓主人日常生活场景。在砖雕斗拱表面涂以白灰，上施红黑彩，拱眼壁彩绘石榴花等花卉。在墓顶下部的梯形壁面内彩绘 8 幅孝子故事图和升仙图，其中 3 幅有"行孝鲍山"、"行孝赵孝宗"和"四洲大圣度翁婆"题记。新安李村的靖康元年墓，墓门为仿木结构，两铺作间嵌有方砖刻写的题记："宋四郎家处宅坟……宣和八年二月初一日大葬记。"甬道作拱形券顶，在两侧壁面上浮雕孝子图 4 幅。墓室平面为八角形，墓室壁面上饰有砖雕门窗和彩绘壁画，主要为墓主人宴饮图、伎乐图、庖厨图和牡丹图。该墓的题记上有墓主人的名字和埋葬年月，以及砌墓工匠的名字和室内壁画的作者等，是一个颇为难得的发现。

上述的宋代壁画均是在砖砌的墓壁上涂抹一层白灰，然后在白灰面上勾线平涂，即先用墨线勾勒出人物轮廓，然后依不同人物彩绘出不同服饰，再对人物的眼、唇、面颊进行细部点描。但对于一些花卉图案，则使用了以色彩描绘的没骨画法，即不用勾线，直接用色彩绘成。在河南地区的宋代壁画墓中，还有一种是在土壁上直接刻划图案，颇为少见。如巩义市西村发现的一座土洞墓，墓室中部放置石棺一具。在墓室西壁土墙上阴刻一幅壁画，高 1.8 米，宽 1.9 米，画面上部横列帐幔，幔下两侧垂有两条飘带，中间为卷头式供案，刻工精细，刀法娴熟[①]。这种在土壁上浮雕花纹图案的做法，也曾在三门峡市的 3 座宋墓中发现。其中的 1 座为带天井的砖室墓，在墓道北端和天井北壁的土壁上，自下而上浮雕有仿木结构的门窗、菱形的几何图形，以及团团簇起的花卉图案。另外 2 座为土洞墓，浮雕图见于墓道北壁，也为房屋建筑和花卉图案[②]。土壁浮雕

[①] 巩县文物保管所、郑州市文物工作队：《巩县西村宋代石棺墓清理简报》，《中原文物》1988 年第 1 期。
[②] 三门峡市文物工作队：《三门峡市北宋墓发掘简报》，《华夏考古》1993 年第 2 期。

图的发现,为古代民间艺术的宝库又增添了新品种。

六

北宋灭亡后,宋室南迁至浙江临安(今杭州市),河南地区沦为金代的统治区域。河南的金代纪年壁画墓发现2座,分别为林州市区文明街皇统三年(1143年)墓[①]和焦作市电厂金大定二十九年(1189年)墓[②]。林州市区金墓平面作八角形,八角攒尖顶,墓室东、西、北三壁相同,用砖砌成仿木结构的假门,中间设红色双扇半启的板门,各门的两侧均绘一启门外望的女子。东北和西北壁砖

图 12　禹州白沙赵大翁墓伎乐图

图 13　禹州白沙赵大翁墓夫妇对坐图

砌一直棂窗,东南和西南壁彩绘散乐图和庖厨图,甬道两侧各绘一武士,券顶上残存"皇统三……癸亥年丙□月"等字样。在北壁的假门之上还绘有墓主人宴饮图,其余七壁上部彩绘24幅孝行图,分别墨书有"郭巨埋子""王武子妻割股""刘明达卖子""董永还妻"等题记,为研究二十四孝在中原地区的流传提供了实物资料。焦作电厂金墓为一座仿木结构砖雕壁画墓,墓门砖砌,甬

---

① 张增午:《河南林县金墓清理简报》,《华夏考古》1998年第2期。
② 焦作市文物工作队:《焦作电厂金墓发掘简报》,《中原文物》1990年第4期。

道东壁上用朱砂书写有"大定二十九年正月"的题记。墓室平面呈不等边八角形，穹窿顶，墓室下部砌成须弥座，上砌倚柱、普柏枋和单抄四铺作斗拱。斗拱上施红、白两色，拱眼壁彩绘云纹与牡丹缠枝花卉，撩檐枋以上绘云纹图案，在东北和西北部各绘一只仙鹤。墓室的壁面上皆镶嵌砖雕，其中东壁和西壁为6扇四抹格子门，中间两扇有一女子作启门状；东南壁和西南壁砌假直棂窗；西北壁和东北壁浮雕一高足花瓶架，架上彩绘花瓶和插花；北壁则浮雕三幅行孝故事图。另外，金代壁画墓在禹州、新乡和洛阳等地也有发现，墓室平面皆呈八角形，墓壁装饰以四抹格子门砖雕为主。禹州市坡街金墓是在格子门两侧彩绘狮子滚绣球和捧物的侍女（图14），在西南和东南壁面上分别彩绘有"庭院备马图"和"客厅设宴图"，以砖雕和绘画相结合，使墓室更加富丽堂皇，别具一格[1]。

元代壁画墓在河南也有一些发现，宋金时期流行的仿木结构砖雕斗拱已趋简化，大致分作两种类型。一种墓室平面呈八角形，尖圆形顶，类似蒙古包状，均在各壁面上涂一层白灰，彩绘人物画像。在焦作市老万庄发现的冯三翁墓，墓室壁画保存较好，北壁正中画墓主人像，其他各壁各绘一男或女侍，男者掌扇或捧印，女者抚琴或托巾，恭立侍奉，各有分工。冯三翁墓曾随葬铜质"合同契券"1方，落款为"戊午年十月二十二日"，发掘者认为该墓的上、下限年代约在金代两个戊午年，即1138～1198年之间[2]。《新中国的考古发现和研究》一书把此墓定为元代的宪宗八年，即1258年。登封市王上村壁画墓为八角形单室砖墓，在墓室各壁均绘一幅壁画，画幅高1.2米，宽1.05米，壁间以红褐色条带将画幅分开。其中，北壁绘梅竹双禽图，东北、西北壁绘三鹤图，东壁绘论道图，西壁绘升仙图，东南、西南壁绘三仕女图。甬道东、西壁各绘一男侍，墓室顶部绘有祥云和飞鹤。该墓壁画采用工笔与写意相结合的手法，线条细腻流畅，色彩浓淡分明，具有较高的艺术价值[3]。

另一种为无甬道的长方形券顶砖室墓，在墓室四壁彩绘画像。其中伊川县元东村的1座，北壁为墓主人夫妇对坐图，东、西壁为礼乐供奉图，南壁墓门两边各绘一门吏，墓顶绘牡丹、祥云和飞鹤。整个壁画绘制人物22个，有的服饰具有鲜明的蒙古族服饰特征，有的则保留唐宋遗风，应是元代蒙、汉文化融合的结果[4]。尉氏县后大村的1座，在墓室后壁中间设"后土之神"小龛，两侧

---

[1] 河南省文物研究所、禹州市文管会：《禹州市坡街宋壁画墓清理简报》，《中原文物》1990年第4期。
[2] 河南省博物馆、焦作市博物馆：《焦作金代壁画墓发掘简报》，《中原文物》1980年第4期。
[3] 郑州市文物工作队：《登封王上壁画墓发掘简报》，《文物》1994年第10期。
[4] 洛阳市第二文物工作队：《洛阳伊川元墓发掘简报》，《文物》1993年第5期。

绘墓主人夫妇并坐图；左壁中间设"东仓"小龛，两侧分别绘孝子图和收粮图（图15）；右壁中间设"西库"小龛，两侧分别绘两幅孝子图。在砖雕斗拱的上方绘制有六幅飞天图像，墓室券顶部绘出12个小框，每小框内彩绘有菊花、莲花等花卉图案。由于该墓仅出土1件陶瓷和3枚北宋时期钱币，发掘者曾推测为宋代[①]。但有研究者从墓葬形制、壁画布局、仿木结构、人物服饰和墓门题记等方面进行对比分析，将该墓订正为元代[②]，颇有说服力。

图14 禹州坡街金墓仕女图

七

明代壁画墓发现较少，目前仅见2座。原武温穆王朱朝和元配张太妃的合葬墓，位于荥阳市瓦屋孙村东南。该墓为砖砌单室墓，平面为长方形，在北、东、西面三壁绘有彩色壁画。北壁正中为一释迦牟尼立像，左右立4只护法灵禽，最下层为海水波浪纹。东西壁均绘释迦佛结跏坐在莲花台上，背光带中有男女墓主人及亡亲故友5人。佛像左边是两排前来赴会的菩萨罗汉，上方祥云中还有殿堂、楼阁和仙鹤，墓顶绘日月星辰。该墓出土石墓志两合，志盖篆书《明册封周藩原武温穆王圹志铭》和《明册封周藩原武温穆王元配张太妃合葬圹志铭》[③]。原武温穆王朱朝，是明太祖第五子周定王的嫡孙、第六世原武王，生于嘉靖三十一年（1552年），死于万历三十五年（1607年）。墓内壁画以佛教内容为主题，其构图严谨协调，人景配合适当，具有较高的艺术价值。登封市卢店明嘉靖（1522~1531年）年李彪墓，也为单室砖券墓，在墓室四壁及墓

---

① 开封市文物工作队、尉氏县文物保管所：《河南尉氏县张氏镇宋墓发掘简报》，《华夏考古》2006年第3期。
② 刘未：《尉氏元代壁画墓札记》，《故宫博物院院刊》2007年第3期。
③ 郑州市博物馆：《荥阳二十里铺明代原武温穆王壁画墓》，《中原文物》1984年第4期。

图 15　尉氏后大村元墓收粮入库图

门外两侧均绘有壁画,其中,墓门外两侧彩绘一瓶插花卉,墓门内两侧各绘一捧物侍女;墓室北壁绘堂屋,墓主夫妇端坐其中;东、西两壁绘厢房,各有两男或两女侍在忙碌备宴或备茶;墓室顶部东绘太阳,西绘月亮,以寓意天空[①]。上述壁画设色艳丽,形象生动,构成了一幅完整的家居场景,表达了墓主人对人间生活的留恋和向往。

(与蔡全法合著,原刊于《中国出土壁画全集》"河南"卷,科学出版社,2012年;此次收录时增加了图片)

---

① 郑州市文物考古研究所、登封市文物局:《登封卢店明代壁画墓》,《中原文物》1999年第4期。

略述河南出土魏晋至明代铜镜

继东汉之后，曹魏、西晋和北魏王朝相继建都洛阳。曹魏建国时间短促，该时期墓葬发现较少，有纪年的洛阳曹休墓和曹魏正始八年墓均遭盗掘，没有铜镜出土。只有偃师杏园村的1座曹魏墓出土1面连弧纹铜镜，尺寸较小，制作粗糙，直径仅9厘米[①]。

洛阳是西晋墓葬较为集中的地区，一般是每墓随葬1件铜镜，最多的为3件。1953～1955年发掘的54座西晋墓中，有3座出土有墓志，分别为太康八年（287年）、元康九年（299年）和永宁二年（302年），共出土铜镜24面。其中位至三公镜8面，占数量最多；六禽镜和长宜子孙镜各2面，其余有日光镜、昭明镜、规矩镜、连弧纹镜、云雷纹镜、S纹镜和神兽镜等[②]。1989年在洛阳市东郊商业供销学校院内清理的1座晋墓，出土铜镜3面，均为位至三公夔凤纹铜镜，镜背宽缘，中心为半球形钮，钮上下两直线连成一竖格，格内铸隶书"位至三公"，左右铸夔凤纹，直径11厘米[③]。2004年在洛阳涧西区涧河以南衡山路发掘的1座西晋墓也出土铜镜3面，分别为"长宜子孙"镜、"位至三公"镜和四飞鸟镜。其中"长宜子孙"镜为圆钮座外饰柿蒂纹，间有铭文"长宜子孙"；其外饰宽弦纹及内向连弧纹各一周，间有铭文"位至三公"，直径12.9厘米[④]。在巩义市芝田第二电厂共发掘西晋墓26座，仅出土铜镜5面。其中，"位至三公"镜3面，四叶纹镜和四乳纹镜各1面[⑤]。河南其他地区也发现少量西晋墓出土铜镜，如卫辉市大司马西晋墓出土有"位至三公"铜镜1面（图1）。在西晋墓中也

---

① 中国社会科学院考古研究所河南第二工作队：《河南偃师杏园村的两座魏晋墓》，《考古》1985年第8期。
② 河南省文化局文物工作队第二队：《洛阳晋墓的发掘》，《考古学报》1957年第1期。
③ 洛阳市文物工作队：《洛阳市东郊两座魏晋墓的发掘》，《考古与文物》1993年第1期。
④ 洛阳市第二文物工作队：《洛阳衡山路西晋墓发掘简报》，《文物》2005年第7期。
⑤ 郑州市文物考古研究所：《巩义芝田晋唐墓葬》，科学出版社，2003年。

有出土铁镜的，但数量较少，且腐蚀较甚。

河南地区的北魏贵族墓集中于洛阳北部邙山及其附近，但由于多数墓葬被盗掘，出土铜镜极少。在偃师市杏园村1座北魏墓出土1面铜镜，为半圆方枚、画文带、同向式神兽镜。外区几何纹画文带，内区用四乳将镜面分割成四部分，图案均为跪坐的仙人，四组之间盘卧瑞兽。内外区之间分饰十二个半圆形涡纹，涡纹之间都有一方枚，每方枚内四字，多为缺笔字，直径15.1厘米①。

图1 夔凤镜（卫辉市大司马西晋墓出土）

北齐建都邺城，河南安阳和濮阳是当时的京畿地区，已发掘的纪年墓中也较少见到铜镜。2005年发掘的濮阳这河寨北齐李亨墓出土铜镜和铁镜各一面。其中铜镜圆形，座外环绕两组图案：第一组为圆圈和乳钉纹，第二组由十二个半圆和十二个方块组成。直径15.5厘米②。1959年发掘的隋代张盛墓保存完整，墓葬等级较高，也只随葬有铜镜1面③。

唐代是我国封建社会发展的鼎盛期，经济繁荣，文化昌盛，金银器、铜镜、釉陶器和瓷器等手工业生产也迎来了它的又一个高峰。这时期的铜镜较之魏晋北朝有所进步，一是在形制上突破了圆形的传统格局，创造出了葵花（图2）、菱花（图3）、荷花、"亚"字形等不同形式的铜镜；二是铜镜的纹饰题材增多，以珍禽异兽（图4）、奇花异草为主，还有一些人物故事（图5、图6）等；三是在制作工艺上有所突破，出现了镀金、贴银、螺钿、金银平脱和宝石镶嵌等。河南唐代出土铜镜最多的是偃师市杏园村唐墓，在69座唐墓中共出土铜镜59面，其中50面出土于纪年墓中，是研究唐镜分期最为重要的资料④。盛唐时期的19面铜镜中，有16面出土于纪年墓，以圆形瑞兽葡萄镜最为流行，菱花形鸾鸟瑞兽镜次之，花枝镜及素面镜也有发现。开元十年（722年）卢氏墓出土的葵花形双雁系绶荷花镜，是目前所知葵花镜和双雁纹饰镜两个镜类中最早的

---

① 中国社会科学院考古研究所河南二队：《河南偃师县杏园村的四座北魏墓》，《考古》1991年第9期。
② 张文彦、王显智：《濮阳县这河寨北齐李亨墓发掘报告》，《濮阳考古发现与研究》，中国科学技术出版社，2005年；濮阳市文物保护管理所、濮阳县文物管理所：《河南省濮阳县这河寨北齐李亨墓发掘简报》，《中原文物》2017年第4期。
③ 考古研究所安阳发掘队：《安阳隋张盛墓发掘记》，《考古》1959年第10期。
④ 中国社会科学院考古研究所：《偃师杏园唐墓》，科学出版社，2001年。

图 2　葵花双鸾镜（洛阳涧西唐墓出土）

图 3　金背鸟兽菱花镜（南阳市税务局唐墓出土）

图 4　海兽葡萄镜（三门峡仪量厂唐墓出土）

图 5　孔子遇荣启期镜（洛阳北郊唐墓出土）

实例。中唐时期仍以菱花形鸾鸟瑞兽镜和菱花形鹊绕花枝镜最为流行，葵花形双鸾镜和鸿雁镜次之，圆形金银平脱镜又次之。新出现的镜形为四方委角镜，约出现于唐德宗贞元十年（794年），新见纹样有云龙、团花、仙人和四夔龙等。晚唐时期又以圆形镜为主流，20面铜镜中圆形镜占到14面，团花镜和对鸟镜数量较多。新出现的镜形有方形划纹镜，纹样有八卦星文镜、八卦十二生肖镜等。

图6 山水人物镜（三门峡印染厂唐墓出土）

图7 鹊绕花枝菱花镜（南阳宛农发行唐墓出土）

在巩义市芝田镇第二电厂和巩义市耐火材料总厂发掘的24座唐墓中，共出土铜镜10面。其中瑞兽葡萄镜6面，瑞兽分别为四只、五只和六只，直径7～17.8厘米；菱花铜镜3面，铅黑色，均为明器，直径3.2～3.5厘米。另1件为圆形铭文镜，主题纹饰为三条龙，直径14.4厘米[1]。在三门峡市庙底沟发掘唐墓101座，仅出土铜镜13面，墓主人身份不高，是一处以平民百姓为主的公共墓地。其中宝相花镜4面、瑞兽葡萄镜2面、素面镜2面，其他还有四兽镜、鸟兽镜、日光镜等[2]。南阳地区发现的唐代墓葬不到20座，出土的铜镜仅寥寥数面，镜背纹饰分别为菱花形四鹊绕花枝镜（图7）、葵花形四仙骑镜、菱花形贴银鎏金鸟兽纹镜和圆形六瑞兽葡萄镜[3]。

2008年在洛阳涧西区发掘的2座盛唐时期夫妇异穴合葬墓中，尽管墓葬形制不大，均为单室土洞墓，但是夫人墓出土1件錾花银粉盒，造型精巧，錾花工艺成熟；男主人墓出土1面葵花形双鸾双鸟衔绶纹铜镜，造型古朴厚重，刻画细腻，直径达31.5厘米，十分少见[4]。1970年在洛阳关林发掘1座唐天宝九载（750年）卢氏墓，随葬有1面金银平脱鸾凤花鸟镜[5]。1955年在洛阳涧西

---

[1] 郑州市文物考古研究所：《巩义芝田晋唐墓葬》，科学出版社，2003年。
[2] 河南省文物考古研究所：《三门峡庙底沟唐宋墓葬》，大象出版社，2006年。
[3] 南阳市文物考古研究所：《南阳出土铜镜》，文物出版社，2010年。
[4] 洛阳市第二文物工作队：《洛阳涧西区唐代墓葬发掘简报》，《文物》2011年第6期。
[5] 洛阳博物馆：《洛阳关林唐墓》，《考古》1980年第4期。

16工区唐代兴元元年（784年）夫妻合葬墓，出土1面镶嵌螺钿人物花鸟镜，背面镜钮四周用螺钿嵌成生动活泼的人物花鸟形象[①]。镜面布局错落有致，人物刻画细致入微，充满了浓郁的生活气息，显示了高超的工艺水平。在河南省遂平县曾发现两面宝相花透光镜，其中1面为圆形，直径16.9厘米，1975年整修汝河大堤时出土。另1面为葵花形，直径17.9厘米，1985年出土于诸市乡马庄村[②]。两镜镜背半球形钮外，均匀分布有7朵花卉，如果将铜镜对准阳光，映在墙上时能把背面的花纹显现出来。其映射的图像均为菱花，突起部分为暗线，菱花边框以外为亮线，属于所谓的"空心图像"，为研究古代透光镜的成像原理提供了实物资料。

五代时期的墓葬发现较少，1986年发现的洛阳北郊后梁高继蟾墓中，出土铜镜2面，均为圆形素面，直径分别为17.6和22厘米[③]。高继蟾生前任教坊使，封银青光禄大夫，勋上柱国，随葬有质量上乘的越窑青瓷和"新官"款定窑白瓷。1992年在洛阳发掘的1座后周墓，出土1件圆形铜镜，主题纹饰为莲花纹，直径8.8厘米[④]。

宋代是中国商品经济萌芽和发展时期，在铜镜制造方面铭文镜增多（图8），新出现了以标明产地为特征的字号商标铭镜。铜镜形制在唐代的基础上也有所创新，增加了钟形、盾形、鼎形、扇形、瓶形、带柄形（图9）等形制。在铜镜图案表现技法上，采用了细线雕刻技法。北宋建都东京开封，并以洛阳为西京、应天府（今商丘）为南京、大名府（今河北大名东）为北京，河南地区遂成为北宋王朝政治、经济、文化、军事的统治中心。1999年在北宋西京洛阳监护城壕的发掘中，曾出土铜镜6面，其中葵花式镜3面，镜背饰有各种各样的纹饰；在1面桥钮外有两周凸棱，内周凸棱外侧有隶书"福寿家□"铭文，外周凸棱外侧有小篆"清素传家永用宝鉴"铭文。另3面均为圆形，镜背纹饰分别为瑞兽葡萄镜、人物镜和云纹镜[⑤]。洛阳历年来出土宋镜约百余面，纹饰有芙蓉、菊花、娑罗树、织锦纹、棂格纹、鸾凤、异兽、龟鹤、鹿、驴、双鲤、蜻蜓、蜂、蝶、蜥蜴等，从花草树木到飞禽走兽，种类繁多，代表了宋代铜镜的装饰题材。有的纹饰以浮雕和阳线勾勒而成，虚实有致，明暗别殊，退晕自然，立体效果

[①] 河南省文化局文物工作队第二队：《洛阳16工区76号唐墓清理简报》，《文物参考资料》1956年第5期。
[②] 王凯：《新发现一面唐代透光镜》，《中原文物》1981年第4期；赵中强：《遂平县又发现一面唐代透光镜》，《中原文物》1985年第2期。
[③] 洛阳市文物工作队：《洛阳后梁高继蟾墓发掘简报》，《文物》1995年第8期。
[④] 洛阳市文物工作队：《洛阳发现一座后周墓》，《文物》1995年第8期。
[⑤] 中国社会科学院考古研究所洛阳唐城队：《北宋西京洛阳监护城壕的发掘》，《考古》2004年第1期。

图8 福寿家安镜（安阳钢厂5号、6号焦炉煤场二期宋墓出土）

图9 鸾鸟瑞兽鱼纹长柄镜（安阳市农贸公司家属楼宋墓出土）

很强。这些铜镜除本地产品外，也有外地输入的，如"湖州仪凤桥石家真正一色青铜铸"等戳记的铜镜，皆为南方私家作坊产品[①]。

北宋皇陵位于今巩义市区南部的黄土丘陵上，已发掘的宋太宗元德李皇后陵、魏王赵郡墓和燕王赵颢墓，因遭盗掘均未见铜镜。经过考古发掘的洛阳市富弼家族墓地、安阳市韩琦家族墓地、新密市五虎庙冯京墓和伊川县窑底村王拱辰墓等北宋名臣墓，均墓葬等级较高，墓室砖筑及内砌石椁或作石砌多室墓，但被盗掘严重也无铜镜出土。仿木结构雕砖壁画墓是河南宋金墓葬中常见的一种形制，墓主人应为当地富豪或兼营商业者，但随葬铜镜并不普遍，禹州白沙的3座宋墓和郑州地区的10余座宋金墓葬没有发现1面铜镜。宝丰县出土的一面"蛟龙闹海"铜镜，图案上部为如意托月，月旁衬以星斗；中部海浪翻卷，蛟龙喷出的水柱直冲云端；下部有海兽惊恐奔逃于怪石之间。图案的右方有阴刻铭文："承直郎河北西运判监铸梁作"，

---

① 米世诚、苏健：《洛阳藏镜述论》，《考古与文物》1987年第2期。

铭文中的"监铸"、"梁作"，与北宋铜禁甚严的情况相符[①]。

北宋以降，河南地区由京畿变为地方一级政府，考古发现的铜镜明显减少，铜镜工艺逐步走向衰落。金代铜镜流行纪年镜和双鱼纹镜（图10），元代铜镜则装饰有八卦纹，在铜镜纹饰中出现了反映道教内容的题材。1990年洛阳邙山的1座金代砖雕壁画墓，随葬有4件金器、7件银器和4面铜镜，其中银葵花盘还为北宋官造宫廷用器，表明墓主人与皇室有

图10 双鱼镜（安阳市航空路农贸市场金墓出土）

某种关系[②]。随葬的2面圆形铜镜中，一面为十二生肖镜；另一面为墓顶悬挂之镜，铸凸起的云龙纹，直径24.6厘米。另外2面一为有柄双龙纹镜，另一面作长方形"湖州真正石□炼铜照子"镜，为此类宋金墓中随葬品最为丰富的一座。南阳市博物馆收藏有三面金代纪年铜镜，其中2面为"承安二年镜子局造"铜镜，均作六出葵花式，其1件镜背素面，另1件在钮的两侧有对称的双鱼纹。另1面为"承安三年"四兽镜，在钮的周围铸有四个奔走的神兽，其外铸铭文一周[③]。1984年在孟津县西虢乡姚庄村西砖瓦窑厂曾出土1面元代八卦纹铜镜，图案内容新颖，制作技法精湛[④]。

明代铜镜以圆形居多，纹饰简洁；私人铸造铜镜作坊增多，流行仿古镜，镜体变薄，制作粗糙。铭文镜中常见纪年镜和吉祥语，贴近现实生活，反映了人们期盼高官厚禄、幸福安康的美好愿望。南阳位于河南省西南部，明代为南阳府，朱元璋封第23子朱桱于此为唐定王。历年来，当地考古工作者曾清理明代墓葬30余座及唐藩内侍墓10余座，但仅在4座墓中出土铜镜5面[⑤]。其中1

---

① 邓诚宝：《宋代"蛟龙闹海"铜镜》，《文物》1984年第2期。
② 洛阳市第二文物工作队：《洛阳邙山宋代壁画墓》，《文物》1992年第2期；有学者根据出土器物，认为该墓年代为金代早中期，参见秦大树、王晓军：《记一组早期钧窑瓷器及相关问题研究》，《文物》2002年第11期。
③ 崔庄明：《南阳市博物馆馆藏纪年铜镜》，《中原文物》1982年第1期。
④ 郭凤娥：《洛阳博物馆收藏一面元代八卦镜》，《中原文物》1988年第4期。
⑤ 南阳市文物考古研究所：《南阳明墓》，大象出版社，2010年。

图 11 双鹤镜（南阳市一中明墓出土）　　　　　图 12 "省场""刘训"镜（安阳市安钢四生活区明墓出土）

面为圆形重轮素面镜外，2面为仿汉镜，镜背纹饰分别为"见日之光，天下大明"连弧纹和"内而清而以昭而明而，光而象而夫而日而月而"铭四组直线纹。另外2面铜镜，1面为仿唐镜，镜背纹饰作瑞兽禽鸟葡萄纹；另一面仿宋金镜，镜背饰双鱼图案。另外，还出土有双鹤纹镜（图11）。洛阳明代铜镜发现有"正其衣冠，尊其瞻视"圆形长柄镜，安阳明墓中则出土有"省场镜，刘训造"铭文镜（图12）。

（此文撰写于2011年，拟刊于《河南出土铜镜》一书，后因故推迟出版）

综述篇

河南省文物考古研究所建所五十周年回眸

河南省文物考古研究所（以下简称"我所"）的前身是河南省文物工作队，它成立于1952年6月，至今已走过了五十个春秋。五十年开拓进取，五十年发展壮大，职工队伍由建队时的20余人增至现在的105人，基础设施从开初的两座二层楼房扩展为一幢五层办公楼、一幢六层库房楼和一幢五层住房楼，并拥有现代化的摄、录像设备、修复设备、办公通讯和交通工具等。全所设置有第一、二、三研究室、业务科、编辑部、资料室、办公室、计财科、保卫科、老干部科和科技服务部等11个科室，在三个研究室下面还有郑州商城、郑州西山、新郑、登封、三门峡、济源等6个工作站，承担着全省地下文物的调查保护、考古发掘和科学研究工作。

一

五十年来，我所配合淮河治理工程、淅川丹江水库、黄河小浪底水库、焦枝铁路、宁西铁路、310国道高速公路、107国道高速公路等国家大型经济建设项目和郑州、洛阳、开封、三门峡、新郑等城市扩建，与地方文物部门一道相继开展了多次文物普查和考古发掘工作，并为解决某些学术课题进行了一系列主动发掘项目，获得了许多重要考古发现及重大学术突破。

河南是中国旧石器时代南北文化交汇的重要地区，迄今在河南西半部已发现旧石器地点和古人类化石点50余处。其中灵宝营里、西峡小洞和舞阳大岗等地点，都是由我所调查发现的。1987年我所与北京大学、南阳地区文物工作队联合对南召县小空山洞穴遗址进行了考古发掘，在上洞获石制品153件、下洞获石制品55件，经过对石器进行对比研究，确定上、下洞遗存均属旧石器时代晚期。1989年和1990年，我所两次发掘了舞阳大岗地点，揭露面积300平方米，获细石器制品327件，并发现其上层被裴李岗文化直接叠压。这是首次发现裴李岗文化地层直接叠压在旧石器晚期遗存之上，为解决旧石器晚期文化的去向问题提供了重要线索。

河南的新石器时代考古学文化十分丰富，在全省各地先后发现新石器时代遗址1000多处，构建起了裴李岗文化、仰韶文化、龙山文化的编年序列和区、系、类型框架。新郑裴李岗文化遗址发现于1977年，迄今已调查发现同时期遗址120余处，由我所主持发掘的主要有登封双庙沟、新密莪沟、长葛石固和舞阳贾湖遗址等。舞阳县贾湖遗址在同类遗址中最具代表性，我所从1983年至1987年、2001年连续进行了7次考古发掘，出土了八千年前的骨笛、契刻符号和炭化稻米。骨笛经测音已具备六声和七声音阶结构，是目前发现最早的音乐实物；契刻符号刻在龟甲和石柄上，有些符号与殷墟甲骨文相似，很可能具有原始文字的性质；炭化稻米经检测是人工栽培稻，表明淮河流域也是我国早期稻作农业区之一。

以渑池县仰韶村遗址命名的仰韶文化发现于1921年，迄今已有80余年的历史。仰韶文化遗址的分布相当密集，近年我所仅在灵宝市铸鼎塬调查发现27处仰韶文化遗址，配合黄河小浪底水库建设抢救发掘的仰韶文化遗址达20处之多。1996年发掘的新安县荒坡遗址，出土陶器多呈橙黄色，器表饰有弦纹、线纹和指甲纹，器型以大口深腹钵、平底瓶为主，是河南目前发现最早的仰韶文化遗存；灵宝市西坡遗址经过2000年和2001年的两度发掘，已发现3处蓄水设施和4座大型半地穴式房基。其中最大的一座整体占地面积516平方米，室内使用面积204平方米，前有斜坡式门道，四周围以回廊，地坪涂有红彩，建筑非常考究。淅川县下王岗从1971～1974年进行了4年的发掘工作，揭露面积2300余平方米，发现了大量的仰韶文化房基、墓葬、陶窑和灰坑。这里的文化特征鲜明，长达29间的排房式建筑布局、排列有序的氏族群葬墓地和具有浓厚地方因素的生活用具，代表了南阳盆地仰韶文化遗存的地方类型。河南仰韶文化墓葬盛行二次葬，1989年在汝州市洪山庙发掘出目前我国最大的1座瓮棺葬，墓坑东西长6.3米，南北宽3.5米，坑内现存136件瓮棺。在瓮棺葬具的表面，彩绘有人形纹、几何纹、天象纹和动物纹等装饰，反映出当时的埋葬习俗和精神生活。1987年发掘的濮阳市西水坡遗址出土有三组用蚌壳摆塑的动物图案，这应是原始宗教活动的遗留。其中在1个男性墓主人两侧，生动地摆塑着龙虎图案，把中华民族对龙的崇拜提早到仰韶文化时期。1992年发掘的郑州市西山遗址，发现了中原地区年代最早的仰韶文化城址，城址平面近圆形，现存面积

19000平方米。墙体采用方块版筑法，墙外环绕壕沟，北墙东端建有城门，城内分布道路、房基、窖穴和墓葬等遗迹，对于探索我国早期城址的起源具有十分重要的意义。

距今四五千年的龙山文化，是中国古代文明起源和逐渐形成时期。河南在这一时期的文化遗存，主要是发现了登封王城岗、淮阳平粮台、郾城郝家台、辉县孟庄、安阳后岗和新密古城寨等6座城址。除安阳后岗城址外，其余5座城址均是由我所发现并发掘的。1977年发现的登封市王城岗城址，为两个东西并列的城堡，面积残存近1万平方米，城内分布有殉人和殉兽的奠基坑。1979年发现的淮阳县平粮台城址，平面呈正方形，面积5万平方米。城有两门，南门设置门卫房，铺设陶水管道，使用土坯垒砌排房。1986年发现的郾城县郝家台城址，平面呈长方形，面积32856平方米，城内营建有成排的房基，有的铺以木地板。1992年发现的辉县孟庄城址，平面略呈正方形，面积为16万平方米，东城门的门道南壁贴有木板，房基的居住面多经火烤或涂抹有白灰。1997年发现的新密市古城寨城址，平面呈长方形，总面积17.65万平方米，至今仍比较完整地保存着东、北、南三面城墙和南北相对两个城门缺口，在城内已揭露出大型夯土宫殿基址和廊庑式建筑基址，是目前中原地区保存最好的龙山时代城址。另外，还在郑州牛寨遗址发现铜块、淮阳平粮台城址发现铜渣、登封王城岗城址出土残铜器、汝州煤山遗址出土炼铜坩埚等，表明河南龙山文化时期人们已经掌握了冶铜技术，并在生活中开始使用青铜器。大型聚落群遗址、城堡和青铜制品的出现，似乎昭示着一个新时代即文明时代的来临。

夏商周考古学是中国考古学中最为活跃的学术领域，河南在这一时期的考古新发现层出不穷，令人目不暇接。夏商周断代工程已将夏代始年确定为公元前2070年，龙山文化晚期和二里头文化同属夏文化普遍成为人们的共识。二里头文化遗存首先发现于1953年的登封市玉村遗址，1956年又在郑州市洛达庙遗址发现这种文化类型，鉴于1959年开始发掘的偃师二里头遗址更具有代表性，于是就以"二里头文化"代替了原定的"洛达庙期"。由我所发掘的二里头文化类型遗址，除登封玉村、郑州洛达庙外，还有巩义稍柴、偃师灰嘴、渑池鹿寺、登封八方、陕县西崖村、伊川南寨等10余处。另外，1987年发掘的鹿邑县栾台和1988年发掘的夏邑三堌堆等遗址，发现有近似山东岳石文化类型的陶器，应属于先商文化的遗存。

河南境内商代遗址的考古发掘工作，除中国社会科学院考古研究所长设工作站，承担偃师商城和安阳殷墟进行主动发掘外，我所配合基本建设工程，主要发掘了郑州商城、焦作府城和郑州小双桥遗址等。郑州商城发现于1950年，经过长达50余年的考古发掘，我们对该城址的平面布局和文化内涵有了全面了解。在城内东北部发现有20多处大型夯土建筑基址，在城外四周分布有冶铜、制骨、制陶手工业作坊，以及青铜器窖藏和墓葬，并发现一道环绕南部城墙的外城墙及护城河。在出土遗物中，发现了通高1米，重达86.4公斤的青铜方鼎，迄今已知年代最早的契刻甲骨、陶瓦和原始瓷器等，表明了郑州商城的王都地位。1998年发掘的焦作市府城早商城址，是目前全国为数不多的商代地方城址之一。城址平面近方形，边长280~284米，地面上现存有东、西、北三面城墙。在城址东北部发现的一号宫殿基址平面为长方形，南北长70米，东西宽50米，分南、北两个院落，由前殿、正殿、北殿和配殿组成，布局严谨规范。郑州市小双桥遗址面积很大，已发掘出多处夯土建筑基址、人骨丛葬坑、牛头或牛角祭祀坑，出土有大型青铜建筑构件、朱书陶文、大型石磬和卜骨等，文化内涵丰富。其中青铜建筑构件2件，平面呈"凹"字形，高18.5厘米，正面饰单线饕餮纹，侧面为一组龙虎斗象图，实为商文化中少见的精品。从上述遗迹和遗物推断，这里很可能是郑州商城晚期商代王室宗庙祭祀的场所。

河南两周考古迭有重要发现，我所主要发掘了鹿邑太清宫长子口墓、平顶山应国墓地、三门峡虢国墓地与虢都上阳城、新郑郑韩故城、信阳长台关楚墓、淅川下寺及徐家岭、和尚岭楚墓、新蔡葛陵楚墓、温县盟誓遗址等。1997年发掘的鹿邑县太清宫长子口墓，平面呈"中"字形，南北两个墓道，有人牲、人殉14个，出土青铜器、玉器、陶器、瓷器、骨器和蚌器等各种质地文物近2000件，应是1座西周初年的长氏贵族墓。1986~1996年发掘的平顶山市应国墓地，计清理两周墓葬42座，出土了青铜礼乐器、玉器等各类文物4000余件，其铜器铭文涉及应伯、应侯等贵族，并有应国与申、邓两国联姻的内容，为揭开"应国之谜"提供了珍贵资料。在三门峡市区内，不仅于1990年和1991年相继发掘了虢季、虢仲两座国君大墓，出土有玉茎铜柄铁剑、圭形墨书遣册、缀玉幎目、纯金腰带和各类动物玉器等珍稀文物，而且于2000年发现了环有两道护城壕的虢都上阳城，为研究两周之际的虢国历史提供了完整资料。新郑市郑韩故城曾因1923年发现郑伯大墓、出土莲鹤方壶等精美铜器而名噪一时，我所早于1964年就建立了新郑工作站，配合城市建设开展抢救性发掘工作。1997年在郑国祭祀遗址的发掘，一次揭露青铜礼乐器坑17座和殉马坑39座，出土有青铜礼乐器348件，是研究"郑国之声"的珍贵实物资料。在淅川县丹江水库淹没区内不断发现楚国墓群，我所先于1978年至1979年发掘了下寺墓地，发现楚墓24座及相关车马坑5座，出土了王子午升鼎、王孙诰甬钟和用失蜡法铸造的铜禁等罕见文物；后于1991年至1992年发掘了和尚岭与徐家岭墓地，又发现楚墓12座和车马坑1座，出土了克黄升鼎、带铭文甬钟和镶嵌有绿松石的铜怪兽等精美随葬品，为寻找楚国早期都城丹阳的地望提供了佐证。信阳市长台关楚墓发掘于1957年，以出土成套完整的铜编钟和华丽彩绘的漆木器闻名于世，尤其是出土竹简148根，是探讨楚人日常生活及丧葬礼俗的重要资料。1994年发掘的新蔡市葛陵楚墓，墓主人是楚国的封君——平夜君成，出土的竹简数量多，墨书清晰，是继信阳长台关竹简后的又一次重要发现。温县盟誓遗址发现于1979年，出土盟书石片达万余片，经考证主盟者很可能是春秋晚期的韩简子，大大丰富了人们对春秋时期盛行的盟誓制度的认识。

秦汉及其以后各个历史时期的考古学，主要是对于都城、陵墓、手工业作坊遗址的调查、发掘与研究。我国汉代冶铁技术位居当时世界前列，河南已在14个县市发现汉代冶铁遗址18处，经我所考古发掘的已有巩义铁生沟、南阳瓦房庄、郑州古荥镇、温县招贤村和鲁山望城岗等处。1958~1959年两次发掘的巩义市铁生沟遗址，发现的遗迹、遗物十分丰富，计有炼炉18座、锻炉和炒钢炉各1座，出土铁器166件，其中1件铁铲上铸有"河三"铭文。南阳市瓦房庄遗址发现于1959年，清理出熔铁炉17座和多座炼钢炉，在铁镢、犁铧泥模上模制有"阳一"铭文。郑州市古荥镇遗址分别于1965年和1975年两次发掘，发现大型炼铁炉两座和铁器318件，在部分铁器和泥范上有"河一"铭文。1974年在温县招贤村发现1座烘范窑，窑室内保存有500多套叠铸陶范，可以铸造出36种器物，是研究汉代叠铸工艺的宝贵实物资料。2000年发掘的鲁山县望城岗遗址，发现了1座汉代特大椭圆炉基及其相关遗迹，炉缸内径长轴4米，短轴2.8米。在炉基西侧的炉前坑内放置有重约30吨的特大块积铁，用于铸造农具类的泥模范块上也带有"阳一""河□"铭文，无疑是中国冶铁史上的又一重大发现。

由我所发掘的两汉墓葬数以千计，比较重要的有永城芒砀山西汉梁国王陵、济源泗涧沟与桐花沟墓地、新密打虎亭东汉壁画墓等。西汉梁国王陵主要指汉文帝之子刘武及其王室墓地，经我所勘察已发现西汉大型陵墓8处14座，分布于芒砀山的保安山、僖山、夫子山三个陵区。1992~1999年清理了保安山陵区的梁孝王寝园及王后墓，寝园平面呈长方形，南北长110米，东西宽60米，前部以寝殿为中心，四周环绕有回廊；后部以"堂"为主体，与其后的排房形成"前堂后室"的建筑格局。王后墓以山为陵，全部凿在山岩之中，由2个墓道、3个甬道、前庭、前室、后室、34个侧室及回廊构成，全长210.5米，最宽处72.6米，规模宏大，结构复杂，在全国同类墓葬中当属首次发现。济源市泗涧沟汉墓发掘于1969年，因出土了陶都树、陶米碓和陶风车而闻名；1991年又在与泗涧沟毗邻的桐花沟发掘汉墓百余座，出土了一批色泽鲜艳的彩绘陶器和形象各异的乐舞俑，尤其是通高110厘米的多枝灯，分为上、中、下三层，由底座、承盘、擎柄、灯盏及龙形饰件组合而成，是已出土同类作品中造型和装饰最为精美的1件。1960～1961年发掘的新密市打虎亭汉墓，两座墓东西并列，西墓以石刻画像为主，雕刻有家畜饲养、地主收租、食物加工、庖厨烹调、宴请宾客等生活场景；东墓则以彩绘壁画为主，画面为车马出行、舞乐百戏、饮酒作乐和各种珍禽异兽等内容，堪称东汉晚期绘画和石刻艺术的宝库，再现了汉代贵族社会日常生活的面面观。

魏晋南北朝时期中原地区战乱频仍，朝代更迭频繁，我所在这一阶段的考古工作，主要发掘了洛阳曹魏正始八年（247年）墓、西晋太康八年（287年）墓、元康九年（299年）徐美人墓、永宁二年（302年）土孙松墓、北魏永平四年（511年）元固墓、邓州南朝画像砖墓、北齐武平四年（573年）和绍隆夫妇墓、武平六年（575年）范粹墓、武平七年（576年）李云墓等一批纪年墓，并清理1处北魏时期铁器窖藏。1974年在渑池县火车站发现的这处窖藏出土铁器4195件，器类达60种以上，在部分铁范和铁器上有"阳城""渑池右""新安""夏阳""绛邑冶右"等铭文。经化验分析，铁器原材料可分为白口铁、灰口铸铁、铸铁脱碳钢和熟铁等多种，反映了魏晋南北朝时期冶铸技术的发展和进步。

唐宋时期考古也是河南的重头戏，我所主要是对洛阳含嘉仓、开封宋城、巩义宋陵和多处著名瓷窑遗址以及登封法王寺二号唐塔地宫进行了发掘工作。1970年在洛阳隋唐含嘉仓城遗址钻探发现仓窖287个，并发掘了其中的12个，发现有堆放着大半窖谷子的仓窖和记载储粮来源、品种、数量、入仓时间及经手人的砖铭，获得了盛唐时期仓窖建筑、粮食储存和管理方法的实物资料。2000年抢救发掘的登封法王寺二号塔地宫，出土了一批白釉瓷器、黑釉瓷器、鎏金镂孔铜熏炉和伽陵频迦舍利盒等唐代珍贵文物，其中的高僧真身像较为少见，极具研究价值。开封北宋东京城址的考古工作始于1981年，大致搞清了外城、内城和皇城三重城垣及城门的具体位置，钻探并试掘了新郑门、大庆殿、金明池和州桥等重要遗迹。20世纪八、九十年代对巩义宋陵进行了全面调查，并发掘了宋太宗元德李后陵地宫、宋真宗永定禅院和宋仁宗永昭陵园，积累了北宋帝陵葬制的丰富资料。唐宋瓷窑遗址的发掘也获重大突破，1976年在巩义黄冶村找到了洛阳唐三彩的产地，1974年在禹州钧台发现了北宋钧窑，1987年在宝丰清凉寺发现了北宋汝窑，为中国陶瓷发展史增添了新的篇章。其中，宝丰清凉寺汝窑址的2000年度发掘取得重要进展，找到了汝窑中心烧造区，在500平方米范围内发现窑炉15座，出土了一大批形制比较完整且品种丰富的汝窑瓷器和窑具。

自1990年开始至今，国家文物局和中国文物报社连续举办了每年一度的"全国十大考古新发现"评选，河南总计入选22项之多，在全国各省市中名列榜首。其中，由我所主持发掘的项目分别为：三门峡上村岭周代虢季墓（1990年）、三门峡上村岭西周虢仲墓（1991年）、丹江口水库楚国贵族墓（1992年）、辉县孟庄遗址（1994年）、永城西汉梁孝王寝园（1994年）、郑州西山仰韶文化遗址（1995年）、郑州小双桥商代遗址（1995年）、平顶山应国墓地（1996年）、新郑郑国祭祀遗址（1997年）、焦作府城商代早期城址（1999年）、新密古城寨龙山时代城址（2000年）、宝丰清凉寺汝官窑遗址（2000年）和禹州神垕镇钧窑遗址（2001年），并有永城西汉梁孝王寝园和宝丰清凉寺汝官窑遗址发掘项目分别荣获国家文物局田野考古三等奖，充分展示了河南文物考古大省的地位。

二

积极整理发掘资料，努力进行科学研究，尽快发表考古报告，与社会共享最新成果，是我所一贯倡导的学术风气和工作目标。五十年来，由我所编著出版的考古报告专集与图录44部，由我所学者撰写完成的个人学术专著32部，在专业刊物上累计发表考古发掘报告、简报、简讯千余篇、研究论文和其他文章600余篇，取得了丰硕的科研成果。

由我所编著出版的考古报告专集与图录分别为：《邓县彩色画像砖墓》，文物出版社，1958年；《郑州二里岗》，科学出版社，1959年；《河南信阳楚墓出土文物图录》，河南人民出版社，1959年；《巩县石窟寺》，文物出版社，1962年；《河南出土空心砖拓片集》，河南人民出版社，1963年；《河南邓县彩色画像砖》，上海美术出版社，1963年；《河南名胜古迹》，河南人民出版社，1964年；《汉代叠铸》，文物出版社，1978年；《河南出土商周青铜器》（一），文物出版社，1981年；《安阳修定寺塔》，文物出版社，1983年；《千唐志斋藏志》，文物出版社，1984年；《信阳楚墓》，文物出版社，1986年；《楚文化觅踪》，中州古籍出版社，1986年；《河南钧瓷汝瓷与三彩》，紫禁城出版社，1987年；《淅川下王岗》，文物出版社，1989年；《中国石窟·巩县石窟寺》，文物出版社（中文版），1989年；又有日本株式会社平凡社（日文版），1983年；《中岳汉三阙》，文物出版社，1990年；《汝窑的新发现》，紫禁城出版社，1991年；《淅川下寺春秋楚墓》，文物出版社，1991年；《登封王城岗与阳城》，文物出版社，1992年；《郑州商城考古新发现与研究》，中州古籍出版社，1993年；《密县打虎亭汉墓》，文物出版社，1993年；《新中国出土墓志》（河南卷），文物出版社，1994年；《河南考古四十年》，河南人民出版社，1994年；《汝州洪山庙》，中州古籍出版社，1995年；《河南商周青铜器纹饰与艺术》，河南美术出版社，1995年；《永城西汉梁国王陵与寝园》，中州古籍出版社，1996年；《河南史前彩陶》，河南美术出版社，1996年；《河南文物考古论集》（一），河南人民出版社，1996年；《河南新石器时代田野考古文献举要》，中州古籍出版社，1997年；《北宋皇陵》，中州古籍出版社，1997年；《河南出土陶瓷》，香港大学美术馆，1997年；《河南恐龙蛋化石群研究》，河南科学技术出版社，1998年；《郑州商城窖藏青铜器》，科学出版社，1998年；《舞阳贾湖》，科学出版社，1999年；《三门峡虢国墓地》（第一卷），文物出版社，1999年；《黄河小浪底水库考古报告集》（一），中州古籍出版社，1999年；《鹿邑太清宫长子口墓》，中州古籍出版社，2000年；《河南文物考古论集》（二），中州古籍出版社，2000年；《郑州商城》，文物出版社，2001年；《芒砀山西汉梁王墓地》，文物出版社，2001年；《启封中原文明·20世纪河南考古大发现》，河南人民出版社，2002年；《巩义黄冶唐三彩》，大象出版社，2002年。

由我所学者撰写完成的个人学术专著分别是：《灿烂的郑州商代文化》，许顺湛著，河南人民出版社，1957年；《商代社会经济基础研究》，许顺湛著，河南人民出版社，1958年；《中国陶瓷史》，安金槐为主编之一，文物出版社，1982年；《中国名胜辞典》（河南卷），赵青云等著，上海辞书出版社，1983年；《郑州商城初探》，杨育彬著，河南人民出版社，1985年；《河南考古》，杨育彬著，中州古籍出版社，1985年；《中国考古》，安金槐主编，上海古籍出版社，1992年；《隋唐五代墓志汇编》（河南卷），郝本性主编，天津美术出版社，1992年；《中国文物地图集》（河南分册），杨育彬主编，中国地图出版社，1993年；《中国玉器全集》（东周卷），贾峨主编，河北美术出版社，1993年；又有台北锦年出版有限公司，1994年；《中原古代冶金技术研究》，李京华著，中州古籍出版社，1994年；《河南陶瓷史》，赵青云著，紫禁城出版社，1994年；《中国陶瓷》（陶器部分），安金槐著，文物出版社，1994年；《南阳汉代冶铁》，李京华等著，中州古籍出版社，1995年；《华夏玉器》第五辑、第六辑（英文版），贾峨著，美国芝加哥艺术出版社，1995年；《中国青铜器全集》（夏商卷），杨育彬主编，文物出版社，1996年；《中国青铜器全集》（东周一），郝本性主编，文物出版社，1996年；《中国音乐文物大系》（河南卷），赵世刚主编，大象出版社，1996年；《20世纪河南考古发现与研究》，杨育彬、袁广阔主编，中州古籍出版社，1997年；《安金槐考古文集》，安金槐著，中州古籍出版社，1999年；《打虎亭汉墓》，安金槐著，香港国际出版社，1999年；《白垩纪之光——西峡恐龙蛋漫记》，李占扬著，中华书局，2000年；《考古钻探知识与技术》，蔡全法著，中州古籍出版社，2000年；《钧窑瓷鉴定与鉴赏》，赵青云著，江西美术出版社，2000年；《中国陶瓷全集》（新石器时代陶器卷），安金槐主编，上海美术出版社，2001年；《中国陶瓷全集》（夏商周陶瓷卷），安金槐主编，上海美术出版社，2001年；《中华文明传真》（原始社会卷），秦文生等著，香港商务出版社，2001年；《钧窑》，赵青云著，上海文汇出版社，2001年；《汝窑》，赵文军等著，上海文汇出版社，2002年；《中原古代冶金技术研究》（第二集），李京华著，中州古籍出版社，2002年；《人间的烟火：炊食具》，陈彦堂著，上海文艺出版社，2002年。

在上述丰硕成果中，有全国哲学社会科学基金资助项目7项，全国自然科学基金资助项目1项和国家文物局文物科研项目1项。此外，还有郑州西山仰韶时代城址、淅川和尚岭与徐家岭楚墓、平顶山应国墓地、辉县孟庄遗址、新蔡葛陵楚墓、新郑郑国祭祀遗址、宝丰清凉寺汝窑址、济源轵城汉代墓地等8项考古资料的整理，被国家社科规划办列为全国哲学社会科学基金重点资助项目和一般资助项目。令人欣慰的是，这些科研项目有的已经结项送交出版社，有的即将编写完成。我所历届领导班子十分重视人才的培养工作，为了激励优秀科研人才脱颖而出，敢于给他们身上压担子，上述多数科研项目都是由中青年学者承担并圆满完成的。正由于此，我所能够在中国农业起源、古代文明起源、夏商文化、楚文化、古代冶金、古代陶瓷等诸多研究课题方面取得重要进展，涌现出一批学有专长并不乏一得之见的专家学者。我所的科研成果还分别荣获全国社科基金项目优秀成果三等奖1项，夏鼐考古学研究优秀成果二等奖3项、鼓励奖5项、全国优秀科普作品三等奖1项、河南省社科优秀成果一等奖5项、二等奖3项，河南省文物科技一等奖1项和国家文物局科学进步二等奖1项、国家重点科技攻关计划优秀科技成果奖1项等奖项，取得了骄人的成绩。

由我所和河南省文物考古学会主办的《华夏考古》杂志，从1987年创刊至今，已经出版了60期。它立足中原，面向国内外文物考古界，注重学术性和资料性，以发表田野考古报告、考古文物研究、考古学理论与方法探索等方面的文章为主，逐渐形成了自己的学术风格和刊物特色。在编辑部全体同仁的共同努力下，《华夏考古》杂志多年来屡获殊荣，并颇受广大读者的厚爱和欢迎。自1994年以来，曾连续获得第三届、第四届和第五届河南省社会科学优秀期刊、河南省一级期刊，近年又连续两次被评为河南省社会科学二十佳期刊；1995年荣获首届全国优秀社科学术理论期刊提名奖；2001年，又荣获国家新闻出版署颁发的中国期刊方阵双效期刊。

近年来，我所不仅走出河南，派出专业队伍支援特区和三峡工程建设，承担并圆满完成了香港西贡沙下遗址和三峡库区的多项考古发掘任务，以及深圳龙岗区的地下文物普查工作；而且走出国门，加强与国外考古机构的学术交流，先后与7个国家和地区的10余家科研单位建立了友好合作关系。1996~1998年，与美国密苏里州立大学人类学系联合，共同对颍河上游龙山文化及二里头文化时期的聚落遗址进行考古调查，以探讨古文化聚落形态与社会政治、经济、文化之间的关系。1996~1997年，与韩国忠北大学博物馆合作，对两国旧石器时代文化和古稻作起源进行研究，双方学者分别在韩国清州、丹阳和郑州举行了三场学术报告会。1996~1998年，与日本滋贺医科大学骨科合作，对古代人类骨病进行调查和研究，研究成果《脊椎后勒带骨化症是近代病吗？》已在英国医学杂志上发表。1997年3~5月，为庆祝香港回归祖国，与香港大学美术馆联合举办了《河南出土陶瓷展》，宣传了源远流长的中国陶瓷文化。1998~1999年，与日本京都大学人文科学研究所合作，联合对商文化与早期古城进行研究，并在京都举办了一次中国古都文明学术研讨会。1998~2000年，与美国哈佛大学东亚法律研究所合作，采用现代化手段处理盟书文字，加快了温县盟书报告的整理出版速度。1998~2001年，与中国社会科学院考古研究所、澳大利亚拉楚布大学和美国哈佛大学人类学系合作，对巩义市境内伊洛河支流坞罗河和休水流域进行拉网式调查，运用聚落考古方法对遗址的时空分布进行研究。2000~2001年，与法国国立科学研究中心和武汉大学合作发掘南阳龚营遗址，对东周时期楚人居住遗址及生活环境进行研究。2000~2002年，与日本奈良文化财研究所合作，对巩义黄冶窑址出土唐三彩进行研究，双方学者在日本奈良举行了专题报告会。通过与国外科研单位的合作，彼此相互学习，取长补短，扩大了学术交流，增进了双方友谊。

三

回顾我所五十年来走过的光辉历程，面对21世纪全面改革开放的新形势，我们深感任重而道远，有许多重大考古课题需要深入研究，有许多新的科技手段尚待引入应用。在新的机遇和挑战面前，我们要充分把握发展方向，依据自身优势开拓进取，积极开展多学科合作研究，深入探讨学术前沿课题，为中国考古学事业书写新的篇章。

继续坚持"保护为主,抢救第一"的文物工作方针,本着"既对文物保护有利,又对基本建设有利"的原则,积极做好配合国家大型经济建设项目的考古发掘工作。加强课题意识,提高田野发掘质量,注重配合基本建设工作与考古课题的紧密结合,相信随着经济建设的发展一定会有新的发现和突破。河南在旧石器时代考古学研究方面是个薄弱环节,因此开展豫北太行山东麓旧石器地点考古调查,下大力气探寻豫西和豫南的洞穴遗址,就有可能找到早期的人类化石,并期望解决旧石器时代向新石器时代过渡中的农业起源、陶器产生、聚落出现等学术课题。中华文明探源工程预研究项目已经启动,河南作为华夏文明起源的中心区域,承担有登封王城岗城址周围龙山文化聚落分布的调查和新密古城寨城址内的布局与内涵、郾城郝家台城址和辉县孟庄城址发掘资料整理等项目,我们一定要集中业务骨干联合攻关,力争文明探源工程在河南有新的突破。商周时期河南方国林立,除了继续做好郑州商城、郑韩故城和虢都上阳城考古工作外,还有不少方国和封国需要进行调查、发掘和研究,以获取新的考古实物资料,为该课题研究注入新的动力。河南在战国、汉代冶铁研究方面已经取得了丰硕成果,今后将逐步开展西平与舞阳一带战国早期冶铁遗址群、桐柏唐宋银矿群等项目的调查发掘,加强古代冶金史的考古研究工作。河南是中国古陶瓷起源与发展的重要区域之一,唐宋时期瓷窑遗址遍布全省25个县市,在继续重点做好宝丰清凉寺汝窑址、禹州刘家门钧窑址、巩义黄冶唐三彩窑址发掘和研究的同时,注意在巩义市寻找唐代青花瓷和在汝州市寻找北宋官窑线索,以期给中国古陶瓷学界一个惊喜,使我省古陶瓷研究水平再上一个新台阶。

继续加强科学研究工作,引入竞争激励机制,调动业务人员的科研积极性,多出成果,留住人才。按照科研单位改革的新思路,强化项目负责制,实行责、权、利相结合,奖勤罚懒,拉开分配档次。发扬团队精神,提倡重大科研项目联合攻关,保证国家和省级重点科研课题的顺利完成。采取有效措施,落实岗位目标责任制,加快整理积压资料,争取早日出版《辉县孟庄》《郾城郝家台》《浙川和尚岭与徐家岭楚墓》《新蔡葛岭楚墓》《新郑郑国祭祀遗址》《郑州小双桥》《温县盟书》《平顶山应国墓地》《三门峡虢国墓地(第二卷)》《固始侯古堆春秋墓》《济源轵城汉墓》《禹州钧台窑》《宝丰清凉寺汝窑》等考古报告。

大力提倡学习现代科技知识,充分利用自然科学技术手段进行考古学研究,不断提高考古工作中的科技含量。采用全站仪、全球卫星定位仪(GPS)和地理信息系统(GIS)进行田野测绘,以准确测量古遗址的地理位置、经纬度和海拔高度,并绘制出精确的古遗址地形地貌图。各工作站及主要发掘点逐步配备电脑、数码相机和录像机,引进考古软件,使田野考古记录规范快捷。在所内建立电脑局域网,实现图书资料、库存文物、考古成果等信息化管理,做到信息资源共享。在发掘新石器时代遗址时,除采集木炭、人骨标本做碳十四测年外,还应收集土样作孢粉分析,采用浮选法检选动植物标本,提取人骨DNA进行遗传基因研究,最大限度地获取古代人类生存环境、生活方式、文化来源等诸多方面的信息。陶瓷器原产地研究近年引起学者重视,今后在对古陶瓷胎、釉主量化学成分进行常规分析的同时,还需引用核分析技术,即用中子活化分析法(NAA)测定胎、釉中的微量元素,以精确鉴定出古陶瓷窑口与年代。信阳长台关楚墓漆木器脱水定型研究已经取得了初步成果,今后将进一步加大文物保护工作的投入,争取外援和资金逐步实现所藏漆木器脱水。同时,引进先进的文物修复设备,尝试新的科技保护手段,提高出土文物的保护水平。

努力开展省内外携手攻关,继续与中国社会科学院考古研究所联合,对灵宝铸鼎塬仰韶文化聚落群进行发掘和研究;继续与北京大学考古文博学院合作,共同整理禹州刘家门钧窑遗址资料,探讨和确定有关钧瓷年代问题;继续与中国科技大学科技史与科技考古系合作,深化舞阳贾湖遗址发掘资料的研究,争取在人类生存模式与稻作起源研究等方面取得新成果。扩大国际学术交流,做好现有与美国哈佛大学、澳大利亚拉楚布大学、日本奈良文化财研究所等单位的合作研究项目,争取新的对外交流项目,促进河南考古学研究的发展。

回顾过去,我们心潮澎湃,豪情满怀;展望未来,我们欢欣鼓舞,信心百倍。前述50年来我所取得的辉煌业绩,正是几代考古学人团结奋斗、努力进取的结果。此时此刻,我们深切缅怀那些为河南文物事业做出了卓越贡献,现已与世长辞的安金槐、裴明相等老一辈考古学家。让我们与时俱进,大胆创新,携起手来共创新的业绩,去迎接更加美好的明天。

(原刊于《华夏考古》2002年第2期)

辉煌的河南考古六十年

河南位于黄河流域中下游。历史悠久，文物遗存丰富。其中国家级重点文物保护单位189处，省级文物保护单位1044处；"中国八大古都"中河南占有4个，分别为洛阳、开封、安阳和郑州；并有洛阳龙门石窟和安阳殷墟遗址被列入世界文化遗产名录。这些极为丰富的地下文物资源，就为河南考古工作者提供了取之不尽的"富矿"。中华人民共和国成立六十年来，考古工作者先后配合淅川丹江水库、黄河小浪底水库、焦枝铁路、宁西铁路、西气东输、南水北调中线工程、310国道和107国道高速公路等国家大型经济建设项目和郑州、洛阳、安阳、开封、三门峡等城市扩建，相继开展了多次文物普查和考古发掘工作，并为解决某些学术课题进行了一系列主动发掘项目，获得了许多重要考古发现及重大学术突破。2001年，由《考古》杂志组织国内著名考古学家评选的"中国20世纪100项考古大发现"，河南共有17项考古大发现入选，以绝对的优势名列全国第一。自1990年以来，由中国考古学会和中国文物报社组织评选的全国十大考古新发现，河南省已入选的考古项目就有34项，占到了总数的1/6以上。其中2007年度河南入选了5项，占据了当年考古发现的"半壁江山"，这充分展示了河南作为文物考古大省的学术地位。

一、旧石器时代

河南是中国旧石器时代南北文化交汇的重要地区，迄今在河南西半部丘陵和山地已发现旧石器地点和古人类化石点50余处。其中在淅川县、南召县、卢氏县和许昌县先后出土有古人类化石。1978年，在南召县云阳镇杏花山出土一枚猿人右下第二前臼齿化石。根据地层及伴生的哺乳动物化石群分析，猿人化石的时代为更新世中期，大致与北京猿人的时代相当[①]。2007年，在许昌县灵井遗址出土一枚距今8万~10万年的人类头骨化石，对于研究东亚古代人类进化和中国现代人的起源具有重大学术价值，填补了中国现代人起源研究的空白[②]。

已发掘的旧石器地点和洞穴遗址10余处，主要有灵宝县营里旧石器地点[③]、荥阳市织机洞洞穴遗址[④]、安阳县小南海洞穴遗址[⑤]和舞阳县大岗遗址[⑥]等。1990年发掘的荥阳市织机洞洞穴遗址，出土石制品6546件和哺乳类动物化石标本万余件，其时代约属旧石器时代中期。2005~2008年连续进行考古发掘的许昌县灵井遗址，在下文化层出土动物骨骼化石和石器3000余件，已鉴定出的哺乳动物化石共有18种。石制品类型繁多，部分石器琢制技术的应用，是目前国内已知这一技术的最早出现（图1）。2008年还在上文化层发现典型的细石器2000多件、用披毛犀的白齿牙皮制成的牙针（锥）7件和赭石（颜料）20余块，这一发现不仅增加了许昌人遗址的文化内涵，同时对于研究我国华北地区旧石器文化向新石器文化过渡也提供了重要资料。

二、新石器时代

河南的新石器时代考古学文化十分丰富，在全省各地先后发现新石器时代遗址1000多处，已经构建起了裴李岗文化（约公元前6500~5000年）、仰韶文化（约公元前5000~3000年）、龙山文化（约公元前3000~2000年）的编年序列和区、系、类型框架，成为中国史前考古学文化的一个缩影。裴李岗文化因最早发现于新郑市裴李岗遗址而得名。自1977年发现以来，迄今已调查发现同时期遗址120余处，经过考古发掘的主要有新郑市裴李岗、新密市莪沟、长葛市石固、舞阳县贾湖、汝州市中山寨、郏县水泉、新郑市唐户遗址等。新郑市裴李岗遗址于1977~1979年先后进行了三次考古发掘，发现一批窖穴、陶窑和墓葬。这里的114座墓葬排列有序，首次揭示出裴李岗文化时期的葬俗与埋葬制度[⑦]（图2）。舞阳县贾湖遗址在同类遗址中最具代表性，从1983年至

[①] 邱中郎、许春华、张维华，等：《南召发现的人类和哺乳类化石》，《人类学学报》1982年第2期。
[②] 李占扬：《河南许昌灵井旧石器遗址考古发掘》，《2008中国重要考古发现》，文物出版社，2009年。
[③] 河南省文物研究所、灵宝县文管会：《河南灵宝营里旧石器地点调查简报》，《华夏考古》1990年第2期。
[④] 张松林、刘彦锋：《织机洞旧石器时代遗址发掘报告》，《人类学学报》2003年第1期。
[⑤] 安志敏：《河南安阳小南海旧石器时代洞穴堆积的试掘》，《考古学报》1965年第1期。
[⑥] 张居中、李占扬：《河南舞阳大岗细石器地点发掘报告》，《人类学学报》1996年第2期。
[⑦] 开封地区文管会、新郑县文管会：《河南新郑裴李岗新石器时代遗址》，《考古》1978年第2期；中国社会科学院考古研究所河南一队：《1979年裴李岗遗址发掘报告》，《考古学报》1984年第1期。

图 1　许昌灵井旧石器遗址出土石器

1987年、2001年连续进行了7次考古发掘,出土了八千年前的骨笛、契刻符号和炭化稻米。骨笛经测音已具备六声和七声音阶结构,是目前发现最早的音乐实物(图3);契刻符号刻在龟甲和石柄上,有些符号与殷墟甲骨文相似,很可能具有原始文字的性质;炭化稻米经检测是人工栽培稻,表明淮河流域也是我国早期稻作农业区之一[①]。2006～2007年发掘的新郑市唐户遗址,面积达20万平方米,发现半地穴式房址60座,按照一定规律成排分布,反映了当时已具备长期稳定的定居生活特性,为研究裴李岗文化时期的聚落形态、房屋建筑方式等增添了新的实物资料[②]。

以渑池县仰韶村遗址命名的仰韶文化发现于1921年,迄今已有近90年的历史。仰韶文化遗址的分布相当密集,近年仅在灵宝市铸鼎塬调查发现27处仰韶文化遗址,配合黄河小浪底水库建设抢救发掘的仰韶文化遗址达20处之多。1996年发掘的新安县荒坡遗址,出土陶器多呈橙黄色,器表装饰主要为弦纹,

---

① 河南省文物考古研究所:《舞阳贾湖》,科学出版社,1999年。
② 张松林、信应君:《河南新郑唐户新石器时代遗址》,《2007中国重要考古发现》,文物出版社,2008年。

图2 新郑裴李岗文化石磨盘及磨棒　　　　图3 舞阳贾湖遗址出土裴李岗文化骨笛

有少量褐红色条带状彩陶，器型以大口深腹钵、平底瓶、夹砂罐和鼎为主，是河南目前发现最早的仰韶文化遗存[①]。陕县庙底沟遗址发掘于1956～1957年，发现有房基、窖穴和墓葬，确立了仰韶文化主要阶段之一的庙底沟类型，揭示了它的丰富内涵和特征。这里发现的庙底沟二期文化遗存，属于早期龙山文化范畴，为研究仰韶文化向龙山文化的过渡提供了实物例证[②]。灵宝市西坡遗址经过2000～2006年的6次发掘，揭露出仰韶文化时期的壕沟、房址、灰坑和墓地。4座大型半地穴式房基中，最大的一座整体占地面积516余平方米，室内使用面积204平方米，前有斜坡式门道，四周围以回廊，地坪涂有红彩，建筑非常考究（图4）。这里发现的34座墓葬有大小之分，基本都有二层台，最大的M27长约5米，宽约3.4米，随葬玉石钺以及特殊风格陶器（图5），显示中原腹地自公元前4000年以后核心地位日益突出，对探索中原古代文明的起源与动因具有重大意义[③]。

郑州市大河村遗址自1972～1987年先后经过21次发掘，发现有厚达12米的文化堆积层，包含有仰韶文化早、中、晚期遗存，遗迹、遗物十分丰富。其中房基多为两间或两间以上的地面建筑群，其中一号房基的墙壁现存高达1米（图6）。出土的陶器上彩绘有纹饰30余种（图7），其中太阳纹、月亮纹、星座纹和日晕纹等天文图像，对研究仰韶文化的农业和古代天文学的关系具有

[①] 河南省文物管理局、河南省文物考古研究所：《新安荒坡——黄河小浪底水库考古报告（三）》，大象出版社，2008年。
[②] 中国科学院考古研究所：《庙底沟与三里桥》，科学出版社，1959年。
[③] 河南省文物考古研究所、中国社会科学院考古研究所河南一队、三门峡市文物考古研究所，等：《河南灵宝市西坡遗址2001年春发掘简报》，《华夏考古》2000年第2期；中国社会科学院考古研究所河南一队、河南省文物考古研究所、三门峡市文物考古研究所，等：《河南灵宝市西坡遗址2006年发现的仰韶文化中期大型墓葬》，《考古》2007年第2期。

图4 灵宝西坡仰韶文化房址（F102）

图5 灵宝西坡仰韶文化墓葬（M27）

图6 郑州大河村仰韶文化房基（F1）

图7 郑州大河村出土仰韶文化双连壶

重要意义①。1992年发掘的郑州市西山遗址，发现了中原地区目前最早的仰韶文化城址，城址平面近圆形，现存面积19000平方米。墙体采用方块版筑法，墙外环绕壕沟，北墙东端建有城门，城内分布道路、房基、窖穴和墓葬等遗迹，对于探索我国早期城址的起源具有十分重要的意义②。

河南仰韶文化墓葬盛行二次葬，1989年在汝州市洪山庙发掘出目前我国最大的1座瓮棺葬，墓坑东西长6.3米，南北宽3.5米，坑内现存136件瓮棺。在瓮棺葬具的表面彩绘有人形纹、几何纹、天象纹和动物纹等装饰，反映出当时的埋葬习俗和精神生活③。在汝州市阎村遗址出土一件夹砂灰陶缸，腹部一侧彩绘有一幅高37厘米，宽44厘米的"鹳鱼石斧图"（图8），是我国新石器时代画面最大、内容最丰富、技法最精湛的彩绘陶画④。1987年发掘的濮阳市西水坡遗址出土有三组用蚌壳摆塑的动物图案，这应是原始宗教活动的遗留。其中在1个男性墓主人两侧，生动地摆塑着龙虎图案（图9），把中华民族对龙的崇拜提早到仰韶文化时期⑤。

淅川县下王岗遗址从1971～1974年进行了连续4年的发掘工作，发现了大量的仰韶文化房基、墓葬、陶窑和灰坑。这里的文化特征鲜明，长达29间的排房式建筑布局、排列有序的氏族群葬墓地和具有浓厚地方因素的生活用具，

---

① 郑州市文物考古研究所：《郑州大河村》，科学出版社，2001年。
② 国家文物局考古领队培训班：《郑州西山仰韶时代城址的发掘》，《文物》1999年第7期。
③ 河南省文物考古研究所：《汝州洪山庙》，中州古籍出版社，1995年。
④ 临汝县文化馆：《临汝阎村新石器时代遗址的调查》，《中原文物》1981年第1期。
⑤ 濮阳市文物管理委员会、淮阳市博物馆、濮阳市文物工作队：《河南濮阳西水坡遗址发掘简报》，《文物》1988年第3期。

图8 汝州市阎村出土仰韶文化陶缸

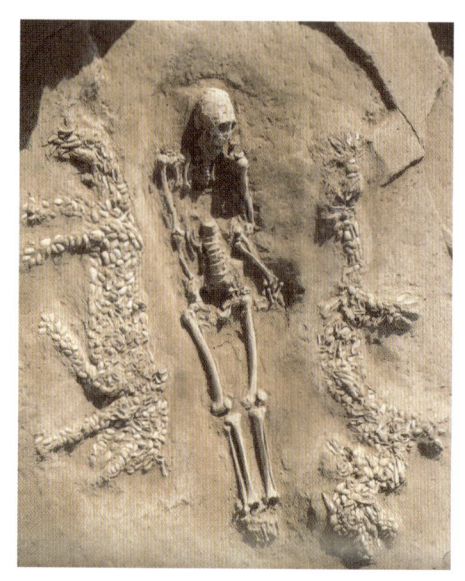
图9 濮阳西水坡仰韶文化蚌砌龙虎图

代表了南阳盆地仰韶文化遗存的地方类型①。邓州市八里岗遗址从1991年至今已进行了10余次考古发掘，发现有仰韶文化、屈家岭文化和石家河文化等不同时期的遗存。其中仰韶文化时期的房址有长排连间套房基址，最大的一座为8套一大一小房间连间长排套房，室内有方形灶、侧拉门。这里也盛行多人合葬的二次葬，在一座墓中发现有男女老少31人合葬的二次葬②。2007~2008年发掘的淅川县沟湾遗址，新石器时代文化堆积深厚，可分为仰韶文化、屈家岭文化、石家河文化和王湾三期文化。尤以仰韶文化遗存最为丰富，发现了环壕、地面式建筑的房基和排列整齐有序的墓地，出土遗物较多，典型器物演变序列清晰，基本囊括了仰韶文化一至四期发展的全过程③。上述遗址的发掘，对于研究汉水中游地区新石器时代文化的发展序列，探讨黄河与长江中游地区的文化交流状况等，具有重要的学术价值。

距今四五千年的龙山文化，是中国古代文明起源和逐渐形成时期。河南在这一时期的文化遗存，主要是发现了安阳县后冈、登封市王城岗、淮阳县平粮台、郾城县郝家台、辉县孟庄、新密市古城寨、平顶山市蒲城店、温县徐堡、博爱

---

① 河南省文物研究所：《淅川下王岗》，文物出版社，1989年。
② 北京大学考古实习队、河南省南阳市文物研究所：《河南邓州八里岗遗址发掘简报》，《文物》1998年第9期。
③ 靳松安、郑万泉、曹艳朋，等：《河南南阳淅川沟湾遗址考古发掘取得重要收获》，《中国文物报》2009年2月4日第2版。

县西金城和濮阳市戚城等10余座城址。1977年发现的登封市王城岗城址，为两个东西并列的城堡，面积残存近1万平方米，城内分布有殉人和殉兽的奠基坑[①]。2002~2005年，又在王城岗遗址发现龙山文化晚期大城城墙和城壕，复原面积达34.8万平方米，是已知河南境内发现的龙山文化城址中最大的一座。这一发现对夏禹都阳城的确定和中国早期国家形成的研究有着重大的学术意义[②]。1979年发现的淮阳县平粮台城址，面积5万平方米，城有两门，南门设置门卫房，铺设陶水管道（图10），使用土坯垒砌排房[③]。1986年发现的郾城县郝家台城址，平面呈长方形，面积3万余平方米，城内营建有成排的房基，有的铺以木地板[④]。1992年发现的辉县孟庄城址，面积为16万平方米，东城门的门道南壁贴有木板，房基的居住面多经火烤或涂抹有白灰[⑤]。1997年发现的新密市古城寨城址，总面积17.65万平方米，至今仍比较完整地保存着东、北、南三面城墙和南北相对两个城门缺口，在城内已揭露出大型夯土宫殿基址和廊庑式建筑基址，是目前中原地区保存最好的龙山时代城址[⑥]。平顶山市蒲城店遗址发掘于2004~2005年，发现龙山文化和二里头文化两座城址。其中，龙山文化城址保存状况较好，现存东、西、南三面城墙，面积约4.1万平方米，城外有宽阔的护城壕[⑦]。

南水北调中线工程南北纵穿河南全境，是中原古代文明形成和发展的腹心地区。自2005年配合该项目发掘以来迭有重要考古发现，温县徐堡城址和博爱县西金城遗址就位于渠线上。温县徐堡城址发现于2006年，城址平面略呈圆角长方形，现存面积约20万平方米。除北墙被沁河冲毁外，西、南、东三面城墙

图10 淮阳平粮台龙山文化古城址出土陶排水管

---

① 河南省文物考古研究所、中国历史博物馆考古部：《登封王城岗与阳城》，文物出版社，1992年。
② 北京大学考古文博学院、河南省文物考古研究所：《登封王城岗考古发现与研究（2002~2005）》，大象出版社，2007年。
③ 河南省文物研究所、周口地区文化局文物科：《河南淮阳平粮台龙山文化城址试掘简报》，《文物》1983年第3期。
④ 河南省文物研究所：《郾城郝家台遗址的发掘》，《华夏考古》1992年第3期。
⑤ 河南省文物考古研究所：《辉县孟庄》，中州古籍出版社，2003年。
⑥ 河南省文物考古研究所、新郑市炎黄子孙历史文化研究会：《河南新密市古城寨龙山文化城址发掘简报》，《华夏考古》2002年第2期。
⑦ 河南省文物考古研究所、平顶山市文物局：《河南平顶山蒲城店遗址发掘简报》，《文物》2008年第5期。

保存较好，在西墙和东墙的中部各有一缺口，应为城门所在。在城址中部发现一处堆筑台基，东西长 90 米，南北宽 70 米，可能为城址的主要建筑[①]。博爱县西金城遗址发掘于 2006~2007 年，城址面积达 30.8 万平方米。城墙宽 10~20 米不等，在西、南墙中部可能有城门，北、东、南墙外发现有小河或排水沟环绕形成的防御壕沟。在西、东墙外分别发现大面积的沼泽堆积和缓土岗，缓土岗居住堆积的灰坑中浮选出粟、黍、水稻、小麦和大豆等粮食作物，其中小麦遗存为河南境内的龙山文化遗址中首次发现[②]。

禹州市瓦店遗址曾于 1980~1982 年、1997 年进行过多次考古发掘，发现了以地面起建的大型建筑基址和奠基坑，出土了精美的陶酒器、玉鸟、玉璧和大卜骨，表明遗址规格很高。2007~2008 年，在瓦店遗址新的考古中发现大型环壕，并确认遗址面积达 100 万平方米，是目前所知河南发现的面积最大的龙山文化遗址，也是颍河中游地区的中心聚落之一[③]。另外，还在郑州牛寨遗址发现铜块、淮阳平粮台城址发现铜渣、登封王城岗城址出土残铜器、汝州煤山遗址出土炼铜坩埚等，表明河南龙山文化时期人们已经掌握了冶铜技术，并在生活中开始使用青铜器。大型聚落群遗址、城堡和青铜制品的出现，似乎昭示着一个新时代即文明时代的来临。

三、夏商周时期

夏商周考古学是中国考古学中最为活跃的学术领域，河南在这一时期的考古新发现层出不穷，令人目不暇接。夏商周断代工程已将夏代始年确定为公元前 2070 年，河南龙山文化晚期、新砦期文化和二里头文化同属夏文化普遍成为人们的共识。新密市新砦遗址于 1979 年进行试掘，发现了早于二里头文化、又晚于河南龙山文化晚期的过渡性遗存，曾被命名为"二里头文化新砦期"[④]。1999~2000 年的发掘，确认了"新砦期"遗存的存在，使中原地区古代文化的发展谱系更加完整。2003 年又发现一处新砦期的大、小城址，大城面积为 70 万~100 万平方米，除南面濒临双洎河，其余三面建有城墙和护城河，大城西南部

---

① 毋建庆、邢心田：《河南焦作徐堡发现龙山文化城址》，《中国文物报》2007 年 2 月 2 日第 2 版。
② 王青：《河南博爱西金城遗址发掘取得重要成果》，《中国文物报》2008 年 2 月 21 日第 2 版。
③ 河南省文物考古研究所：《禹州瓦店》，世界图书出版公司，2004 年；方燕明：《河南禹州市瓦店遗址龙山文化大型聚落》，《2008 中国重要考古发现》，文物出版社，2009 年。
④ 中国社会科学院考古研究所河南二队：《河南密县新砦遗址的试掘》，《考古》1981 年第 5 期。

为内壕圈占的小城。发掘者推测新砦城址很可能就是夏启之居所在地[①]。

偃师市二里头遗址从1959年迄今已进行了长达50年的考古发掘,是学术界公认的夏代王都遗址。在遗址的中部发现面积约10.8万平方米的宫城,并建有30多座夯土建筑基址,是迄今为止我国发现的最早的宫殿建筑基址群。这里发现的青铜冶炼作坊和青铜器,为研究夏代冶金技术提供了绝无仅有的珍贵资料。二里头遗址的玉器数量丰富,其中一件长80厘米的大型绿松石龙形器(图11),具有极高的历史、艺术与科学价值。二里头文化作为中国夏商文化的一个界标,对于探寻中国五千年文明的起源具有极其重要的意义[②]。荥阳市大师姑遗址发掘于2002~2003年,二里头文化遗存集中在城垣和城壕以内,总面积约51万

图11 偃师二里头出土绿松石龙形器

平方米,城垣现存墙体高1米,宽7米左右。发掘者推测为夏王朝设置在东境的军事重镇或方国都城[③]。平顶山市蒲城店二里头文化城址面积5.2万平方米,城外有护城壕。发现的20座房址均为地面式建筑,排列有序,大多是多间相连,基本东西成排,属于专门规划的聚居区。

---

① 北京大学震旦古代文明研究中心、郑州市文物考古研究院:《新密新砦——1999~2000年田野考古发掘报告》,文物出版社,2008年;赵春青:《新密新砦城址与夏启之居》,《中原文物》2004年第3期。
② 中国社会科学院考古研究所:《偃师二里头——1959~1978年考古发掘报告》,中国大百科全书出版社,1999年;杜金鹏、许宏主编:《偃师二里头遗址研究》,科学出版社,2005年。
③ 郑州市文物考古研究所:《郑州大师姑》,科学出版社,2004年。

经考古发掘的二里头文化类型遗址，除上述城址外，还有巩义市稍柴、偃师市灰嘴、渑池县鹿寺、登封市八方、陕县西崖村、伊川县南寨和洛阳市皂角树遗址等10余处。另外，1987年发掘的鹿邑县栾台和1988年发掘的夏邑县三堌堆等遗址，均发现有近似山东岳石文化类型的陶器，应属于先商文化的遗存[1]。2005年发掘的鹤壁市刘庄遗址，揭露一处保存完整、排列有序的大型先商文化墓地，计发现墓葬338座，出土随葬品近400件。这批墓葬大致分布于东西长110米、南北宽55米的范围内，可分为东、西两大区，东区墓葬多头向东，西区墓葬多头向北（图12）。该墓地中石棺及其简化形式墓葬在中原地区前所未见，为我们提供了探讨商族起源的新线索[2]。

河南商代考古成果丰硕，建国后除安阳殷墟继续进行发掘外，先后发现和发掘了郑州商城、偃师商城、焦作府城、郑州小双桥、洹北商城和荥阳关帝庙遗址等。1983年在偃师市尸乡沟发现的商代早期城址，面积约190万平方米，现已发现城门7座，还发现若干条纵横如织的大道，均与城门相连。该城址布局严谨，大城之内有小城，小城之内有宫城，宫城内发现多座宫殿基址。有的宫殿基址分前后两进院落，由前后两座主殿和东西两侧庑殿组成，面积达数千平方米。偃师商城小城，也被夏商周断代工程确认为夏商分界的界标[3]。郑州商城发现于1950年，经过近60年的考古发掘，使我们对该城址的平面布局和文化内涵有了全面了解。在城内东北部发现有20多处大型夯土建筑基址，在城外四周分布有冶铜、制骨、制陶手工业作坊，以及青铜器窖藏和墓葬，并发现一道环绕南部城墙的外城墙及护城河。在出土遗物中，发现了通高1米、重达86.4公斤的青铜方鼎（图13），迄今已知年代最早的习刻甲骨、陶瓦和原始瓷器等，表明了郑州商城的王都地位[4]。1998年发掘的焦作市府城早商城址，城址平面近方形，边长280~284米，地面上现存有东、西、北三面城墙。在城址东北部发现的一号宫殿基址平面为长方形，南北长70米，东西宽50米，分南、北两个院落，由前殿、正殿、北殿和配殿组成，布局严谨规范[5]。

1990年和1995年发掘的郑州市小双桥遗址面积很大，已发掘出多处夯土建筑基址、人骨丛葬坑、牛头或牛角祭祀坑，出土有大型青铜建筑构件、朱书

---

[1] 河南省文物研究所：《鹿邑栾台遗址发掘简报》，《华夏考古》1989年第1期。
[2] 河南省文物考古研究所：《河南鹤壁市刘庄遗址下七垣文化墓地发掘简报》，《华夏考古》2007年第3期。
[3] 杜金鹏、王学荣主编：《偃师商城遗址研究》，科学出版社，2004年。
[4] 河南省文物考古研究所：《郑州商城——一九五三年~一九八五年考古发掘报告》，文物出版社，2001年；河南省文物考古研究所：《郑州商城窖藏青铜器》，科学出版社，1998年。
[5] 袁广阔、秦小丽、杨贵金：《河南焦作府城遗址发掘简报》，《华夏考古》2000年第2期。

图 12　鹤壁刘庄先商墓地

图 13　郑州商城出土铜方鼎

陶文、大型石磬和卜骨等，文化内涵丰富，可能是商代中期的隞都，或者是郑州商城晚期商代王室宗庙祭祀的场所[①]。安阳市洹北商城发现于1999年，规模达4.7平方千米，年代上早于安阳殷墟。在城内南北中轴线南段为宫殿区，已发现30余座南北成排、布局严整的单体夯土基址。其中一号基址东西长173米，南北宽85～91.5米，由门塾、主殿、廊庑和东西配殿组成。其中主殿南北宽14.4米，东西长度在90米以上，现存殿基高出地面0.6米，是迄今为止发现的规模最大的商代单体建筑基址，其性质非商王使用的宫殿或宗庙莫属[②]。

---

① 河南省文物考古研究所、郑州大学文博学院考古系、南开大学历史系博物馆学专业：《1995年郑州小双桥遗址的发掘》，《华夏考古》1996年第3期。
② 中国社会科学院考古研究所安阳工作队：《河南安阳市洹北商城的勘察与试掘》，《考古》2003年第5期；中国社会科学院考古研究所安阳工作队：《河南安阳市洹北商城宫殿区1号基址发掘简报》，《考古》2003年第5期。

安阳殷墟是商代晚期的都城遗址，横跨安阳洹河南北两岸，现存有宫殿宗庙区、王陵区、族邑聚落遗址、家族墓地、铸铜遗址、制玉和制骨作坊等众多遗迹，是中国历史上第一个有文献可考、并为甲骨文和考古发掘所证实的古代都城遗址。1973年发掘出土刻辞甲骨5041片，1991年再次出土甲骨1538片，为甲骨文和商史研究提供了多方面的资料。1976年发掘的商王武丁配偶——妇好墓，出土不同质料的随葬品1928件，其中青铜器达468件。铜鸮尊、偶方彝、三联甗、象牙杯等造型别致，制作精美，代表着商代文明高度发达的水平。1990年在殷墟郭家庄发掘的160号商墓，随葬各类器物353件。其中青铜器291件，包括了礼乐器44件和兵器232件等，墓主人可能是位较高级别的武将[1]。2006~2007年发掘的荥阳市关帝庙遗址，清理一批商代晚期灰坑、房基、墓葬、陶窑、水井和祭祀坑，出土各类质地的文化遗物近千件。该遗址内部有功能分区，居住址集中在遗址的中部偏东处，陶窑周围有类似水窖的遗存；南部是大型的祭祀场，东北部为排列比较整齐的墓葬区；墓葬区与居址之间，有沟相隔（图14）。如此丰富的商代晚期文化遗存的大面积揭露，对于探讨商代晚期的聚落结构、社会形态等具有重要的意义[2]。

1979年和1991年两次发掘的罗山县天湖息国贵族墓地，已发掘商代晚期墓葬44座，出土各种质地文物500余件[3]。2006年发掘的荥阳市小胡村晚商贵族墓地，发掘晚商墓葬58座，共出土陶、铜、玉石器、海贝等遗物407件（图15）。两处墓地的发掘，对研究晚商丧葬习俗、社会组织形式等具有重要的学术意义[4]。

河南两周考古迭有重要发现，在城址考古方面先后发掘了东周王城、郑韩故城、登封阳城、虢都上阳城、濮阳卫国都城和荥阳娘娘寨城址等。公元前770年，周平王东迁，建都洛阳，所居之城被称为东周王城。东周王城遗址在今洛阳市涧河以东的王城公园一带，南北长约3700米，东西宽约2890米。东周王城的西南部为宫殿区，宫殿区的东侧发现大面积的粮窖群，北部发现有制骨制玉的手工业作坊及陶窑等遗迹，东北部为墓葬区[5]。新郑市郑韩故城是东周时期郑

---

[1] 中国社会科学院考古研究所：《殷墟的发现与研究》，科学出版社，1994年；中国社会科学院考古研究所：《殷墟妇好墓》，文物出版社，1980年；中国社会科学院考古研究所：《安阳殷墟郭家庄商代墓葬》，中国大百科全书出版社，1998年。
[2] 李素婷：《河南荥阳关帝庙遗址商代晚期聚落》，《2007中国重要考古发现》，文物出版社，2008年。
[3] 信阳地区文管会：《罗山天湖商周墓地》，《考古学报》1986年第2期。
[4] 贾连敏等：《河南荥阳小胡村晚商贵族墓地》，《2006中国重要考古发现》，文物出版社，2007年。
[5] 中国科学院考古研究所洛阳发掘队：《洛阳涧滨东周城址发掘报告》，《考古学报》1959年第2期；中国社会科学院考古研究所：《洛阳发掘报告》，北京燕山出版社，1989年。

图 14　荥阳关帝庙商代遗址

国和韩国的都城,分作东西二城,在西城中部发现的宫城遗址,东西长 500 米,南北宽 320 米。东城是手工业作坊的集中分布区,发现有铸铜、制骨、铸铁和制陶作坊遗址[1]。郑国祭祀遗址位于东城西南部,1997 年发掘出青铜礼器坑 7 座、乐器坑 11 座(图 16)和殉马坑 45 座,出土有青铜礼乐器 348 件。其中 206 件铜编钟多能进行测音和演奏,是研究"郑卫之音"的重要实物资料[2]。登封市阳城是战国时期的一处重要城邑,在城内北部中央发现一处大型建筑基址,城内东北部发现 8 处贮水给水设施,是我国发现时代最早而且保存最好的一套城内供水设施[3]。2000 年发现的虢都上阳城位于三门峡市李家窑村,城垣周长 3200 米,城墙外环有两道护城壕。在城内西南部发现宫城,外城与宫城

---

[1] 河南省博物馆新郑工作站:《河南新郑郑韩故城的钻探和试掘》,《文物资料丛刊》,文物出版社,1980 年。
[2] 河南省文物考古研究所:《新郑郑国祭祀遗址》,大象出版社,2006 年。
[3] 河南省文物考古研究所、中国历史博物馆考古部:《登封王城岗与阳城》,文物出版社,1992 年。

图 15　郑州小胡庄商代墓地 M22 随葬器物

图 16　新郑郑国祭祀遗址 K1 钟坎

之间分布有粮库和多种手工业作坊，为研究虢国历史提供了完整资料①。2005~2008年发掘的荥阳市娘娘寨城址，分内城和外郭城，内、外城墙外均设有护城河。内城内分布有"十"字形主干道和宫殿区、作坊区，四面城墙中部均有城门与城内道路相通②。温县盟誓遗址发现于1979年，1980~1982年发掘出土盟书石片达万余片，其中四分之一字迹清楚，是研究古文字和书法艺术的实物例证（图17）。经考证主盟者很可能是春秋晚期的韩简子，大大丰富了人们对春秋时期盛行的盟誓制度的认识③。

图17　盟书石片（温县春秋晚期盟誓遗址出土）

1997年发掘的鹿邑县太清宫长子口墓，平面呈"中"字形，有殉人14个，出土各种质地文物近2000件，应是1座西周初年的长氏贵族墓④。1986~1996年发掘的平顶山市应国墓地，计清理两周墓葬42座，出土了青铜礼乐器、玉器等各类文物4000余件，其铜器铭文涉及应伯、应侯等贵族（图18），并有应国与申、邓两国联姻的内容，为揭开"应国之谜"提供了珍贵资料⑤。虢国墓地位于三门峡市北郊上村岭，1957年第一次发掘墓葬234座、车马坑3座、马坑1座，共出土青铜器181件，贵族墓和平民墓有明显差异，反映出当时森严的等级制度。1990年发掘了虢季墓，共出土各类随葬品5293件，其中玉茎铜柄铁剑为迄今所知我国人工冶铁的最早实例，缀玉幎目则提供了完备的西周时代国君殓玉制度的实例（图19）。1991年发掘的虢仲墓为九鼎大墓，随葬品达3600多件（套）。

---

① 李家窑遗址考古发掘队：《三门峡发现虢都上阳城》，《中国文物报》2001年1月10日第1版。
② 张松林、张家强、黄富成：《河南荥阳娘娘寨遗址发掘出两周重要城址》，《中国文物报》2009年2月18日第2版。
③ 河南省文物研究所：《河南温县东周盟誓遗址一号坎发掘简报》，《文物》1983年第3期。
④ 河南省文物考古研究所、周口市文化局：《鹿邑太清宫长子口墓》，中州古籍出版社，2000年。
⑤ 河南省文物考古研究所、平顶山市文物管理委员会：《平顶山应国墓地八十四号墓发掘简报》，《文物》1998年第9期。

图18 应侯盨（平顶山应国墓地出土）

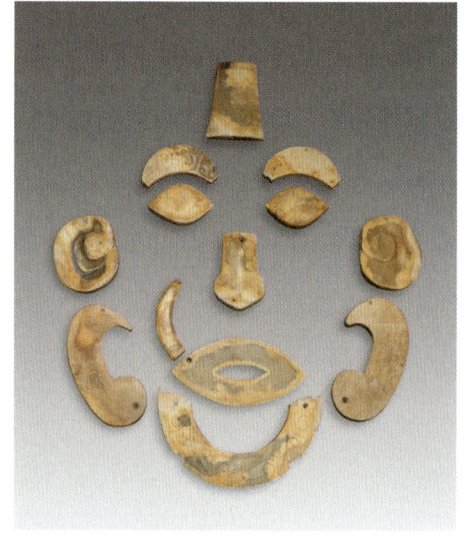
图19 缀玉面罩（三门峡虢季墓出土）

其中724件玉器极其精美，圭形墨书遣册十分少见，为研究两周之际的虢国历史和文化提供了珍贵资料[①]。

1964~1966年在洛阳市郊北窑村西庞家沟发掘西周时期贵族墓348座和7座车马坑，出土大量青铜器、陶器、原始瓷器和骨蚌器等。特别是在青铜器铭文中，有王妊、太保、康伯、平伯、毛伯等人名，可知这是一处西周王室贵族的大型墓地[②]。1954~1955年在洛阳中州路发掘的260座东周墓葬，大多为长方形竖穴土坑墓，只有4座为洞室墓。发掘者依据随葬陶器的组合划分为7期，其时代约从春秋初期至战国晚期，为中原地区东周墓葬的分期断代建立了重要的标尺[③]。

东周王陵可划分为周山、王城和金村三个陵区，在洛阳中州路西工段曾钻探发现四座大型战国墓，大墓前方和左右分布着车马坑、丛葬坑和陪葬墓。其中一号大墓的平面呈"甲"字形，墓室为积石积炭结构，墓道和墓圹壁上涂有黄、白、黑、红四种颜色。该墓早年被盗，由随葬品中书写"天子"二字的玉圭，可推测是一座周王陵墓[④]。1950~1951年发掘的魏国王陵，位于辉县城东的固围村，在一处平面呈"回"字形的陵园内东西排列3座大墓。其中2号墓在墓室底

---

① 林寿晋：《上村岭虢国墓地》，科学出版社，1959年；河南省文物考古研究所、三门峡市文物工作队：《三门峡虢国墓（第一卷）》，文物出版社，1999年。
② 洛阳市文物工作队：《洛阳北窑西周墓》，文物出版社，1999年。
③ 中国科学院考古研究所：《洛阳中州路（西工段）》，科学出版社，1959年。
④ 考古研究所洛阳发掘队：《洛阳西郊一号战国墓发掘记》，《考古》1959年第12期。

图 20　新郑胡庄韩国王陵墓室椁顶结构

部平铺巨石块 8 层，南北两面也叠砌高 11.59 米的巨石墙壁，并建有复杂而坚固的类似"黄肠题凑"的椁室，体现了王陵主墓的特殊地位。在 1 号墓的墓室顶部建有瓦顶的"享堂"，南墓道中央发现当时守墓人居住的半地穴式房址 1 处，另在墓室的东南隅还发现两个埋玉坑，对认识战国王陵的墓地制度和丧葬礼仪制度具有一定的意义[①]。2006~2008 年发掘的新郑市胡庄墓地，揭露东周墓葬 320 余座和马坑 1 座，出土青铜礼器、兵器、车马器和陶器上千件。其中发现 1 处韩国王陵区，由两座"中"字形墓葬组成，外有三道环壕围护，陵上四周现存有散水和柱洞，表明原有建筑物防护。墓室内的屋脊形椁顶结构（图 20），证实了《左传·成公二年》"椁有四阿，棺有翰桧"的记载[②]。

楚国是东周时期的南方大国，河南是楚文化的重要分布地区之一，在淅川县丹江水库淹没区内不断发现楚国墓群。1978 年至 1979 年发掘的下寺墓地，发现楚墓 24 座及相关车马坑 5 座，出土了王子午升鼎、王孙诰甬钟和用失蜡法铸造的铜禁等罕见文物[③]。1991 年至 1992 年发掘的和尚岭与徐家岭墓地，又发现楚墓 12 座和车马坑 1 座，出土了克黄升鼎、带铭文甬钟和镶嵌有绿松石的铜

[①]　中国科学院考古研究所：《辉县发掘报告》，科学出版社，1956 年。
[②]　马俊才、张明立：《新郑胡庄墓地发掘获重大发现》，《中国文物报》2009 年 3 月 27 日第 5 版。
[③]　河南省文物研究所：《淅川下寺春秋楚墓》，文物出版社，1991 年。

神兽（图21）等精美随葬品，为寻找楚国早期都城丹阳的地望提供了佐证①。信阳市长台关楚墓发掘于1957年，以出土成套完整的铜编钟和华丽彩绘的漆木器闻名于世，尤其是出土竹简148根，是探讨楚人日常生活及丧葬礼俗的重要资料②。2002年在信阳市长台关再次发掘一座大型楚墓，出土一批精美漆木器和彩绘陶器，为楚文化的研究提供了丰富资料③。1994年发掘的新蔡县葛陵楚墓，墓主人是楚国的封君——平夜君成，

图21　铜神兽（淅川和尚岭楚墓出土）

出土的竹简数量多，墨书清晰，是继信阳长台关竹简后的又一次重要发现④。2005～2006年发掘的上蔡郭庄楚墓为楚国高级贵族夫妇异穴合葬墓，其中一号墓随葬各种青铜器上千件和玉器200件，数十件青铜礼乐器均有铭文，具有重要的学术价值⑤（图22）。在南阳市区发现的楚国彭氏墓地，已发掘"申公彭宇"家族墓10余座。2000年发掘的申公彭宇之孙彭天所和彭子寿墓，均随葬有五鼎四簠青铜礼器；2008年又抢救清理了彭子射和彭启墓，也均为楚国大夫级高级贵族⑥。1981～1983年在淮阳县瓦房庄村"马鞍冢"，发掘出两座大型楚墓和车马坑。其中南墓平面为"中"字形，墓室东西长14.5米，南北宽13.48米，有五个台阶。位于该墓西面的车马坑，埋车23辆、泥马20多匹和旌旗6面。发掘者推测为死于公元前263年的楚顷襄王⑦。

---

① 河南省文物考古研究所：《淅川和尚岭与徐家岭楚墓》，大象出版社，2004年。
② 河南省文物研究所：《信阳楚墓》，文物出版社，1986年。
③ 陈彦堂：《信阳长台关七号楚墓》，《2002中国重要考古发现》，文物出版社，2003年。
④ 河南省文物考古研究所：《新蔡葛陵楚墓》，大象出版社，2003年。
⑤ 马俊才：《上蔡郭庄楚墓发掘纪略》，《文物天地》2007年第1期。
⑥ 柴中庆等：《河南南阳楚彭氏墓地》，《2008中国重要考古发现》，文物出版社，2009年。
⑦ 河南省文物研究所、周口地区文化局文物科：《河南淮阳马鞍冢楚墓发掘简报》，《文物》1984年第10期。

图 22　上蔡郭庄一号楚墓

东周时期，在河南南部分布着一些小诸侯国，黄国即是其中重要的一个。1983 年在光山县宝相寺发掘的黄君孟夫妇合葬墓，墓室平面呈"甲"字形，使用二椁一棺葬制，随葬有各类随葬品 242 件（组）。其中青铜器多数铸有铭文，有"黄君孟""黄夫人孟姬"等，可以确定墓主人是黄国国君"孟"及夫人，为研究春秋早期江淮地区小国君主埋葬制度提供了实例①。固始县侯古堆一号墓发掘于 1978 年，被认为是春秋末年的宋国君之妹、嫁给吴国太子夫差的"勾敔夫人"墓。该墓随葬器物丰富，特别是 9 鼎、编镈、编钟、6 件木瑟、3 乘肩舆等珍贵文物及 17 人的殉葬，显示出墓主人的特殊地位②。

四、秦汉时期

秦人立国时间太短，在河南的泌阳、陕县和三门峡市区等地均发现一批秦人墓葬。其中，泌阳秦墓流行洞穴双棺合葬墓，墓主人头向西，随葬品以铜器为主。铜器上有"平安邦""平安君"等铭文，漆器上也有褐漆书写的"平安

---

① 河南信阳地区文管会、光山县文管会：《春秋早期黄君孟夫妇墓发掘报告》，《考古》1984 年第 4 期。
② 河南省文物考古研究所：《固始侯古堆一号墓》，大象出版社，2004 年。

侯"和"廿八年"、"卅五年"等纪年①。在三门峡市区发现的秦人墓，多为形制较小的竖穴土坑墓和土洞墓，有的夫妇异穴合葬墓四周围以长方形墓沟，比较少见②。

洛阳汉魏故城先后作为东汉、晋魏，西晋和北魏都城，历时336年，在中国古代都城发展史上占有重要地位。从20世纪50年代至今，经过半个多世纪的考古发掘，汉魏故城布局形制已基本探明。1964年在汉魏故城南郊清理东汉刑徒墓葬522座，出土墓志铭砖820多块，是研究东汉时期修建都城的刑徒有关来源和刑役制度的重要资料。20世纪70年代，先后发掘了灵台、辟雍、明堂和太学等礼制建筑墓址，其中在太学遗址新出土汉代《仪礼》石经残石600多块，为复原经碑的排列次第提供了新的物证。1979~1981年和1984年对北魏皇家寺院——永宁寺进行发掘，先后清理了寺院南门、中心塔基和后殿建筑基址，出土了一大批与供佛有关的泥塑像。2001~2002年，发掘了北魏宫城正面——阊阖门遗址，其殿堂式城门楼和门前巨大夯土双阙建筑形制极为独特，填补了中国古代都城门阙建筑发展过程中的重要缺环③（图23）。

1998年发掘的新安县盐东村汉函谷关仓库建筑基址，南北长179米，东西宽35米，四周建有宽6米左右的夯土墙，墙内密布排列有序的柱础石，并出土有大量板瓦、筒瓦和带"关"字的瓦当等建筑构件④。内黄县三杨庄遗址发现于2004年，迄今已在遗址内发现了9处汉代庭院遗存，已揭露出4处庭院的平面布局。庭院均坐北朝南，分前后两进院落，并建有主房和侧房，主房屋顶全部使用筒瓦和板瓦（图24）。庭院与庭院之间有农田和树木相隔，农田田垄十分清晰，首次再现了汉代农村乡里的真实景象⑤。

我国汉代冶铁技术位居当时世界前列，河南已在14个市县发现汉代冶铁遗址18处，经考古发掘的已有巩义铁生沟、南阳瓦房庄、郑州古荥镇、温县招贤村和鲁山望城岗等处。1958~1959年两次发掘巩义市铁生沟遗址，发现的遗迹、遗物十分丰富，计有炼炉18座，锻炉和炒钢炉各1座，出土铁器166件，其中1件铁铲上铸有"河三"铭文⑥。南阳市瓦房庄遗址发现于1959年，清理出熔

---

① 驻马店地区文管会、泌阳县文教局：《河南泌阳秦墓》，《文物》1980年第9期；河南省文物研究所、泌阳县文化馆：《河南泌阳县发现一座秦墓》，《华夏考古》1990年第4期。
② 三门峡市文物工作队：《三门峡市火电厂秦人墓发掘简报》，《华夏考古》1993年第4期；胡小龙等：《三门峡大岭粮库围墓沟墓的发掘》，《三门峡文物考古与研究》，北京燕山出版社，2003年。
③ 杜金鹏、钱国祥主编：《汉魏洛阳城遗址研究》，科学出版社，2007年。
④ 洛阳市第二文物工作队：《黄河小浪底盐东村汉函谷关仓库建筑遗址发掘简报》，《文物》2000年第10期。
⑤ 刘海旺、朱汝生：《河南内黄三杨庄汉代田宅遗存》，《2005中国重要考古发现》，文物出版社，2006年。
⑥ 河南省文化局文物工作队：《巩县铁生沟》，文物出版社，1962年。

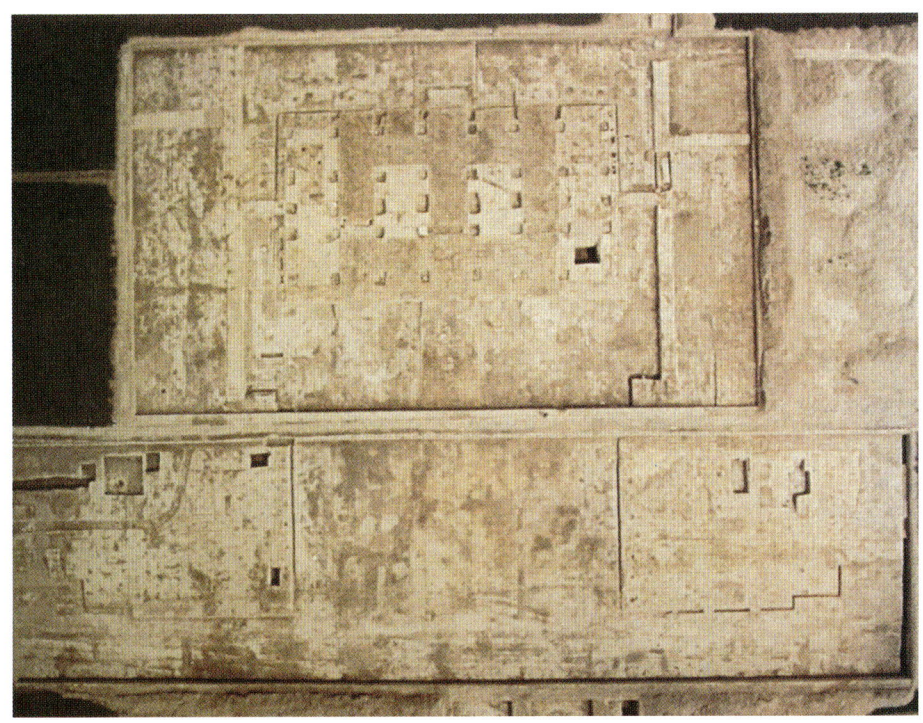

图 23　洛阳汉魏故城阊阖门遗址

图 24　内黄三杨庄汉代建筑遗址

铁炉17座和多座炼钢炉，在铁钁、犁铧泥模上模制有"阳一"铭文，说明该作坊是南阳郡铁官第一号作坊①。郑州市古荥镇遗址分别于1965年和1975年两次发掘，发现大型炼铁炉两座和铁器318件，在部分铁器和泥范上有"河一"铭文②。1974年在温县招贤村发现1座烘范窑，窑室内保存有500多套叠铸陶范，可以铸造出36种器物，是研究汉代叠铸工艺的宝贵实物资料③。2000年发掘的鲁山县望城岗遗址，发现了1座汉代特大椭圆高炉炉基及其系统遗迹，炉缸内径长轴4米，短轴2.8米。在炉基西侧的炉前坑内放置有重约30吨的特大块积铁，用于铸造农具类的泥模范块上也带有"阳一""河□"铭文，无疑是中国冶铁史上的又一重大发现④。

迄今已发掘的两汉墓葬数以千计，比较重要的有洛阳东汉帝陵、永城西汉梁国王陵、济源泗涧沟与桐花沟墓地、新密打虎亭东汉壁画墓和洛阳烧沟汉墓等。东汉帝陵位于今孟津和偃师境内，2003~2007年连续进行了考古调查与勘测，初步确定了帝陵的地望和平面布局。其中大汉冢现存封土直径130米，高19米，为一长斜坡墓道"甲"字形墓，墓道南向。封土西侧有3座规格很高的陪葬墓冢，封土南、东侧各有一处大型建筑基址。偃师市白草坡帝陵为砖石混合结构，墓道宽10米，陵园遗址南北长380米，东西宽330米，南部有大型夯土台阶⑤。西汉梁国王陵主要指汉文帝之子刘武及其王室墓地，经勘察已发现西汉大型陵墓8处14座，分布于保安山、僖山、夫子山三个陵区。1992~1994年清理了保安山陵区的梁孝王寝园及王后墓，寝园平面呈长方形，南北长110米，东西宽60米，前部以寝殿为中心，四周环绕有回廊；后部以"堂"为主体，与其后的排房形成"前堂后室"的建筑格局。王后墓以山为陵，全部凿在山岩之中，由2个墓道、3个甬道、前庭、前室、后室、34个侧室及回廊构成，全长210.5米，最宽处72.6米，规模宏大，结构复杂，在全国同类墓葬中当属首次发现⑥。济源县泗涧沟汉墓发掘于1969年，以出土了陶都树、陶米碓和风车而闻名。1991年又在与泗涧沟毗邻的桐花沟发掘汉墓百余座，出土了一批色泽鲜艳的彩绘陶器和形象各异的乐舞俑，尤其是通高110厘米的多枝灯，分为上、中、下三层，由底座、承盘、擎柄、灯盏及龙形饰件组合而成，是已出土同类作品中造型和

---

① 河南省文物考古研究所：《南阳瓦房庄汉代冶铁遗址发掘报告》，《华夏考古》1991年第1期。
② 郑州市博物馆：《郑州古荥镇汉代冶铁遗址发掘简报》，《文物》1978年第2期。
③ 河南省博物馆、新乡地区博物馆、温县文化馆：《河南省温县汉代烘范窑发掘简报》，《文物》1976年第9期。
④ 河南省文物考古研究所、鲁山县文物管理委员会：《河南鲁山望城岗汉代冶铁遗址一号炉发掘简报》，《华夏考古》2002年第1期。
⑤ 严辉、王咸秋：《邙山陵墓群考古调查与勘测》，《2007中国重要考古发现》，文物出版社，2008年。
⑥ 河南省文物考古研究所：《永城西汉梁国王陵与寝园》，中州古籍出版社，1996年。

图25 彩绘神兽多枝灯
（济源桐花沟汉墓出土）

图26 永城柿园西汉墓壁画

装饰最为精美的1件①（图25）。1960～1961年发掘的新密市打虎亭汉墓，东西并列两座，西墓以石刻画像为主，雕刻有家畜饲养、地主收租、食物加工、庖厨烹调、宴请宾客等生活场景；东墓则以彩绘壁画为主，画面为车马出行、舞乐百戏、饮酒作乐和各种珍禽异兽等内容，堪称东汉晚期绘画和石刻艺术的宝库，再现了汉代贵族社会日常生活的面面观②。1953年在洛阳烧沟发掘汉墓225座，发掘者根据墓葬形制、器物组合与器型演变关系划分为六期，比较全面反映了洛阳地区汉墓的演变轨迹，为中原各地区汉墓编年提供了借鉴标尺③。

河南是汉代画像石的重要分布区之一，迄今已科学发掘汉代画像石墓百余座，出土各类画像石3000余块，画像内容十分丰富，有生产、生活、祥瑞、神话、故事、天象等，是研究汉代政治、经济、文化的实物资料。纪年墓资料主要有唐河县新店天凤五年（18年）汉郁平大尹冯君孺人墓④、襄城县茨沟永建七年（132年）墓⑤、浚县姚厂村延熹三年（160年）墓⑥和南阳市东郊建宁三年（170年）许阿瞿画像石墓⑦等。河南地区的汉代壁画墓已发现20余座，主要有永城

---

① 河南省博物馆：《济源泗涧沟三座汉墓的发掘》，《文物》1973年第2期；河南省文物考古研究所：《河南济源市桐花沟十号汉墓》，《考古》2000年第2期。
② 河南省文物研究所：《密县打虎亭汉墓》，文物出版社，1993年。
③ 洛阳区考古发掘队：《洛阳烧沟汉墓》，科学出版社，1959年。
④ 南阳地区文物队、南阳博物馆：《唐河汉郁平大尹冯君孺人画像石墓》，《考古学报》1980年第2期。
⑤ 河南省文化局文物工作队：《河南襄城茨沟汉画像石墓》，《考古学报》1964年第1期。
⑥ 高同根：《简述浚县东汉画像石的雕琢艺术》，《中原文物》1986年第1期。
⑦ 南阳市博物馆：《南阳发现东汉许阿瞿墓志画像石》，《文物》1974年第8期。

图27 荥阳苌村东汉墓壁画

柿园西汉墓[①]、洛阳卜千秋墓[②]、偃师杏园东汉墓[③]和荥阳苌村东汉墓[④]等。其中永城市柿园西汉墓为凿山开洞的石室墓,壁画位于墓室顶部,彩画青龙、白虎、朱雀等神禽异兽,周边绘几何形云纹图案,是目前所见年代最早、画幅最大的汉代壁画(图26)。荥阳苌村东汉墓为砖石结构,甬道两侧和前室四壁及顶部满绘彩色壁画,总面积达300平方米,其内容分别为楼阁庭院、车马出行(图27)、人物故事、珍禽异兽和乐舞百戏,特别是较多的墨书榜题为其他汉墓壁画所不见。

五、魏晋南北朝至明代

魏晋南北朝时期中原地区战乱频仍,朝代更迭频繁。魏晋时期考古工作,主要发掘了洛阳曹魏正始八年(247年)墓[⑤]、西晋太康八年(287年)墓、元

---

① 河南省商丘市文物管理委员会、河南省文物考古研究所、河南省永城市文物管理委员会:《芒砀山西汉梁王墓地》,文物出版社,2001年。
② 洛阳博物馆:《洛阳卜千秋壁画墓发掘简报》,《文物》1977年第6期。
③ 中国社会科学院考古研究所河南第二工作队:《河南偃师杏园东汉壁画墓》,《考古》1985年第1期。
④ 郑州市文物考古研究所、荥阳市文物保护管理所:《河南荥阳苌村汉代壁画墓调查》,《文物》1996年第3期。
⑤ 洛阳市文物工作队:《洛阳晋魏正始八年墓发掘报告》,《考古》1989年第4期。

康九年（299年）徐美人墓和永宁二年（302年）王孙松墓等[①]。1974年在渑池县火车站发现的北魏窖藏出土铁器4195件，器类达60种以上，部分铁范和铁器有"阳城""渑池右""新安""夏阳""绛邑冶右"等铭文。经化验分析，铁器原材料可分为白口铁、灰口铸铁、铸铁脱碳钢和熟铁等多种，反映了魏晋南北朝时期冶铸技术的发展和进步[②]。

北魏王朝迁都洛阳，共有4帝葬在洛阳北部邙山上。其中，孝文帝长陵分别于1958年和2004年进行了调查与钻探，陵园遗址已经探明，东西长443米，南北宽390米。四周构筑有夯土垣墙，垣墙外侧挖建壕沟，各面正中开设陵门，南门为3门道牌坊式。陵园内异穴合葬有孝文帝陵和文昭皇后陵，并发现3座建筑基址和2条排水设施。宣武帝景陵于1990年进行了考古发掘，现存墓冢平面呈圆形，直径105～110米，高24米，在墓冢南10米处发现1件石刻武士像。墓室坐北面南，由墓道、前甬道、后甬道和墓室四部分组成，砖砌墓室平面近方形，南北6.73米，东西6.92米，高9.36米，出土青瓷器等随葬品45件[③]。在洛阳附近已发掘的北魏皇室墓，分别有永平四年（511年）元冏墓[④]、熙平元年（516年）元睿墓[⑤]、正光六年（525年）元怿墓[⑥]、孝昌二年（526年）元乂[⑦]墓、孝昌三年（527年）元晖墓[⑧]和建义元年（528年）元邵墓[⑨]等。其中1965年清理的元邵墓出土彩绘陶俑115件，1965年调查的元怿墓甬道两侧各彩绘武士2人。1975年发掘的元乂墓墓室顶部保存有完整的星相图，绝大多数星宿可以辨认，反映了当时的实际星空。

1978年发掘的孟县斗鸡台北魏司马悦墓，虽然出土随葬品不多，但其墓志内容丰富，书法潇洒稳健[⑩]。1957年在邓县学庄村发现的南朝画像砖墓，画像内容丰富，可分为车骑出行、人物故事和珍禽异兽3类，是研究南朝社会生活、舆服制度、雕塑艺术的珍贵资料[⑪]。自东魏迁都邺城后，豫北一带为都城的近畿

[①] 河南省文化局文物工作队：《洛阳晋墓的发掘》，《考古学报》1957年第1期。
[②] 渑池县文化馆、河南省博物馆：《渑池县发现的古代窖藏铁器》，《文物》1976年第8期。
[③] 洛阳市第二文物工作队：《北魏孝文帝长陵的调查和钻探》，《文物》2005年第7期；中国社会科学院考古研究所洛阳汉魏城队、洛阳古墓博物馆：《北魏宣武帝景陵发掘报告》，《考古》1994年第9期。
[④] 310国道孟津考古队：《洛阳孟津邙山西晋北魏墓发掘报告》，《华夏考古》1993年第1期。
[⑤] 中国社会科学院考古研究所河南二队：《河南偃师县杏园村的四座北魏墓》，《考古》1991年第9期。
[⑥] 徐婵菲：《洛阳北魏元怿墓壁画》，《文物》2002年第2期。
[⑦] 洛阳市博物馆：《河南洛阳北魏元乂墓调查》，《文物》1974年第12期。
[⑧] 黄明兰：《西晋裴祇和北魏元晖两墓拾零》，《文物》1982年第1期。
[⑨] 洛阳市博物馆：《洛阳北魏元邵墓》，《考古》1973年第4期。
[⑩] 孟县文化馆：《河南省孟县出土北魏司马悦墓志》，《考古》1983年第3期。
[⑪] 河南省文化局文物工作队：《邓县彩色画像砖墓》，文物出版社，1958年。

图 28　黄釉扁壶
（安阳北齐范粹墓出土）

图 29　安阳固岸北朝墓地 M57 石榻

之地，先后发现北齐武平四年（573 年）和绍隆墓[①]、武平六年（575 年）范粹墓[②]、武平七年（576 年）李云墓[③]和李亨墓[④]等。其中 1971 年发掘的安阳县洪河屯村的范粹墓，随葬陶俑 67 件和陶瓷器 132 件，其中 4 件黄釉扁壶两面模印胡腾舞图案，形象十分生动（图 28）。2005 年清理的濮阳县这河寨李亨墓随葬品丰富，计出土陶人物俑、动物俑、陶瓷器和铜铁器 284 件之多。2006～2008 年发掘的安阳县固岸墓地，清理出北朝墓葬 150 余座，出土随葬品 750 多件。其中 M57 葬于东魏武定五年（547 年），墓室内随葬一座围屏石榻，石屏内壁雕刻有精美壁画，内容为孝子图等内容（图 29）。大部分墓葬保存完好，出土有完整的器物组合，为研究北朝晚期墓葬提供了分期断代标准[⑤]。

唐宋时期考古也是河南的重头戏，主要是对隋唐洛阳城、开封宋城、巩义宋陵、白沙宋墓和多处瓷窑遗址等进行了发掘工作。隋唐洛阳城是隋唐两代东都城址，由郭城、皇城、宫城等组成，宫城和皇城建于地势较高的郭城西北隅。郭城内的里坊已经探明，先后发掘了武则天时期的明堂、天堂、九洲池、履道

[①] 河南省文物研究所、安阳县文管会：《安阳北齐和绍隆夫妇合葬墓清理简报》，《中原文物》1987 年第 1 期。
[②] 河南省博物馆：《河南安阳北齐范粹墓发掘简报》，《文物》1972 年第 1 期。
[③] 周到：《河南濮阳北齐李云墓出土的瓷器和墓志》，《考古》1964 年第 9 期。
[④] 张文彦、王显智：《濮阳县这河寨北齐李亨墓发掘报告》，《濮阳考古发现与研究》，中国科学出版社，2005 年。
[⑤] 潘伟斌：《河南安阳县固岸墓地》，《2006 中国重要考古发现》，文物出版社，2007 年。

坊白居易故里等重要遗迹①。应天门为宫城的正南门，是一座由门楼、垛楼、阙楼及其相互之间的廊庑连为一体的"门"字形巨大建筑群，规模恢宏，气势壮观②。1970年在含嘉仓城遗址钻探发现仓窖287个，并发掘了其中的12个，发现有堆放着大半窖谷子的仓窖和记载储粮来源、品种、数量、入仓时间及经手人的砖铭，获得了盛唐时期仓窖建筑、粮食储存和管理方法的科学资料③。开封市北宋东京城址的考古工作始于1981年，大致搞清了外城、内城和皇城三重城垣及城门的具体位置，钻探并试掘了新郑门、大庆殿、金明池和州桥等重要遗迹④。2006年在豫北黄泛区沙土下，新发现金代卫州州治——延津县沙门城址。已探出西、北、东三面城墙和城门，清理出金元时期房基3座，发现当时的道路、水井和耕作的农田等遗迹⑤（图30）。叶县文集遗址发掘于2006～2008年，发现宋元时期房基、道路、水井和窖藏坑等。房基分连间排房、单间和简易草棚三种（图31），20多个窖藏坑保存完整，出土遗物1500余件，应是一处较大规模的集镇遗存⑥。

河南也是中国古代瓷器的重要生产区，先后在25个市县发现319处古代瓷窑遗址，位居全国各省区古瓷窑址数量的前列。目前发现最早的古瓷窑址是巩义白河窑和安阳相州窑，年代约始自北朝，其余大多为唐宋金元时期。安阳市相州窑经过1974年和2006年两次考古发掘，出土了一批北朝至隋代的质优青瓷和白瓷⑦。2005～2007年发掘的巩义市白河窑址，发现北魏青瓷窑炉和出土大量青瓷，为北魏皇室使用青瓷找到了产地；首次出土早期白瓷，为研究中国白瓷的起源及其演变提供了珍贵的实物资料⑧（图32）。2002～2004年在巩义市黄冶窑址的考古发掘中，清理出10座窑炉和3处作坊，找到了洛阳唐三彩和唐青花的产地⑨。宋代河南制瓷业达到高峰，"汝、官、哥、定、钧"五大名窑河南占其一半，其中汝、钧和北宋官窑均在今河南境内。1974年在禹州市

---

① 中国科学院考古研究所洛阳发掘队：《隋唐东都城址的勘查和发掘》，《考古》1961年第3期；中国科学院考古研究所洛阳工作队：《"隋唐东都城址的勘查和发掘"续记》，《考古》1978年第6期；中国社会科学院考古研究所洛阳唐城队：《洛阳隋唐东都城1982—1986年考古工作纪要》，《考古》1989年第3期；中国社会科学院考古研究所洛阳唐城队：《唐东都武则天明堂遗址发掘简报》，《考古》1988年第3期；中国社会科学院考古研究所洛阳唐城队：《洛阳唐东都履道坊白居易故居发掘简报》，《考古》1994年第8期。
② 洛阳市文物工作队：《隋唐东都应天门遗址发掘简报》，《中原文物》1988年第3期。
③ 河南省博物馆、洛阳市博物馆：《洛阳隋唐含嘉仓的发掘》，《文物》1972年第3期。
④ 开封宋城考古队：《北宋东京外城的初步勘探与试掘》，《文物》1992年第12期；开封宋城考古队：《北宋东京内城的初步勘探与测试》，《文物》1996年第5期。
⑤ 刘海旺等：《河南延津沙门古黄河渡口城址》，《2007中国重要考古发现》，文物出版社，2008年。
⑥ 王龙正、王利彬：《南水北调中线工程叶县文集遗址》，《2007中国重要考古发现》，文物出版社，2008年。
⑦ 河南省博物馆、安阳地区文化局：《河南安阳隋代瓷窑址的试掘》，《文物》1977年第2期。
⑧ 赵志文、刘兰华：《河南巩义白河窑址》，《2007中国重要考古发现》，文物出版社，2008年。
⑨ 河南省文物考古研究所、中国文物研究所：《河南巩义市黄冶窑址发掘简报》，《华夏考古》2007年第4期。

北关钧台发现了宋代钧窑址，出土了与北京故宫博物院所藏完全相同、并带有数字编号的钧瓷花盆、盆托和出戟尊[1]。2001 年在禹州市神垕镇的刘家门、河北地等窑址进行了考古发掘，清理出窑炉遗迹 8 座和石砌澄泥池 3 处（图 33），出土完整和可复原器物数千件，进一步确定了钧窑瓷器的烧制年代问题[2]。1987 年在宝丰县清凉寺村发现了北宋汝窑遗址，2000 年找到了汝窑烧造区，揭开了汝窑青瓷的烧制之谜[3]（图 34）。2000～2004 年抢救清理的汝州市张公巷窑址，出土一批类似汝窑的全新青釉瓷器，为确定北宋官窑提供了重要线索[4]。

偃师唐恭陵是武则天长子李弘的陵墓，神道石雕像和唐高宗李治撰与并亲书石碑保存完整。1985 年对陵园遗址进行了实测，1998 年在陪葬的皇后墓中清理出土 130 余件彩绘骑马俑（图 35）和褐、绿彩陶器，是研究唐初"号墓为陵"规制的一处完整实例[5]。1981 年在洛阳龙门东山发掘的唐定远将军安菩夫妇墓保存完整，随葬品包括三彩器 50 件、单彩器 61 件、陶瓷器 13 件和东罗

图 30　延津沙门城址金代农田遗迹

图 31　叶县文集遗址金代排房房基

---

[1] 河南省文物考古研究所：《禹州钧台窑》，大象出版社，2008 年。
[2] 北京大学中国考古学研究中心、河南省文物考古研究所：《河南省禹州市神垕镇刘家门钧窑遗址发掘简报》，《文物》2003 年第 11 期；北京大学中国考古学研究中心、河南省文物考古研究所：《河南省禹州市神垕镇下白峪窑址发掘简报》，《文物》2005 年第 5 期。
[3] 河南省文物考古研究所：《宝丰清凉寺汝窑》，大象出版社，2008 年。
[4] 郭木森：《河南汝州张公巷窑址考古获重大发现》，《中国文物报》2004 年 5 月 26 日第 1 版。
[5] 中国社会科学院考古研究所河南二队、河南省偃师县文物管理委员会：《唐恭陵实测纪要》，《考古》1986 年第 5 期。

图32　白瓷杯（巩义白河窑址出土）　　图33　禹州神垕镇河北地窑址一号窑炉

马金币等，三彩俑形体高大，造型精美，具有很高的艺术价值[①]。在洛阳发掘的唐皇室墓有唐睿宗贵妃豆卢氏墓[②]、唐安国相王孺人唐氏和崔氏墓[③]，三墓均为砖砌单室墓，在墓道、过洞、甬道和墓室内均绘有精美的人物壁画。1991年发掘的伊川县杜沟村唐齐国太夫人墓，墓室结构复杂，出土金银器、玉石器等文物1659件，其中双鱼纹海棠花形金盏和双鱼大雁纹鎏金银盏托制作精美[④]。集中的唐代墓地，已发现有偃师杏园[⑤]、巩义芝田[⑥]和三门峡庙底沟[⑦]三处。其中在偃师杏园村发掘唐墓69座，墓室保存完整，有37座出土有墓志，墓主人生前多为八品、九品官阶，反映了唐代中下层官吏的社会生活和埋葬习俗。

考古工作者对巩义市北宋皇陵进行了全面调查，并发掘了宋太宗元德李后陵地宫、宋真宗永定禅院和宋仁宗永昭陵园，积累了北宋帝陵葬制的丰富资料[⑧]。2008年抢救清理的洛阳市史家屯村富弼家族墓地，计发掘宋代墓葬11座，出土墓志14方。其中富弼为北宋名相，青石墓志边长1.41米，志文计6595字，涉及北宋中晚期的政治、经济、外交等多方面内容，历史和艺术价值兼备[⑨]。

[①] 洛阳市文物工作队：《洛阳龙门唐安菩夫妇墓》，《中原文物》1982年第3期。
[②] 洛阳市文物工作队：《唐睿宗贵妃豆卢氏墓发掘简报》，《文物》1995年第8期。
[③] 洛阳市文物第二文物工作队：《唐安国相王孺人唐氏、崔氏墓发掘简报》，《中原文物》2005年第6期。
[④] 洛阳市文物工作队：《伊川鸦岭唐齐国太夫人墓》，《文物》1995年第11期。
[⑤] 中国社会科学院考古研究所：《偃师杏园唐墓》，科学出版社，2001年。
[⑥] 郑州市文物考古研究所：《巩义芝田晋唐墓葬》，科学出版社，2003年。
[⑦] 河南省文物考古研究所：《三门峡庙底沟唐宋墓葬》，大象出版社，2006年。
[⑧] 河南省文物考古研究所：《北宋皇陵》，中州古籍出版社，1997年。
[⑨] 洛阳市第二文物工作队：《富弼家族墓地发掘简报》，《中原文物》2008年第6期。

图34 汝瓷熏炉（宝丰清凉寺窑址出土）

图35 骑马俑（偃师唐代恭陵陪葬皇后墓出土）

河南地区宋元墓葬中常见一种仿木结构的雕砖壁画墓，雕砖一般为仿生前居室的门窗、桌椅和灯檠，壁画内容丰富，有宴饮、庖厨、梳妆、散乐、杂剧和孝子故事等。1951年发现的禹州市白沙赵大翁墓，建于元符二年（1099年），作前、后两室，结构复杂。前室东壁彩绘女乐伎11人，西壁为墓主人"夫妇开芳宴"，后室北壁砖雕妇人掩门，东南壁彩绘进奉场面，西南壁为侍奉主人化妆图，反映出墓主人为地主兼营商业者的身份[1]。焦作市王庄金承安四年（1199年）邹瑰墓为一座画像石墓，墓室平面呈八角形，壁面上刻有戏剧演出场面、墓主人生活和行孝故事图像共15幅[2]。焦作西冯封村元墓为一座双室墓，以嵌砌人物雕砖为其特色，前室在墓壁上镶嵌砖俑18个，后室在拱眼壁内镶嵌童子雕砖8个，再现了元代杂剧和民间社火表演的情景[3]。2007年发现的焦作市东王封村元靳德茂墓，出土了80件彩绘陶车马及人物俑，组成一支庞大的车马出行方阵[4]。河南已发掘的明藩王墓，有潞简王朱翊镠墓[5]、周定王的七世孙原武温穆王朱朝埨墓[6]和福王家族墓[7]。其中，朱翊镠是明神宗朱翊钧的同母弟，墓园保存完整，墓室用青石条砌成，由前、后室和左右侧室组成，规模宏大。灵宝市南营许进家族是明代中期的当地望族，许氏墓地曾出土彩绘铜俑60件，姿态各

---

[1] 宿白：《白沙宋墓》，文物出版社，1957年。
[2] 河南省博物馆、焦作市博物馆：《河南焦作金墓发掘简报》，《文物》1979年第8期。
[3] 孙传贤：《焦作市西冯封村雕砖墓几个有关问题的探讨》，《中原文物》1990年第4期。
[4] 焦作市文物工作队、焦作市博物馆：《焦作中站区元代靳德茂墓道出陶俑》，《中原文物》2008年第1期。
[5] 河南省博物馆、新乡市博物馆：《新乡市郊明潞简王墓及其石刻》，《文物》1979年第5期。
[6] 郑州市博物馆：《荥阳二十里铺明代原武温穆王壁画墓》，《中原文物》1984年第4期。
[7] 洛阳市文物工作队：《洛阳东花坛三座明代墓葬》，《中原文物》1984年第4期。

异，生动传神①。

河南佛教考古方面也迭有重要考古发现，除对洛阳龙门石窟、巩义石窟、登封少林寺塔林等进行实测和记录外，还相继清理了登封市北魏嵩岳寺塔地宫②、洛阳市唐神会和尚塔墓③、登封唐法王寺二号塔地宫④、邓州宋福胜寺塔地宫⑤和洛阳元龙川和尚塔墓⑥等。1983年在洛阳龙门西山发现的唐代名僧禅宗七祖神会身塔塔基，随葬有神会传道所用的陶钵、铜盂、净瓶等法器，《建身塔铭》则为研究禅宗的早期历史提供了可靠的资料。2000年发掘的登封市唐法王寺二号塔地宫，出土有鎏金镂孔铜炉、迦陵频伽石盒、白瓷细颈瓶和黑瓷注子等精美文物。1988年清理的邓州市福胜寺塔地宫，建于宋天圣九年（1031年），石函内出土的金棺、银椁、鎏金双龙银壶和紫红色玻璃葫芦等，是我国佛教文物的重要发现。

（原文为"河南考古六十年"，刊于《中国考古60年》，
文物出版社，2009年。此次发表时增加了注释）

---

① 许永生：《灵宝铜俑漫谈》，《中国文物报》1998年10月21日第4版。
② 河南省古代建筑保护研究所：《登封嵩岳寺塔地宫清理简报》，《文物》1992年第1期。
③ 洛阳市文物工作队：《洛阳唐神会和尚塔塔基清理》，《文物》1992年第3期。
④ 河南省文物考古研究所：《河南登封市法王寺二号塔地宫发掘简报》，《华夏考古》2003年第2期。
⑤ 河南省古代建筑保护研究所、河南省文物研究所：《河南邓州市福胜寺塔地宫》，《文物》1991年第6期。
⑥ 徐治亚、张剑：《元代龙川和尚墓的发现和白马寺内的有关石刻》，《文物》1983年第3期。

河南考古六十年，保护科研结硕果

河南省文物考古研究所（以下简称"我所"）成立于 1952 年 6 月，其前身是河南省文化局文物工作队，1981 年更名为河南省文物研究所，1994 年定名为河南省文物考古研究所。我所为省直正处级事业法人单位，经费实行全额预算管理，事业编制 86 人。所内现设置有办公室、基建考古办公室、第一研究室、第二研究室、第三研究室、科技考古室、文物保护室、《华夏考古》编辑部、计财科、资料室、技术室、保卫科共 12 个科室，并有省编制办批复挂靠我所的"河南省文物科技保护中心"和郑州商城、郑州西山、内黄三杨庄汉代聚落工作站、许昌灵井古人类研究工作站、新郑郑韩故城和登封王城岗六个田野考古工作站。全所现有在职职工 87 人，其中博士 5 人，在读博士 4 人，硕士 12 人，大学本科 30 人。已有研究馆员 14 人，副研究馆员 14 人，中级职称 25 人，初级职称 12 人。基础设施也从一座二层楼房扩展为本所内一幢五层办公楼、一幢三层科技考古楼、一幢六层库房楼，以及郑州市区一幢两层文物保护实验楼和郑州西山两幢两层文物整理基地，并拥有现代化的田野调查、考古发掘、科学研究和文物保护等设备。

一、考古发现捷报频传

河南位于黄河流域中下游，历史悠久，文物遗存丰富。60 年来，我所配合黄河小浪底水库、长江三峡水库、焦枝铁路复线、宁西铁路、310 国道高速公路、107 国道高速公路、南水北调、西气东输等国家大型建设项目和郑州、洛阳、开封、三门峡、新郑等城市扩建，与全省市县地方文物部门一道相继开展了多次文物普查和考古发掘工作，并为解决学术课题进行了一系列主动发掘项目，取得了许多重要考古发现及重大学术突破。

河南是中国旧石器时代南北文化交流的重要地区，其中灵宝营里、西峡小洞、舞阳大岗、许昌灵井和栾川蝙蝠洞等地点，都是由我所调查发现和发掘的。1987年我所与北京大学等对南召县小空山洞穴遗址进行考古发掘。1989～1990年我所发掘的舞阳大岗细石器文化遗址，为解决旧石器晚期文化的走向提供了重要线索。2005年以来，我所对许昌灵井遗址进行考古发掘，在下文化层出土动物骨骼化石和石器3000余件，已鉴定出的哺乳动物化石共有18种。石制品类型繁多，部分石器琢制技术的应用，是目前国内已知这一技术的最早出现。2007年发现的古人类头骨化石距今8万～10万年，对于研究东亚地区古人类演化和中国现代人类的起源具有重大学术价值，填补了中国现代人起源研究的空白。

河南的新石器时代考古学文化十分丰富，在全省各地先后发现新石器时代遗址上千处，构建起了裴李岗文化、仰韶文化、龙山文化的编年序列和区、系类型框架。裴李岗文化遗存，由我所主持发掘的主要有登封双庙沟、新密莪沟、长葛石固和舞阳贾湖遗址等。舞阳贾湖遗址在同类遗址中最具代表性，我所从1983～1987年、2001年进行了多次考古发掘，出土了八千年前的骨笛、契刻符号和炭化稻米。骨笛经测音已具备六声和七声音阶结构，是目前发现最早的音乐实物；契刻符号刻在龟甲和石柄上，有些符号与殷墟甲骨文相似，很可能具有原始文字的性质；炭化稻米经检测是人工栽培稻，表明淮河流域也是我国早期稻作农业区之一。

以渑池县仰韶村遗址命名的仰韶文化发现于1921年，迄今已有90年的历史。仰韶文化遗址的分布相当密集，近年仅在灵宝市铸鼎塬调查发现27处仰韶文化遗址，配合黄河小浪底水库建设抢救发掘的仰韶文化遗址达20处之多。1996年发掘的新安县荒坡遗址，出土陶器多呈橙黄色，器表装饰主要为弦纹，有少量褐红色条带状彩陶，器型以大口深腹钵、平底瓶、夹砂罐和鼎为主，是河南目前发现最早的仰韶文化遗存。1987年发掘的濮阳市西水坡遗址，出土三组用蚌壳摆塑的动物图案，其中的龙虎图案，把中华民族对龙的崇拜提早到仰韶文化时期。1992年发掘的郑州市西山遗址，发现了中原地区年代最早的仰韶文化城址，对于探索我国早期城址的起源具有十分重要的意义。2000～2006年我所与中国社会科学院考古研究所合作发掘的灵宝市西坡遗址，揭露出仰韶文化时期的壕沟、房址、灰坑和墓地。4座大型半地穴式房基中，最大的一座整体占地面积516余平方米，室内使用面积204平方米，前有斜坡式门道，四周围以回廊，地坪涂有红彩，建筑非常考究。这里发现的34座墓葬有大小之分，基本都有二层台，最大的 M27 长约 5 米，宽约 3.4 米，随葬玉石钺以及特殊风格陶器，显示中原腹地自公元前 4000 年以后核心地位日益突出，对探索中原古代文明的起源与动因具有重大意义。

河南仰韶文化墓葬盛行二次葬，1989 年在汝州市洪山庙发掘出目前我国最大的 1 座瓮棺葬，墓坑东西长 6.3 米，南北宽 3.5 米，坑内现存 136 件瓮棺。在瓮棺葬具的表面彩绘有人形纹、几何纹、天象纹和动物纹等装饰，反映出当时的埋葬习俗和精神生活。淅川县下王岗遗址从 1971～1974 年进行了 4 年的发掘工作，发现了大量的仰韶文化房基、墓葬、陶窑和灰坑。这里的文化特征鲜明，长达 29 间的排房式建筑布局、排列有序的氏族群葬墓地和具有浓厚地方因素的生活用具，代表了南阳盆地仰韶文化遗存的地方类型。上述遗址的发掘，对于研究汉水中游地区新石器时代文化的发展序列，探讨黄河与长江中游地区的文化交流状况等，具有重要的学术价值。

距今四五千年的龙山文化，是中国古代文明形成和发展的重要时期，我所主要发掘了王城岗、平粮台、郝家台、孟庄、古城寨、蒲城店和瓦店等城址和中心聚落。1977 年发现的登封市王城岗城址，为两个东西并列的城堡，面积残存近 1 万平方米，城内分布有殉人和殉兽的奠基坑。2002～2005 年，我所与北京大学考古文博学院又在王城岗遗址发现龙山文化晚期大城城墙和城壕，复原面积达 34.8 万平方米，这一发现对夏禹都阳城的确定和中国早期国家形成的研究有着重大的学术意义。1979 年发现的淮阳县平粮台城址，面积 5 万平方米，城有两门，南门设置门卫房，铺设陶水管道，使用土坯垒砌排房。1986 年发现的郾城县郝家台城址，平面呈长方形，面积 3 万余平方米，城内营建有成排的房基，有的铺以木地板。1992 年发现的辉县孟庄城址，面积为 16 万平方米，东城门的门道南壁贴有木板，房基的居住面多经火烤或涂抹有白灰。1997 年发现的新密市古城寨城址，总面积 17.65 万平方米，至今仍比较完整地保存着东、北、南三面城墙和南北相对两个城门缺口，在城内已揭露出大型夯土宫殿基址和廊庑式建筑基址，是目前中原地区保存最好的龙山时代城址。平顶山市蒲城店遗址发掘于 2004～2005 年，发现龙山文化和二里头文化两座城址。其中，龙山文化城址保存状况较好，现存东、西、南三面城墙，面积约 4.1 万平方米，城外有宽阔的护城壕。禹州市瓦店遗址曾于 1980～1982 年、1997 年进行过多次考古发掘，发现了以地面起建的大型建筑基址和奠基坑，出土了精美的陶酒器、玉鸟、玉璧和大卜骨，表明遗址规格很高。2007～2010 年，我所与北京大学考古文博学院在瓦店遗址新的考古中发现大型环壕，并确认遗址面积达 100 万平方米，是目前所知河南发现的面积最大的龙山文化遗址，也是颍河中游地区的中心聚落之一。另外,还在郑州牛寨遗址发现铜块、淮阳平粮台城址发现铜渣、登封王城岗城址出土残铜器、汝州煤山遗址出土炼铜坩埚等,表明河南龙山文化时期人们已经掌握了冶铜技术,并在生活中开始使用青铜器。大型聚落群遗址、城堡和青铜制品的出现,似乎昭示着一个新时代即文明时代的来临。

夏商周考古学是中国考古学中最为活跃的,河南在这一时期的考古新发现层出不穷。夏商周断代工程已将夏代始年确定为公元前2070年,河南龙山文化晚期、新砦期文化和二里头文化同属夏文化普遍成为人们的共识。平顶山市蒲城店二里头文化城址面积5.2万平方米,城外有护城壕。发现的20座房址均为地面式建筑,排列有序,大多是多间相连,基本东西成排,属于专门规划的聚居区。

自1979年以来,我所主持的颍河中上游的系列考古调查、发掘和研究工作,极大地推动了早期夏文化的研究。经考古发掘的二里头文化类型遗址,还有巩义市稍柴、偃师市灰嘴、渑池县鹿寺、登封市八方、陕县西崖村、伊川县南寨遗址等10余处。1987年发掘的鹿邑县栾台和1988年发掘的夏邑县三堌堆等遗址,均发现有近似山东岳石文化类型的陶器,应属于先商文化的遗存。2005年发掘的鹤壁市刘庄遗址,揭露一处保存完整、排列有序的大型先商文化墓地,计发现墓葬338座,出土随葬品近400件。该墓地中石棺及其简化形式墓葬在中原地区前所未见,为我们提供了探讨商族起源的新线索。

河南商代考古成果丰硕,我所先后发现和发掘了郑州商城、焦作府城、郑州小双桥和荥阳关帝庙遗址等。郑州商城发现于1950年,经过60年的考古发掘,使我们对该城址的平面布局和文化内涵有了全面了解。在城内东北部发现有20多处大型夯土建筑基址,在城外四周分布有冶铜、制骨、制陶手工业作坊,以及青铜器窖藏和墓葬,并发现一道环绕南部城墙的外城墙及护城河。在出土遗物中,发现了通高1米、重达86.4公斤的青铜方鼎,迄今已知年代最早的习刻甲骨、陶瓦和原始瓷器等,表明了郑州商城的王都地位。1998年发掘的焦作市府城早商城址,地面上现存有东、西、北三面城墙。在城址东北部发现的一号宫殿基址平面为长方形,南北长70米,东西宽50米,分南、北两个院落,由前殿、正殿、北殿和配殿组成,布局严谨规范。

1990年和1995年发掘的郑州市小双桥遗址面积很大,已发掘出多处夯土建筑基址、人骨丛葬坑、牛头或牛角祭祀坑,出土有大型青铜建筑构件、朱书陶文、大型石磬和卜骨等,文化内涵丰富,很可能是郑州商城晚期商代王室宗庙祭祀的场所。2006~2007年发掘的荥阳市关帝庙遗址,清理一批商代晚期灰坑、房基、墓葬、陶窑、水井和祭祀坑,出土各类质地的文化遗物近千件。该遗址内部有明显的功能分区，居住址集中在遗址的中部偏东处，南部是大型的祭祀场，东北部为排列比较整齐的墓葬区，对于探讨商代晚期的聚落结构、社会形态等具有重要的意义。

1979年和1991年两次发掘的罗山县天湖息国贵族墓地，已发掘商代晚期墓葬44座，出土各种质地文物500余件。2006年发掘的荥阳市小胡村晚商贵族墓地，发掘晚商墓葬58座，共出土陶、铜、玉石器、海贝等遗物407件。两处墓地的发掘，对研究晚商丧葬习俗、社会组织形式等具有重要的学术意义。

河南两周考古迭有重要发现，在城址考古方面先后发掘了郑韩故城、登封阳城、虢都上阳城、濮阳卫国都城等。新郑市郑韩故城是东周时期郑国和韩国的都城，分作东西二城，在西城中部发现的宫城遗址，东西长500米，南北宽320米。东城是手工业作坊的集中分布区，发现有铸铜、制骨、铸铁和制陶作坊遗址。郑国祭祀遗址位于东城西南部，1997年发掘出青铜礼器坑7座、乐器坑11座和殉马坑45座，出土有青铜礼乐器348件。其中206件铜编钟多能进行测音和演奏，是研究"郑卫之音"的重要实物资料。登封市阳城是战国时期的一处重要城邑，在城内北部中央发现一处大型建筑基址，城内东北部发现8处贮水给水设施，是我国发现时代最早而且保存最好的一套城内供水设施。2000年发现的虢都上阳城位于三门峡市李家窑村，城垣周长3200米，城墙外环有两道护城壕。在城内西南部发现宫城，外城与宫城之间分布有粮库和多种手工业作坊，为研究虢国历史提供了完整资料。温县盟誓遗址发现于1979年，1980～1982年发掘出土盟书石片达万余片，是研究古文字和书法艺术的实物例证。经考证主盟者很可能是春秋晚期的韩简子，大大丰富了人们对春秋时期盛行的盟誓制度的认识。

1997年发掘的鹿邑县太清宫长子口墓，平面呈"中"字形，有殉人14个，出土各种质地文物近2000件之多，应是1座西周初年的长氏贵族墓。1986～1996年发掘的平顶山市应国墓地，计清理两周墓葬42座，出土了青铜礼乐器、玉器等各类文物4000余件，其铜器铭文涉及应伯、应侯等贵族，并有应国与申、邓两国联姻的内容，为揭开"应国之谜"提供了珍贵资料。虢国墓地位于三门峡市北郊上村岭，1990年发掘了虢季墓，共出土各类随葬品5293件，其中玉茎铜柄铁剑为迄今所知我国人工冶铁的最早实例，缀玉幎目则提供了完备的西周时代国君殓玉制度的实例。1991年发掘的虢仲墓为九鼎大墓，随葬品达3600多件（套）。其中724件玉器极其精美，圭形墨书遣册十分少见，为研究两周之际的虢国历史和文化提供了珍贵资料。2006～2008年发掘的新郑市胡庄墓地，揭露东周墓葬320余座和马坑1座，出土青铜礼器、兵器、车马器和陶器上千件。其中发现 1 处韩国王陵区，由两座"中"字形墓葬组成，外有三道环壕围护，陵上四周现存有散水和柱洞，表明原有建筑物防护。墓室内的屋脊形椁顶结构，证实了《左传·成公二年》"椁有四阿，棺有翰桧"的记载。固始县侯古堆一号墓发掘于 1978 年，被认为是春秋末年的宋国君之妹、嫁给吴国太子夫差的"勾敔夫人"墓。该墓随葬器物丰富，特别是 9 鼎、编镈、编钟、6 件木瑟、3 乘肩舆等珍贵文物及 17 人的殉葬，显示出墓主人的特殊地位。

楚国是东周时期的南方大国，河南是楚文化的重要分布地区之一。我所承担并完成豫南楚长城资源调查工作，对于豫南楚长城的分布和走向有了全面了解。同时对驻马店泌阳象河关遗址、泌阳付庄古城遗址、叶县保安镇闯王寨遗址进行试掘，进一步搞清了楚长城的建筑形制与结构。1978～1979 年发掘的下寺墓地，发现楚墓 24 座及相关车马坑 5 座，出土了王子午升鼎、王孙诰甬钟和用失蜡法铸造的铜禁等罕见文物。1991～1992 年发掘的和尚岭与徐家岭墓地，又发现楚墓 12 座和车马坑 1 座，出土了克黄升鼎、带铭文甬钟和镶嵌有绿松石的铜怪兽等精美随葬品，为寻找楚国早期都城丹阳的地望提供了佐证。1994 年发掘的新蔡县葛陵楚墓，墓主人是楚国的封君——平夜君成。信阳市长台关楚墓发掘于 1957 年，以出土成套完整的铜编钟和华丽彩绘的漆木器闻名于世，尤其是出土竹简 148 根，是探讨楚人日常生活及丧葬礼俗的重要资料。2002 年在信阳市长台关再次发掘一座大型楚墓，出土一批精美漆木器和彩绘陶器，为楚文化的研究提供了丰富资料。2005～2006 年发掘的上蔡郭庄楚墓为楚国高级贵族夫妇异穴合葬墓，其中一号墓随葬各种青铜器上千件和玉器 200 件，数十件青铜礼乐器均有铭文，具有重要的学术价值。1981～1983 年在淮阳县瓦房庄村"马鞍冢"，发掘出两座大型楚墓和车马坑。其中南墓平面为"中"字形，墓室东西长 14.5 米，南北宽 13.48 米，有五个台阶，位于该墓西面的车马坑，埋车 23 辆、泥马 20 多匹和旌旗 6 面。发掘者推测墓主人为死于公元前 263 年的楚顷襄王。

秦汉及其以后各个历史时期的考古学，主要是对于都城、陵墓、手工业作坊遗址的发掘与研究。内黄县三杨庄遗址发现于 2004 年，迄今已在遗址内发现了 9 处汉代庭院遗存，已揭露出 4 处庭院的平面布局。庭院均坐北朝南，分前后两进院落，并建有主房和侧房，主房屋顶全部使用筒瓦和板瓦。庭院与庭院之间有农田和树木相隔，农田田垄十分清晰，首次再现了汉代农村乡里的真实景象。

我国汉代冶铁技术位居当时世界前列，河南已在 14 个市县发现汉代冶铁遗址 18 处，经考古发掘的已有巩义铁生沟、南阳瓦房庄、温县招贤村和鲁山望城岗等处。1958～1959年两次发掘的巩义市铁生沟遗址，发现的遗迹、遗物十分丰富，计有炼炉18座、锻炉和炒钢炉各1座，出土铁器166件，其中1件铁铲上铸有"河三"铭文。1974年在温县招贤村发现1座烘范窑，窑室内保存有500多套叠铸陶范，可以铸造出36种之多器物，是研究汉代叠铸工艺的宝贵实物资料。2000年发掘的鲁山县望城岗遗址，发现了1座汉代特大椭圆高炉炉基及其系统遗迹，在炉基西侧的炉前坑内放置有重约30吨的特大块积铁，用于铸造农具类的泥模范块上也带有"阳一""河□"铭文，无疑是中国冶铁史上的又一重大发现。1974年在渑池县火车站发现的北魏窖藏出土铁器4195件，器类达60种以上，部分铁范和铁器有"阳城""渑池右""新安""夏阳""绛邑冶右"等铭文。经化验分析，铁器原材料可分为白口铁、灰口铸铁、铸铁脱碳钢和熟铁等多种，反映了魏晋南北朝时期冶铸技术的发展和进步。

迄今已发掘的两汉墓葬数以千计，比较重要的有洛阳烧沟汉墓、永城西汉梁国王陵、济源泗涧沟与桐花沟墓地、新密打虎亭东汉壁画墓和安阳曹操高陵等。西汉梁国王陵主要指汉文帝之子刘武及其王室墓地，经勘察已发现西汉大型陵墓8处14座，分布于保安山、僖山、夫子山三个陵区。1992～1994年清理了保安山陵区的梁孝王寝园及王后墓，寝园平面呈长方形，前部以寝殿为中心，四周环绕有回廊；后部以"堂"为主体，与其后的排房形成"前堂后室"的建筑格局。王后墓以山为陵，全部凿在山岩之中，由2个墓道、3个甬道、前庭、前室、后室、34个侧室及回廊构成，规模宏大，结构复杂，在全国同类墓葬中当属首次发现。济源县泗涧沟汉墓发掘于1969年，以出土了陶都树、陶米碓和风车而闻名；1991年又在与泗涧沟毗邻的桐花沟发掘汉墓百余座，出土了一批色泽鲜艳的彩绘陶器和形象各异的乐舞俑，尤其是通高110厘米的多枝灯，是已出土同类作品中造型和装饰最为精美的1件。1960～1961年发掘的新密市打虎亭汉墓，东西并列两座，西墓以石刻画像为主，雕刻有家畜饲养、地主收租、食物加工、庖厨烹调、宴请宾客等生活场景；东墓则以彩绘壁画为主，画面为车马出行、舞乐百戏、饮酒作乐和各种珍禽异兽等内容，堪称东汉晚期绘画和石刻艺术的宝库，再现了汉代贵族社会日常生活的面面观。曹操高陵位于安阳县西高穴村，2008～2009年发掘。该墓平面为"甲"字形，是一座带斜坡墓道的多室砖室墓，主要由墓道、墓门、前后室和四个侧室构成。该墓虽遭盗掘，但仍出土了可复原文物250余件，器类有圭、璧等礼器，甲、剑、镞等兵器，灶、耳杯、托盘等陶器，以及刻铭石牌62块。石牌上刻有"魏武王常所用挌虎大戟""挌虎短矛"等铭文。根据墓葬的形制规模、出土遗物、石牌铭文、墓主骨骼，以及历史文献的相关记载，专家们确认该墓就是魏武帝曹操的高陵。

1957年在邓县学庄村发现的南朝画像砖墓,画像内容丰富,可分为车骑出行、人物故事和珍禽异兽3类,是研究南朝社会生活、舆服制度、雕塑艺术的珍贵资料。1971年发掘的安阳县洪河屯村的范粹墓,随葬陶俑67件和陶瓷器132件,其中4件黄釉扁壶两面模印胡腾舞图案,形象十分生动。2006～2008年发掘的安阳县固岸墓地,清理出北朝墓葬150余座,出土随葬品750多件。其中M57葬于东魏武定五年(547年),墓室内随葬一座围屏石榻,石屏内壁雕刻有精美壁画,内容为孝子图等内容。大部分墓葬保存完好,出土有完整的器物组合,为研究北朝晚期墓葬提供了分期断代标准。

唐宋时期考古也是河南的重头戏,主要是对隋唐洛阳城、开封宋城、巩义宋陵和多处瓷窑遗址等进行了发掘工作。1970年在含嘉仓城遗址钻探发现仓窖287个,并发掘了其中的12个,发现有堆放着大半窖谷子的仓窖和记载储粮来源、品种、数量、入仓时间及经手人的砖铭,获得了盛唐时期仓窖建筑、粮食储存和管理方法的科学资料。开封市北宋东京城址的考古工作始于1981年,大致搞清了外城、内城和皇城三重城垣及城门的具体位置,钻探并试掘了新郑门、大庆殿等重要遗迹。2006年在豫北黄泛区沙土下,新发现金代卫州州治——延津县沙门城址。已探出西、北、东三面城墙和城门,清理出金元时期房基3座,发现当时的道路、水井和耕作的农田等遗迹。叶县文集遗址发掘于2006～2008年,发现宋元时期房基、道路、水井和窖藏坑等。房基分连间排房、单间和简易草棚三种,20多个窖藏坑保存完整,出土遗物1500余件,应是一处较大规模的集镇遗存。

我所对全省古代瓷窑遗址进行了实地勘查,先后在25个市县发现319处古瓷窑遗址。目前发现最早的是巩义白河窑和安阳相州窑,年代约始自北朝,其余大多为唐宋金元时期。安阳市相州窑经过1974年和2006年两次考古发掘,出土了一批北朝至隋代的质优青瓷和白瓷。2002～2004年我所与中国文化遗产研究院在巩义市黄冶窑址的考古发掘中,清理出10座窑炉和3处作坊,找到了洛阳唐三彩和唐青花的产地。2005～2007年发掘的巩义市白河窑址,发现北魏青瓷窑炉和出土大量青瓷,为北魏皇室使用青瓷找到了产地;首次出土早期白瓷,为研究中国白瓷的起源及其演变提供了珍贵的实物资料。宋代河南制瓷业达到高峰,"汝、官、哥、定、钧"五大名窑河南占其一半,其中汝、钧和北宋官窑均在今河南境内。1974年在禹州市北关钧台发现了宋代钧窑址,出土了与北京故宫博物院所藏完全相同,并带有数字编号的钧瓷花盆、盆托和出戟尊。2001年我所与北京大学考古文博学院在禹州市神垕镇的刘家门、河北地等窑址进行了考古发掘,清理出窑炉遗迹8座和石砌澄泥池3处,出土完整和可复原器物数千件，进一步确定了钧窑瓷器的烧制年代问题。1987 年在宝丰县清凉寺村发现了北宋汝窑遗址，2000 年找到了汝窑烧造区，揭开了汝窑青瓷的烧制之谜。2000～2004 年抢救清理的汝州市张公巷窑址，出土一批类似汝窑的全新青釉瓷器，为寻找北宋官窑提供了重要线索。

我所对巩义市北宋皇陵进行了全面调查，并发掘了宋太宗元德李后陵地宫、宋真宗永定禅院和宋仁宗永昭陵园，积累了北宋帝陵葬制的丰富资料。2000 年发掘的登封市唐法王寺二号塔地宫，出土有鎏金镂孔铜炉、迦陵频伽石盒、白瓷细颈瓶和黑瓷注子等精美文物。1988 年清理的邓州市福胜寺塔地宫，建于宋天圣九年（1031 年），石函内出土的金棺、银椁、鎏金双龙银壶和紫红色玻璃葫芦等，是我国佛教文物的重要发现。

自 1990 年开始至今，国家文物局、中国文物报社和中国考古学会连续举办了每年一度的"全国十大考古新发现"评选，河南总计入选 37 项，在全国各省市中名列榜首。其中，由我所主持发掘的项目有 21 项，平均每年 1 项，分别是：三门峡上村岭周代虢季墓（1990 年）、三门峡上村岭西周虢仲墓（1991 年）、丹江口水库楚国贵族墓（1992 年）、辉县孟庄遗址（1994 年）、永城西汉梁孝王寝园（1994 年）、郑州西山仰韶文化遗址（1995 年）、郑州小双桥商代遗址（1995 年）、平顶山应国墓地（1996 年）、新郑郑国祭祀遗址（1997 年）、焦作府城商代早期城址（1999 年）、新密古城寨龙山时代城址（2000 年）、宝丰清凉寺汝官窑遗址（2000 年）、禹州神垕镇钧窑遗址（2001 年）、鹤壁刘庄遗址（2005 年）、内黄三杨庄汉代聚落遗址（2005 年）、灵宝西坡新石器时代大型墓地（2006 年）、许昌灵井旧石器时代遗址（2007 年）、荥阳关帝庙遗址（2007 年）、安阳固岸东魏北齐墓地（2007 年）、新郑市胡庄墓地（2008 年）、安阳西高穴曹操高陵（2009 年）。

自 2008 年始由河南省文物局主办，河南省文物考古学会、《华夏考古》编辑部承办的"河南省五大考古新发现"，我所已有叶县文集宋元遗址、豫南楚长城调查、安阳县西高穴曹操高陵和禹州市瓦店龙山文化遗址入选。并有安阳殷墟遗址（2006 年）、平顶山蒲城店遗址（2006 年）和新郑市胡庄墓地（2008 年）荣获国家文物局田野考古二等奖，永城保安山二号墓及寝园（1994 年）、宝丰清凉寺汝官窑遗址（2001 年）、灵宝西坡遗址（2006 年）、鹤壁刘庄遗址（2007 年）和荥阳关帝庙遗址（2007 年）荣获国家文物局田野考古三等奖，展示了河南文物考古大省的风采。

二、文物保护齐头并进

按照"保护为主,抢救第一,合理利用,加强管理"的文物工作方针,我所在进行上述考古发掘的同时,还协助当地政府建起了三门峡虢国墓地、永城梁国王陵、新郑郑国车马坑、鹿邑老子故里、内黄三杨庄汉代村落、禹州钧官窑、宝丰汝窑等遗址博物馆。出土文物归国家所有,考古新发现的文物只有陈展在博物馆,才能充分发挥它的社会效益。在河南博物院1998年新馆建成开放时,我所曾调拨各类珍贵文物300余件(套),2009年河南博物院陈展提升工程中,我所又提供195件(套)最新出土文物予以支援;并协助河南博物院举办了"配合基本建设考古成果展"和"河南古代文明之源展"等多个展览。2009年,我所按照省文物局统一安排,调拨79件(套)带有文字的精美文物,全力支持了中国文字博物馆的建成开放。我所还以调拨和借展文物的方式,支援了郑州市博物馆、许昌市博物馆、新乡市博物馆、信阳市博物馆、周口市博物馆、鹤壁市博物馆、濮阳市戚城管理处、新郑市博物馆、巩义市博物馆、汝州市汝瓷博物馆、新安县博物馆和渑池仰韶文化博物馆等新馆开放,有力地促进了河南博物馆事业的发展。我所还遵照国家文物局和河南省文物局指示,外调给吉林市博物馆文物37件套(1997年)、中国历史博物馆陶范2件(1998年)、中国丝绸博物馆纺织品4件(1999年)、黑龙江望奎县博物馆文物29件(1999年)、广东省东莞蚝岗遗址博物馆文物50件(2005年)、黑龙江望奎县林枫博物馆文物20件套(2006年)、河南省钱币博物馆钱币与钱范15件套(2006年)、中国妇女儿童博物馆文物22件(2007年)。

1952~1980年,原河南省文物工作队还担负着全省范围内的古代建筑、古代石刻和革命纪念建筑物的调查、保护与修葺工作,并设有专门负责此项工作的"古建组"与"调查组"。其中,1958~1965年调查收集了许多河南古塔的文字、照片与线图资料;1958~1959年对河南各地小型石窟进行了调查,共发现小型石窟和摩崖石刻30余处;1959~1962年,还在全省范围内开展了古碑碣调查工作,登记保存的古碑碣、造像碑、墓志、石刻造像和摩崖题记计4168份。与此同时,还对一部分古代建筑、古代石刻和革命纪念建筑物进行了保护与修葺工作,计修葺开封宋代铁塔、登封少林寺、洛阳白马寺、新县鄂豫皖边区苏维埃政府旧址等60余处。

1953~1979年,受原河南省文化局的委托,原河南省文物工作队负责举办了四期全省文物干部训练班,共培训学员200多人。1983~1993年,受国家文物局和省文物局委托,原河南省文物研究所先后举办了"文化部文物局郑州文物干部训练班"三期、"郑州考古干部专科学校"大专班一期、"郑州文博职工中等专业学校"中专班一期、古代钱币训练班两期和考古绘图训练班一期,为全国文博战线培训人员 305 人;还举办河南省范围内招生的训练班 7 次,分别为考古钻探人员训练班两期、文博专业技术培训班两期和文物藏品建档培训班三期,计培训学员 460 人,大大提高了相关人员的知识水平和业务素质。

60 年来,我所的文物保护工作取得了长足发展,从最初的小规模配合考古发掘的保护模式,逐渐发展到如今的考古与保护相互协作、整体发展的新格局。我所先后完成了淅川下寺春秋楚墓、固始侯固堆战国楚墓、平顶山应国墓地、三门峡虢国墓地、新郑郑国祭祀遗址、上蔡郭庄楚墓等出土珍贵青铜器,宝丰清凉寺汝窑、禹州钧台窑等遗址出土瓷器,郑州商城、登封王城岗等遗址出土陶器的保护修复工作;对郑州商城遗址出土的大型陶窑、新郑郑国祭祀遗址出土的殉马坑、舞阳贾湖新石器时代 2 座墓葬等做整体搬迁保护;对信阳长台关楚墓出土的严重糟朽漆木器进行脱水保护。文物保护研究工作曾荣获国家文物局科技进步二等奖、省文物科技一、二等奖。

近年来,我所文物科技保护工作秉承基础研究与应用研究并重、传统修复与科技保护结合的理念,一方面采取师傅带徒弟的方式,继承和发扬文物修复保护中的手工艺技术,另一方面采用新材料与新技术手段,探索和解决文物科技保护中遇到的新课题。2008 年,经上级批准成立的河南省文物科技保护中心挂靠我所,为我所文物科技保护的跨越式发展提供了良好契机。2010 年申请省财政资助 48 万元、我所配套资金 12 万元,购置了傅立叶变换显微红外光谱仪;2011 年省财政又批复补助 52 万元,用于购置 X 射线荧光光谱仪。又自筹资金 30 万元购买了美国产的切割机和研磨机,用于动物考古实验室。

目前在干缩变形木质文物的复原保护、多孔隙质地文物加固材料的开发研究等方面取得突破性进展。完成了省文物局资助的科研课题"干缩变形木质文物的复原研究"项目,并经国家文物局专家组验收结项后,又申请承担 2009 年国家文物局文化保护研究课题"出土干缩变形木质文物的再饱水复原与脱水定型研究"。该成果已在国际文物保护权威期刊《Journal of Archaeo Logical Science》发表,将为解决我国长期遗留的干缩变形木质文物的复原保护问题开辟新的途径。承担河南省重点科技攻关项目"丙烯酸复合凝胶材料在土遗址保护中的应用研究",采用"有机—无机"杂化技术制备出了黏度小、渗透性强、稳定性高的水性加固材料,对内黄三杨庄汉代庭院遗址进行了加固试验,取得了比较满意的效果。2010 年国家文物局批复同意我所的保护实施方案,2011 年国家财政已安排专项资金开展全面保护工作。受中国文化遗产研究院委托,承担了南京大报恩寺出土阿育王塔干缩变形的复原研究工作；还对尉氏元墓壁画进行了揭取，已加固复原后交河南博物院陈展。

新世纪以来，随着考古学及其分支学科的迅猛发展，以及科技手段在考古中的广泛应用，我所及时把握机遇，调整学科布局，斥资数百万元，率先在全国省级考古研究所建立了科技考古研究室。在短短几年里，发展起了以动物考古、体质人类学、环境考古、冶金考古、物化性能分析为重点研究方向，由5名博士或在读博士、2名硕士、2名本科以及数名在校研究生组成的科研团队。动物考古实验室建设已成规模，制作现生动物标本280多件涉及80余种动物，出土动物标本采自30多处各时期遗址，承担并完成了多项国家及省部级研究课题，与国内外知名大学联合培养研究生，学术交流与合作相当活跃。科技考古的快速发展，使我所考古工作从田野调查、发掘到室内整理、保护与研究的各个环节都贯穿多学科考古的思想，培育了许多新的科研生长点，极大地推动了我所传统考古理念和方法的更新与拓展。

三、科研合作硕果累累

我所历来注重科学研究，一贯倡导学术风气，鼓励专业人员申报和承担科研课题。从20世纪80年代至今，我所承担有全国哲学社会科学基金资助项目25项，分别为登封王城岗与阳城（1981年，"六五"重点研究项目）、淅川下寺楚墓（1986年，"七五"重点研究项目）、郑州商城（1991年，"八五"重点研究项目）、舞阳贾湖遗址（1992年）、淅川和尚岭与徐家岭楚墓（1993年）、三门峡虢国墓（1994年）、北宋皇陵（1995年）、郑州西山仰韶文化城址（1996年，重点研究项目）、平顶山应国墓地（1996年）、辉县孟庄城址（1997年）、新蔡葛陵楚墓（1998年）、新郑郑国祭祀遗址（1999年）、鹿邑西周长子口墓（2000年）、宝丰清凉寺汝窑（2001年，重点项目）、济源轵城汉墓（2002年）、温县东周盟誓遗址（2003年，重点项目）、郑州小双桥商代遗址（2004年）、淮阳平粮台城址（2005年）、平顶山蒲城店城址（2007年，重点项目）、荥阳关帝庙晚商遗址（2008年）、内黄三杨庄汉代聚落遗址（2009年，重点项目）、新郑韩王陵（2010年，重点项目）、罗山天湖商代墓地（2010年）、禹州瓦店遗址（2011年，重点项目）、郑韩故城出土东周陶文整理研究（2011年）。承担全国自然科学基金资助项目2项，分别为舞阳贾湖遗址在稻作起源与古环境研究的地位和灵井许昌人遗址考古发掘与研究；主持夏商周断代工程项目2个子课题，分别为夏代年代学研究——早期夏文化研究和商前期年代学的研究；

主持和参与中华文明探源工程预研究项目 5 个子课题，分别为登封王城岗遗址周围龙山文化遗址的调查、新密古城寨城址的布局与内涵、史前刻画符号研究、济源地区龙山至二里头时期考古学文化的谱系与分期、豫西北地区龙山文化谱系研究；主持和参与中华文明探源（一）2 个子课题，为灵宝西坡聚落形态研究和登封王城岗遗址年代布局及周围地区聚落形态；主持和参与中华文明探源（二）4 个子课题，为郑州西山城聚落形态研究、灵宝聚鼎原聚落形态研究、3500BC～1500BC 河南家畜研究、颍河中上游流域聚落群综合研究；主持和参与中华文明探源（三）2 个子课题，为灵宝西坡墓地和禹州瓦店遗址聚落形态研究。主持国家文物局文物科研项目 5 项，分别为舞阳贾湖遗址的加速器质谱碳十四测年研究（1992 年）、新蔡县楚简研究（2002 年）、河南境内隋唐大运河遗存的考古学研究（2002 年）、出土干变形木质文物的再饱水复原与定型加固研究（2009 年）和河南地区夏商周时期原始瓷器研究（2011 年）。还分别主持有全国文博人文社会科学研究课题、人事部留学人员科技活动择优资助项目、教育部留学回国人员科研启动基金项目、河南省社会科学基金资助项目、河南省重点科技攻关项目、河南省留学归国科研基金项目和南水北调中线工程文物保护科研课题等。

60 年来，我所编著出版的考古报告专集 47 部，图录与论文集 40 部，由我所学者撰写完成的学术专著 55 部，在专业刊物上累计发表考古发掘报告、简报、简讯千余篇、研究论文和其他文章 2500 余篇，取得了丰硕的科研成果。由我所编著出版的考古报告专集分别为：《邓县彩色画像砖墓》（1958 年）、《郑州二里岗》（1959 年）、《巩县石窟寺》（1962 年）、《汉代叠铸》（1978 年）、《安阳修定寺塔》（1983 年）、《信阳楚墓》（1986 年）、《淅川下王岗》（1989 年）、《中国石窟·巩县石窟寺》（中文版）（1989 年）、《中岳汉三阙》（1990 年）、《淅川下寺春秋楚墓》（1991 年）、《登封王城岗与阳城》（1992 年）、《郑州商城考古新发现与研究》（1993 年）、《密县打虎亭汉墓》（1993 年）、《汝州洪山庙》（1995 年）、《永城西汉梁国王陵与寝园》（1996 年）、《北宋皇陵》（1997 年）、《河南恐龙蛋化石群研究》（1998 年）、《郑州商城窖藏青铜器》（1998 年）、《舞阳贾湖》（1999 年）、《三门峡虢国墓地（第一卷）》（1999 年）、《黄河小浪底水库考古报告集（一）》（1999 年）、《鹿邑太清宫长子口墓》（2000 年）、《郑州商城》（2001 年）、《芒砀山西汉梁王墓地》（2001 年）、《辉县孟庄》（2003 年）、《新蔡葛陵楚墓》（2003 年）、《固始侯古堆一号墓》（2004 年）、《禹州瓦店》（2004 年）、《淅川和尚岭与徐家岭楚墓》（2004 年）、《新郑郑国祭祀遗址》（2006 年）、《三门峡庙底沟唐宋墓葬》（2006 年）、《登封王城岗考古发现与研究（2002~2005）》（2007年）、《郑韩故城兴弘花园与热电厂墓地》（2007年）、《颍河文明——颍河上游考古调查、试掘与研究》（2008年）、《新安荒坡——黄河小浪底水库考古报告（三）》（2008年）、《禹州钧台窑》（2008年）、《宝丰清凉寺汝窑》（2008年）、《三门峡南交口》（2009年）、《灵宝西坡墓地》（2010年）、《永城黄土山汉墓与鄢城汉墓》（2010年）、《郾城郝家台》（2012年）、《郑州小双桥——1990~2000年考古发掘报告》（2012年）、《平顶山应国墓地（Ⅰ）》（2012年）、《安阳彰邓》（2012年）、《鹤壁刘庄——下七垣文化墓地发掘报告》（2012年）、《新郑西亚斯东周墓地》（2012年）、《伊川考古报告》（2012年）。图录与论文集分别为：《河南信阳楚墓出土文物图录》（1959年）、《河南出土空心砖拓片集》（1963年）、《河南邓县彩色画像砖》（1963年）、《河南名胜古迹》（1964年）、《河南出土商周青铜器（一）》（1981年）、《千唐志斋藏志》（1984年）、《楚文化觅踪》（1986年）、《河南钧瓷汝瓷与三彩》（1987年）、《新中国出土墓志（河南卷）》（1994年）、《河南考古四十年》（1994年）、《河南商周青铜器纹饰与艺术》（1995年）、《汝窑的新发现》（1991年）、《河南史前彩陶》（1996年）、《河南文物考古论集（一）》（1996年）、《河南新石器时代田野考古文献举要》（1997年）、《河南出土陶瓷》（1997年）、《河南文物考古论集（二）》（2000年）、《启封中原文明·20世纪河南考古大发现》（2002年）、《巩义黄冶窑唐三彩》（2002年）、《中原文物考古研究》（2003年）、《华夏文明的形成与发展》（2003年）、《安金槐先生纪念文集》（2005年）、《黄冶窑考古新发现》（2005年）、《河南文物考古论集（四）》（2006年）、《2005禹州钧窑学术研讨会论文集》（2007年）、《发现与解读——河南考古新发现》（2007年）、《巩义白河窑考古新发现》（2009年）、《河南新出宋金名窑瓷器特展》（2009年）、《动物考古（一）》（2009年）、《曹操墓真相》（2010年）、《曹操高陵考古发现与研究》（2010年）和《河南文物考古研究丛书》1套9部（2012年）。上述科研成果还分别荣获国家重点科技攻关计划优秀科技成果奖，全国社会科学基金项目优秀成果三等奖，郭沫若中国历史学三等奖，夏鼐考古学研究优秀成果二等奖4项、三等奖1项、鼓励奖5项，国家文物局科技进步二等奖，全国优秀科普作品三等奖，河南省社会科学优秀成果一等奖10余项、二等奖7项，河南省文物科技一等奖等奖项，取得了骄人的成绩。

由我所主办的《华夏考古》杂志，从1987年创刊至今已经出版102期。《华夏考古》杂志多年来屡获殊荣，1995年荣获首届全国优秀社科学术理论期刊提名奖，2001年被评为国家新闻出版总署中国期刊方阵双效期刊。自1994年以来一直是河南省一级期刊,曾连续荣获第三、四、五届河南省社会科学优秀期刊,2000年以来又连续获得第一、二、三届河南省社会科学二十佳期刊。本刊是中国人文社会科学核心期刊和中文核心期刊及中文社会科学引文索引来源期刊(CSSCI)。

近年来,我所不仅走出河南,派出专业队伍支援特区和三峡工程建设,承担并圆满完成了香港西贡沙下遗址和三峡库区的多项考古发掘任务,以及深圳龙岗区的地下文物普查工作;而且走出国门,加强与国外考古机构的学术交流,先后与7个国家和地区的10余家科研单位建立了友好合作关系。1996～1998年,与美国密苏里州立大学人类学系联合,对颍河上游龙山文化及二里头文化的遗址进行考古调查。1996～1997年,与韩国忠北大学博物馆合作,对两国旧石器时代文化和古稻作起源进行研究。1996～1998年,与日本滋贺医科大学骨科合作,对古代人类骨病进行调查和研究。1998～1999年,与日本京都大学人文科学研究所合作,对商文化与早期古城进行研究。1998～2001年,与中国社会科学院考古研究所、澳大利亚拉楚布大学和美国哈佛大学合作,对巩义市境内伊洛河支流坞罗河和休水流域进行聚落考古研究。1998～2001年,与美国哈佛大学东亚法律研究所合作整理温县盟书报告。2000～2002年,与法国国立科学研究中心和武汉大学合作发掘南阳龚营遗址。2000年至今,连续十余年与日本奈良文化财研究所合作,对巩义黄冶窑址出土唐三彩进行研究,并于2008年在日本奈良举办了"黄冶窑考古新发现展"。2003～2005年我所与日本九州大学合作,对新郑郑韩故城出土人骨进行古病理方面研究。2009～2011年,与美国圣路易斯华盛顿大学合作研究内黄二杨庄汉代聚落遗址地学环境变迁。2010～2012年,与日本爱媛大学合作开展铁器保护项目。2010～2012年,与日本奈良文化财研究所合作,对灵井细石器进行研究,并于2010年在日本奈良举办了"河南细石器图片展"。2011～2013年,与奥地利维也纳大学人类学系合作,运用虚拟成像学中的技术复原化石,进而研究许昌人的种属问题。通过与国外科研单位广泛的合作,提升了我所在国外学术界的影响。

我所主办或承办的学术会议主要有:中国考古学会第四次年会(1983年)、中国古陶瓷研究会郑州年会(1985年)、湘鄂豫皖楚文化研究会第六次年会(1992年)、河南省文物考古学会第三届会员代表大会(2000年)、中国古陶瓷研究会汝瓷研讨会(2001年)、华夏文明的形成与发展学术研讨会(2002年)、巩义黄冶窑、汝州张公巷窑考古新发现专家研讨会(2004年)、郑州商城遗址发现60周年专家座谈会(2005年)、2005禹州钧窑学术研讨会(2005年)、河南省文物考古学会第四届会员代表大会(2005年)、动物考古国际学术研讨会暨《华夏考古》创刊20周年座谈会（2007年）、湘鄂豫皖楚文化研究会第十次年会（2007年）、早期夏文化学术研讨会（2008年）、先商文化学术研讨会（2009年）、早期白瓷与白釉彩瓷学术研讨会（2009年）、南水北调中线工程考古新发现与研究学术研讨会（2009年）、汉代城市和聚落考古与汉文化国际学术研讨会（2010年）、修武当阳峪窑瓷器学术展暨研讨会（2010年）、纪念郑州商代遗址发现60周年座谈会（2010年）、巩义窑陶瓷艺术展暨学术研讨会（2011年）、黄淮七省考古论坛（2011年）、河南省文物考古学会第五届会员代表大会（2011年）等，这些学术会议的召开，繁荣了我国的考古学研究。

回顾我所60年来的发展历程，我们要感谢几代考古工作者付出的辛勤努力。在科学发展的新形势下，我们深感任重道远。面对新的机遇和挑战，我们将在积极做好配合国家大型经济建设项目考古发掘工作的同时，充分利用河南得天独厚的文物资源，继续围绕重大考古课题开展深入的专题研究和综合研究。加大对科技考古与文物保护的支持力度，努力实现新的更大的发展。强化科技手段在聚落考古中的应用，不断提高考古工作中的科技含量；继续做好田野骨骼收集工作，加快骨骼标本库和数据库建设步伐，深化骨骼考古的创新研究；充分利用河南在冶金考古方面的优势，加强对金属冶炼和器物铸造技术的研究；引进植物考古人才，谋划新的发展方向。加强基础研究和应用技术研究，借鉴国内外的先进技术与保护理念，高度重视科技考古与文物保护的有机结合，进一步提高我所的文物科技保护创新能力和综合研究能力。

我们将继续与国内外同行开展更多形式更深层次的交流与合作。鼓励专业人员根据自己的研究方向到相关地区考察交流，或担任重点大学的兼职教授合作培养研究生，以拓宽研究视野，提高研究水平。选择具有自身优势或与对方具有对话能力的研究领域，与国外知名大学考古系或科研机构开展交流与合作，同时将适时选送优秀科研人员参加国外的考古发掘，力求在交流与合作中把握国际考古发展动态。构建学科创新体系，激励中青年科研人员多出成果，快出成果，出好成果；优化人才队伍结构，培养造就一批德才兼备的中青年学术带头人，力争把我所建设成为人才荟萃、体制完善、机制灵活，在国内位居前列、在国际上有一定影响的研究型考古机构，为实现河南文物资源大省向文物强省的转变做出更大的贡献。

（原刊于《华夏考古》2012年第2期）

南水北调中线工程河南段唐至清代考古主要收获

南水北调中线工程是我国一项特大水利工程，涉及鄂、豫、冀、京、津5个省（直辖市），总干渠全长1267千米。河南省是南水北调中线工程水源地，工程渠道沟通了长江、黄河两大文明，穿越古代人类生产生活最集中的区域之一，也是河南古代文化集中分布的重要区域。2005年至2012年，河南省文物局组织河南及全国50多个考古研究单位，对南水北调中线工程库区和干渠沿线369处遗址进行了考古发掘，获得数十项重要考古发现，获取各类文物10万余件，顺利完成了工程建设中的文物保护工作任务。其中多项发掘入选"全国十大考古新发现"，如新郑唐户史前聚落、荥阳关帝庙商代遗址、荥阳娘娘寨西周古城、新郑胡庄韩国王陵、鹤壁刘庄先商墓地和安阳固岸东魏北齐墓地。在库区和干渠沿线考古项目中，唐宋元明清时期作为历史时期考古的重要组成部分，计发现唐至清代墓葬千余座，城址、市镇和村落遗址40余处。其中比较重要的考古发现，主要有唐宋时期的纪年墓葬、宋元时期的市镇和村落遗址，以及明清时期的地方望族墓地等。目前已出版的考古成果中，属于唐至清代考古成果的有《安阳韩琦家族墓地》《鲁山杨南遗址》《禹州阳翟故城遗址（上、下册）》《淅川下寨遗址：东晋至明清墓葬发掘报告》《叶县文集出土陶瓷器》等；刊载有唐至清代考古内容的主要有《卫辉大司马墓地》《荥阳后真村》《百泉、郭柳与山彪》《新乡老道井墓地》《宝丰廖旗营墓地》《新乡金灯寺》《淅川全寨子》等10余部。在《考古》《文物》《中国国家博物馆馆刊》《华夏考古》《中原文物》《考古与文物》《文博》《四川文物》《文物春秋》《黄河 黄土 黄种人·华夏文明》等专业刊物上发表考古报告、简报和研究文章40余篇。由于有些考古资料尚在整理中，这里主要依据已出版的考古报告、简报和河南省南水北调办公室的汇总资料，对唐至清代考古发现与主要收获作一简要叙述。

一、唐至清代墓葬

1. 唐代墓葬

唐代纪年墓主要有唐初乞扶令和夫妇合葬墓、博爱县聂村盛唐纪年墓、唐代河阳军兵马副使宋华及夫人阎氏墓、新乡市凤泉区郭柳唐"大中元年"墓等。另外，唐代墓地主要见于荥阳市薛村墓地、新乡市凤泉区郭柳墓地、禹州市新峰墓地、荥阳市关帝庙唐墓、淅川县下寨墓地等。

四川大学考古学系于2006年发掘的卫辉市大司马墓地，揭露面积3000平方米，发掘汉、晋、隋唐、元明清等不同时代的墓葬28座。其中1座唐墓为长方形单室土洞墓，坐北朝南，由墓道、天井、甬道、墓室四部分组成。石门一组，位于甬道南端，由门楣、立颊、门扉和门前1对石狮等青石构件组成。墓室和甬道壁上残留有红、黑、绿色等彩绘。出土石墓志两方、四神石刻一套、石灯6件、经修复较完整的陶俑近40件，以及青瓷碗和器盖等（图1）。陶俑种类有文吏俑、骑马俑、立俑等，多施彩绘，个别描金。墓主为隋代"使持节柱国西河郡开国公"乞扶令和及夫人郁久闾氏[①]。乞扶令和曾仕历三朝，北齐时任开府仪同三司右武卫大将军，北周时被诏封为柱国西河公，隋代曾先后任寿州总管、凉州总管、徐州总管、荆州总管领潭、桂二总管和秦州总管等。大业六年（610年）薨于雍州大兴县（今陕西西安），贞观元年（627年）葬。乞扶令和夫人郁久闾氏，开皇八年（588年）薨于卫州汲县（今河南卫辉），次年葬于汲县。墓志文中，有若干内容不见于《北史》《隋书》等文献，可据以补充史书记载之不足。

聂村墓地位于博爱县阳庙镇聂村，2006年焦作市文物工作队进行了考古发掘，发掘唐代墓葬13座。均为砖室墓，其中正方形砖室墓4座，长方形砖室墓1座，双室墓1座，砖棺墓7座。各墓随葬器物种类、数量不同，主要有陶俑、陶罐、三彩钵、罐、碗，青瓷瓶、碗，开元通宝铜钱和墨书砖志等[②]。在三彩器中又以三彩钵最为精美，色彩华丽，体现了盛唐时期高超的三彩制作工艺。墨书砖志中，M5记载墓主人为咸亨二年"唐骑尉向君及夫人墓志铭"，M8为唐天宝元年，M9为唐开元纪年。M5随葬有陶马、骆驼、镇墓兽、侍吏俑、侍女俑和四神十二生肖铜镜等。M14虽然被盗严重，但在主室与侧室之间的甬道中仍出土了绿釉罐、三彩碗及蚌壳等随葬品，具有较高的文物价值。

[①] 四川大学考古学系、河南省文物局南水北调文物保护办公室：《河南卫辉市大司马村隋唐乞扶令和夫妇合葬墓》，《考古》2015年第2期；河南省文物局：《卫辉大司马墓地》，科学出版社，2016年。
[②] 焦作市文物工作队、洛阳市文物工作队、河南省文物局南水北调办公室、博爱县文物局：《河南焦作博爱聂村唐墓发掘报告》，《文博》2008年第3期。

图 1　唐墓陶俑及陶瓷器（大司马墓地出土）

薛村遗址位于荥阳市王村镇薛村北、广武山南麓，包含有夏商、汉唐等多个时代的遗存。经河南省文物考古研究院发掘表明，这里曾是夏代晚期至商代早期的小型聚落，夏商遗迹有祭祀坑、墓葬。至汉唐宋元时期，这里成为薛村人死后的风水宝地，计清理287座从西汉晚期到东汉时期的墓葬。薛村遗址唐代墓葬从初唐到晚唐都有发现，年代序列基本完整。唐墓形制分为中型的带墓道、天井的单室砖券墓和小型的竖穴墓道土洞墓两种。中型墓的长度约12~16米，深度约5~7米；小型墓长度约4~7米，深约1.5~3米。中型墓全部被盗扰，小型墓大多保存完好。出土器物一般为瓷器、红陶或白陶的彩绘俑，以及具有浓郁生活气息的模型明器，另有少量的漆木器和铜镜。另外出土有石质或砖质的墓志8合。其中宋华夫妇合葬墓保存完整，墓主人为唐代河阳军兵马副使宋华及夫人阎氏，随葬有陶瓷器等10件（组）。另外第68号墓为1座长方形墓道洞室墓，保存完整，随葬有陶瓷器、铜钱、铁镞等[①]（图2）。

---

① 河南省文物考古研究所：《河南荥阳市薛村遗址2005年度发掘简报》，《华夏考古》2007年第3期；河南省文物局南水北调文物保护办公室、河南省文物考古研究所、荥阳市文物保护管理所：《河南荥阳市薛村遗址唐代纪年墓》，《考古》2010年第11期。

郭柳墓群位于新乡市凤泉区潞王坟乡前郭柳村南，2006年新乡市文物工作队对墓地进行了考古发掘。计发掘唐代墓葬12座，均为土洞墓，一般为前有竖井式墓道，后为土洞墓室（图3）。形制分大小两种：大者墓道一般长2.5～3.2米，宽1.2～1.5米，墓室长3～4米，宽2～3米；小者墓道一般长2～2.5米，宽0.8～1.2米，墓室有长方形和椭圆形两种，墓室一般长1.5～2.5米，宽0.8～2米。葬制分单人葬和合葬两种。随葬品有陶双系罐、大口罐、碗、三彩炉和注壶，瓷器有碗、盂等，其他有铜镜、铜簪、铁剪和"开元通宝"铜钱等[1]。其中，M6随葬有陶盖罐1件、"开元通宝"铜钱4枚和石墓志1盒，其墓志文有"大中初载二月葬"字样，表明此墓年代为唐大中元年（847年）。在墓志盖的四个斜面上分别为四个半浮雕的"四神"像，雕工精湛，具有较高的艺术价值。

禹州市新峰墓地是2007年6月至2011年5月由河南省文物考古研究院主持、许昌市文物工作队发掘，共清理战国至清代墓葬551座，其中唐墓7座，均为长方形墓道土洞墓。5座平面呈"刀"字形，墓道位于墓室南端偏东一侧；另外2座平面呈长方形，墓道位于墓室南端中部。随葬品主要为陶、瓷、铁器和铜钱，瓷器一般是1～3件不等，显系一般平民墓葬[2]。禹州市前后屯唐墓由天井式墓道和长方形土洞墓组成，保存完整，随葬有白瓷碗、花瓷葫芦瓶、褐瓷双耳罐、铁锅、铜镜和"开元通宝"铜钱。

2006～2008年河南省文物考古研究院主持发掘的荥阳市关帝庙遗址，是一处保存完整、功能齐全的商代晚期聚落遗址，清理一批商代晚期灰坑、房基、墓葬、陶窑、水井和祭祀坑，出土各类质地的文化遗物近千件。这里也清理有3座小型唐墓，皆为长方形墓道的洞室墓。其中1号墓随葬器物8件，分别为青釉碗、双系罐、黑釉执壶、铁剪和铜钱[3]。荥阳市后真村的1座唐墓也为带有斜坡墓道的土洞墓，随葬品比较丰富，有陶马、骆驼、男女侍俑和白瓷罐、黑瓷瓶、黄瓷碟[4]。

淅川下寨遗址位于淅川县滔河乡下寨村北，地处滔河与丹江交汇处。遗址周围群山环抱，地势较为平坦。河南省文物考古研究所于2009年3月至2013年1月对其进行了考古勘探和发掘，共揭露面积16000平方米，发现有明清、汉唐、东周、西周、二里头时代早期、王湾三期文化、石家河文化和仰韶文化等时期

---

[1] 河南省文物局：《百泉、郭柳与山彪》，科学出版社，2010年。
[2] 河南省文物考古研究院、许昌市文物工作队：《河南禹州新峰墓地唐墓发掘简报》，《华夏考古》2013年第4期。
[3] 河南省文物考古研究所：《河南荥阳市关帝庙遗址唐、金墓葬发掘简报》，《华夏考古》2008年第4期。
[4] 郑州大学历史学院考古系、河南省文物局南水北调文物保护办公室：《荥阳后真村墓地唐、宋、金墓发掘简报》，《中原文物》2015年第1期；河南省文物局：《荥阳后真村》，科学出版社，2018年。

遗存。其中隋唐时期墓葬29座，皆为砖室墓。竖穴土坑砖室墓23座，平面形状近长方形或梯形，半数没有随葬品，有随葬品的墓葬数量也不太多，一般以陶钵、罐和数枚铜钱为组合，也有少数随葬有铁镰、铜镜、银发钗等。带墓道砖室墓6座，墓地一般呈斜坡状，有的带有甬道，墓室近方形或长方形。随葬器物有陶罐或瓷罐、瓷盂，只有1座随葬陶碗、盂、盘口壶和瓷碗、铁刀、铜镞等，具有较强的地方特色[①]。

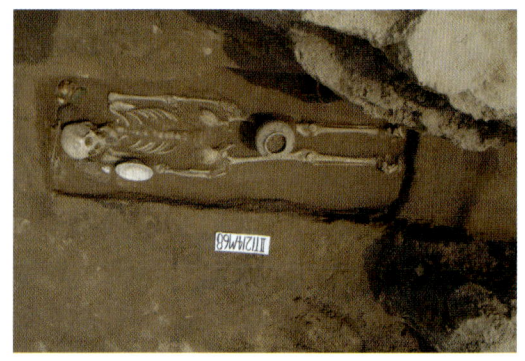

图2 薛村唐墓M68

2. 宋金时期墓葬

宋金纪年墓主要有北宋名臣韩琦家族墓地、太平兴国五年（980年）刘智亮墓、崇宁四年（1105年）贾正之墓、大定二十三年（1183年）金墓等。另外，宋金时期墓葬还见于淅川县大石桥墓地、新乡市凤泉区郭柳墓地、荥阳市后真墓地、荥阳市薛村墓地、荥阳市大司马墓地、温县苏王墓地、宝丰县廖旗营墓地、新乡凤泉区金灯寺墓地、卫辉市大司马墓地等。上述宋金时期墓葬，既有高等级官吏的石室墓，又有富民阶层的仿木结构砖室墓，而大部分为一般平民的土洞墓，基本上涵盖了中原地区宋金墓葬的三种等级形制。

图3 郭柳唐墓M41

韩琦（1008～1075）系北宋三朝宰相，著名政治家。韩琦家族墓地位于今安阳市殷都区皇甫屯村西地，2009～2010年安阳市文物考古研究所配合南水北调中线工程建设对该墓地进行了考古发掘，共发掘韩琦及其子韩忠彦、韩纯彦、韩粹彦，其孙韩治和韩琦夫人普安郡太君崔氏等宋代砖、石室墓葬9座，发现照壁、拜殿等大型宋代建筑基址2处。该墓地出土了韩琦及其子、孙、夫人墓志计8方，以及瓷器、铜镜、铁牛和铁猪等随葬品，为研究宋代高等级贵族的陵园布局、墓葬形制、埋葬习俗等提供了重要实物资料[②]。韩琦墓位于墓地的最北端，墓葬形制巨大，由墓道、砖封门、挡土墙、仿木砖雕门楼、石门、甬道、

---

① 河南省文物局：《淅川下寨遗址：东晋至明清墓葬发掘报告》，科学出版社，2016年。
② 安阳市文物考古研究所、河南省文物局南水北调文物保护办公室：《河南安阳市宋代韩琦家族墓地》，《考古》2012年第6期；河南省文物局：《安阳韩琦家族墓地》，科学出版社，2012年。

墓室、棺室等组成（图4）。墓道东西两侧各残存有部分壁画，是在墓道两侧的土壁上刷白灰做地，再施彩画。东侧壁画主要为人物头像，靠近北侧的部分可能是女性头像。西侧壁画共有8个人物头像，脸部为红色，帽子为黑色，应是男性官员的形象。墓室平面呈圆形，最大直径6.5米。墓室分为上下两部分，上部为砖砌墓室，穹窿顶，下部为方形石质椁室，用条石封盖。另外8座墓葬中，3座为方形石室墓，5座为圆形砖室墓，皆遭受严重盗掘。就墓葬形制看，北宋时期中原地区流行小型土洞墓和砖室墓，石室墓少见，而此次清理的3座石室墓普遍较大，形制独特，尤其是韩琦墓为上下双层墓室，是北宋时期高等级墓葬的典型代表。

焦作市文物工作队在2009～2010年对南水北调中线工程渠线巡护工作中，曾在焦作市区王褚村发现1座北宋纪年墓，墓主人刘智亮葬于太平兴国五年（980年）。该墓为仿木结构单室砖墓，由墓道、甬道、墓室三部分组成。墓室平面呈圆形，直径3.78米，在墓室周壁不同位置用三竖砖砌出立柱六个，可显示出不等边六壁，室内砖砌"凹"字形棺床。其中北壁中部砌成仿木结构板门，板门两侧分别砌出钱纹和菱形窗户。东北壁下部砌出一方形桌子，桌子上放置一壶一碗，桌子两侧各砌出一带靠背椅子。西北壁下部砖砌长方形箱子，东南壁下部砌一歇山顶房屋，房屋南侧用一竖砖砌似一拐杖。西南壁下部砌出一长方形桌子。东侧壁上砌出一个三枝灯檠，灯檠上部凸出两个用青砖雕琢成的灯碗内，有灯油燃尽的黑灰痕。南壁正中为墓门及甬道。墓室棺床上保存有两具人骨架，出土石墓志一合，为"大宋国刘府君墓志铭"，记述墓主人刘智亮葬于宋太平兴国五年（980年）[①]。该纪年墓的发掘，填补了河南地区缺少北宋早期墓葬的空白。无独有偶，郑州市文物考古研究院在2010年南水北调中线工程巡护工作中，在郑州市黄岗寺村也发现北宋纪年墓1座，墓主人葬于宋徽宗崇宁四年（1105年）。此墓是一座仿木结构砖室壁画墓，由墓道、甬道和墓室三部分组成。墓室平面呈圆形，直径4米，墓室上部为仿木结构建筑（图5）。墓室后部砖砌有棺床，人骨与棺板皆已腐朽。甬道和墓室壁面原绘有壁画，惜损毁严重。随葬钱币10余枚，青石质墓志两合[②]。其中1合墓志边长0.8米，志盖楷书"有宋贾正之墓志铭"，志文记载墓主人贾正之曾任殿中丞，赠工部侍郎，卒于崇宁四年，享年61岁。贾正之妻蔡氏墓志，边长0.59米，书体以大篆为主，是用传抄古文写的墓志铭，是目前所见墓志铭中仅见的一例。该墓志志文字体

[①] 焦作市文物勘探队：《河南焦作宋代刘智亮墓发掘简报》，《中原文物》2012年第6期。
[②] 郑州市文物考古研究院、河南省南水北调文物保护管理办公室：《郑州黄岗寺北宋纪年壁画墓》，《中原文物》2013年第1期。

隽美，对中国古文字书法艺术的研究具有重要价值。上述两座有确切纪年的墓葬，可作为北宋富民阶层墓葬的一只标尺，对于研究北宋墓葬形制演变及墓葬制度具有重要意义。

淅川县下寨遗址发现的金代纪年墓，为带斜坡墓道的土圹砖室墓，墓门砖砌仿木结构门楼。墓室平面呈长方形，长1.34米，宽0.9米，高0.93米，砖砌叠涩顶。墓内安葬人骨三具，分别为一男一女成年人和5岁幼儿。随葬品有铁灯和买地券各1件，买地券为陶质朱书，落款有"大定二十三年"字样，与中原地区宋金时期买地券内容几无二致[①]。

图4 安阳韩琦墓墓门

淅川县大石桥墓地发掘宋金墓葬9座，其中仿木结构砖室墓5座，土坑砖券顶墓4座。仿木结构砖室墓一般由斜坡或斜坡阶梯墓道、长方形砖券甬道和六角形或八角形墓室组成，墓门上有柱、枋、斗拱、檐椽、门楣及其装饰等。墓室转角处砌立柱，柱上承托斗拱及仿木结构，枋木上叠涩砖券穹窿顶。墓壁上砖砌有门扇、棂窗以及灯、桌椅等家具。墓室内葬单人或双人，双人者为迁葬墓。土坑砖券顶墓墓室较小，皆为单人葬。随葬品皆较少，一般为1～4件不等，主要为瓷器和铜钱[②]。其中M10出土有青瓷盂1件和青瓷碗2件，器形较大，制作精致，应是河南邓窑的产品。

新乡市凤泉区郭柳墓地发掘北宋墓葬31座，皆为竖井式墓道土洞墓，一般形制较小，多为一次性迁葬墓。墓道一般长1.6～2.5米，宽0.6～1米。墓室有椭圆形和长方形两种：椭圆形直径一般在1.5～2米左右，长方形的一般长1.5～2.5米，宽1～1.9米。葬式有双人葬、三人葬等。其中一座墓葬，在一个墓道内并排两个墓室，各葬两具人骨，形制较为特殊。这种迁葬墓有两座各有

---

① 河南省文物局：《淅川下寨遗址：东晋至明清墓葬发掘报告》，科学出版社，2016年。
② 甘肃省文物考古研究所、河南省文物局南水北调文物保护办公室：《河南淅川大石桥宋墓发掘简报》，《考古与文物》2017年第4期。

图 5　郑州黄岗寺贾正之墓

一具骨架有火烧痕迹。随葬品数量较少，只有 1 或 2 件瓷器，但大多数墓内随葬有铜钱。其中 M15 出土石棺 1 具，随葬有白瓷碗 1 件和铜钱 3 枚。石棺长 2.3 米，宽 0.7～0.95 米，总高 0.95 米，其棺盖面、棺两侧面上均有阴线刻花卉纹和人物图案，基座四个角上各浮雕 1 尊力士像。棺左侧面前方刻有"政和元年葬"（1111 年）字样[①]。该石棺形制较大，其阴线刻的纹饰线条流畅，人物造型准确，半浮雕的力士像栩栩如生，具有较高的艺术价值。

荥阳市后真村发现宋金时期墓葬 8 座，其中砖室墓 3 座，土洞墓 5 座，皆为平民墓。土洞墓均为竖井墓道，长方形墓室，随葬有黑瓷罐、三彩枕、铜钱等，铜钱有瘦金体"大观通宝"[②]。荥阳市薛村宋金墓葬比较集中，一般都为夫妇合葬墓，主要随葬有大量的北宋铜钱，部分墓葬出土有"正隆元宝"，可知为金墓。另外随葬有少量瓷器，一般有朱书镇墓瓦或镇墓石块，也有少量墓葬随葬铁犁铧或铁剪[③]。

苏王墓地位于焦作市温县北冷乡苏王村东，2006 年洛阳市文物工作队发

---

① 河南省文物局：《百泉、郭柳与山彪》，科学出版社，2010 年。
② 郑州大学历史学院考古系、河南省文物局南水北调文物保护办公室：《荥阳后真村墓地唐、宋、金墓发掘简报》，《中原文物》2015 年第 1 期；河南省文物局：《荥阳后真村》，科学出版社，2018 年。
③ 河南省文物考古研究所：《河南荥阳市薛村遗址 2005 年度发掘简报》，《华夏考古》2007 年第 3 期。

掘，清理北宋墓葬7座，明代墓葬89座。北宋墓葬均为仿木结构砖室墓，墓室分为长方形、方形、八角形。穹窿顶为叠涩砌法，分圆形顶和覆斗形顶两种。其中在1座墓壁上砖雕有执壶、茶盏、剪刀和熨斗。均为夫妻二次迁葬墓，一般为双人合葬，也有一夫二妻、三妻合葬。随葬品极少，只发现铜钱11枚[①]。郑州大学历史学院在宝丰县廖旗营墓地发掘宋墓18座，其中土坑墓10座，砖室墓8座。砖室墓中1座为双室墓，其余均为单室墓。雕砖仿木结构墓1座，由阶梯墓道、甬道和墓室组成，墓室东西长124~144厘米，南北宽168厘米，深120厘米。墓室呈圆角方形，北壁砖雕门窗，并施彩绘；西壁为一桌两椅，东壁为一柜和一灯擎；墓室靠近北壁部分砖砌有棺床。随葬品数量较少，主要以瓷器为主，个别墓葬随葬有陶罐和铜钱[②]。

3. 明清时期墓葬

明清时期墓葬主要有明代潞简王家族墓、宝丰县廖旗营明代李真家族墓、温县苏王明正统四年墓、淇县关庄清代孙家墓地、新郑市王老庄清代王家墓地等。河南地区明清时期墓葬，以往考古发掘和见于报道的极少，这次在丹江库区和干渠沿线发现的明清地方望族和纪年墓，为研究明清时期墓葬制度提供了重要实物资料。

新乡市老道井墓地发现明墓1座，为斜坡墓道石室墓，由墓道、封门、前堂、耳室、后室组成，总长26.8米。墓道位于墓室南端，长15米，宽2.3米，封门为长方体石条堆砌而成。前堂为长方形，东西两侧有耳室，耳室四壁为石砌，砖券顶，耳室均有两扇石门。后室呈长方形，也有两扇石门，石门上各饰有铺首。墓室四壁石砌，顶部用石券顶，石块铺地，中部石砌有棺床。随葬品现存92件，有陶棋子、瓷缸、白玉带板等及铜钱88枚[③]。此墓位于新乡市潞简王陵东南约200余米处，当地人相传为"太子坟"，即为明代藩王潞简王夭折的长子之墓。根据墓葬的形制及其与潞简王陵的相对位置推测，此说似为可信。虽然该墓历经盗掘，但完整的墓室结构对研究明代藩王及其后代墓葬规制仍有很高的价值。

明代李真家族墓位于宝丰县廖旗营村东，2010年郑州大学历史学院发掘，计发掘13座，分两排由西北向东南排列。除33号墓和53号墓为李古民夫妇异穴合葬墓，余皆为夫妇同穴合葬墓。均为类椁式墓，椁室用砖、石、三合土等

---

① 洛阳市文物考古研究院：《焦作温县苏王墓地发掘简报》，《中国国家博物馆馆刊》2015年第4期。
② 河南省文物局：《宝丰廖旗营墓地》，科学出版社，2019年。
③ 河南省文物局：《新乡老道井墓地》，科学出版社，2011年。

材料砌筑或浇筑，内有木棺。其中三室墓 2 座，双室墓 8 座，单室墓 3 座。随葬有黑瓷罐 14 件、锡罐 4 件、铜镜 6 件、金银器 20 件、铜钱 305 枚等，以及 9 方墓志[1]。墓志中提及的李氏家族成员，在清道光十七年（1837 年）的《宝丰县志》中多有记载，墓主人身份最高者为山西太原府通判，并敕封承德郎。温县苏王明代墓地也为家族墓地，包括砖券墓 5 座、砖瓦混券墓 2 座、竖穴土坑墓 58 座、竖穴土坑墓道洞室墓 24 座。随葬品很少，出土有琉璃簪、铜簪、铁犁铧和铜钱等。个别墓出土有买地券，其中 1 座纪年墓为明代正统四年（1439 年）[2]。

淇县关庄墓地发现清代墓葬 4 座，均为竖穴土坑墓。其中 M9、M25 分别出土石质墓志两合。M9 为清康熙四十三年（1704 年）孙振仍夫妇合葬墓，孙振仍官至明威将军陕西西安府抚标右营守备，元配刘恭人为前进士通议大夫山东抚军刘易泛之次女。该墓出土金质首饰，其中头饰为圆形，图案为梅花喜鹊，金丝镂空。耳坠为石榴形，制作精细。该墓志与《淇县县志》记载相吻合，为研究淇县历史人物提供了重要的实物资料。M25 为孙振仍之子孙泰夫妇合葬墓，孙泰官拜承德郎、署广东分巡雷琼道按察使司副使通判、高州府事加一级，与元配高太君于乾隆廿年（1755 年）九月廿五日合葬于淇县马庄西地[3]。

王老庄墓地位于新郑市城关乡东半部的岗地上，2011 年河南省文物考古研究所、新郑市旅游和文物局对该墓地进行了抢救性发掘，计清理清代墓葬 108 座，可分为砖室墓、砖土混合墓、土坑墓三种类型。男性墓多数被盗，女性墓一般保存完整，共出土瓷、金、银、锡、玉等类器物 520 余件[4]。其中 M1 为祖墓，在墓门楣上用砖砌成凸出的白灰地匾额，其上墨书楷体"安乐宫"。M14 是一座混砖四室双墓道墓，系终于山东朝城知县任上王賹夫妇四人合葬墓，随葬品有瓷罐 4 件，折扇 1 把，砖志 1 块，一些铜扣和铜钱。M50 王賹之重孙湖北崇宁县知县王海楼与妻胡氏合葬墓，王海楼棺中残存有方形铅器、皮烟袋、铜水烟袋等少量随葬品；胡氏棺中随葬品丰富，计有银手镯、翡翠手镯、金耳环、金钗、玛瑙戒指等，在两棺外各出土小瓷罐 10 件。从出土砖石墓志、墓碑及壁画文字，可以确定该墓地为当地显族王氏墓地，清乾隆十三年始建，下限为民国初年。墓葬分布密集，按辈分和门户由北向南大致呈东西向排列分布，完整

---

[1] 郑州大学历史学院、河南省文物局南水北调文物保护办公室、宝丰县文物管理局：《河南宝丰廖旗营墓地明代家族墓发掘简报》，《文物》2017 年第 4 期；河南省文物局：《宝丰廖旗营墓地》，科学出版社，2019 年。
[2] 洛阳市文物考古研究院：《焦作温县苏王墓地发掘简报》，《中国国家博物馆馆刊》2015 年第 4 期。
[3] 河南省南水北调文物保护管理办公室汇总资料。
[4] 河南省南水北调文物保护管理办公室汇总资料。

再现了清代地方显族的家族墓地格局，为研究中原地区清代葬制、葬俗等提供了重要实物资料。

在郑州港区庙后唐、荥阳市大司马、荥阳市后真村、新乡金灯寺、淅川下寨、淅川全寨子等墓地，均发现有明清时期一般平民墓葬。其中，荥阳市大司马墓地的明清墓分土洞式和竖穴土坑式两种类型。以葬式而论，可分单人葬、夫妻同穴合葬和夫妻异穴合葬三种。随葬器物不多，一般为瓷罐、钱币，有的则随葬朱书板瓦，个别随葬铁犁铧。荥阳市后真村发现清代墓葬28座，绝大多数为长方形竖穴土坑墓，仅有土洞墓和砖室墓各1座。随葬品一般为朱书板瓦和数枚至百余枚铜钱。个别墓葬发现有押圹砖，押圹砖的书写方式与内容与成书于明代的《三元总录》完全一致[①]。朱书板瓦即镇墓瓦的出土，则为研究明清时期道教对墓葬制度的影响提供了新的实物资料。

二、唐至清代遗址

在南水北调中线工程河南段已揭露宋元遗址十余处，主要有叶县文集遗址、禹州市阳翟故城、鲁山县杨南遗址、鲁山县薛寨遗址、叶县魏岗铺遗址、社旗县陈郎店遗址、淅川县单岗遗址、荥阳市晏曲遗址等。这些遗址出土遗物中均以陶瓷器数量最多，是研究河南地区瓷业生产和流通的重要实物资料。叶县文集遗址发现较多瓷器窖藏坑和钱币坑，应与当时兵荒马乱的社会动荡局面有关。社旗县陈郎店遗址发现有纵横交错的地道，真实再现了宋金时期中原地区市镇居民躲避战乱的生活场景。

文集遗址位于叶县常村乡文集村。2006～2010年河南省文物考古研究院连续进行多次发掘，发掘面积达15000平方米，发现唐宋金元时期房基、道路、水井、窖藏坑、灰坑、灰池等遗迹，出土遗物1500余件，应是一处较大规模的市镇遗存。从目前揭露的遗迹现象看，有一条道路东西横贯遗址中部，将其划分为南、北两部分，此道路南侧中部有一岔道，向南通往汝河支流澧河码头。所有房屋基址大都集中于道路两侧，房门都朝向道路。这些房屋建筑分连间排房式、单间式和简易草棚式三种，墙体有青砖、土坯或为夯土（图6）。从周边灰坑出土瓦片可以看出，这些房屋至少有一部分应为瓦顶建筑结构。窖藏坑发现20多个，以圆形居多，坑口、壁、底加工比较规整，有的还用火烘烤过。其中8个坑内尚存留有储藏器物，据之可分为瓷器坑、铜钱坑、生产工具和生活用具坑、

---

① 河南省文物局：《荥阳后真村》，科学出版社，2018年。

图6 叶县文集遗址金代庭院式房基 F13、F14、F15 平面布局（由南向北）

奠基坑等四种。其中有一瓷器坑出土钧瓷、青瓷器31件，多数完好无损（图7）。有一铜钱坑出土钱币装入一大瓷缸内，计有800多公斤，大多是北宋铜钱，也有南宋和金代铜钱，为本遗址窖藏坑的断代提供了依据[①]。与文集遗址一样，河南地区目前发现的20余处瓷器窖藏和10余处铜钱窖藏，年代大多也为金代，应与当时兵荒马乱的社会动荡局面有关。遗物中以瓷器为大宗，大都是日常生活用器皿，也有绞胎球、瓷俑和玩具等。地层堆积表明，文集遗址约兴于唐，

[①] 河南省文物局南水北调文物保护办公室、河南省文物考古研究院、平顶山市文物管理局、叶县文物管理局：《叶县文集遗址金代瓷器窖藏坑 JC3 发掘简报》，《中原文物》2018年第2期；河南省文物局编：《叶县文集出土陶瓷器》，中州古籍出版社，2017年。

图 7　叶县文集遗址金代窖藏坑 H1104 出土陶瓷器

盛于北宋和金，元代走向衰落。我国宋代商品经济发达，作为农村基层组织的镇由军事性质变为区域性商业集市，政府派人驻守收取商税。文集遗址靠近澧河码头，分布规模较大，房屋建筑排列有序，遗留有不少灶坑等遗迹，出土有大量日常生活用陶瓷器，应是一处人口密集的农村市镇。

阳翟故城遗址位于禹州市钧台街道办事处八里营村，2006～2007 年武汉大学配合南水北调中线工程进行了考古发掘，揭露面积 8046 平方米，遗存以金元时期为主，并有少量西周至汉唐的遗迹、遗物。共清理墓葬、灰坑、窑、井、灶、路、沟等各类遗迹 1000 余处，出土陶、瓷、铜、铁、玻璃、骨、石器及钱币等遗物近 2000 件[①]。需要说明的是，韩国都城阳翟故城城址并不在干渠占压范围内，这次发掘的阳翟故城遗址出土一大批金元时期的遗迹、遗物，显示该地是一处金元时期普通平民的村落遗址，对于了解金元时期一般民众的社会生活状况有着重要的参考价值。

2010 年 4～11 月，广州市文物考古研究所（现广州市文物考古研究院）对鲁山县磙子营乡杨南遗址进行了抢救性考古发掘，揭示一处以汉代和宋金元时期为主的古代村落遗址。计发掘面积 4500 平方米，发现并清理灰坑、灰沟、灶坑、墓葬、水井、房址、窑址、路基等遗迹 500 余处，出土完整或可复原的瓷、陶、铁、

[①] 河南省文物局：《禹州阳翟故城遗址（上、下）》，科学出版社，2016 年。

铜、石、骨、银等各类器物800余件[①]。尤其是宋元陶瓷器数量较大，种类繁多，大多为鲁山段店窑产品，展示了宋元时期一般村落居民的日常生活面貌。

2006年5~12月，平顶山市文物管理局文物工作队对鲁山县薛寨遗址进行了文物调查和考古发掘，发掘面积3200平方米，发现了宋、元、明、清时期文化遗存。薛寨遗址的主体是一处元代村落，遗迹主要有道路、灰坑等。出土遗物中瓷器最为丰富，有白瓷、黑瓷、青瓷等品种，流行白地黑花瓷器[②]。

社旗县陈郎店遗址东、北部邻赵河，西部为广阔的农田。2013年3月至10月，河南省文物考古研究院配合南水北调支线给水工程对该遗址进行了考古勘探与发掘，确定遗址范围12万平方米，发掘面积2000平方米，揭露灰坑185个、地道遗迹15处、墓葬2座、灰沟2条、水井1眼、房基3座、路2条。这些文化遗存包含了西周、战国、宋、金、元各个时期，尤其是北宋、金、元时期遗存最为丰富。发现了以集中分布的地道为代表的重要遗迹，出土了陶、瓷、铜、铁、骨、石等器类的文物[③]。其中完整和可复原文物数百件，北宋至元代瓷器多出土于地道洞室内和地道塌陷填土内（图8）。这些纵横交错的地道，真实再现了宋金时期中原地区市镇居民躲避战乱的生活场景，是继叶县文集遗址之后河南地区发现的又一处宋元市镇类遗存。

在首都师范大学历史学院发掘的丹江库区淅川县姚河遗址，发现1座面积约962平方米的大型夯土建筑房基，是南水北调期间淅川发现的最大一处单体建筑基址。该处房基坐南朝北，南面有水库环绕，在矩形夯土基址填土中掺入碎陶片、碎石再行夯打。房基平面呈"凸"字形，由主体和月台两部分组成，主体长33.8米，宽24.5米，月台长24.4米，宽5.5米。在房基面上发现34个柱洞，推测为一座带有廊道的单体建筑，进深4间，柱距3.6米。由于在房基夯土内出土1枚"天禧通宝"铜钱，表明其建造年代在北宋中期以后[④]。从房基形状、规模和建筑特点来看，该房基应是庙宇一类的大型集会场所。

在淅川县柳家泉、淅川县单岗、禹州市阳翟故城（图9）、鲁山县杨南和宝丰县廖旗营等遗址中，均发现有宋金时期的陶窑遗迹。其中淅川县柳家泉2座陶窑保存状况相对较好，共用一个工作坑。工作坑约呈圆形，位于2号陶窑门南侧有一倾倒草木灰的方坑，内遗有草木灰烬，南侧为斜坡通道。2座陶窑窑室皆使用青砖垒砌，窑床高30厘米，火膛宽70~90厘米，在窑室后部分

---

① 河南省文物局：《鲁山杨南遗址》，科学出版社，2016年。
② 平顶山市文物局：《河南鲁山县薛寨遗址发掘简报》，《华夏考古》2011年第3期。
③ 赵宏等：《河南社旗陈郎店宋元遗址》，《2013中国重要考古发现》，文物出版社，2014年。
④ 首都师范大学等：《河南淅川姚河遗址宋代大型建筑基址发掘简报》，《黄河 黄土 黄种人》2020年第24期。

别留有1或3个烟道,通向窑室顶部。窑室填土内夹杂有大量草木灰、碎陶片和少量瓷片,以及陶支具数件,推测为宋代当地烧造陶质盆、罐、瓮器物的普通民窑[1]。宝丰县廖旗营遗址发现的两座宋代窑址,也共用一个工作坑,工作坑平面近椭圆形,长径312厘米,短径260厘米,深80~150厘米。两窑室内壁为土壁,表面涂抹草拌泥,火膛壁面砌砖,内有窑箅。其中,较大的一座窑室平面呈圆角方形,东西长302厘米,南北进深270厘米,深80厘米,未发现烟道和火道痕迹[2]。

图8 社旗县陈郎店遗址6号地道及出土瓷器

金灯寺明清窑址揭露面积较大,文化内涵丰富。该窑址位于新乡市凤泉区金灯寺村西北,现存遗址面积约1万平方米,文化堆积厚度2~4米。2006年驻马店市文物考古管理所发掘面积4000平方米,清理出灰坑9座、灰沟4条、沉浆池2座、蓄水井1眼、窑洞5座、陶窑2座。窑址可分采土区、废物堆积区、作坊区及烧制区。采土区、废物堆积区主要分布在窑址中部,出土了大量器物残片,有陶盆、灯台、罐、白瓷和褐瓷碗等。作坊区在第二层土台的中部及南部,清理出大小相连的沉浆池2座,均用大小不一的卵石砌成(图10)。在沉浆池的西南2米处,清理出蓄水井1眼。制坯、凉坯的作坊主要是窑洞,分布于窑址西南部,在1座窑洞内发现了用卵石砌成的门、墙等遗迹。出土遗物较为丰富,主要分烧制品和制陶工具,烧制品以陶盆数量最多,陶灯台、罐、小陶炉次之,并有少量陶筒形器;制陶

图9 禹州阳翟故城Y1

---

[1] 河南省文物局:《宝丰廖旗营墓地》,科学出版社,2019年。
[2] 河南省文物局:《淅川柳家泉墓地》,科学出版社,2016年。

工具有陶制的楔形和璧形刮刀、轮托盘、陶喷壶以及铁刮刀，并出土有大量未经烧制的陶盆泥坯残块以及少量的瓷碗残片。陶窑2座，位于窑址北部和东部，清理有工作坑、火门、火膛、窑室等部分，出土有陶盆、灯台、罐等[①]。通过发掘基本搞清了该窑址的布局及工艺流程，出土的白釉、褐釉瓷碗、瓷罐等与明代的同类器相同，结合出土的康、雍、乾三个时期的铜钱综合分析，该窑址始建于明代，清代延续使用至乾隆以后废弃。

2010年南京大学考古系发掘的淅川县马蹬古城，发现城墙7段、护城河5段，其建筑年代为南宋晚期至明代早期，与淅川县

图10　新乡市凤泉区金灯寺遗址明代沉浆池

志记载基本吻合。马蹬古城平面呈长方形，东西长500米，南北宽400米，四面中部各有一座城门，南城门清理宽度6米。城墙为夯筑土墙，墙基宽9～10米，现存高0.4～1米。城外有护城河环绕，上口宽10米，下口宽7米，深3.4米。出土有陶、瓷、石、铜、铁器及铜钱等，部分带款瓷器有"大明成化年造""大明年造""大清康熙年造"等[②]。

下寨清代城址位于淅川县滔河乡下寨村北，北邻丹江，东、南临滔河，地处两河交汇处。2009年河南省文物考古研究院对其进行抢救性发掘，发现了寨墙、灰坑、灰沟、墙基和道路等遗迹，并出土了一批清代瓷器，部分瓷器底部书有款识，时代集中在清嘉庆和道光两代[③]。根据清咸丰《淅川厅志》记载，淅川城西三十五里有滔河寨，发现的下寨城址从地理位置和遗物时代特征来分析，下寨城址应该就是滔河寨，而所谓的城墙应该就是"寨墙"。

---

① 河南省南水北调文物保护管理办公室汇总资料。
② 河南省南水北调文物保护管理办公室汇总资料。
③ 孙锦：《河南淅川下寨城址出土清代瓷器》，《中原文物》2017年第3期。

考古河南
——记河南入选全国十大考古新发现项目

河南位于黄河流域中下游。历史悠久，文物遗存丰富。在我国历史上，自夏代迄至宋代3000多年间，有22个王朝200多位帝王建都或迁都于此，长期以来一直是中国政治、经济和文化的中心。河南的文物遗存概括起来说，有以下几个特点：数量多，价值高，分布广，时代蝉联。其中全国重点文物保护单位358处，省级文物保护单位1575处；"中国八大古都"中河南占有4个，分别为洛阳、开封、安阳和郑州；并有洛阳龙门石窟、安阳殷墟遗址、"天下之中"嵩山历史建筑群、中国大运河河南段和"丝绸之路：长安——天山廊道的路网"河南段等五处项目被列入世界文化遗产名录。这些极为丰富的地下文物资源，就为河南考古工作者提供了取之不尽的"富矿"。近三十年来，考古工作者先后配合淅川丹江水库、黄河小浪底水库、宁西铁路、西气东输、南水北调中线工程、310国道和107国道高速公路、京港澳高铁和徐兰高铁等国家大型经济建设项目和郑州、洛阳、安阳、开封、三门峡等城市扩建，相继开展了文物勘查和考古发掘工作，并为解决某些学术课题进行了一系列主动发掘项目，获得了许多重要考古发现及重大学术突破。2001年，由《考古》杂志组织国内著名考古学家评选的"中国20世纪100项考古大发现"，河南共有17项考古大发现入选，以绝对的优势名列全国第一。自1990年开始至今，国家文物局、中国考古学会和中国文物报社连续举办了每年一度的"全国十大考古新发现"评选，截至2020年河南已入选的考古项目计49项，占到了总数310项的近六分之一，在全国各省市区中位居榜首。其中2007年度河南入选了5项，占据了当年考古新发现的"半壁江山"，这充分展现了河南作为文物考古大省的学术地位。

河南入选的全国十大考古新发现，按照获得时间顺序分别是：殷墟郭家庄160号墓（1990年）、三门峡上村岭周代虢季墓（1990年）、隋唐洛阳城应天门东阙遗址（1990年）、殷墟花园庄商代甲骨窖藏（1991年）、三门峡上村岭西周虢仲墓（1991年）、永城芒砀山汉梁孝王王后墓（1991年）、丹江口水库楚国贵族墓（1992年）、洛阳北宋衙署庭园遗址（1992年）、邓州八里岗新石器时代聚落遗址（1994年）、辉县孟庄遗址（1994年）、永城西汉梁孝王寝园（1994年）、郑州西山仰韶文化遗址（1995年）、郑州小双桥商代遗址（1995年）、孟津妯娌新石器时代聚落遗址（1996年）、平顶山应国墓地（1996年）、偃师商城小城（1997年）、新郑郑国祭祀遗址（1997年）、小浪底水库东汉漕运建筑基址（1998年）、焦作府城商代早期城址（1999年）、新密古城寨龙山时代古城（2000年）、宝丰清凉寺汝官窑遗址（2000年）、禹州神垕镇钧窑遗址（2001年），郑州大师姑夏代城址（2003年）、偃师二里头遗址宫殿区（2004年）、鹤壁刘庄遗址（2005年）、内黄三杨庄汉代聚落遗址（2005年）、灵宝西坡新石器时代大型墓地（2006年）、许昌灵井旧石器时代遗址（2007年）、荥阳关帝庙遗址（2007年）、安阳固岸东魏北齐墓地（2007年）、新郑唐户遗址（2007年）、洛阳偃师东汉帝陵与邙山陵墓区调查（2007年）、荥阳娘娘寨遗址（2008年）、新郑胡庄墓地（2008年）、新密市李家沟旧、新石器时代过渡阶段遗址（2009年）、安阳市西高穴曹操高陵（2009年）、新郑望京楼夏商时期城址（2010年）、郑州老奶奶庙旧石器时代遗址（2011年）、栾川孙家洞旧石器遗址（2012年）、新安县汉函谷关遗址（2013年）、郑州东赵遗址（2014年）、隋代回洛仓与黎阳仓粮食仓储遗址（2014年）、汉魏洛阳城太极殿考古调查与发掘（2015年）、新郑郑韩故城遗址（2017年）、洛阳东汉帝陵遗址（2017年）、河南淮阳平粮台城址（2019年）、巩义双槐树遗址（2020年）、淮阳时庄遗址（2020年）和伊川徐阳墓地（2020年）。其中，由中国社会科学院考古研究所在河南主持发掘的考古项目计8项，北京大学考古文博学院在河南主持发掘的项目占3项，河南省文物考古研究院主持发掘的项目为23项，洛阳市文物考古研究院主持发掘的有8项，郑州市文物考古研究院主持发掘的有7项。

全国十大考古新发现评选是国家文物局委托中国文物报社和中国考古学会，在全国范围内评选当年重大考古发现的一项活动。其评选标准要求符合国家文物局的报批手续，并保证发掘质量，发掘内容要具有历史、艺术、科学价值且为中国考古学科提供新的内容信息及新的认识。每个年度的十大考古新发现，都是从国家文物局批准的数百项发掘项目中，先由初评专家挑选出45项左右作为候选名单；再由全国有团体考古领队的单位和中国考古学会理事推选出25项入围项目。这25项的考古领队入京参加终评，向评委当面汇报考古项目成果，并接受评委质询，最后评选出10项考古新发现向社会公布。因此每年评选出的全国十大考古新发现可谓百里挑一，基本上代表了当年度最重要的考古成果，有不少项目则是填补了考古阶段性或区域性的空白点。河南入围考古项目中，上迄数十万年的远古人类和一至十万年旧石器时代遗址，既有河南新石器时代的裴李岗文化、仰韶文化和龙山文化，又有先秦时期缺少文字记载的夏商周考古学文化，还有汉唐宋元各历史阶段的实物资料遗存，时代蝉联没有缺环，是河南宝贵且丰厚的文化遗产资源。按照"保护为主，抢救第一，合理利用，加强管理"的文物工作方针，上述考古发掘项目中，已有2013年发掘的新安县汉函谷关遗址、2014年发掘的隋代回洛仓与黎阳仓粮食仓储遗址和2015年发掘的汉魏洛阳城太极殿遗址等，被列入世界文化遗产名录；其他绝大多数项目也被列为全国重点文物保护单位。已有安阳殷墟、汉魏洛阳城、隋唐洛阳城和新郑郑韩故城建成国家考古遗址公园，还有偃师二里头遗址、三门峡虢国墓地、永城梁国王陵、安阳曹操高陵、内黄三杨庄汉代遗址、洛阳回洛仓遗址、浚县黎阳仓遗址和宝丰清凉寺汝窑等，已经由当地政府建起了考古遗址博物馆。

一

河南是中国旧石器时代南北文化交汇的重要地区，迄今在河南西半部丘陵和山地已发现旧石器地点和古人类化石点数百处。计有4个旧石器时代项目入选全国十大考古新发现，分别是距今四五十万年的栾川县孙家洞遗址、十万年的许昌灵井遗址、四万年的郑州老奶奶庙和一万年左右的新密市李家沟遗址。位于栾川县伊河南岸的孙家洞旧石器洞穴遗址，2012年发掘发现有石器和人类化石，其中古人类牙齿化石6颗，初步鉴定有门齿、前臼齿、上臼齿、下臼齿4个类型（图1）。孙家洞遗址出土的古人类人牙化石层位明确可靠，保存完好，是河南境内首次发现的中更新世直立人（猿人）化石，可简称"栾川人"。古人类化石是研究人类起源演化的直接证据，而中更新世是探索直立人演化及现代人起源的关键时期。从出土化石的种类看，"栾川人"所处年代与北京猿人相当，这是继20年前发现"南京人"化石后又一重大考古发现。2005~2007年对许昌灵井遗址进行的考古发掘，在下文化层出土动物骨骼化石和石器3000余件，已鉴定出的哺乳动物化石共有18种。石制品类型繁多，部分石器琢制技术的应用，是目前国内已知这一技术的最早出现。2007年发现的古人类头骨化石距今8万~10万年（图2），对于研究东亚地区古人类演化和中国现代人类的起源具有重大学术价值，填补了中国现代人起源研究的空白。

老奶奶庙旧石器时代遗址位于郑州市西南郊的二七区侯寨乡，2011年对该

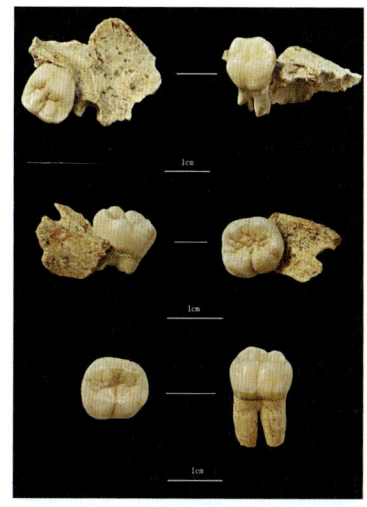 

图1　古人类牙齿（孙家洞遗址出土）　　图2　古人类头骨化石（灵井遗址出土）

遗址进行首次发掘，发掘面积50平方米。发现数以万计的文化遗物，包括石制品（图3-1）、骨制品（图3-2）与动物骨骼及其残片等，还有20多处用火遗迹，以及由上述遗存构成的古人类居住活动面。老奶奶庙遗址经碳14年代测定数据为距今40000年前后，显示正处于现代人类及其行为出现与发展的关键时段。在该遗址新发现的数量众多的文化遗物，尤其是以灰烬堆积为中心的活动面遗迹的发现，则填补了过去中原地区以及东亚大陆这一阶段旧石器文化发现的空白，为认识中国境内及东亚地区现代人类及其文化起源与发展等提供了非常重要的新资料。2009年发掘的新密市李家沟遗址，发现距今10500年至8600年连续的史前文化堆积。堆积下部出土有细石核与细石叶等典型的细石器遗存，上部则包含有绳纹及刻划纹等装饰的粗夹砂陶及石磨盘等。李家沟遗址的发现，填补了河南旧石器时代晚期文化和新石器时代裴李岗文化之间的缺环与空白。

河南的新石器时代考古学文化十分丰富，在全省各地先后发现新石器时代遗址1000多处，已经构建起了裴李岗文化（约公元前6500～前5000年）、仰韶文化（约公元前5000～前3000年）、龙山文化（约公元前3000～前2000年）的编年序列和区、系、类型框架，成为中国史前考古学文化的一个缩影。裴李岗文化因最早发现于新郑市裴李岗遗址而得名。自1977年发现以来，迄今已调查发现同时期遗址120余处。2006～2007年发掘的新郑市唐户遗址，面积达20万平方米，发现半地穴式房址60座（图4），按照一定规律成排分布，反映了当时已具备长期稳定的定居生活特性，为研究裴李岗文化时期的聚落形态、房屋建筑方式等增添了新的实物资料。

图 3-1　边刮器（老奶奶庙遗址出土）

图 3-2　修理骨片（老奶奶庙遗址出土）

以渑池县仰韶村遗址命名的仰韶文化发现于 1921 年，迄今已有近 100 年的历史。1992～1995 年发掘的郑州市西山遗址，发现了中原地区目前最早的仰韶文化城址，城址平面近圆形，现存面积 19000 平方米。墙体采用方块版筑法，墙外环绕壕沟（图 5），北墙东端建有城门，城内分布道路、房基、窖穴和墓葬等遗迹。西山城址距今约 5300 年至 4800 年，它开启了后代大规模城垣建筑规制的先河，对于探索我国早期城址的起源具有十分重要的意义。仰韶文化遗址的分布相当密集，近年仅在灵宝市铸鼎原调查发现 27 处仰韶文化遗址。灵宝市西坡遗址经过 2000～2006 年的 6 次发掘，揭露出仰韶文化时期的壕沟、房址、灰坑和墓地。4 座大型半地穴式房基中，最大的一座整体占地面积 516 余平方米，室内使用面积 204 平方米，前有斜坡式门道，四周围以回廊，地坪涂有红彩，建筑非常考究（图 6）。这里发现的 34 座墓葬有大小之分，基本都有二层台，最大的 M27 长约 5 米，宽约 3.4 米，随葬玉石钺（图 7）以及特殊风格陶器，显示中原腹地自公元前 4000 年以后核心地位日益突出，对探索中原古代文明的起源与动因具有重大意义。巩义市双槐树遗址现存面积 117 万平方米，建有三重环壕，经过历时 8 年的考古工作，确认是距今 5300 年前后经过精心选址的都邑性聚落遗址。大型建筑群初具中国早期宫室建筑的特征，为探索夏、商、周三代宫室制度的源头提供了重要资料。大型中心居址建筑前两道围壕及两处错位布置的门道和加厚围墙的设计，可能是中国古代瓮城的雏形。墓葬区发现的夯土祭台遗迹，是仰韶文化遗址中的首次发现。上述发现填补了中华文明起源关键时期、关键地区的关键材料。

图 4　唐户遗址裴李岗文化时期房基

图 5　西山遗址仰韶时代城址之城壕

1996年考古发掘的孟津县妯娌遗址，自仰韶文化晚期延续到龙山文化早期，居住区居北，墓葬区居南，窖穴区和制石工场居西。墓葬多有生土二层台，发现有新石器时代大型墓葬，出土文物丰富多样，有黄河中游最大的石璧及三件形制相同、大小依序的陶铙形器等。该聚落遗址的发掘对研究王湾二期文化的聚落形态及社会组织提供了新的启示。邓州市八里岗遗址从1991~1994年进行了多次考古发掘，发现有仰韶文化、屈家岭文化和石家河文化等不同时期的遗存。其中仰韶文化时期的房址有一大一小等长排连间套房基筑，最大的一座为8套一大一小房间连间长排套房，室内有方形灶、侧拉门。这里也盛行多人合葬的二次葬习俗，在一座墓中发现有男女老少31人合葬的二次葬。该遗址为史前考古学通过聚落遗存研究当时的社会历史提供一批素材，对于探讨黄河与长江中游地区的文化交流也具有重要学术价值。

距今四五千年的龙山文化，是中国古代文明起源和逐渐形成时期。河南在这一时期的文化遗存，主要是新发现了多座城址。1992~1995年发掘的辉县孟庄城址，面积为16万平方米，分别发现龙山城址、二里头城址和商代晚期城址等。龙山城址位于遗址西北部，北、东、西三面保存有城墙，东城墙保存较好，长约375米，正中还发现城门，城门的门道南壁贴有木板。二里头时期的城址直接叠压在龙山城址之上。殷墟时期遗存主要有城址、灰坑、水井、墓葬等，城墙仅在西墙及东墙处存有商代晚期修补的夯土。该城址的发掘为研究原始社会向阶级社会过渡、夏商更替等提供了重要资料，对研究夏、商文化的关系具有重要意义。1997年发现的新密市古城寨城址，总面积17.65万平方米，至今

图6　西坡遗址F106全景

图7　玉器（西坡遗址墓葬出土）

仍比较完整地保存着东、北、南三面城墙和南北相对两个城门缺口。城址规模宏大，墙高沟深，城墙最高处达十六米，最宽处达四十余米；周围环绕有护城河，宽34～90米不等。在城内已揭露出一座大型夯土宫殿基址和廊庑式建筑基址，南北呈长方形，长28.4米，宽13米，面阔7间，南、北、东三面有回廊（图8）。这是目前中原地区保存最好的龙山时代城址，为探索夏文化提供了新的线索，也为研究中国文明起源与国家形成增添了重要资料。

1980年发现并发掘的淮阳平粮台城址，是我国最早确认的新石器时代城址之一，曾激发了中国考古学界关于早期城市与文明起源等问题的热烈讨论。2014～2019年河南省文物考古研究院与北京大学考古文博学院组成联合考古队，对城址进行了系统勘探、调查与发掘，进一步确认了城址严整规划的方正格局，尤其是位于城址中轴线上的道路是目前国内经考古发掘确认的最早的城市"中轴线"，城内的高台式排房建筑也以"中轴线"为依据进行规划设计。发现了完备的早期城市排水系统（图9）和我国最早的"双轮"车辙，将车的起源提早到龙山时代。并出土一系列反映多元文化影响的高等级遗物，揭示了龙山时代大背景下广泛的跨区域文化交流与融合的现象，有助于深入认识中原地区文明起源的特征，对探讨国家文明的起源具有重大意义。

图8 古城寨城址 F1 宫殿基址

图9 平粮台城址南城门及龙山时期排水管

二

夏商周考古学是中国考古学中最为活跃的学术领域，河南在这一时期的考古新发现层出不穷，令人目不暇接。偃师市二里头遗址从1959年迄今已进行了长达60年的考古发掘，是学术界公认的夏代王都遗址。2004年在遗址的中部发现面积约10.8万平方米的宫城，并建有30多座夯土建筑基址，是迄今为止我国发现的最早的宫殿建筑基址群。在宫殿区内已发掘大型建筑基址达9座，纵横交错的中心区道路网、方正规矩的宫城和排列有序的建筑基址群（图10），表明二里头遗址是一处经缜密规划、布局严整的大型都邑。在宫殿区大路发现的车辙痕，是迄今所知我国最早的车辙遗迹，它的发现将我国双轮车的出现时间上推至二里头文化早期。二里头文化早期贵族墓出土大型绿松石龙形器，全长逾70厘米，由2000余片形状各异的细小绿松石片粘嵌而成。其用工之巨、制作之精、体量之大，在中国早期龙形象文物中都是十分少见的，具有极高的历史、艺术与科学价值。二里头文化作为中国夏商文化的一个界标，对于探寻中国五千年文明的起源具有极其重要的意义。2019年新发现的淮阳县时庄遗址，总面积约10万平方米，在遗址南部是一处距今4000年左右的夏代早期粮仓城，已发现29座仓储遗迹。布局清晰、功能专一的围垣聚落，是夏代早期中原地区出现的小型化、专门化聚落，是一种崭新的聚落形态。时庄遗址是我国目前发现的年代最早的粮仓城，为研究我国古代早期国家的粮食储备、统一管理和可能存在的贡赋制度等提供了绝佳的实物资料。

荥阳市大师姑遗址发掘于 2002~2003 年，二里头文化遗存集中在城垣和城壕以内，总面积约 51 万平方米，城垣现存墙体高 1 米，宽 7 米左右。发掘者推测为夏王朝设置在东境的军事重镇或方国都城。2010~2011 年在新郑市望京楼遗址发现了二里头文化、二里岗文化两座早期城址以及两城址外廓城的线索，遗址总面积为 168 万平方米。其中二里头文化

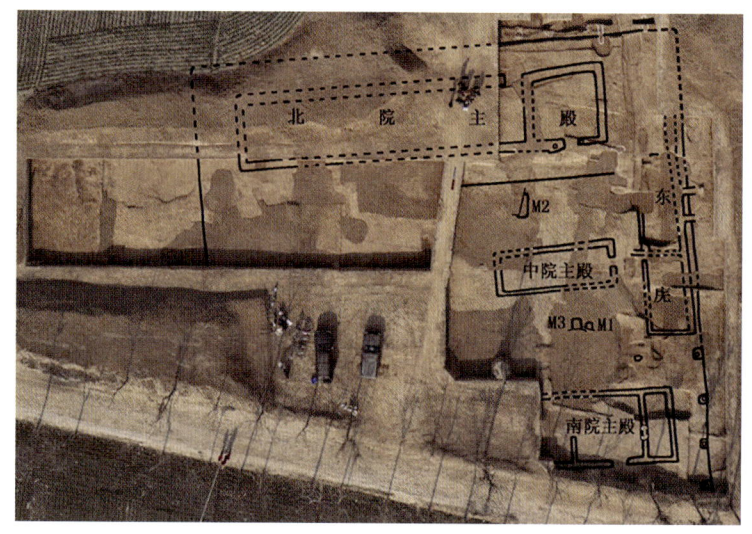

图 10　二里头宫城区 5 号基址发掘场景

城址目前已发现东城墙、东南角、东北角及其护城河；二里岗文化城址城内面积约 37 万平方米，发掘出城门、道路、大型夯土建筑、房基、墓葬等遗迹，出土有青铜礼器（图 11）、原始瓷器等重要遗物。二里头文化城址位于二里岗文化城址外侧，其城墙毁弃于二里岗文化城址始建之时。这两座城址面积之大，在同期聚落中极为少见，且二城位于同一地点为国内首见，对于探讨二里头文化晚期与二里岗文化早期两种文化更替、分界及早期中国城池建制、布局问题都具有重要意义。

2012~2014 年对郑州东赵遗址进行的考古发掘与勘探，确认东赵遗址存在有大、中、小三座城址（图 12）。其中，东赵遗址小城为郑州地区嵩山以北发现的第一座确认的新砦期城址，该类遗存的发现，对解决新砦期文化面貌、性质及归属问题会有极大帮助。东赵遗址中城是为数不多的二里头时期城址，内涵丰富，城内发现集中成片的圆形地穴式遗存，坑内发现完整的猪骨架、石铲、未成年人骨架、龟壳等，初步判断为祭祀遗存。遗址南部发现商代早期大型建筑遗迹，面积达 3000 平方米，是目前发现规模上仅次于偃师商城建筑基址的夯土建筑，由此推断东赵遗址为商代早期郑州商城西部一处重要聚落。东赵遗址还发现有两周时期文化遗存，特别是东周时期大型城址的发现，为研究郑州地区两周封国及历史变迁提供了新材料。2005 年发掘的鹤壁市刘庄遗址，揭露一处保存完整、排列有序的大型先商文化墓地，计发现墓葬 338 座，出土随葬品近 400 件。这批墓葬大致分布于东西长 110 米，南北宽 55 米的范围内，可分为东、西两大区，东区墓葬多头向东，西区墓葬多头向北。该墓地中石棺及

图 11　铜钺（望京楼城址出土）　　图 12　东赵遗址发现的新砦期、二里头文化、东周三座城址

其简化形式墓葬在中原地区前所未见（图 13），为我们提供了探讨商族起源的新线索。

河南商代考古成果丰硕，先后发现和发掘了偃师商城小城、焦作府城、郑州小双桥和荥阳关帝庙遗址等。1983 年在偃师市尸乡沟发现的商代早期城址布局严谨，大城之内有小城，小城之内有宫城，宫城内发现多座宫殿基址（图14）。偃师商城小城发现于 1997 年，平面大致呈长方形，南北长约 1100 米，东西宽约 740 米，它的南、西城墙以及东城墙的南段，与大城城墙重合。以前发现的宫城，正位于小城南北中轴线上。根据可靠的地层关系，偃师商城的大城是在小城建成并使用一段时间后才开始建造，小城的发现对商文化上限的认定和夏商文化分界都具有极为重要的意义。1998 年发掘的焦作市府城早商城址，城址平面近方形，边长 280～284 米，地面上现存有东、西、北三面城墙。在城址东北部发现的一号宫殿基址平面为长方形，南北长 70 米，东西宽 50 米，分南、北两个院落，由前殿、正殿、北殿和配殿组成，布局严谨规范。焦作府城商代早期城址是河南继郑州商城和偃师商城之后又一重要发现，对于研究河南商代早期文化，探讨当时的物质文化和社会生活具有重要的学术价值。1990 年和 1995 年发掘的郑州市小双桥遗址面积很大，已发掘出大型高台夯土建筑基址、宫殿建筑基址、多处人骨丛葬坑、牛头或牛角祭祀坑，出土有大型青铜建筑构件（图 15）、朱书陶文、大型石磬和卜骨等。小双桥遗址面积大，文化内涵丰

图 13 刘庄石棺墓及其周围先商墓葬

富而重要，是目前所发现的处于郑州商城和安阳洹北商城之间的具有都邑规模与性质的遗址，是夏商周考古学上的一个新突破。

安阳殷墟是闻名中外的商代晚期都城遗址，横跨安阳洹河南北两岸，现存有宫殿宗庙区、王陵区、族邑聚落遗址、家族墓地、铸铜遗址、制玉和制骨作坊等众多遗迹，是中国历史上第一个有文献可考、并为甲骨文和考古发掘所证实的古代都城遗址。1973 年发掘出土刻辞甲骨 5041 片，1991 年再次出土甲骨 1538 片，为甲骨文和商史研究提供了多方面的资料。1991 年发现甲骨以大版卜骨居多，完整卜甲 300 多版，上刻卜辞的整甲 90 多版。这批甲骨属殷墟文化第一期，刻辞内容集中，主要涉及祭祀、田猎等方面，对研究甲骨文分期、"非王卜辞"及商代历史等均具有重要意义。1990 年在殷墟郭家庄发掘的 160 号商代墓葬，

图 14 偃师商城八号宫殿建筑基址

图 15　小双桥遗址发现的青铜建筑饰件

图 16　新郑郑国祭祀遗址 K15 礼器坑

随葬各类器物 353 件。其中青铜器 291 件，包括了礼乐器 44 件和兵器 232 件等，38 件铸有铭文，墓主人可能是位较高级别的武将。该墓大多数铜器上的纹饰繁缛华丽，铜器组合别具特色，对于了解商代贵族生活与葬俗提供了很好视角。2006～2007 年发掘的荥阳市关帝庙遗址，清理一批商代晚期灰坑、房基、墓葬、陶窑、水井和祭祀坑，出土各类质地的文化遗物近千件。该遗址内部有功能分区，居住址集中在遗址的中部偏东处，陶窑周围有类似水窖的遗存；南部是大型的祭祀场，东北部为排列比较整齐的墓葬区；墓葬区与居址之间，有沟相隔。如此丰富的商代晚期文化遗存的大面积揭露，对于探讨商代晚期的聚落结构、社会形态等具有重要的意义。

河南两周考古迭有重要发现，在城址考古方面先后发掘了郑韩故城和荥阳娘娘寨城址等。新郑市郑韩故城是东周时期郑国和韩国的都城，分作东西二城，在西城中部发现的宫城遗址，东西长 500 米，南北宽 320 米。东城是手工业作坊的集中分布区，发现有铸铜、制骨、铸铁和制陶作坊遗址。郑国祭祀遗址位于东城西南部，1997 年发掘出青铜礼器坑 7 座（图 16）、乐器坑 11 座和殉马坑 45 座，出土有青铜礼乐器 348 件。其中 206 件铜编钟多能进行测音和演奏，是研究"郑卫之音"的重要实物资料。配合郑韩故城国家考古遗址公园建设，2016～2017 年对郑韩故城北城门和郑国三号车马坑进行了考古发掘。北城门的发掘首次认定，道路和水渠并行入城的北城墙缺口处，即是文献中记载的"渠

图17 新郑郑王陵三号车马坑全景

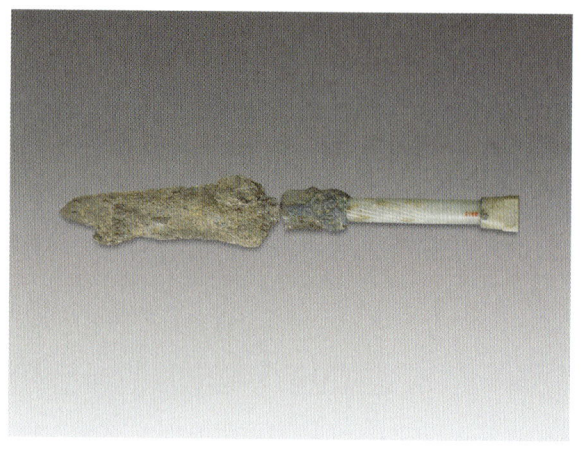
图18 玉柄铁剑（上村岭虢国墓地 M2001 出土）

"门"位置所在，在"渠门"外修建有保卫"渠门"的瓮城。瓮城出现在中原地区，尤其出现在长城以南东周时期的王城十分少见，为研究中国早期城市防御体系具有重要意义。郑国三号车马坑的发掘发现124匹马骨，4辆拆车葬式的木车和5个车轮痕迹（图17）。其中1号车为大型安车，车厢宽1.6米，长2米多，乘车人可以自如躺坐。这辆安车是郑韩故城目前出土的形制最大、装饰最豪华的国君用车。2005~2008年发掘的荥阳市娘娘寨城址，分内城和外郭城，内、外城墙外均设有护城河。内城内分布有"十"字形主干道和宫殿区、作坊区，四面城墙中部均有城门与城内道路相通。

虢国墓地位于三门峡市北郊上村岭，1990年发掘了虢季墓，共出土各类随葬品5293件，其中玉茎铜柄铁剑集铁、铜、玉三种材质为一体，制作精美，为迄今所知我国最早的一件人工冶铁制品（图18）；缀玉幎目由14件象征面部特征的玉片连缀在丝帛上制作而成，形象逼真，是我国首次发现的"瞑目"造型，提供了完备的西周时代国君殓玉制度的实例。1991年发掘的虢仲墓为九鼎大墓，随葬品达3600多件（套），其中724件玉器极其精美，圭形墨书遗册十分少见，增进了对诸侯国贵族埋葬制度及丧葬礼俗的认识，为研究两周之际的虢国历史和文化提供了珍贵资料。1986~1996年发掘的平顶山市应国墓地，计清理两周墓葬42座，其中发现应国国君及夫人墓近20座（图19），排列有序，具有"族墓葬"特征。出土青铜礼乐器、玉器等各类文物4000余件，其有铭文的青铜器多达200多件，铜器铭文涉及大射礼、俯聘礼、帝王庙号、丧服制度，对古代礼仪制度与诸侯方国史研究有重要价值。2006~2008年发掘的新郑市胡庄墓地，揭露东周墓葬320余座和马坑1座，出土青铜礼器、兵器、车马器和陶器上千件。

图19 应国墓地应国国君墓M6器物出土状况

其中发现1处韩国王陵区,由两座"中"字形墓葬组成,外有三道环壕围护,陵上四周现存有散水和柱洞,表明原有建筑物防护(图20);墓室内的屋脊形椁顶结构,证实了《左传·成公二年》"椁有四阿,棺有翰桧"的记载,由此填补了多项东周陵墓葬制发现的空白。

伊川徐阳墓地是春秋时期从中国西北迁往洛阳伊川的陆浑戎墓葬群,自2013年至2020年共清理墓葬150座,大中型墓葬均有与之对应的陪葬车马坑或马牛羊头蹄祭祀坑。随葬品除中原地区常见的编钟、编磬、青铜及玉石质礼器外,还出土了单耳罐陶器、螺旋形金耳环和

图20 新郑胡庄韩国王陵

鎏金铜质挂件等典型的戎人用品。徐阳墓地的发现证实了文献所载"戎人内迁伊洛"的历史事件，为研究春秋战国时期民族迁徙与融合、文化交流与互动等提供了重要资料，其所表现出的文化融合与嬗变，是中原华夏文明的先进性与包容性的重要体现。楚国是东周时期的南方大国，河南是楚文化的重要分布地区之一，在淅川县丹江水库淹没区内不断发现楚国墓群。1991年至1992年发掘的和尚岭与徐家岭墓地，又发现楚墓12座和车马坑1座。其中和尚岭1号墓出土的2件升鼎底

图 21　克黄升鼎（和尚岭 M1 出土）

部有"克黄之升"铭文，墓主人为楚箴尹克黄（图21）；2号墓出土的20多件铜器有铭文，钮钟和镈钟上有明确纪年铭文。徐家岭9号墓出土的一对青铜神兽，神兽身上镶嵌绿松石，组成飞龙、凤鸟、虎及涡纹图案，造型别致，制作精美。该次发掘对研究楚都丹阳、楚国的礼乐制度，以及楚国历史文化的发展等都有着极为重要的参考价值。

三

秦汉及其以后各个历史时期的考古学，主要是对于都城、陵墓、手工业作坊遗址的调查、发掘与研究。洛阳汉魏故城先后作为东汉、曹魏、西晋和北魏都城，历时336年，在中国古代都城发展史上占有重要地位。从20世纪50年代至今，经过半个多世纪的考古发掘，汉魏故城布局形制已基本探明。2015年对宫城内的太极殿进行了发掘，确定太极殿夯土台基东西面阔最大宽度为102.3米，南北进深约60米。在太极殿建筑周围的地面以下，解剖发现了大面积的铺砖地面，其时代应不晚于魏晋时期。铺砖地面之下，间隔有序分布着13个柱础石。东堂夯土台基北侧的铺砖地面成"凹"字形分布。基本确认了太极殿曹魏时期始建、北魏改建沿用、北周改造的时代序列，对曹魏时期太极殿的形制布局也有了崭新的认识。太极殿宫院东西面阔约340米，南北进深约310米，形成一个面积近10万平方米的巨大宫院建筑群（图22）。太极殿建筑群处在以

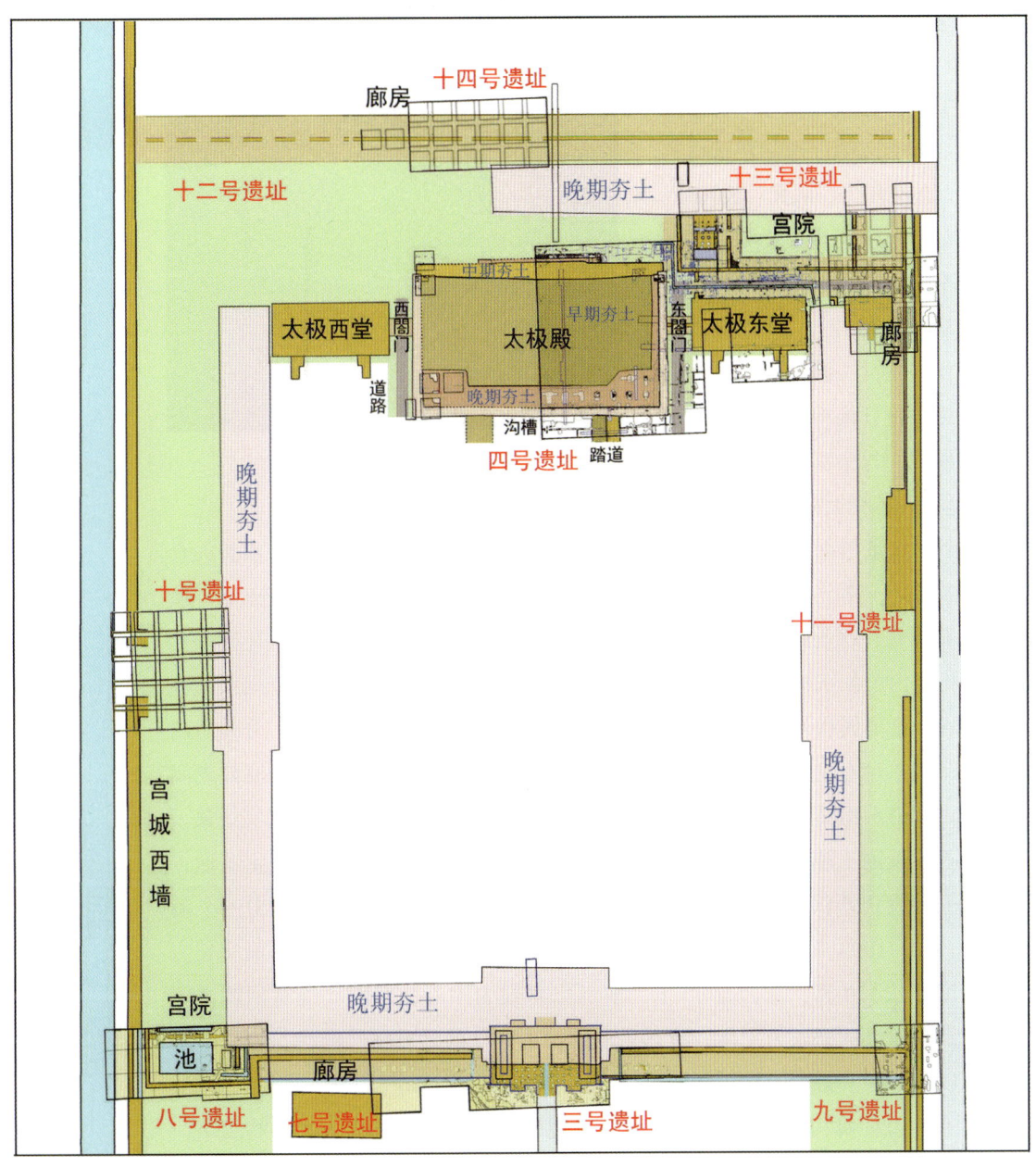

图 22 汉魏故城北魏太极殿宫院建筑分布图

三号宫门遗址为南门、大型廊庑建筑围合的大型宫院的北端居中位置，充分显示其择中而居、建中立极的政治权利中心地位，在中国古代都城发展史上具有里程碑的意义。

汉函谷关遗址位于洛阳市新安县东，始建于公元前114年，2012~2013年进行了调查和发掘。汉函谷关遗址是一处狭长的小型城邑,城墙、道路和建筑遗址等要素均已呈现。出土文物以陶制建筑材料为主,包括瓦当、筒瓦、板瓦等。瓦当包括云纹瓦当、"关"字瓦当(图23)等,其中"安世万岁"瓦当是第一次出土。在以往的考古工作中,对关隘的研究一直非常匮乏,并且集中在边关。此次考古发现,为秦汉关隘制度的研究提供了重要的参考资料,也为

图23 "关"字瓦当(新安函谷关遗址出土)

汉函谷关遗址的保护提供了重要依据。1998年发掘的新安县盐东村汉函谷关仓库建筑基址,南北长179米,东西宽35米,四周建有宽6米左右的夯土墙,墙内密布排列有序的柱础石,并出土有大量板瓦、筒瓦和带"关"字的瓦当等建筑构件。内黄县三杨庄遗址发现于2004年,迄今已在遗址内发现了9处汉代庭院遗存,已揭露出4处庭院的平面布局(图24)。庭院均坐北朝南,分前后两进院落,并建有主房和侧房,主房屋顶全部使用筒瓦和板瓦。庭院与庭院之间有农田和树木相隔,农田田垄十分清晰,首次再现了汉代农村乡里的真实景象。

西汉梁国王陵位于永城市芒山镇,主要指汉文帝之子刘武及其王室墓地,经勘察已发现西汉大型陵墓8处14座,分布于保安山、僖山、夫子山三个陵区。1992～1994年清理了保安山陵区的梁孝王寝园及王后墓,寝园平面呈长方形,南北长110米,东西宽60米,前部以寝殿为中心,四周环绕有回廊(图25);后部以"堂"为主体,与其后的排房形成"前堂后室"的建筑格局。王后墓以山为陵,全部凿在山岩之中,由2个墓道、3个甬道、前庭、前室、后室、34个侧室及回廊构成,全长210.5米,最宽处72.6米,规模宏大,结构复杂,在全国同类墓葬中当属首次发现。墓室顶部绘有大型彩色壁画——四神云气图:中部一条7米长巨龙飞腾,东朱雀,西白虎,四周由怪兽、灵芝及云气纹图案装饰。壁画从主墓室顶部的西端起,向东延伸有丈余,总面积达30平方米,是目前发现壁画中历史最悠久、篇幅最宏大、保存最完整、艺术价值最高的稀世珍宝。

东汉帝陵位于今孟津和偃师境内,2003～2007年连续进行了考古调查与勘测,初步确定了帝陵的地望和平面布局。其中大汉冢现存封土直径130米,高19米,为一长斜坡墓道"甲"字形墓,墓道南向。封土西侧有3座规格很高的

图 24　内黄三杨庄遗址第三处庭院与周围农田

图 25　永城梁孝王寝殿基址

图 26　朱仓 M722 陵园遗址 1 号台基西阶道

陪葬墓冢，封土南、东侧各有一处大型建筑基址。偃师市白草坡帝陵为砖石混合结构，墓道宽 10 米，陵园遗址南北长 380 米，东西宽 330 米，南部有大型夯土台阶。2015～2017 年对邙山陵墓群东汉帝陵的发掘，以被推测为顺帝宪陵的朱仓 M722 陵园为主，共发现"寝殿"东门、"园省"夯土台基、"园省"天井、烧窑、兽骨坑等遗迹。其中，"寝殿"东门与原发掘的西门呈对称分布，南北面阔 8 米，进深 7 米（图 26）。"园省"夯土台基东南部还发现有砖砌券顶排水沟等。烧窑位于"园省"南墙以南区域，应为陵园建造时临时设立，呈马蹄形，被废弃后作为兽骨坑，发现多具狗的骨头。此外，在"园省"以南，还发现一兽骨坑，内有牛骨一具。"寝殿"为陵园内举行祭祀的大殿，"园省"则为守陵妃子、宫人的居住区，此次发现进一步明确了东汉陵园遗址的平面布局，对了解东汉陵寝制度具有重要意义。

曹操高陵位于安阳县西高穴村，2008～2009 年发掘。该墓平面为"甲"字形，是一座带斜坡墓道的多室砖室墓，规模宏大，结构复杂，主要由墓道、墓门、前后室和四个侧室构成。该墓虽遭盗掘，但仍出土了可复原文物 250 余件。种类有圭、璧等礼器；甲、剑、镞等兵器；灶、耳杯、托盘等陶器；以及刻铭石牌 62 块。石牌上刻有"魏武王常所用挌虎大戟"（图 27）、"挌虎短矛"等铭文。根据墓葬的形制、规模、出土遗物、石牌铭文、墓主骨骼，以及历史文献的相关记载，专家们一致确认该墓就是魏武帝曹操的高陵。2006～2008 年发掘的安阳县固岸墓地，清理出北朝墓葬 150 余座，出土随葬品 750 多件。其中 M57 葬于东魏武定五年（547 年），墓室内随葬一座围屏石榻，石屏内壁雕刻有精美壁画，内容为孝子图等内容。大部分墓葬保存完好，出土有完整的器物组合（图28），为研究东魏、北齐墓葬提供了分期断代标准。

唐宋时期考古也是河南的重头戏，主要是对唐宋洛阳城址、粮食仓储遗址和多处瓷窑手工作坊遗址等进行了考古发掘工作。隋唐洛阳城是隋唐两代东都城址，由郭城、皇城、宫城等组成，宫城和皇城建于地势较高的郭城西北隅。应天门为宫城的正南门，始建于隋炀帝大业元年（605年），重建于唐高宗显庆元年（656年），是一座由门楼、垛楼、阙楼及其相互之间的廊庑连为一体的"门"字形巨

图27　魏武王石牌（安阳曹操高陵出土）

图28　陶俑（安阳固岸M51出土）

图29 洛阳回洛仓206号仓窖

大建筑群，规模恢弘，气势壮观。应天门遗址的发现，对研究隋唐东都城门建制特点提供了珍贵资料。为配合中国大运河"申遗"，2011～2014年对隋代黎阳仓遗址和回洛仓遗址进行了较为全面的考古调查、勘探与发掘，基本上掌握了两处仓城遗址的范围、道路、仓窖、管理区等总体布局以及漕运相关的情况。隋代回洛仓遗址位于洛阳市瀍河区瀍河乡，已确定的仓窖数量达到220座，推测整个仓城仓窖的数量在700座左右，远超文献记载中的数量。目前已清理出完整的仓窖4座，仓窖均呈口大底小的圆缸形，窖口直径约10米，底径7米，窖深7～9米（图29）。在清理的第56号仓窖内出土有一块阴刻有"大业元年"四字的砖块，推测回洛仓废弃不晚于初唐。隋代黎阳仓遗址位于浚县城关镇东关村，黎阳仓城依山而建，已探明储粮仓窖84个，发掘清理3座。经过对窖内近底部残存的粮食遗存初步检测分析，其为粟、黍等谷物遗存。作为代表隋代不同类型的大型国有粮仓——回洛仓和黎阳仓遗址的同时发掘，全面揭示了我国古代地下储粮技术完备时期的特大型官仓概貌和储粮技术水平以及储粮的种类，提供了隋代运河开凿和利用的珍贵实物证据。

洛阳宋代衙署庭园遗址发掘于1992年，东西两侧是2条长廊，两廊中部有一条连接二者的东西向花砖路。花砖路中部有一东西向门楼基址，门址北侧与一条南北向的夯土墙相接，将庭园分为东西两部分。西部有一花榭，在花砖路南侧有一长方形蓄水池和两座并排的殿亭基址。衙署门址位于庭园以南40米处，由地栿石、门扉结构、车道和踏道组成，应属于宋《营造法式》中所述的在地栿石之上立有排叉柱的"过梁式"木构门洞。出土有大型陶建筑脊饰（图30）、套兽及陶瓷器等重要遗物。这是古代城市中首次发现的宋代园林，为研究宋代大型官府衙署的园林建筑布局提供了重要参考资料。

河南也是中国古代瓷器的重要生产区，先后在25个市县发现319处古代瓷窑遗址，位居全国各省区古瓷窑址数量的前列。宋代河南制瓷业达到高峰，"汝、官、哥、定、钧"五大名窑河南占其一半，其中汝、钧和北宋官窑均在今河南境内。汝窑作为中国陶瓷史上最负盛名的瓷窑之一，长期以来备受人们的关注。1987年第一次试掘，发现典型的御用汝瓷10余件，遂将宝丰清凉寺瓷窑址确定为汝窑遗址。2000年第六次考古发掘，在清凉寺村内搬迁四户村民，发现窑

图 30　脊饰（洛阳北宋衙署庭园遗址出土）

图 31　宝丰清凉寺汝窑窑炉与陶瓷遗迹

图 32　钧釉莲瓣洗（禹州神垕镇钧窑址出土）

炉 15 座和作坊 2 处（图 31），出土了一大批比较完整的汝窑瓷器、窑具和模具，终于找到了汝窑的中心烧造区，揭开了汝窑青瓷的烧制之谜。2001 年在禹州市神垕镇的刘家门、河北地等窑址进行了考古发掘，清理出窑炉遗迹 8 座和石砌澄泥池 3 处，出土唐宋金元时期完整和可复原器物数千件（图 32），进一步确定了钧窑瓷器的烧制历史和始烧年代问题。这里清理的 1 号窑炉是一座土洞式长形双室窑炉，在前后室的南壁底部各开有 3 个添火孔，在窑室尾部是一个圆形大烟囱。此种窑炉既不同于北方常见的馒头窑，也不同于南方的龙窑，为目前所仅见的一种烧瓷窑炉形制。

2014年河南省考古学研究综述

2014年是河南考古学的丰收年，考古新发现惊喜不断，考古学研究硕果累累，科技考古继续蓬勃发展，文物保护水平全面提升。由洛阳市文物考古研究院主持发掘的新安县汉函谷关遗址被评为"2013年度全国十大考古新发现"，使我省的全国十大考古新发现数量升至40项，继续冠居全国各考古单位榜首。由河南省文物考古学会、《华夏考古》编辑部主办的"河南省五大考古新发现"，自2008年举办以来已进入第六个年头。舞阳贾湖新石器时代遗址第八次发掘、新安县汉函谷关遗址、汉魏洛阳城宫城四号建筑遗址、洛阳衡山路北魏大墓和禹州神垕建业钧都新天地钧窑址，入选"2013年度河南省五大考古新发现"。洛阳市文物考古研究院史家珍等主编的《洛镜铜华：洛阳铜镜发现与研究》被评为全国文化遗产十佳图书。

一、考古发现令人惊喜

2014年，我省全年完成灵井许昌人遗址、濮阳戚城遗址、郑州市东赵遗址、洛阳汉魏故城遗址、隋代回洛仓遗址、开封北宋东京城新郑门遗址等近30项主动性项目的考古发掘工作，完成发掘面积20000余平方米。完成了省内公路、输油输气管线、工业集聚区等17个重点建设项目和郑州、洛阳、安阳、新郑等城市建设的文物保护工作，发掘文物点170余处，完成发掘面积近80000平方米，发掘墓葬近5000座。上述考古工作有效服务了全省经济建设，为打造华夏历史文明传承创新区提供资源储备和智力支持。

近年来，我省旧石器考古工作取得重大进展。2004年，郑州市文物考古研究院与北京大学考古文博学院、泥河湾盆地旧石器考古队合作开展了旧石器专题调查工作。调查范围集中在郑州市区西南及新密、登封南部，新发现旧石器文化遗存近20处。旧石器晚期石核工业遗存的发现，是本阶段调查的重要收获。河南省文物考古研究院发掘的灵井许昌人遗址又有重要发现，新出土了27块古人类头骨化石断块，化石断块有完整的枕骨、部分顶骨、眉脊、面骨和颅底骨等。这批新发现的古人类头骨化石，分布在9号探方西部约3平方米的范围内，与2007、2008年度发现的"许昌人1号头骨"化石相距较近，属同一地层，地层年代经测定距今10万年左右。经中国科学院古脊椎动物与古人类研究所专家现场观察，确认是一个新的古人类头骨，可称为"许昌人2号头骨"。

新石器时代和夏商周考古是河南考古的重头戏。濮阳戚城龙山时代城址考古取得了阶段性成果。戚城龙山时代城址叠压于晚期城址之下，两座城址大体重合，略有错位。戚城龙山时代城址东西长约420米，南北宽约400米，面积近17万平方米。以发掘的东墙南段探沟1为例，城墙顶宽约14.3米，底宽约28.5米，残高约3.05米。城墙结构分主墙体和内护坡两部分。城墙筑法上采用版筑、夯筑和堆筑等筑法，夯窝直径5厘米左右，为集束棍夯。2014年10月，"濮阳与华夏文明学术研讨会"在濮阳市召开，与会专家依据文献记载和上古传说，同属"三皇五帝"的颛顼、帝喾及舜等活动区域均与濮阳有关。戚城龙山时代城址的发现、发掘与研究再次表明，以濮阳为代表的豫东北地区是探讨中原文明起源与发展的不可忽视的一个重要区域。

东赵遗址位于郑州市西郊的高新区沟赵乡赵村南，处于夏商文化分布核心区域。2012年10月～2014年12月，北京大学考古文博学院与郑州市文物考古研究院联合对东赵遗址进行了连续性考古发掘与勘探，确认东赵遗址存有大、中、小三座城址。其中，东赵遗址小城为郑州地区嵩山以北发现的第一座确认的新砦期城址，该类遗存的发现，对解决新砦期文化面貌、性质及归属问题会有极大帮助。东赵遗址中城是为数不多的二里头时期城址，内涵丰富，城内发现集中成片的圆形地穴式遗存，坑内发现完整的猪骨架、石铲、未成年人骨架、龟壳等，初步判断为祭祀遗存。此外，还发现一出土卜骨的祭祀坑，这是目前发现的夏代后期单个遗迹出土卜骨最多的，对研究夏代后期的占卜制度具有重要意义。在遗址南部发现商代早期大型建筑遗迹，面积达3000平方米，由此推断东赵遗址为商代早期郑州商城西部一处重要聚落。东赵遗址还发现有两周时期文化遗存，特别是东周时期大型城址及丰富的西周遗存的发现，为郑州地区两周封国及历史变迁提供了新材料。

洛阳市文物考古研究院在伊川县徐阳墓地抢救性发掘了1座古墓葬和1座车马坑。M1规模较小，长3米，宽2.5米，深6米，出土陶鼎、豆、壶等随葬品。车马坑开口长7.55米，宽5.95米，深2.8米，共有车6辆、马13匹，东西两排，南北并列。在车马坑东北角还发现牛头8个、羊头21个、牛羊蹄若干。在陪葬车马坑周围的台地上钻探发现同时期小型竖穴土坑墓200余座和疑似车马坑5座。通过出土遗物，可以判断徐阳墓地应为春秋中晚期。为探索徐阳墓地的性质，洛阳市文物考古研究院还对顺阳河流域展开了全方位考古调查，在宜阳县柏杨镇南留村东发现一座城址，确认为西汉陆浑县城所在。据调查，汉代陆浑县城遗址叠压在东周文化层之上，东周文化遗存在时空上与徐阳墓地相一致。西汉陆浑县城应为东周陆浑戎聚居之地，徐阳墓地车马坑中最多一辆车上有四匹马，与其陆子身份也相符合。此外，马匹和车辆的摆放形式，以及牛羊头蹄葬等都具有西部少数民族风格，而与洛阳东周车马坑存在较大的差异。

河南省文物考古研究院配合郑州名典房地产瑞景金座项目，在新郑市梨河镇三里岗村北共布10米×10米探方64个，发掘面积6400平方米。这是一处战国时期的制陶遗址，主要以烧制陶鬲、陶釜一类陶器为主。已发现陶窑20座、灰坑160余座、瓮棺葬7座、水井3眼。其中有4座较大的灰坑内堆放了大量烧制完好的红陶鬲（釜），推测应该是当时的储藏坑，专门存放烧好的成品。这处制陶遗址的发现，为研究战国时期韩国制陶作坊的布局以及当时的手工业分工提供了实物资料。

河南秦汉至唐宋考古工作，主要是对于古代城址、手工业作坊、仓窖、墓葬等的发掘与研究。2014年3至10月，河南省文物考古研究院和三门峡市文物考古研究所联合对三门峡大唐火电厂三期扩建工程内的古墓葬进行了抢救性发掘。共发掘古墓葬802座，其中战国至西汉早期秦人墓751座，东汉墓16座，唐墓3座，宋墓2座，明清墓13座，时代不详的墓17座。其中秦人墓是这次考古工作的重要发现，揭示了中小等级秦人墓地平面布局特点和规划理念。该墓地排列密集有序，几乎没有打破关系，应该经过详细规划。一条东西向宽7米左右的疑似神道的空档区，将整个秦墓区分为南北两个大区。北区是战国小型秦墓区，大多数为侧向洞室墓，极少数为长方形竖穴土坑墓，随葬品很少，推测是军人墓地。南区是秦代和西汉初的秦人墓，大多数为顺向的洞室墓，个别为长方形竖穴土坑墓，墓葬大小有别，既有较大的围沟墓，也有瓮棺葬。曲肢葬、蒜头壶仍是主要的秦文化特征，少数直肢葬墓可能是种属的不同而致。该墓地出土有大量随葬品，其中鼎、蒜头壶、鍪等铜容器154件，镜、带钩、戈、附件等小件铜器300余件，铁器200余件，各种陶器2500余件，还有少量瓷器和大量铜钱，为研究同时期墓葬文化提供了实物材料。

2014年6月，南阳市文物考古研究所对百里荣昌陶瓷城墓地进行了发掘，共发掘 12 座西汉墓。其中 M10 和 M12 均为"甲"字形竖穴土坑墓，两墓虽经盗扰仍出土了丰富的随葬品。M10 出土 40 余件随葬品，在墓室内出土了一枚高浮雕螭虎玉质印章，篆刻有"褚随"两字。M12 出土各种质地随葬品 150 余件，陶器主要有鼎、壶、盒、小壶、罐等；漆器主要有盘、奁盒、耳杯等；铜器有镜、剑、弩机、镞、车饰等；在南侧器物箱出土玉印 1 方，正反两面均刻有篆体印文，分别为"孔调"和"臣调"。特别值得一提的是 M12 出土的四神图彩绘漆棺保存基本完好，画面丰富精美，上面施有红、白两色彩绘。北侧绘有朱雀，东侧为白虎，南侧为玄武，西侧为青龙；棺盖上绘有阳乌和蟾蜍，主图四周绘有云纹加以修饰。M12 的墓主人应该为一个封秩千石或以上的地方官吏，与 M12 合葬的 M10 应为其家庭成员。这两座墓葬的考古发掘，为研究中原地区汉代历史文化的发展及随葬习俗、埋葬制度等提供了新的实物资料。

2014 年，中国社会科学院考古研究所洛阳汉魏故城队对太极殿东堂遗址进行了发掘，共完成发掘面积约 2700 平方米。东堂遗址位于汉魏洛阳宫城内中部偏西北处，西距宫城正殿"太极殿"14 米。东堂为一大型夯土台基建筑，平面为长方形，东西宽约 48 米，南北进深约 21 米，残存高度 0.6 米。台基外立面局部残存有白灰墙皮，在台基南侧设置有两条南北向的慢道，慢道两侧包砖。东堂夯土台基北侧，残存有一条东西向的铺砖道路，道路宽约 3.4 米，向西通过门址与太极殿院落连通。在道路北侧，为一大型廊房。廊房为以 1 米的夯土隔墙为轴线，南北两侧各出檐一间，进深 3.1 米，开间 3.9 米，目前发现东西共 12 间。廊房南侧为东堂建筑院落，北侧为另一院落；廊房西段又被一向北延伸的结构规模相同的另一廊房，分割为西侧的院落 1 和东侧的院落 2 两部分，从而构成一个既独立分割、又密切联系的建筑组群。汉魏洛阳城的"太极殿"，其始建年代可上溯至曹魏初年，历经西晋、北魏的修补和沿用，是中国历史上第一座"建中立极"的大型宫室。通过发掘，明确了太极殿是由东西两侧的东堂、西堂和居中的主殿为主，三座主体建筑的占地面积达 8000 余平方米，外围以回廊等附属建筑共同构成的一组规划有序、布局严谨、气势恢宏的大型建筑群，是汉魏洛阳城乃至于中国古代建筑体量最大的建筑群之一。

为配合中国大运河"申遗"，自 2011 年以来，河南文物考古工作者首次对隋代黎阳仓和回洛仓遗址进行了较为全面的考古调查、勘探与发掘。隋代回洛仓遗址位于洛阳市瀍河区瀍河乡小李村、马坡村西一带，回洛仓城平面呈长方形，东西长 1140 米，南北宽 355 米，仓城墙宽 3 米。仓窖成组分布，整齐排列，间距 10 米左右，已确定的仓窖数量达到 220 座，推测整个仓城仓窖的数量在 700 座左右，远超文献记载中的数量。目前完成发掘面积 4800 平方米，已清理出完整的仓窖4座、仓城内主要道路2条、仓城外北部道路4条、南部通往管理区的漕运沟渠1条。仓窖的形制结构相同，均呈口大底小的圆缸形，窖口直径约10米，底径7米，窖深7~9米。根据对仓窖底部采集的土样进行浮选和植硅石检测，确定143号仓窖存储的粮食品种为单一的"黍"。通往回洛仓管理区的南北向漕渠遗迹宽20~25米，深6.5米，渠壁斜直规整，人工开凿的痕迹明显。在清理的C56仓窖内出土有一块阴刻有"大业元年"四字的砖块，推测回洛仓废弃不晚于初唐。

隋代黎阳仓遗址位于浚县城关镇东关村，黎阳仓城依山而建，平面近长方形，东西宽260米，南北残长300米。在仓城北中部发现一处漕运沟渠遗迹，口宽约8米，渠的南端发现有砖砌残墙遗存。目前已探明储粮仓窖84个，口大底小，皆为圆形；口径大小不一。完成发掘面积3000平方米，已清理3座隋代仓窖。在已发掘的窖口周围均匀分布有柱础，其中C18窖底中心有中心柱础遗迹。经过对窖内近底部残存的粮食遗存初步检测分析，其为粟、黍等谷物遗存。作为代表隋代不同类型的大型国有粮仓——回洛仓和黎阳仓遗址的同时发掘，全面揭示了我国古代地下储粮技术完备时期的特大型官仓概貌和储粮技术水平以及储粮的种类。回洛仓展示了隋代都城具有战略储备和最终消费功能的大型官仓储粮规模和仓窖形制特征等，黎阳仓则显示出依托大运河而具有中转性质的大型官仓的性质特征，两处仓储遗址也为中国大运河成功"申遗"提供了隋代运河开凿和利用的珍贵实物证据。

2014年，河南省文物考古研究院继续实施国家大遗址保护项目——北宋开封东京城新郑门遗址考古发掘，完成发掘面积2000平方米，已清理至北宋时期城门遗存。新郑门门址平面呈长方形，东西长160米，南北100米，为带有瓮城的"直门两重"结构。门址城墙现存宽度约20米，高度4米左右。目前一期发掘区域应为城门北半部，最深处距地表约8米，先后揭露2层淤泥层和5层不同时期的文化层，发现并清理了宋金元明清不同时期的大量遗存，其中包括房屋基址8座、院落基址6处、道路11条、水井1眼、农田1处、手工业作坊1处、灰坑69个、夯土台基1处、城墙1处。出土陶、瓷、玉、石等各类器物和标本1000余件，为研究开封地区环境变迁及城市发展历史提供了珍贵资料。

安阳市文物考古研究所对滑县西班牙小镇住宅小区项目进行了考古发掘，共发掘墓葬13座，类似于手工业作坊遗址一处。遗址发掘面积约540平方米，从东至西大致可分为院1、院2两个区域，院2又可分东、中、西三个部分。共发现房屋21间，从院3经F12、F13，有一条东北向通入F11的砖铺小路L1。从F18门道向西，也有一条砖铺小路L2，路南有两个方形小池，路西端连接一个通向西小池的沟，沟两边有单层竖砖。该建筑房间交错纵横，互有关联，推测似为半截墙体、半开放的棚户式建筑。房间有大有小，而且屋内有水井、有池、有烧造痕迹，有加温房间，而且房间内出土有几件大瓮，还有多件陶罐、瓷壶、瓷碗、瓷罐。由此推测，这些建筑不应是日常居住用房，而可能为宋代初期的一个中型手工业作坊遗存。

洛阳运河一号、二号古沉船遗址位于偃师市首阳山镇义井村南侧，地处原隋唐洛阳城漕渠（通济渠）故道上，也是汉魏洛阳城阳渠南枝的一部分，是汉魏和隋唐时期漕运河道的重要组成部分，由洛阳市文物考古研究院发掘。一号古沉船东西长 20.15 米，宽 3.5 米，船体残存最高处 1.42 米左右，船身最大高度 1.08 米。船内设 12 道隔板，与首尾封板共将船体分隔为 13 个舱室。经碳 14 初步测定，沉船时代为清代，为典型的内陆客货两用船。二号船位于一号船东南，侧翻放置，现存残长 10 米左右，残高 1 米左右，船体结构与一号船基本相同，在二号船东北 2~3 米外出土粗瓷坛、罐、锡壶等遗物。

二、科技考古方兴未艾

近年来，多学科联合研究已成为考古学界的共识，整合人文社会科学与自然科学研究力量，以拓展考古研究的深度与广度。将多种科技采样、检测、分析与研究运用于田野考古工作，拉长研究链条以保存和获取更多有效信息，全面提升综合研究成果。2014 年，河南省文物考古研究院动物考古实验室制作现生动物骨骼比较标本 40 具；完成了"动物考古标本数据库"网络平台的基本建设工作，录入现生动物骨骼比较标本数据 2 万余条；购置了"德国 GOM 非接触式三维扫描仪" 1 台，三维扫描 20 种动物的头骨。该院在抢救性发掘三门峡大唐火电厂古墓葬时，除传统的科学发掘清理外，为了研究秦文化内涵和汉民族形成等重要课题，同时进行了体质人类学、DNA、古人寄生物、古人食性、动物考古、金属文物保护、漆木器灰痕保护等多学科样本的及时提取与现场鉴定，获取了数以千计的相关标本，为后续研究提供了物质基础。

河南省文物考古研究院与北京科技公司合作，利用该院多旋翼飞行器，积极探索低空摄影测绘技术在考古中的运用。对河南焦作府城遗址进行了低空摄影测量，测绘区域面积为 12 万平方米。同时，将航拍飞行器所拍摄的影像进行专业的技术处理，快速高效的获得了该遗址的丰富的数字化地形成果，达到了预想中的效果。洛阳市文物考古研究院在考古发掘回洛仓工作中，十分重视现代科技手段在考古发掘中的运用，积极采用各种现代科技手段，对所发掘出的各种遗迹现象进行多学科的综合性研究。对清理出的木质灰痕、青膏泥、炭化的草秆、仓窖内的淤土层堆积等各种遗迹遗物的标本进行科学的采集，为开展各种综合性研究提供实物。

2014 年，河南省文物考古研究院文物保护实验室鸟枪换炮，新搬入河南省文物局南调办文物整理基地的 1、4、5、6 层，计建筑面积 1100 平方米。通过购置相关科研设备，重点建设成 3 个规范化保护研究实验室及 3 个文物保护修复标准化工作室，大大提升了实验室功能和文物保护水平。全年在如期举办两期"河南省青铜文物保护修复培训班"的同时，为省内多个考古项目编制文物保护修复方案，实施多项保护修复工作；并圆满完成了南京大报恩寺出土干缩变形阿育王塔的复原研究前期工作，进一步提高了河南在木质文物保护领域的知名度和影响力。

南阳百里荣昌陶瓷城墓地彩绘漆棺发现以后，南阳市文物考古研究所及时邀请省内外文物保护专家进行现场论证，制订科学的文物保护方案，将漆棺进行整体套箱提取，移入室内进一步清理保护。鉴于漆棺保存的完整性及棺内文物的未知性，他们委托专业公司采用 3D 扫描和红外照相技术，对彩绘漆棺的相关信息进行完整记录；又邀请中国文化遗产研究院相关专家，用 X 光探伤技术对棺内的文物分布及材质进行探测，为 M12 的彩棺和出土物的后续科学保护打下了坚实基础。

三、学术研究成果丰硕

2014 年，河南考古学研究喜获丰收，计出版《洛阳五女冢遗址——田野考古发掘报告》《二里头：1999—2006（全五册）》《登封南洼——2004—2006 年田野考古报告》《安阳大司空——2004 年发掘报告（上下册）》《平顶山黑庙墓地》《辉县汉墓（一）》《洛阳朱仓东汉陵园遗址》《隋唐洛阳城 1959—2001 年考古发掘报告（全四册）》《洛阳红山唐墓》等考古发掘报告多部；《仰韶和它的时代——纪念仰韶文化发现 90 周年国际学术研讨会论文集》《夏商都邑与文化二：纪念二里头遗址发现 55 周年学术研讨会论文集》《河南考古文集（五）》《淅川楚国玉器精粹》《河南古代壁画馆壁画品鉴》《中国登封窑》等图书；《感悟考古》《夏商周考古探研》《郑州商城与早商文明》《中原先秦城市防御文化研究》《中华文明本源初探》《明代周藩王陵调查与研究》《何以中国——公元前 2000 年的中原图景》《话说安阳曹操高陵——发现曹操墓》《方孝廉考古文集》《黄明兰考古文集》等 10 余部个人专著。尤其是偃师市二里头、隋唐洛阳城、登封市南洼遗址、安阳大司空遗址等考古报告的问世，极大地丰富和深化了中国考古学研究成果。

中国社会科学院考古研究所、仰韶文化博物馆编著的《仰韶和它的时代——纪念仰韶文化发现90周年国际学术研讨会论文集》，2014年1月由文物出版社出版。本书系2013年在三门峡举行的仰韶文化发现九十周年纪念大会暨国际学术研讨会论文集，收录了国内学者的论文十余篇。内容涵盖仰韶文化发现历史、聚落、玉器、彩陶研究，安特生的学术贡献，以及制陶工艺的探究等，进一步促进了仰韶文化的深入研究。中国社会科学院考古研究所编著的《夏商都邑与文化二：纪念二里头遗址发现55周年学术研讨会论文集》，2014年10月由中国社会科学出版社出版。该书收录了2014年"纪念二里头遗址发现55周年学术研讨会"参会学者的论文32篇，内容涉及学术史、夏商都邑布局与内涵、铜玉礼器的生产与消费、早期都邑的多学科整合研究以及青铜文化间的交流互动等，集中体现了近年来最新的考古及多学科的研究成果。

洛阳市文物考古研究院编著的《洛阳五女冢遗址——田野考古发掘报告》，2014年5月由中州古籍出版社出版。洛阳五女冢遗址发掘于2010~2011年，文化内涵十分丰富，包含有新石器时代仰韶文化中晚期、商代早期、战国和汉代等各时期文化遗存。该报告系统地对上述各期遗存进行了分期和研究，对研究洛阳地区的古代历史文化具有重要价值。尤其是对本遗址仰韶文化进行了深入的分析，将仰韶文化划分为三期，总结出了各期文化的特征，并将各期文化与周邻地区诸遗址中的仰韶文化遗存进行了对比，对它们之间的相互关系进行了深入的探讨。

2004年国家"十五"重点科技攻关项目"中华文明探源工程"正式启动。河南作为中华文明的中心区域，已有多处规模大、等级高的中心性城邑被列入探源工程研究项目，如灵宝西坡、登封王城岗、禹州瓦店、新密新砦、偃师二里头和郑州大师姑遗址等。中华文明探源工程迄今已经进行到第四期，明年将是收官之年，因此一批综合研究成果相继问世。中国社会科学院考古研究所编著的《二里头：1999—2006（全五册）》，2014年10月由文物出版社出版。该书是考古工作者历时七年调查发掘，历时八年整理，对近9000平方米内所获遗存资料进行分析梳理、有序编排的大型报告。作者群除中国社会科学院考古研究所二里头队的考古学者外，还包括来自国内外大学、研究所的多学科专家学者，参与人数约80余人。联合展示以考古学材料为主，兼及其他学科提取相关信息的综合研究成果，为未来报告的编辑及采用现代科技获取更多田野考古信息提供了新的范式。

由郑州大学历史文化遗产保护研究中心编著的《登封南洼——2004～2006年田野考古报告》，也曾列入中华文明探源工程研究项目，2004年10月由科学出版社出版。登封南洼是一处分布在二里头文化中心区的重要遗址。郑州大学历史文化遗产保护研究中心对该遗址进行了五次连续的考古发掘，揭露面积2000余平方米，发现了包括环壕、房址、水井、陶窑、灰坑和墓葬在内的众多二里头文化遗迹，出土了包括青铜器和白陶在内的大量文化遗物。同时，发掘工作还收集了较多的人骨和动植物标本。这些新鲜的第一手资料，对于从多方面深入开展二里头文化的研究，无疑具有十分重要的学术价值。本报告对于早期青铜器的金相和能谱分析、人骨资料的鉴定与分析、白陶原料来源和制作工艺的研究、动物的统计和人类肉食来源分析、植物构成与产业经济分析等，都不同程度地增加了发掘资料的信息量，为全面研究二里头文化时期的社会、经济和生活奠定了基础。

中国社会科学院考古研究所编著的《安阳大司空——2004年发掘报告（上下册）》，2014年5月由文物出版社出版。安阳大司空遗址位于洹河东岸，与小屯宫殿区隔河相望。2004年配合豫北纱厂旧厂改造进行基建发掘，揭露面积近万平方米，发现大规模的夯土建筑基址、数百座灰坑、窖穴、水井、墓葬、车马坑等商代遗迹。其中M303规模较大、保存完整，且出土成组的陶器和数十件青铜礼器。该考古报告科学系统地报道了这批珍贵资料，为研究大司空遗址的形成过程、空间布局、邑聚结构、建筑方式、墓葬制度及商代的各种社会关系等提供科学的依据。

本年度，南水北调中线工程文物保护项目河南省考古发掘报告先后出版了第13号和14号，即河南省文物局编著的《平顶山黑庙墓地》和《辉县汉墓（一）》，均由科学出版社出版。《平顶山黑庙墓地》系统地介绍了平顶山市黑庙墓地第三发掘区的54座汉墓、1座清墓和两个汉代灰坑的相关资料，对于研究汉代社会以及汉代丧葬文化有一定的学术价值。河南省文物考古研究院与辉县市博物馆在南水北调中线工程辉县境内的庞村、张雷、赵雷和金河小屯墓地共发掘墓葬86座，其中以汉墓为主。《辉县汉墓（一）》通过对这些墓葬的形制、出土器物的介绍和分析，阐述这四处墓地的葬俗特点与规律，探讨其反映的文化现象。洛阳市文物考古研究院编著的《洛阳朱仓东汉陵园遗址》，2014年3月由中州古籍出版社出版。朱仓陵园遗址为东汉帝陵分布区之一，本书分别介绍了朱仓四个陵园墓冢布局、地层关系、建筑遗址、出土文物的基本情况，有助于了解东汉帝陵形制及相关合葬、陪葬、玉衣等制度。

中国社会科学院考古研究所编著的《隋唐洛阳城1959～2001年考古发掘

报告（全四册）》，2004年11月由文物出版社出版。本报告汇集了四十余年来三代考古工作者田野考古发掘成果，内容涵盖城墙、城门、街道、里坊、宫殿、园林、水系等，包括了宫城正殿明堂、九洲池、上阳宫、白居易宅院等一批重要遗址，为隋唐洛阳城的复原研究提供了确切位置，起到了坐标点的作用。作为隋唐洛阳城遗址第一部综合性考古报告，对研究隋唐时期的都城制度、建筑艺术、都市生活等方面具有重要的史料价值，将有力地推动隋唐洛阳城的全面研究。洛阳市文物考古研究院编著的《洛阳红山唐墓》，2014年7月中州古籍出版社出版。2009~2011年洛阳市第二文物工作队在洛阳市红山乡先后发掘了五座唐代墓葬。其中显庆元年（656年）洛州刺史贾敦颐墓和咸亨元年（670年）潭娥县丞张文俱墓，填补了洛阳地区以往发掘过的唐墓中无初唐纪年墓的空缺，为唐墓分期断代提供了确切依据。随葬器物中的陶瓷器、陶俑等，提供了一批可资借鉴的标准器，为研究当时的物质文化、丧葬礼仪、生活习俗等具有重要的研究价值。

北京大学教授、夏商周断代工程首席科学家李伯谦先生是河南荥阳人，2014年7月上海古籍出版社出版了他的《感悟考古》一书。这是作者的第三部论文集，多是有关方法论和考古理论方面的研究成果。其中既有站在宏观角度对考古学某个方面的即兴发言，也有通过爬梳考古材料就具体某个案例的解析，是作者对于中国考古学整体思考的重要组成部分。书中不少文章涉及河南考古学，尤其是《传承华夏文明，共迎民族复兴——从河南省重大考古发现谈起》一文，更是近年为河南省文化厅干部所作的专题演讲，全面评述了河南在中华文明发展长河中的重要地位。北京大学教授刘绪先生的《夏商周考古探研》著作，2014年8月由科学出版社出版。该书内容大致分为四个方面，其中夏与商文化研究占有三分之二的篇幅，均与河南考古学有关。夏文化研究涉及夏与夏文化的年代、夏文化的特征以及与商文化的关系；商文化研究涉及夏商文化分界的探讨、西亳说存在的问题、早商文化的推断及商文化分布四域的考察等，倾注了作者数十年来进行学术研究的心血和对于夏商周考古的深入思考。

许宏的《何以中国——公元前2000年的中原图景》，2014年3月由三联书店出版。许宏是中国社会科学院考古研究所二里头考古队的第三代队长，近年来他除了继续主持考古发掘，出版《二里头：1999—2006（全五册）》之外，还致力于公众考古学的宣传普及工作。"何以中国"是对最早的中国如何产生的追问，向读者讲述公元前2000年左右中原发生的一系列事件。这是作者继2009年出版《最早的中国》后又一部公众考古学读物。通过陶寺遗址的兴衰、嵩山地区文化的星罗棋布、新砦遗址的崛起等，最后集中阐述二里头遗址，进而解析中国第一个王朝——夏王朝的诞生。

郑杰祥著的《郑州商城与早商文明》，作为中华之源与嵩山文明研究系列丛书之一，2014年9月由科学出版社出版。该书根据现有考古资料、参考文献记载和古文字资料，对郑州商城作为商代王都亳邑的性质作了进一步的论述。他认为以郑州商城为中心的二里冈文化，其文化内涵是以商族文化为主体，融合当时各族文化特别是夏文化的精华，不断创新发展，从而形成了初步繁荣的早商文明，推动着我国早期文明进入一个新的历史阶段。张国硕著的《中原先秦城市防御文化研究》，为国家社科基金后期资助项目，2014年7月由社会科学文献出版社出版。该书在深入探讨先秦城市的发现、属性以及发展阶段的基础上，对这一时期城市的防御设施种类及建造技术、防御体系的构建与演变、防御文化模式、中原与周边城市防御文化比较、中原城市防御文化资源的开发利用等课题，进行了全面系统的分析和研究。

河南省文物考古研究院出版了《华夏考古》1~4期，河南博物院出版了《中原文物》1~6期，洛阳市文物考古研究院出版了《洛阳考古》1~4期，郑州市文物考古研究院与河南省炎黄文化研究会合作，成为《黄河 黄土 黄种人·华夏文明》的出版方。全省文物考古研究人员在《考古学报》《考古》《考古与文物》《人类学学报》《文物》《华夏考古》《中原文物》《大众考古》等专业刊物，共发表学术论文或考古简报100余篇，涉及河南考古学上迄旧石器时代、下至元明时期的各个历史阶段专题。

（原刊于《2015河南社会科学年鉴》，河南人民出版社，2015年）

2015年度河南省考古学研究综述

2015年是河南考古学的又一个丰收年，考古发现不断涌现，科学研究成果迭出，科技考古继续发展，文物保护全面推进。2014年度全国十大考古新发现于2015年4月在北京揭晓，我省郑州东赵遗址和隋代回洛仓与黎阳仓粮食仓储遗址两项成功入选，至此我省获得全国十大考古新发现殊荣的项目总数已达42个，位居全国首位。濮阳戚城龙山时代城址、郑州东赵遗址、南阳市百里奚路西汉木椁墓、汉魏洛阳城太极殿东堂遗址、隋代回洛仓与黎阳仓遗址，入选由河南省文物考古学会、《华夏考古》编辑部主办的"2014年度河南省五大考古新发现"。多个大型学术研讨会的依次召开，进一步促进了河南考古学研究的深入开展，也大大提升了我省在国内外学术界的知名度。

一、重要发现精彩纷呈

2015年，我省全年完成灵井许昌人遗址、淮阳县平粮台遗址、信阳城阳城八号墓、洛阳汉魏故城遗址、洛阳邙山东汉帝陵等20余项主动性考古项目，抢救发掘了禹州市大吕墓地、伊川县徐阳墓地、巩义东区唐宋墓等一批古墓葬，完成发掘面积30000余平方米。开展了信阳出山店水库、灵州至绍兴特高压工程、孟平铁路增建二期工程、中原油田至开封输气管道、郑州机场至西华高速二期工程、中核新能源叶县马头山风电场等10余个重点建设项目和郑州、洛阳、安阳、新郑等城市建设的文物保护工作，发掘文物点近百处，完成发掘古代遗址和墓葬面积近50000平方米，获得了一大批考古实物资料。上述考古工作有效服务了全省经济建设，为打造华夏历史文明传承创新区提供资源储备和智力支持。

河南地处旧石器时代文化南北交汇区域，近年来迭有重要考古发现。灵井许昌人遗址,曾以出土 2 颗基本完整的古人类头骨而闻名。2015 年度的考古发掘由河南省文物考古研究院和中国科学院古脊椎动物与古人类研究所共同完成,于 5 月首次发现 2 块古人类肢骨化石。肢骨中一件为左侧股骨远端后面残片,另一件为左侧股骨近端残段,股骨头的骨松质已部分缺失,上面齿痕可能是古人类留下的。这两件古人类化石均属未成年个体,是自 2005 年发掘以来首次发现的肢骨化石。这次发掘还出土一件顶骨化石断块,其形状与 2014 年发现的"许昌人 2 号头骨"接近。新发现的古人类头骨化石,同属于灵井许昌人遗址第 11 层,地层年代经测定为距今 10 万年左右。与以往的发现相比,今年的发现尤为重要:首次出现了古人类头后骨化石,可以更有条件破解古人类的进化密码;在第 11 层还发掘出土了 1000 多件哺乳动物化石和加工精美的石器,石器中小型手镐和钻具制作精致,左右对称,可代表本遗址石器制作的最高水平。

龙泉洞遗址 2 号洞位于栾川县龙泉山公园内庙坡上,2015 年在洞内发现了 2 处用火遗迹和 1 处灰烬层。出土标本 8500 余件,有动物化石、石制品、烧石、烧骨、水晶等。石制品原料以脉石英为主,有石核、石片、石器、断块、碎片等类型,体现了中国北方旧石器主工业的特点,属于简单石核石片技术传统,又具有旧石器时代晚期的时代特征。出土的动物化石种类有鹿、牛、羊、犀以及食肉类动物等。通过对该遗址的发掘,可以对古人类的行为方式进行更好的分析,能够比较清晰的了解古人类的文化面貌和人群之间的交流。

平粮台遗址位于淮阳县城东南四千米大朱庄村西南,1980 年曾在此发现了龙山时期古城遗址,具有重要的学术地位。为配合该遗址保护规划的实施和展示利用,河南省文物考古研究院于 2014 年底至 2015 年,再次对平粮台遗址开展科学的考古工作。此次发掘共揭露面积 1000 平方米,取得了重要收获。一是发现平粮台城址南门外的壕沟,残存宽度仅 5.2 米,深 1.5~1.7 米,较其他位置壕沟的 25 米宽明显变窄,推测可能是此处正对进出古城的南门,为了跨越的方便,这体现了古代先民科学的规划意识。二是在 20 世纪 80 年代发掘的南门卫房南部,发掘出龙山时期出城道路 1 条,宽 1.8~2.5 米,残存长约 9 米。道路东部即为排水沟,系南门卫房之间道路下陶排水管道穿越城墙后向外排水的沟渠。三是在平粮台城址南部新发现早晚两组龙山时期的陶排水管道,为我们形象的展示了平粮台龙山时期居民筑城、排涝、修补、维护等动态过程。四是发现龙山时期竖穴土坑墓葬 8 座,随葬陶器有罐、壶、觚形器和盆等,这些墓葬层位相同,排列整齐,应该是一处龙山时期的墓地。在以往的考古发现中,中原地区龙山时期墓地发现较少,此次发现对研究中原地区龙山时期的埋葬方式具有重要的学术意义。

河南是商周考古的重地。大吕墓地位于禹州市小吕乡大吕街一带，河南省文物考古研究院从 2013 年 9 月至 2015 年 9 月对该墓地进行了 2 次大规模钻探和发掘。共勘探约 15 万平方米，发掘 2640 余平方米，发现新石器遗址 2 处、大型商代聚落 1 处、商周汉代墓区 5 处，清理商、西周、战国、汉代等时期墓葬 19 座，出土有青铜器、玉器、石器、原始瓷器、陶器、蚌器等遗物近 300 件。其中，晚商时期聚落遗址面积约在 20 万平方米以上，已发掘灰坑 4 座、房址 5 座、仓窖 1 座和水井 1 眼。商代墓地已清理"甲"字形大墓 1 座，中型墓 2 座，车马坑 1 座。"甲"字形大墓墓道南向，长方形墓室，南北长 6 米，东西宽 4.16 米，残深 3.5 米，南部二层台上残存殉人 4 个。虽被盗一空，其规模之大，在河南除殷墟之外的商代墓葬中实属少见。陪葬该座大墓的车马坑为一东西向近方形竖穴土坑，长 3.62 米，宽 3.16～3.6 米，残深 0.8 米。内葬车 1 辆、殉人 1 个、马 2 匹，马骨上各有 1 套完备的青铜当卢、马衔、节约组带。其青铜车件和工具完备，殉人葬马齐全，是河南地区晚商时期除安阳殷墟外的首次发现。西周墓地大中小型墓葬均有，并发现 3 座车马坑，已发掘了大中型墓 7 座。大型墓 3 座，均为带南向墓道的大墓。墓室南部两角向外均有长方形大小不等的耳室，构成了平面近"早"字形的特殊墓形，均有棺椁葬具，头向南。耳室间设置有宽于椁室的宽大头厢。其中墓室最大的 M3 为男性墓，墓道略呈弧形，墓室长 4.4 米，宽 3.6 米，残深 2.28 米。M3 墓壁上还发现了鲜艳朱砂层，椁盖与周围二层台上有木质葬车的痕迹，车横处发现 1 枚大青铜铃。大中型墓的二层台上均发现有数量不等的殉人，最少的 2 个，最多的 5 个，基本上为年轻女性，没有葬具，遗骨被夯打致碎。一些殉人身上还陪葬有玉蝉、石项链等玉石器。大型墓均有腰坑，坑内各有 1 殉狗。随葬品主要放置在头厢和椁内北头。从已出土陶器特征上看，大型晚商聚落的时代大致为殷墟三期至四期前段，是一处重要的晚商遗址；商代高等级贵族墓地和葬俗特殊的西周早中期诸侯公族墓地发现较少，可能和早期许国或者吕国有关。

2015 年河南省文物考古研究院发掘的城阳城址八号墓，位于信阳市平桥区城阳城址保护区。从 20 世纪 50 年代起，该地区陆续发掘了 7 座大型楚墓，包括著名的长台关一号墓、二号墓以及七号墓。八号墓平面呈"甲"字形，坐西向东，由墓道、墓室两部分组成。墓道大致呈长方形，长 6～6.4 米，宽 3.2 米。墓葬全长 18.5 米，残存上口长 10.1～10.9 米，宽 9～9.4 米。墓室自上而下呈阶梯状逐层内收，共发现 5 级台阶。椁室平面呈长方形，由主室、前室、南侧室、北侧室以及北后室、中后室、南后室组成，总长 6.2～6.3 米，宽 4.8～4.9 米。前室虽然被盗严重，仍发现不少陶器和彩绘漆木器，陶器主要是陶鼎、方座簋，漆木器数量较多，有案、耳杯、豆、盒等。南侧室发现有床榻、竹席、木俑、木几以及铜镜、铜剑等，北侧室发现有木质车舆、弓、箭、箭囊、瑟，以及铜矛、铜戈、车軎、车辖等。南后室发现有陶方壶、圆壶、鉴等仿铜陶礼器，表面多施彩绘。中后室发现40余个荷叶包裹，以及雕刻木案、陶鬲、陶罐等。主室双棺双椁，墓主人头部及全身被织物敷裹，织物纹样依然可辨。南后室陶壶和陶鬲可确定为战国中期楚文化遗物，与7号墓的年代相当。其他诸如彩色髹漆竹席、长柄矛、耳杯、案、几等漆木器十分精美，特别是墓主人全身敷裹的织物，是河南地区战国时期楚墓的首次发现，在全国楚文化墓葬中也十分少见。

徐阳墓地位于伊川县鸣皋镇徐阳村，2013年发现。洛阳市文物考古研究院经过对徐阳村周围进行大面积调查，并对局部区域进行较为详细的勘探，已发现长方形竖穴土坑墓200余座、车马坑10余座、灰坑30余座、烧窑10余座，基本摸清了徐阳墓地的分布范围。2015年度的考古发掘清理墓葬2座和陪葬车马坑1座，出土一批具有东周时期特征的陶器、铜器、石器、骨器等遗物。2座墓葬均为东西向长方形竖穴土坑墓，口小底大，其中1座墓口长6.3米，宽5.4~5.15米，深8.5米。墓室西侧棺椁之间发现饰夔龙、蟠螭纹铜鼎、铜壶、铜簋和漆器痕迹。墓室东侧棺椁之间发现龙形纽夔龙、蟠螭纹铜镈钟、钮钟、石磬等随葬遗物。车马坑为长方形竖穴土坑，坑口东西长9.3米，南北宽8.8米。已清理发现车7辆、马3匹，北部发现马、牛、羊头蹄，排列规整，马头15个，牛头近30个，羊头28个。从徐阳墓地墓葬形制、陶器组合、铜器、骨器纹饰特征等推测徐阳墓地应为东周时期，陪葬车马坑中埋葬马牛羊头蹄的习俗，与春秋战国时期的西北地区戎人葬俗相似。发掘者认为徐阳墓地应为陆浑戎贵族墓地，车马坑属陆浑戎国君或高级贵族墓的陪葬。徐阳墓地的发现，证实了陆浑戎迁徙伊川的历史事件，是研究中原地区少数民族迁徙和融合的重要资料。

配合中核新能源叶县马头山风电场项目建设，河南省文物考古研究院承担了叶县马头山楚长城遗址的考古调查、勘探与发掘工作，共计发掘面积800平方米，首次掌握了"方城凹口"西侧山体上两道长城墙体的结构及时代，了解了马头山山顶上与楚长城相关的兵营遗址遗存。在兵营遗址的发掘中，出土了大量的铁锸、铁匕首、铁钁、铁铤、铜镞、铜戈等器物残件，以及大量的东周绳纹陶片；还清理两处与居住有关的建筑基址。此外，还在叶县保安镇后古城村勘探出东周城址一座，城址一百米见方，总面积约10000平方米。

洛阳作为中国历史上建都时间最长的古都，先后有夏、商、西周、东周、东汉、曹魏、西晋、北魏、隋、唐、后梁、后唐、后晋相继营都建国，历时1500多年。2015年考古工作者分别对汉魏故城、隋唐洛阳城、东汉帝陵、汉唐烧窑等进行了考古发掘，取得了重要考古发现。经过洛阳市文物考古研究院十多年的不断努力，洛阳东汉帝陵考古发掘又有新进展。根据史书记载，东汉12个皇帝中有11个葬在了洛阳。据近年来的考古调查及勘探，并结合史书记载，目前可基本确定这11个皇帝的帝陵共分布在两个区域。一个是邙山陵墓群的东汉帝陵区，即孟津县平乐镇朱仓村西部。另一个区域位于伊滨区，即南兆域东汉帝陵区。2015年度对邙山陵墓群东汉帝陵的发掘，以被推测为顺帝宪陵的朱仓M722陵园为主，发掘面积3500平方米，共发现"寝殿"东门、"园省"夯土台基、"园省"天井、烧窑、兽骨坑等遗迹。其中，"寝殿"东门与原发掘的西门呈对称分布，南北面阔8米，进深7米。"园省"夯土台基东南部还发现有砖砌券顶排水沟等。烧窑位于"园省"南墙以南区域，应为陵园建造时临时设立，窑炉呈马蹄形，被废弃后作为兽骨坑，发现多具狗的骨头。此外，在"园省"以南，还发现一兽骨坑，内有牛骨一具。"寝殿"为陵园内举行祭祀的大殿，"园省"则为守陵妃子、宫人的居住区，此次发现进一步明确了东汉陵园遗址的平面布局，对了解东汉陵寝制度具有重要意义。

新庄汉代烧窑遗址位于孟津县平乐镇新庄村东北部。2012年洛阳市文物考古研究院进行调查勘探时发现，共发现烧窑127座。2014年7月～2015年7月对该遗址进行试掘，发掘面积600平方米，发现遗迹包括完整烧窑3座、水井1处、沟3条、灰坑29个。三座烧窑均由通道、操作坑、窑门、窑室和排烟系统组成，窑室顶部为砖券穹窿顶。烧窑规模较大，单个窑室的面积均在9平方米左右，窑床至券顶的高度在3米以上。烧窑的使用时间较长，且发现有多次修补的现象。在发掘区的东部和南部，发现4处形状规整的长方形坑，可能与存放炉灰、澄泥、过滤等功能有关。出土遗物以建筑材料为大宗，仅出土少量的制陶工具和日用陶器。根据遗址出土的"建武二十四年"纪年陶臼，以及空心砖"大泉五十"钱纹，推测该遗址早在东汉初期就已投入使用；而戳印"建宁"年号的带字铭文砖，则将遗址的使用年代延续到灵帝时期。该窑址地处邙山东汉陵区，出土的砖瓦等建筑材料制作精良，规格较高，与朱仓东汉陵园遗址出土遗物基本可以对应，应是营建东汉帝陵所需建材的重要产地，是邙山东汉陵区内新发现的一处重要手工业遗存，它的发现丰富了东汉帝陵的文化内涵。

汉魏洛阳城宫城太极殿是曹魏至北魏宫城的中心正殿，是中国历史上第一座"建中立极"的宫城正殿，开创了中国古代宫室制度及都城布局的新时代。该遗址位于北魏宫城中部偏西北处，北距孟津县平乐镇金村约1千米，南距宫城正门阊阖门遗址460米。自2012年起，中国社会科学院考古研究所洛阳汉魏故城考古队启动了对以太极殿遗址为中心的宫城中枢区的全面勘察，明确了太极殿及周边附属建筑的规模形制、布局结构、保存状况和时代序列,取得了重要成果。2015年对太极殿西侧、太极东堂及周围地面、太极殿宫院进行了发掘,发掘面积共3000平方米。发掘取得了重大的收获。一是初步确定太极殿夯土台基东西面阔最大宽度为102.3米,南北进深约60米。二是对早期建筑遗迹的解剖发掘,在太极殿建筑周围的地面以下,解剖发现了大面积的铺砖地面,其时代应不晚于魏晋时期。铺砖地面之下,间隔有序分布着13个柱础石(坑)。东堂夯土台基北侧的铺砖地面成"凹"字形分布。基本确认了太极殿曹魏时期始建、北魏改建沿用、北周改造的时代序列,对曹魏时期太极殿的形制布局也有了崭新的认识。三是通过对太极殿所处的宫院布局进行了勘探和发掘,初步确定了太极殿宫院的四至。太极殿宫院是以宫城三号门址为其南端,太极殿遗址居于其中部北端,宫院的四周以大型的廊庑建筑围合。宫院东西面阔约340米,南北进深约310米,形成一个面积近10万平方米的巨大宫院建筑群。太极殿建筑群处在以三号宫门遗址为南门、大型廊庑建筑围合的大型宫院的北端居中位置,充分显示其择中而居、建中立极的政治权利中心地位,在中国古代都城发展史上具有里程碑的意义。

2014~2015年中国社会科学院考古研究所洛阳唐城考古队和洛阳市文物考古研究院在隋唐洛阳城南部区域进行了考古勘探和发掘,发现了明教坊西坊门、宁人坊东坊门、两坊门之间的定鼎门大街以及宁人坊东南区域内的部分夯土基址。与其他坊门相比,面朝定鼎门大街的坊门体量更为宏大。定鼎门大街最大宽度为141米,路土可分隋至初唐、盛唐、晚唐、宋、明清五期,由早至晚逐渐变窄。在宁人坊东南发现边长10.4米的方形夯土台基和南北宽7.8米、东西大于20米的夯土基址,其以西80米还发现有多个边长0.9米的方形磉墩,在这些夯土基址附近都发现有铜鎏金造像、石经幢、石刻等佛教文物。《唐两京城坊考》记载宁人坊内有龙兴寺,从这些夯土基址与出土文物来看可能与龙兴寺有关。

新街口烧窑遗址位于洛阳市瀍河西岸,西距新街约100米,属于隋唐洛阳城洛北里坊区范围内。2015年9~12月对该遗址进行发掘,发掘面积2350平方米,清理河道1条、夯土遗迹1处、砖瓦窑址32座等。32座烧窑均由操作通道、窑门、窑室和排烟系统组成,窑室顶均已坍塌。根据窑址位置、形制以及包含物的不同可分为两期:隋唐时期17座,烧窑形制大小基本相同,平面呈马蹄形,呈"一"字排列。其中北部8座窑址位于宋代窑址操作通道的下部。北宋时期15座,其中2座仅存火膛部分。余13座形制大小基本相同,平面均呈圆形,呈曲尺形排列。南北向10座,东西向3座,窑门外侧为一长方形操作通道,其底部有一条宽 0.3~0.9 米，深约 0.2 米的沟槽。在发掘区中部偏东，残存有码放整齐的长方形砖、踩踏痕迹以及平铺砖遗迹，应是与窑址相关的作坊遗存。此处窑址布局统一、排列整齐，遗址内出土有大量的隋唐及宋代时期的建筑构件砖瓦等，部分砖上戳印有"官"字，应为隋唐及宋代瀍河流域大型官营窑场的一部分，对研究隋唐及宋代时期洛阳城营建和修缮有着重要意义。

2015 年 5 月至 8 月，河南省文物考古研究院委托巩义市文物考古研究所对位于巩义东区的城市建设工地进行了考古发掘，先后清理唐宋时期墓葬数十座，出土了瓷器、三彩及单彩器、铜器、银器、陶器等重要文物。在这些出土文物中，尤以三彩或单彩的茶具以及绞胎器的发现更为重要。三彩或单彩的茶具出土于唐代中晚期之际的三座墓葬中。三座墓均为小型墓，由墓道、甬道和墓室组成，主要随葬品有瓷器、三彩及单彩器、铜器、铁器、石质墓志及墨书砖志等。唐代茶具的主要类型有三彩或单彩的风炉及坐俑、茶盘、茶碾、茶罐、执壶，还有瓷碗、瓷碟、瓷盏等，人物形象逼真，制作十分精致。绞胎器出土于唐代以及宋代早期的墓葬中，主要类型有枕、杯以及碗等。这些考古发现为推动唐代茶文化以及唐宋绞胎器研究提供了极为珍贵的资料，具有重要的学术价值。

二、学术会议递次召开

夏商周三代是中国历史上的重要时期，其中夏商周都城主要在河南地区，我省在夏商周考古工作中占据重要的学术地位。2015 年 11 月，由中国考古学会夏商考古专业指导委员会、河南大学历史文化学院主办的"中国考古学会夏商考古专业指导委员会 2015 年年会暨考古视野中的早商文化与先商文化论坛"在开封召开。本次文化论坛分为主旨发言及考古新发现、专题发言两个部分，北京大学李伯谦教授作了《发扬科学求真精神，进一步推进夏商考古研究》的主旨发言。与会学者分别介绍了焦作李屯、新乡王门、定陶十里铺及焦作安阳城遗址的考古新发现。本次会议是对以往关于先商、早商考古工作的一个阶段性总结，进一步促进了先商、早商相关问题的研究。

夏商周时期中原和周边地区交流融合、相互促进，奠定了中华文明形成和发展的基础。1955 年郑州商城的发现，标志着中国夏商周考古研究进入了一个新的时代。以韩维周、安金槐、邹衡先生为代表的老一代学者，为夏商周考古学研究和郑州商城的发现、研究作出了巨大贡献。为纪念郑州商城发现 60 周年，缅怀韩维周、安金槐、邹衡三位考古学家的治学精神和学术成就，进一步推动夏商周考古学研究，北京大学考古文博学院、河南省文物局、郑州中华之源与嵩山文明研究会于2015年7月在郑州联合举办"夏商周时期的中原与周边——纪念郑州商城发现60周年暨韩维周、安金槐、邹衡先生学术成就研讨会"。与会专家围绕夏商周时期中原与周边关系、郑州商城遗址的考古发现与研究等课题，进行了深入研讨，进一步深化了夏商周时期考古学研究的成果。为此，河南省文物考古研究院还出版了《郑州商城遗址考古研究》和《郑州商城陶器集萃》两书。《郑州商城遗址考古研究》收录了考古学界60年来对郑州商城遗址的重要研究文章44篇，全景式记录郑州商城60年考古发现和研究的历程。《郑州商城陶器集萃》收录郑州商城遗址考古发掘出土的洛达庙期、二里岗期和人民公园期的代表性陶器600多件，器类包括炊器、盛储器、酒器等，书前附有"郑州商城发现历程和出土陶器综论"的导言，集中展现郑州商城出土陶器的历史、艺术和科学价值。

湘鄂豫皖楚文化研究会成立于1981年，每两年召开一次年会。2015年11月，由湘鄂豫皖楚文化研究会主办，河南省文物考古研究院、河南博物院、信阳市文化广电出版局承办的湘鄂豫皖楚文化研究会第十四次年会在信阳召开。本次年会的主题有5项：楚文化考古新发现，楚文化的起源与发展，楚系墓葬研究新进展，楚文化聚落形态与社会组织研究，楚文化与其他文化关系研究。会议收到论文78篇，分别有河南、湖北、湖南考古学者在大会上报告了楚文化考古新发现；与会代表分别就楚文化考古新发现、楚文化综合研究、文献与古文字研究等开展专题学术讨论，相互交流最新研究成果，积极探索合作途径，推动了楚文化研究继续向前发展。

丝绸之路与大运河作为近年入选的两处世界文化遗产，是辉煌灿烂的中华文明的集中体现和卓越代表。前者以陆路东西沟通亚欧两大洲，后者以洛阳为中心，由水路贯通中国南北，又与海上丝绸之路相衔接。二者的有机结合促进了中原地区古代经济、文化、科技的发展与交流。2015年12月，由河南省科学技术协会、河南省文物局、郑州大学主办的"中原古代丝绸之路与大运河学术研讨会（2015）"在郑州召开。专家学者从各自的研究成果出发，对洛阳古丝绸之路、通济渠、永济渠的考古发现与研究成果进行了分析和讨论；对古丝绸之路和大运河两大世界文化遗产的保护与利用等进行了深度的剖析和研究；对古代丝绸之路上所见河南的特征与历史地位，中原地区隋唐大运河与海上丝绸之路的关系等也进行了交流和探讨。

为庆祝故宫博物院90周年华诞，由故宫博物院主办，河南省文物考古研究院等协办的"清淡含蓄——故宫博物院汝窑瓷器展"，于2015年9月至2016年8月在故宫博物院展出，并于2015年11月举办了汝窑国际学术讨论会。此次展出文物共计135件，其中有河南省文物考古研究院收藏的宝丰县清凉寺汝窑遗址和汝州市内张公巷窑遗址考古发掘品72件，宝丰县文物管理处收藏的北宋窖藏出土汝窑瓷器4件，力求较全面地反映传世和出土汝窑瓷器以及明清仿汝釉瓷器的整体面貌。从文献记载来看，汝窑为宫廷烧造瓷器的时间在北宋晚期，由于烧造时间短，致使流传至今的传世品不足百件。自1987年至2014年，河南省文物考古研究院已对位于清凉寺村的汝窑遗址进行了12次考古发掘，获得大量瓷器、窑具等标本，揭露出窑炉、作坊等遗迹，找到了烧造御用瓷器的中心区，为全面认识汝窑提供了重要实物资料。

三、学术研究成果丰硕

2015年，河南考古学研究成果迭出。由河南省文物局主编的南水北调中线工程文物保护项目河南省考古发掘报告进入收获期，陆续由科学出版社推出了《荥阳官庄遗址》《淇县黄庄墓地Ⅱ区发掘报告》《淇县西杨庄墓地、黄庄墓地Ⅰ区发掘报告》《卫辉大司马墓地》《淅川新四队墓地》等多部成果。尤其是《舞阳贾湖（二）》《元代靳德茂墓出土文物科技保护及其相关研究》等考古研究报告的问世，极大地丰富和深化了中国考古学研究成果。另外，还出版有《中华之源与嵩山文明研究（第二辑）》、《楚文化研究论集（第十一集）》、《古代青铜器修复与保护技术》、韩建业著的《早期中国：中国文化圈的形成和发展》、杜金鹏等著的《前世今生（偃师商城遗址考古与保护）》、阎铁成著的《重读郑州（一座由考古发现的创世王都）》、孔德铭著的《安阳墓志选编》等一批图书。

《舞阳贾湖（二）》由河南省文物考古研究院、中国科学技术大学科技史与科技考古系联合编著，科学出版社出版。本书是2001年考古发掘报告，全面、系统地报道了舞阳贾湖新石器时代遗址2001年第七次发掘的资料及研究成果。贾湖遗址是目前发掘面积最大、出土文物最为丰富的裴李岗时期文化遗址，在以往发掘中曾出土有八九千年的七孔骨笛、人工栽培稻米、龟甲刻划符号等重要遗物。2001年发掘共发现房基8座、灰坑83座、陶窑3座、兽坑2座，墓葬近百座，各种遗物数百件及大量动植物标本。全书分十八章，主要由资料篇、环境篇、经济篇、技术篇、聚落篇、思想篇和结语七个部分组成，在详细报道发掘所获丰富的遗迹遗物的基础上，继续进行动物考古、植物考古、农业考古、环境考古等领域的研究，同时还开展了食性、锶同位素、寄生虫等新的研究，为距今9000～7500年间中原地区和淮河流域人类生存策略及环境背景、聚落形态、人口交流和技术工艺等领域的深入研究,提供了新的珍贵资料和研究案例。

嵩山地区是中华文明,尤其是华夏文明起源的核心地区,在中国文明起源研究中占有重要的地位。嵩山地区在研究现代人起源、农业起源、文明起源这三大考古课题当中的重要作用日益被国内外学术界所认识。2013年10月,由中国社会科学院古代文明研究中心、中国社会科学院考古研究所聚落考古研究中心、郑州中华之源与嵩山文明研究会和郑州师范学院联合主办的嵩山文明与早期中国学术研讨会在郑州市召开。2015年出版的《中华之源与嵩山文明研究(第二辑)》,即是这次学术研讨会的论文集,共收入论文28篇,内容涉及"嵩山与中原""文化谱系与社会变迁""农业、手工业与社会"等多个方面,大大推进了嵩山文明的深入研究。

由北京联合大学韩建业著的《早期中国:中国文化圈的形成和发展》,2015年在上海古籍出版社出版。该书在丰富考古学资料整理和分析的基础上,提出早在公元前4000年左右的庙底沟时代就已形成早期中国文化圈或文化意义上的早期中国的观点,认为早期中国是有中心有主体的超稳定的多元一体结构,有着以农为本、稳定内敛、整体思维、祖先崇拜等基本特质,经历了跌宕起伏的连续发展过程。从新石器时代早期直到晚商的漫长时期,其早期中国文化中心主要在中原地区。本书运用了考古学、历史学、地理学、环境学等相关领域的成果进行综合研究,尤其是在考古学与传说资料的对应、文化的变化发展与人地关系互动方面的探索,从整个文明的演进过程进行梳理,观点新颖,脉络清晰。

偃师商城是中国夏、商王朝改朝换代的界标,也是中国最早规划严谨、布局整齐、城墙与护城河互为表里的都城遗址。其宫城是我国夏商周三代唯一被完整科学发掘出的宫城遗址,在宫室制度方面对后世都城产生了深远的影响。中国社会科学院考古研究所杜金鹏等编著的《前世今生(偃师商城遗址考古与保护)》以图册的形式,全面介绍了偃师商城的发现发掘过程、主要研究成果、重大历史内涵、遗址多重价值及其保护和展示的理念,对偃师商城做了全景式的高度概括和科学总结。

2013年11月,湘鄂豫皖楚文化研究会第十三次年会在湖南长沙召开。与会代表围绕楚文化考古新发现、楚地出土文献、楚国名物制度、早期楚文化以及楚文化与其他文化的关系等问题展开了热烈的讨论。《楚文化研究论集(第十一集)》即由本次年会提交的论文选编而成,共收入58篇学术论文。其中,楚长城的修建及功用、淅川下寺乙组高级贵族墓社会性别特征浅析、陈楚关系及周口楚墓初探、楚文化与濮文化关系研究、淅川楚国青铜器组合和铸造技术工艺、河南出土春秋虎形玉雕装饰工艺研究、春秋战国时期许、叶间地名丛考、浅析周代应国贵族人物名、字、谥称谓等 10 余篇与河南楚文化相关的论文，多为河南学者所撰写，展示了河南年轻学者的风采和实力。

荥阳官庄遗址由郑州大学历史学院考古系于 2010 年 10 月～2011 年 1 月进行了考古钻探与发掘，发现了两周、汉唐及清代多个时期遗存，其中以西周晚期遗存最为丰富。官庄遗址是继荥阳娘娘寨遗址之后，郑州西部地区发现的两周时期又一大型聚落，具有重要的学术价值。《荥阳官庄遗址》发掘报告包括概论、西周文化遗存、春秋文化遗存、汉代遗存、唐代遗存、清代遗存及结语计 7 章内容，较为详细地公布了这批发掘资料，为研究荥阳地区两周及汉、唐文化提供了较为丰富的实物资料。

淇县黄庄墓地分作两区，Ⅰ区在黄庄村东，Ⅱ区在黄庄村东南，皆由鹤壁市文物工作队主持发掘。其中，Ⅱ区于 2006 年 11 月至 2007 年 2 月先后经过两次发掘，共清理清代墓葬 1 座、西汉晚期至东汉晚期墓葬 30 座，墓葬出土有陶、铁、青铜等质地的随葬器物。《淇县黄庄墓地Ⅱ区发掘报告》就是上述两次考古发掘成果的总结，对于揭示淇县西部平原地区的汉代墓葬制度具有一定意义。《淇县西杨庄墓地、黄庄墓地Ⅰ区发掘报告》作为淇县西杨庄墓地、黄庄墓地Ⅰ区的发掘报告，对两个墓地发现的 52 座两汉、宋元时期墓葬，21 个灰坑，8 条灰沟，1 口水井以及 1 个积石坑进行了全面详细的叙述。在黄庄墓地Ⅰ区发掘的 22 座墓葬中，大多数年代为西汉时期，并且出土有不少彩绘陶器，杨庄墓地宋元时期墓葬还随葬有一些瓷器，这对认识淇县地区两汉、宋元时期的政治、经济、文化等状况提供了新的实物资料。

大司马墓地位于河南省卫辉市唐庄镇大司马村北，四川大学考古学系于 2006 年进行了考古发掘。《卫辉大司马墓地》分上、下两编，上编以墓葬为单位，全面和详细地公布了在该墓地发掘的 26 座墓葬，其中汉墓、隋唐墓各 1 座，宋墓 3 座，西晋墓 4 座，明清墓 17 座，为研究豫东北一带汉晋至明清时期丧葬制度提供了新的资料。下编为综合研究，除公布了该墓地的两批人骨鉴定报告外，收录了研究大司马墓地考古材料的专题论文 3 篇，涉及小五铢、乞伏令和墓志铭、朱书板瓦等，从不同的方面和角度对这批材料所反映的币制、墓主身份、丧葬习俗进行了探讨。

2010 年 7～9 月，南开大学考古学与博物馆学系对淅川新四队墓群进行了发掘，共发掘战国秦汉墓葬 43 座、元明清墓葬 5 座。《淅川新四队墓地》发掘报告在全面、系统介绍新四队发现的 48 座墓葬资料的基础上，对墓葬形制、陪葬品、墓葬的年代及相关问题等进行了深入的探讨，总结了墓葬的时代特点、地域特征、等级归属及其合葬形式等。该墓地应是由多个等级不高的家族墓地组成的综合性墓地，结合墓葬规模小、随葬器物品种及其数量少、质地相对单一等因素来看，墓葬等级较高者可能为低级官吏或中小地主，等级低者则为一般平民。

焦作市博物馆编著的《元代靳德茂墓出土文物科技保护及其相关研究》，由中州古籍出版社出版。靳德茂在元世祖忽必烈时期历任尚药太医、太医院副使，封阶嘉议大夫、怀孟路总管。元代靳德茂墓位于焦作市中站区许衡街道办事处东王封村东南1千米处，2007年5月焦作市文物工作队进行了发掘。在长8米，宽6米，深7米的墓道底部，共发掘出墓志等珍贵文物85件（套），其中80件（套）彩绘人物俑和陶车马，组成了一支庞大壮观的出行仪仗方队。这些陶俑制作精美，彩绘色泽艳丽，人物俑表情生动，为研究元代焦作地区社会经济状况、组织结构、丧葬习俗等提供了珍贵的实物资料。元代出行仪仗方阵彩绘陶俑出土后，焦作市博物馆与秦始皇帝陵博物院合作，完成了全部彩绘文物的修复保护。本书将靳德茂墓进行整理出版，同时记录这批文物修复保护成果，并围绕靳德茂其人及其相关问题进行了研究和探讨。

《古代青铜器修复与保护技术》由河南省文物考古研究院马新民、郭移洪编著，大象出版社出版。随着我国科技事业的发展，自然科学日益广泛地走进考古学。科技考古学的建立，表现在青铜器修复技术上，即不断引进先进的仪器及设备。马新民与郭移洪等在修复古代青铜器时，用创新的思维，创造性地运用一些机械设备，发明了一些修复工具，不仅获得了相关的专利权，而且大大提高了技术水平，取得了前所未有的成果。本书即是他们通过长期实践，不断摸索创新，对于河南古代青铜器修复与保护成果的科学总结，必将大大推动河南文物科技保护工作再上新台阶。

河南省文物考古研究院出版了《华夏考古》1～4期，河南博物院出版了《中原文物》1～6期，洛阳市文物考古研究院出版了《洛阳考古》1～4期。郑州市文物考古研究院与河南省炎黄文化研究会合作，将《黄河 黄土 黄种人·炎黄文化》改版为《黄河 黄土 黄种人·华夏文明》月刊，每年度出版12期，为河南乃至全国文博工作者再添一处发表学术成果的窗口。全省文物考古研究人员在《考古》《文物》《中国国家博物馆馆刊》《人类学学报》《考古与文物》《华夏考古》《中原文物》《大众考古》等专业刊物，共发表学术论文或考古简报100余篇，不仅报道了以往的考古发现成果，其研究内容涵盖了河南考古学上迄旧石器时代、下至元明时期的各个历史阶段专题。

（原刊于《2016河南社会科学年鉴》，河南人民出版社，2016年）

2016年河南省考古学发展综述

2016年河南考古学持续稳步发展，取得一些重要考古发现，出版一批考古发掘报告，举办了多个大型学术会议，在公众考古方面亮点纷呈。2015年度全国十大考古新发现于2016年5月在北京揭晓，由中国社会科学院考古研究所汉魏洛阳队发掘的汉魏洛阳城太极殿遗址成功入选。灵井许昌人旧石器遗址、伊川徐阳东周墓地、信阳战国城阳城址八号墓、汉魏洛阳城太极殿遗址、巩义东区唐宋墓，入选由河南省文物考古学会、《华夏考古》编辑部主办的"2015年度河南省五大考古新发现"。这些考古新发现充分展现了河南历史文化源远流长与丰富内涵，以及对中华文明进步所做出的贡献。由河南省文物考古研究院等主持的《干缩变形木质文物膨胀复原关键技术研究》项目，荣获国家文物局十二五文保科技创新二等奖。由郑州市文物考古研究院、北京大学考古文博学院主持的郑州市东赵遗址考古发掘项目荣获2011~2015年度中国考古学会田野考古一等奖；由洛阳市文物考古研究院主持的栾川县孙家洞旧石器遗址考古发掘和伊川县鸣皋镇徐阳墓地考古发掘项目分别荣2011~2015年度中国考古学会田野考古三等奖。河南大学李玉洁著《先秦丧葬与祭祖研究》，荣获2015年度河南省社会科学优秀成果一等奖，河南省文物考古研究院孙蕾著《荥阳薛村遗址人骨研究报告》荣获2015年度河南省社会科学优秀成果二等奖。首届中国考古学大会等多个大型学术研讨会在郑州召开，进一步促进了河南考古学研究的深入开展，也大大提升了我省在国内外学术界的知名度。

一

2016年，河南省文物考古工作者在继续做好灵井许昌人遗址、淮阳平粮台遗址、郑州东赵遗址、汉魏洛阳城遗址、开封东京城新郑门遗址等主动性考古发掘的同时，主要以配合省内基本建设文物保护工作为主，支持社会经济建设，保护文化遗产资源，完成了郑万高铁、商合高铁、孟平铁路增建二线、107国道驻信段拓宽、信阳出山店水库及城市建设等项目中的文物保护工作。全年开展考古项目上百处，发掘总面积逾10万平方米。

龙泉洞旧石器时代遗址位于栾川县龙泉山公园内的山坡南麓，距伊河北岸约有1千米。洛阳市文物考古研究院曾于2011年在该遗址进行过首次发掘，2014～2016年继续进行考古发掘。本次发掘面积约20平方米，目前堆积最厚3.85米，发现有用火遗迹，出土标本11000多件，包括石制品、动物化石和疑似骨器等。石制品的原料以脉石英为主，包括石核、石片、工具、断块、碎片和搬入石材等，其中工具以刮削器为主，也有少量的尖状器、锯齿刃器、凹缺器等。动物化石多为破碎的牙齿和骨骼化石，初步鉴定的主要种类有鹿、牛、羊、犀以及食肉类动物等，年代属于旧石器时期晚期早段。这里的石制品以小型为主，打片以锤击法为主，偶尔使用砸击法，为研究古人类生存模式、栖居形态以及群体组织形式等提供了重要资料。

孙寨遗址位于信阳市平桥区孔庄村孙寨村民组西南地，西、南面临淮河。为配合出山店水库工程建设，河南省文物考古研究院于2015年10月至2016年7月进行考古发掘，发掘面积4300平方米，发现灰坑76座，房基1座，陶灶2座，灰沟27条。房基长近6.5米，宽约3.5米，由两段基槽和13个柱洞组成。出土遗物主要为龙山文化和西周时期，另有少量的二里头时期遗物。龙山文化晚期遗物最为丰富，陶器主要为灰陶，以蓝纹为主，其次为绳纹和磨光黑陶，器型主要有夹砂罐、豆、瓮、鼎、碗、盆、杯等。石器主要是半月形穿孔石刀、石镰、石斧、石镞和砺石等。西周陶器器类有鬲、甗、豆、罐、盆、瓮等。本次发掘完善了孙寨遗址的年代序列，通过与周边遗址比较，发现孙寨遗址龙山时期更接近于驻马店杨庄遗址，属于河南龙山文化范畴，二里头文化时期陶器也可归入驻马店杨庄类型。

河南大学考古文博系于2015、2016年对焦作李屯遗址进行了配合教学实习为目的的主动性考古发掘，发掘面积1100平方米，清理出一批二里头文化晚期至二里岗时期的重要遗迹和遗物。其中发现墓葬1座，平面形状为长方形，内有人骨一具，仰身直肢葬，随葬陶罐、豆等4件陶器。发现一处壕沟遗迹，呈东南—西北走向，口部宽约 7 米，深约 1.6~1.8 米，坑内包含物丰富，建造于辉卫文化时期。从文化面貌上看，李屯遗址是以辉卫型为主的先商文化，但是受到了二里头文化、东下冯文化的影响，也有一定的岳石文化因素，为研究豫北地区先商文化提供了重要资料。

安阳辛店商代晚期铸铜遗址位于安阳市中华路北段辛店集西南地，安阳市文物考古研究所于 2016 年 5 月配合公路建设进行了考古发掘。此次发掘面积 920 平方米，发现一处商代晚期大型铸铜遗址和墓葬 40 座。铸铜遗迹主要有房址、阴范坑、烘范窑、灰坑、窖穴、井等，出土数百件陶范、磨石、窑壁、炉壁等与铸铜有关的遗物。清理商代墓葬 40 座，其中随葬青铜礼器的墓葬 5 座，出土青铜器、玉器、陶器等器物 200 余件及漆器 8 件。在一些青铜器上发现有"天""戈"字铭文，这两个商代氏族是商代重要的与铸铜有关的氏族。辛店铸铜遗址年代属于殷墟文化的二期至四期，是在安阳市以北安阳县区域内的第一次发现，对研究殷墟布局及周边地区影响提供了新的资料。

高庄遗址位于郑州市中原区中原西路北侧、常州路东侧。为配合机械工业第六设计研究院项目工程，2015 年 10 月至 2016 年 4 月，郑州市文物考古研究院进行了发掘，发掘面积 5100 平方米，发现商代晚期及汉至清代等不同时期的遗存。其中以商代晚期遗存最为丰富，清理商代灰坑 172 个、房址 15 座、墓葬 5 座、祭祀坑 1 个、窑址 1 座。房址皆为半地穴式，有单间和连间两类，有些房内有柱坑，大多都有烧灶痕迹。墓葬为长方形竖穴土圹墓，有些设二层台及腰坑，较大的墓葬底部还铺有朱砂。窑址为升焰窑，由操作间、火门、火塘、窑箅及窑室组成。商代遗址出土物多为陶器，另有青铜器、玉器等。青铜器有爵、戈、卣盖及铜铃，卣盖内侧有"舌父癸"铭文。商代遗存的年代大致与殷墟二期、三期相当。所出土的"舌"族铭文青铜器，在殷墟及郑州地区都有发现，为了解晚商"舌"族归属及变迁有重要的学术价值。

官庄遗址位于荥阳市高村乡官庄村西部，发现于 1981 年，2004 年和 2009 年郑州市文物考古研究院曾对该遗址进行过调查和发掘。2010 年以来郑州大学历史学院联合郑州市文物考古研究院对该遗址进行了持续的勘探和发掘，在外壕内发现了南北相连的大城和小城，约始建于西周晚期。2015 至 2016 年度的发掘集中于大城之南和大城中北部，发掘面积 2000 余平方米。在大城之南发掘区清理东周时期陶窑 1 座、灰坑 124 座、水井 7 座、灰沟 1 条、墓葬 7 座。在大城中北部发掘区目前已清理陶窑 5 座、灰坑 400 座、灰沟 6 条、墓葬 5 座、瓮棺葬 6 座。比较重要的是制陶作坊和铸铜作坊的发现，制陶作坊已清理陶窑 5 座，均为窑箅式升焰窑，陶窑附近的灰坑中出有陶拍、陶垫、陶器废品等。

铸铜遗存出土有陶范、熔炉残块、铜渣、陶管、磨石等，年代属春秋中晚期。目前已出土陶范300余块，可辨识者有鼎、壶、钟、辖、节约等器物。从陶范纹饰特征看，正处于春秋中期新的铜器风格的形成时期，这对于探讨郑国手工业生产及春秋时期铜器新风格的形成具有重要意义。

2016年初，河南省文物考古研究院配合新郑郑韩故城考古遗址公园的建设，对位于郑韩故城东城北城墙与隔城墙交接处的一处缺口进行发掘。在城墙缺口外侧约50米处，发现了一道大致呈东南—西北走向的夯土墙基，墙基顶部现保留宽度约15米，高度约在2米，长度约为70米。这条夯土墙基和城墙缺口两侧向外突出的墙体，构成了完整的瓮城体系。在春秋时期道路的东侧发现了一条深约4米，宽度约14米的壕沟，这条壕沟和道路并行进入了城内，初步推测应和当时城市的排水系统有关。此次发掘基本廓清了郑韩故城北城门的结构，从目前情况看城门由下穿的门洞及壕沟两部分构成，壕沟因地制宜而设，结合文献中对郑韩故城城门的相关记载，或可推定其为"渠门"所在。这是首次发现战国时期郑韩故城的瓮城，为研究中国早期城市防御体系具有重要意义。

2016年6月至9月，河南省文物考古研究院对汝州市望嵩文化广场工程范围内勘探发现的古墓葬进行了考古发掘，共清理汉代、两晋、唐代各时期墓葬120座。其中以汉墓为主，形制以竖穴墓道砖室墓为主。墓主人以1人居多，也有多人合葬，最多者达5人。出土遗物包含陶、铜、铁、玉、骨、石、铅、琉璃器等计1300多件，陶器有罐、壶、瓶、耳杯、灶、井、瓮、釜、奁、仓、盒、甑等，铜器有洗、弩机、镜、带钩、刀、车马饰件、钱币等，铁器有犁铧、刀、剑等。这里墓葬分布集中，排列整齐，应为一处规模较大的汉代墓地。大部分为夫妻合葬墓，还有三座、四座或五座墓葬成组分布，可能是一处家族墓地，为研究该区域汉代墓葬形制、埋藏习俗提供了重要资料。

洛阳西朱村曹魏墓位于洛阳市寇店镇西朱村南约650米，汉魏洛阳城南约18千米，墓葬地处万安山北麓的缓坡上。2015年7月西朱村村民在迁坟过程中发现，洛阳市文物考古研究院经勘探共发现两座大型墓葬，现对遭到破坏的M1进行了抢救发掘。M1为长斜坡墓道砖券墓，墓道西向，平面呈"甲"字形，由墓道、甬道、前室、后室组成。墓葬土圹东西全长52.1米，墓口距墓底深约10.8米。前室北侧壁残存砖墙高4.6米，发现有人物、瑞兽、宴饮、祥云等壁画。出土陶器、铁器、铜器、漆木器、骨器和玉石器等计400余件，尤其是出土刻铭石牌200余件，文字内容为随葬品的清单，石牌的尺寸及书写内容、格式与安阳曹操高陵所出刻铭石牌相似，具有重要的史料价值。根据文献记载，曹魏明帝高平陵位于万安山地区，此次勘探发现的 M2，其墓葬规模较 M1 更大，所处地势也更高，初步推测可能与曹魏明帝高平陵有关，M1 的墓主人有可能是曹魏时期的皇室成员。曹魏时期墓葬过去发现较少，此次考古发现为探讨曹魏时期高等级墓葬的葬制和丧葬礼仪提供了珍贵资料。

2012～2015 年汉魏洛阳城太极殿遗址的发掘，清晰展示了曹魏和北魏王朝宫城核心建筑的具体形态和整体格局。2016 年，中国社会科学院考古研究所洛阳汉魏队在太极殿宫院西南角进行发掘，清理了中间院落内北魏时期的两处大型砖池遗迹。砖池 1 东西长 24.5 米，南北宽 13.4 米，深 1.8～2.6 米，砖池边壁处有规律分布大小两组不同规格的柱洞。砖池 2 位于砖池 1 东部，南北宽 8.2 米，东西长 3.5 米，深 6 米。池内堆积为绿色水浸土，内夹多层坍塌的横木板灰痕迹，出土大量陶器残片和绳纹瓦片。结合砖池内回填堆积的遗物，其最晚建筑时代为北魏时期，砖池的性质和功能，初步推测为一组围绕着中间砖池、具有平座的围廊建筑。

西赵堡壁画墓位于宜阳县赵堡乡西赵堡村北的山坡地上，2015 年 10 月建设施工发现，洛阳市文物考古研究院对该墓葬壁画进行现场保护和抢救性发掘。该墓为带竖穴土坑墓道的仿木结构砖室壁画墓。墓室坐北朝南，由墓道、墓门、甬道和墓室几部分组成。墓室平面呈方形，边长 2.5 米。在墓室中部横置石棺一具，棺下有雕刻莲瓣的须弥座，南侧棺板上线刻佛像三尊。该墓随葬品有墓志、三彩灯、瓷碗、瓷盏、瓷杯、铜钱等。壁画保存基本完好，其内容为宋代典型的妇女启门、开芳宴、厨作、牡丹、莲花等。据出土墓志，墓主张昌于北宋徽宗政和八年（1118 年）三月终于正寝，享年 70，以宣和二年（1120 年）十月二次葬于甘泉乡之南原。该墓葬墓主人身份及埋葬年代明确，壁画保存较好，所出石棺形制及佛教图案等为洛阳地区首次发现，为研究宋代墓葬形制的演变以及丧葬习俗等提供了宝贵资料。

明代是继北宋灭亡以后开封城市发展史上的又一次高峰时期，"天下藩封数汴中"。明周王府从洪武十一年封藩，直到崇祯十五年（1642 年）被洪水淹没，共传十一世十一王。2016 年 4～8 月，开封市文物考古研究所对开封市区内环东路北约 100 米处的御龙湾小区建筑工地进行了抢救性发掘，发掘面积 870 平方米，在埋藏地下深约 6.5 米遗址内清理出两处明代院落基址。两处院落东西并列，均坐北朝南，其中西侧院落保存较好，为前后两进院，前院东厢房和后院西厢房内清理出土有粗瓷缸、瓷瓶、香炉、砚台、铁锅、铜盆，以及成组的瓷碟、碗、杯等遗物。出土瓷器数量众多，且保存完整，其中青花龙纹碗、德化窑白瓷达摩像等造型别致，十分精美。错落有序的院落布局，高大的木门及床桌，精致的铜镜与瓷质生活用具等，为我们展现了近400年前开封市内上层社会的生活图景。

明代周懿王壁画墓位于荥阳市贾峪镇鲁庄村，河南省文物考古研究院于2016年7～12月进行考古发掘，共清理西晋、唐、宋、金、明、清等各时期墓葬114座，明代寝园建筑1处。明代寝园坐北朝南，从残留建筑基址看，享殿应是面阔五间以绿色琉璃瓦覆顶的单檐歇山式建筑，东配殿可能是以灰瓦覆顶的琉璃剪边式建筑。享殿后端为周懿王墓，由长斜坡墓道和砖券墓室组成，墓室前部有琉璃瓦覆顶的单檐仿木建筑门楼。墓室内壁布满彩色壁画，北壁为歇山顶房屋建筑。墓室底部发现少量铜质明器，出土汉白玉描金墓志1盒。祔葬墓分列于周懿王墓东西两侧，东侧祔葬墓7座，其中5座为竖穴土坑墓、1座长斜坡墓道砖券墓、1座长斜坡墓道土洞壁画墓。砖券墓由出土墓志可知是周懿王夫人蔡氏墓。西侧祔葬墓由1座砖券墓室和4座竖穴土坑墓组成，砖券墓室位于最北端，由出土描金墓志可知墓主人是周懿王夫人王氏。此次发掘发现了明代周藩第三代第五任周王——周懿王墓，墓室内壁有大面积保存较好的彩色壁画，是目前国内首次通过正式考古发掘的明代亲王级壁画墓。周懿王墓及其祔葬墓的排序方法系国内首见，也为研究明代藩王墓制度提供了全新的材料。

二

2016年1月19日，"盛世风华——两岸唐三彩交流展"在河南博物院开幕，展览汇集海峡两岸多家文博考古机构收藏的代表性唐三彩文物。与此同时，河南博物院还召开了"穷古通今——两岸唐三彩暨低温釉陶学术研讨会"，来自两岸40多位陶瓷专家学者出席会议。会议发言主要集中在四个方面：关于唐三彩的起源和产地研究，出土和馆藏唐三彩的综述研究，唐三彩相关器物的个案研究和新发掘成果的介绍，以及宋金三彩和明清琉璃交趾陶研究等，议题集中，探讨深入，在纵向上基本涵盖了中国古代釉陶发展的全过程，大大促进和深化唐三彩及古代釉陶的研究成果。

由中国考古学会主办、郑州中华之源与嵩山文明研究会和河南省文物考古学会承办的首届中国考古学大会，于5月21～23日在郑州召开。这是我国首次举办的多学科、开放式、国际化考古学大会，也是中国考古史上第一次举办的大规模的国际性学术盛会。来自国内高等院校、科研院所以及美国、英国、德国、埃及、印度、韩国、日本、洪都拉斯等十多个国家和港澳台地区的700多名专家学者齐聚一堂，就中国考古学和世界考古学的发展、考古学领域重点和前沿课题进行了深入探讨和交流。大会对中国考古学会评选出的中国考古学终身成就奖、田野考古奖、金鼎奖、金樽奖、金爵奖等奖项进行了颁奖,并通过了首届中国考古学大会郑州共识。

由河南省文物局主办、河南省文物考古研究院承办的"2016 国际动物考古协会理事会暨全球发展与中国视角动物考古学术研讨会",于 10 月 12 日至 17 日在郑州召开。来自国内及匈牙利、美国、法国、西班牙等国的 40 多位专家学者,交流了动物考古研究领域的最新成果。这是国际动物考古协会首次在欧美以外的国家和地区举办国际理事会,各国专家学者对世界各地考古遗址出土的动物遗存、考古遗址发现的动物随葬现象、科技手段在动物考古中的应用以及动物考古资料数字化等,进行了深入剖析和探讨。2004 年,河南省文物考古研究院建立了动物考古实验室,目前实验室收藏的动物骨骼标本达 130 余种 2000 余具,是目前国内动物考古领域收集动物种类和数量最为丰富的单位。此次会议对推动国际动物考古学的快速发展,拓展中国动物考古学者的研究视野,促进动物考古国际合作与成果共享,提升河南考古的知名度和影响力,均具有重要意义。

10 月 31 日～11 月 1 日,由香港中文大学中国考古艺术研究中心、北京大学中国考古学研究中心主办,郑州市文物考古研究院承办的"东亚牙璋学术研讨会"在郑州召开,共有 30 多位专家学者发言,展示新的学术成果。牙璋不仅广泛分布于中原地区,也在陆上和海上丝路重要节点如甘青、香港、越南等地均有发现,是东亚地区从新石器时代晚期至青铜时代阶段流行的玉礼器。史前玉牙璋的礼仪功能和传播路线,可能是解开早期国家之谜的一把钥匙。我国史前时期距今 4000 余年前以玉为主要材质制成特殊形制器物的牙璋,是以其特殊功能作用于礼制王权性质的古代国家。玉牙璋的礼仪内涵功能在以中原二里头文化为核心的遗址群中大放异彩,而其向周边广阔地区传播扩散的路线也能清晰表明,当时中华文明形成发展过程中开始出现王朝认同、文化认同和礼制认同的强势格局面貌。

三

2016 年是河南考古研究成果的丰收年,全年计出版考古报告近 20 部,是历年来最多的一年。由郑州市文物考古研究院编著的《新郑望京楼——2010～2012 年田野考古发掘报告》,2016 年 5 月在科学出版社出版。本报告涵盖了 2010 年 9 月至 2012 年 6 月望京楼遗址的二里头及二里岗时期勘探和发掘资料,包括城墙解剖、城门发掘、城址内生活区的发掘,以及出土遗物介绍,并对遗址的二里头文化及二里岗文化进行分期等。由河南省文物考古研究院主编的《新郑双楼东周墓地》，2016 年 4 月在大象出版社出版。该考古报告是对新郑市双楼村东周墓地进行抢救性发掘的研究成果，分别就墓葬形制、出土遗物、分期与年代、文化内涵、墓地结构与布局等做了介绍，还附录有墓葬人骨研究、动物骨骼鉴定报告等。由河南省文物考古研究院编写的《新郑坡赵一号墓》，2016 年 5 月在中国社会科学出版社出版。2014 年 5～7 月，河南省文物考古研究院在新郑市坡赵墓地发掘一座东汉晚期大型墓葬，出土了包括陶、铜、铁、玉、石器等在内的各类文物 200 多件，为了解东汉晚期的家族墓以及墓葬制度提供了新资料。

河南省文物考古研究院编著的《曹操高陵》考古报告，2016 年 10 月在中国社会科学出版社出版。本书详细介绍了一号墓和二号墓的墓葬形制、出土文物，并且对两座墓的墓主人身份做了推定。曹操高陵坐西向东，斜坡墓道长近 39.5 米，宽 9.8 米。墓室砖砌，分为前、后两个主室和四个侧室。虽经多次盗掘，但是仍出土了一批文物，其中以出土的多枚刻字石铭牌最为重要，为确定墓主人身份提供了珍贵的实物资料。《荥阳西司马墓地》考古发掘报告，2016 年 9 月在大象出版社出版。该报告是河南省文物考古研究院、郑州市文物考古研究院、荥阳市文物保护管理中心等单位，在荥阳西司马三次进行考古发掘的研究成果结集。此墓地发掘清理出晚商西周墓葬、战国墓葬、魏晋墓葬等，并多伴出有随葬品，对该时期的社会文化研究提供了一定的实物资料。

河南省文物考古研究院于 2016 年 5 月在科学出版社出版了《巩义黄冶窑》，该报告分上、下两册，汇总了巩义市黄冶窑址考古发掘的全部成果。2002～2004 年对巩义市黄冶窑址进行了四次考古发掘，发现窑炉遗迹 10 座、作坊 5 处、水井 2 眼，淘洗池、沉淀池及陈腐池各 1 个、出土完整或可复原的瓷器、釉陶器、素烧器、作坊具和各种窑具 5000 余件，为研究黄冶窑的陶瓷生产、烧制工及发展规律等提供了系统的实物资料，扩大并丰富了我们对黄冶窑的传统认识。洛阳市文物考古研究院编著的《隋唐洛阳城天堂遗址发掘报告》，2016 年 12 月在科学出版社出版。该报告主要介绍唐武则天时期的天堂及其周围建筑基址的考古发掘收获，为历史学、考古学、古建筑学等领域的研究提供了珍贵的资料，对研究隋唐洛阳城宫城的建筑布局和形制结构有重要的参考价值。《洛阳市定鼎北路唐宋砖瓦窑址考古发掘报告》，由洛阳市文物考古研究院编著，2016 年 1 月在中州古籍出版社出版。该报告分概述、地层堆积、砖瓦窑形制、出土文物、窑壁题记、相关问题研究等内容，让读者能清晰了解每组烧窑的分布规律、遗物状况、使用和废弃年代，为探讨唐宋时期砖瓦手工业制作水平提供了重要依据。

南水北调中线工程河南段文物保护项目，2016年进入考古成果收获期，共出版考古发掘报告10余部，其中丹江库区考古项目占了7部，均在科学出版社出版。《淅川马川墓地东周楚墓》，介绍了马川墓地208座东周墓葬的发掘成果，从墓葬形制、规格、年代及随葬品的情况进行了分析和探讨。《淅川阎杆岭墓地》，系统地介绍了发掘的208座墓葬，包括战国时期的楚墓、战国晚期至西汉初期的秦人墓以及两汉时期的墓葬。《淅川熊家岭墓地》，是一处以战国时期墓葬为主的墓地，计清理战国、汉、明清等时期墓葬82座。《淅川赵杰娃墓地》，共清理两汉时期墓葬56座，其中土坑墓32座、积炭墓5座、砖室墓19座。《淅川蛮子营墓地》，共发表各时期遗迹72处，其中灰坑16个、墓葬56座。时代包括新石器时代、两周之际、汉晋及宋金时期，其中以汉晋时期遗存最为丰富。《淅川全寨子墓地》，系统地介绍了淅川全寨子墓地的150座墓葬资料，其中秦汉时期墓葬140座、明代墓葬10座。《淅川下寨遗址——东晋至明清墓葬发掘报告》，系统报道了73座东晋至明清时期墓葬材料，从随葬品、墓葬形制与布局、地方葬俗、分期年代、南北方文化因素等方面对其进行了初步分析探讨。上述考古成果，为研究豫西南地区楚、秦汉、东晋至明清时期墓葬的发展序列和丧葬习俗，以及南北方文化交流等，提供了丰富的实物资料。

《新乡金灯寺墓地》，系2006年郑州大学历史学院发掘，发现了比较丰富的战国、东汉、隋、宋、清至民国等不同时期遗存，为研究新乡乃至整个中原地区不同时期的丧葬制度、社会经济、文化生活等问题提供了丰富的实物资料。《鲁山杨南遗址》，系2010年广州市文物考古研究院发掘，揭示一处以汉代和宋金元时期为主的大型古代文化遗存，出土完整或可复原的瓷、陶、铁、铜、石、骨、银等各类器物800余件。尤其是宋元陶瓷器数量较大，种类繁多，有白瓷、黑瓷、青瓷、钧瓷、白地黑花、酱釉瓷和三彩陶器等，以鲁山段店窑产品为主，展示了宋元时期一般村落居民的日常生活面貌。

河南省文物考古研究院出版了《华夏考古》1~4期，河南博物院出版了《中原文物》1~6期，洛阳市文物考古研究院出版了《洛阳考古》1~4期，郑州市文物考古研究院出版《黄河 黄土 黄种人·华夏文明》1~12期。我省是全国各省市中拥有文物考古类杂志数量最多的省份，其中《华夏考古》和《中原文物》均为"中文核心期刊"、"中国人文社会科学综合评价AMI"核心期刊和"RCCSE中国核心学术期刊"。全省文物考古研究人员在全国专业刊物上共发表学术论文或考古简报100余篇，不仅报道了以往的考古发现成果，其研究内容上也涵盖了河南考古学的方方面面。

四

积极开展公众考古活动，让普通百姓了解考古过程和学术成果，成为2016年河南考古学的一大亮点。中国考古学大会期间，与会知名专家在进行专业学术交流的同时，还分别在郑州大学、河南大学、郑州师范学院、河南博物院四个地点安排了十多场公众讲座，讲座的内容围绕国内外近年来的重要考古发现、学术研究的热点、焦点以及文物保护的重点、难点等展开，具有很强的知识性、趣味性，得到了公众的一致好评。郑州市文物考古研究院编著的《读写生命大地——记20世纪知名科学家李伯谦》一书，2016年10月在中国社会科学出版社出版。李伯谦先生是北京大学教授、博士生导师，河南荥阳人。他从事考古工作50多年，曾任北京大学考古文博学院院长、北京大学中国考古学研究中心主任、"夏商周断代工程"首席科学家。本书着重介绍了李伯谦先生提出的文化因素分析方法、中国古代文明演进的"神权、王权"两种模式、文明形成的十项标准、中国古代文明历程对当下的启示等理论。书中还描述了他对考古事业的热爱、对自己老师的敬爱、对同班同学的友爱、对学生弟子的关爱，从而展示出李伯谦先生独特的人格魅力，是公众了解考古人风采的一本普及类读物。

河南省文物考古研究院院官方微信平台正式上线，成为宣传该院及我省文化遗产保护的一个新窗口。文化遗产日期间，该院精心组织了城阳城八号墓、信阳出山店水库孙寨遗址、淇县商代墓地、郾城郝家台遗址、郑万高铁长葛九牛站墓地等五处分会场的公共考古宣传活动。11~12月，还对正在发掘的城阳城十八号墓进行了微博图文直播，向公众宣传了古代优秀文化遗产和科学的考古发掘工作过程。

2016年5月6日，北京中学180名学生来到郑州市文物考古研究院主持发掘的东赵遗址，聆听考古专家讲解考古知识，现场体验考古发掘和勘探乐趣，近距离接触考古遗址，激发他们保护文化遗产、传承文化遗产的兴趣。7月5日，中国社会科学院学部委员刘庆柱先生应邀作客北京大学古代文明研究中心和郑州市文物考古研究院联合举办的"商都文明大讲堂"，以"'国家认同'的考古学解读"为题，为听众做了一场精彩的学术报告。

洛阳市文物考古研究院与国内多家文博单位合作，全年举办了多次文物展览：在浙江舟山博物馆举办"王城春秋——东周洛阳文明展"，在浙江余杭区谷仓博物馆举办"洛阳市文物考古研究院文物特展"，在江苏镇江博物馆举办"王城春秋——东周洛阳文明展"，在中国闽台缘博物馆举办"丝路唐风——洛阳市文物考古研究院唐三彩特展"。该院多次组织考古志愿者至洛阳回洛仓、伊川徐阳墓地等重要考古工地参加活动，举办了"海昏侯"对话"陆浑戎"和"最早中国，从洛阳出发"两次学术沙龙，受到了社会的广泛关注。2016 年 7 月，还与洛阳晚报、洛阳文投公司联合举办了"我是小小考古家夏令营"活动，在社会上产生了极大反响。11 月，与媒体深入合作，举办了"曹魏大墓暨苏羊遗址考古新发现专家座谈会"，进一步扩大了对洛阳考古与文物保护工作的宣传。

五

综上所述，2016 年河南考古学呈现以下特点：一在考古发现方面是个"小年"，重大考古发现似乎不多；二是科学研究成果丰硕，有一批考古报告问世；三是大型学术会议举办，彰显河南考古大省地位；四是公众考古发展迅速，考古几成为一种显学。

河南地处黄河流域中下游，是中华文明的重要发祥地之一，史前考古学文化的裴李岗文化、仰韶文化、龙山文化发展序列清晰，从夏商至宋代有 20 多个王朝在此建都，长期是我国政治、经济、军事和文化的中心。河南考古历来被视为全国的排头兵，但与其他省份相比，近年来在文明探源方面尚缺乏亮点，对外考古还没有走出去，需要努力迎头赶上。

一是史前考古需要寻找突破点。如陕西石峁遗址系公元前 2000 年前后的城址，以皇城台为中心、内外城包围环绕的环套结构，开启了中国古代都城建筑格局的先河。浙江良渚古城位于长江下游地区，东西长 1500～1700 米，南北长 1800～1900 米，总面积达 290 多万平方米，是目前所发现的同时代我国最大的城址。入围"2016 年度全国十大考古新发现"的湖北天门石家河遗址，作为距今 5000 年至 4000 年千余年间长江中游地区社会和文化发展的最高文明代表，使人们对长江中游地区文明化进程有了新的认识。这些考古发现，都给了我们新的启发和认识，拟在我省仰韶文化和龙山文化特大型聚落中发现线索找到突破。

二是尽快走出国门考古。目前全国考古研究机构已与十余个国家开展了考古合作项目，如中国社会科学院考古研究所自 2012 年开始在乌兹别克斯坦费尔干纳盆地进行的明铁佩古城发掘、2015 开始的洪都拉斯科潘遗址的发掘，以及内蒙古自治区文物考古研究所在蒙古国、湖南省文物考古研究所在孟加拉国、西北大学在中亚地区进行的考古调查和发掘等，均取得了阶段性成果，引起了国际学术界的高度关注。我们也应该与国外考古机构合作，开展国外考古，以开阔国际视野。

（原刊于《2017 河南社会科学年鉴》，河南人民出版社，2017 年）

2017～2018 年度
河南省考古学研究综述

2017～2018 年河南考古学发展势头强劲，研究成果丰硕，不仅取得一些重要考古发现，还出版一批考古发掘报告，发表了高质量的学术论文，举办了多个大型学术会议，尤其是公众考古亮点纷呈。洛阳西朱村曹魏墓入围"2016 年度全国十大考古新发现"终评。河南新郑郑韩故城遗址、洛阳东汉帝陵考古调查与发掘入选"2017 年度全国十大考古新发现"。安阳辛店商代晚期铸铜遗址、新郑郑韩故城北城门遗址、洛阳西朱村曹魏墓、汉魏洛阳城太极殿宫院西南角遗址、荥阳明代周懿王壁画墓，入选由河南省文物考古学会、《华夏考古》编辑部主办的"2016 年度河南省五大考古新发现"；荥阳青台遗址发掘、二里头遗址宫殿区东北部 5 号基址发掘、新郑郑韩故城遗址发掘、洛阳东汉帝陵考古调查与发掘、宋东京城顺天门（新郑门）遗址入选"2017 年度河南省五大考古新发现"。这些考古新发现绽放着厚重河南灿烂的文化光芒，在国内产生了深远影响。河南省文物考古研究院胡永庆著《淅川阎杆岭墓地》、潘伟斌著《曹操高陵》和安阳师范学院韩江苏著《殷墟甲骨文编》，荣获 2016 年度河南省社会科学优秀成果二等奖；郑州大学陈朝云论文《宋代瓷器制造技术的考古学观察》和河南省文物考古研究院魏兴涛等著的《田野考古钻探记录规范》，荣获 2017 年度河南省社会科学优秀成果二等奖，河南师范大学鲍颖建的论文《郑州市朱寨遗址裴李岗文化遗存》、河南大学魏继印的论文《试析王湾三期文化的来源》和河南省文物考古研究院吴伟华著《东周时期海岱地区青铜器研究》，荣获 2017 年度河南省社会科学优秀成果三等奖。2017 年 12 月 2 日，郑韩故城列入第三批国家考古遗址公园名单，成为河南省继安阳殷墟、隋唐洛阳城和汉魏洛阳故城之后第四个国家考古遗址公园。第一届中国考古·郑州论坛等多个大型学术研讨会在郑州召开，进一步促进了河南考古学研究的深入开展，也大大提升了我省在国内外学术界的知名度。2018年,第八届黄淮七省考古论坛在鹤壁召开,黄淮七省考古学者就年度考古新发现进行了交流研讨。2017年河南考古工作者响应"一带一路"倡议,首次走出国门赴蒙古国和肯尼亚进行考古。2018年,除继续开展蒙古国和肯尼亚考古工作外,还启动了乌兹别克斯坦、塔吉克斯坦等赴外考古项目,这些考古项目的实施,增加了河南考古的国际影响力。2018年完成"中原地区文明探源"课题中的灵宝北阳平遗址和五帝遗址文物勘探。配合"大运河文化带"建设,对京杭大运河会通河台前段、隋唐大运河永济渠黎阳城遗址、通济渠永城段进行了较为全面的考古调查、勘探与测绘工作。

一

两年来,河南省文物考古工作者贯彻"保护为主,抢救第一"的文物工作方针,主要以配合省内基本建设文物保护工作为主,支持国家城镇化战略和社会经济建设,保护文化遗产资源,完成了郑合高铁、太焦高铁、郑济高铁、蒙华铁路、周口至南阳高速公路、息县至邢集高速公路、淮东—华东特高压、河南省出山店水库工程等30余个国家和省重点项目建设中的文物保护工作。同时,继续做好灵井许昌人遗址、荥阳织机洞遗址、栾川龙泉洞遗址、苏羊遗址、荥阳青台遗址、淮阳平粮台遗址、新密古城寨遗址、舞阳贾湖及周边相关遗址、巩义双槐树遗址、汉魏洛阳城遗址、开封东京城新郑门遗址等主动性考古发掘,计开展考古项目300余处,发掘总面积近30万平方米。

灵井许昌人遗址2017年发现了大量经过二步加工的石器,这些石器多用压制法制作,具欧洲旧石器时代中期文化的特征,有助于改变中国旧石器时代中期文化的传统认识。

双槐树遗址位于黄河南岸以南两千米、伊洛河东4千米,巩义市河洛镇双槐树村村南的高台地上,处于河洛文化中心区。遗址平面基本呈东西长南北窄椭圆形,围成面积约115万平方米,是仰韶时代中晚期一处大型聚落遗址。遗址发现三条仰韶文化大型环壕,1处大型仰韶文化夯土遗迹,两处仰韶文化墓地,1处大型房址分布区、13处器物丰富或特殊的祭祀坑;同时还发现有灰坑400多处,木骨房基20多座,窑址4处,出土了一大批仰韶文化时期彩陶及重要文物标本。经初步研究,双槐树仰韶文化遗存可分为四期,其中一期为仰韶文化中期,二、三期为仰韶文化晚期,四期为龙山文化早期或仰韶文化到龙山文化的过渡期。

荥阳青台遗址位于荥阳市广武镇青台村东、枯河北岸的一处岗地上,面积约107万平方米，其中仰韶文化核心区域面积为31万平方米。自2015年12月起，经过近三年的勘探和发掘工作，青台遗址的仰韶时期聚落布局已逐渐明晰。青台遗址拥有三重环壕，环壕设置的出入口形制不一，这为仰韶时期防御体系、工程技术状况、利用水资源等问题的研究提供了重要新材料。在遗址东部内壕外侧，发现有九个陶罐组成的疑似北斗九星图案，九星罐东部有圆形祭土台，东部有大、中、小三个瓮棺，葬具均为小口尖底瓶，南部有一个祭祀坑，内置一个四肢呈大字展开、腹部高起的非正常死亡骨架，并有一大缸，整个祭祀区周围有较多疑似地臼的遗存。推测为青台先民们在此祭祀天地，祈祷来年丰收时的场所。

苏羊遗址位于洛阳市宜阳县张坞镇，2017年发掘面积700余平方米，遗迹有房址和灰坑等。出土遗物以陶器为主，有泥质彩陶、泥质黑陶、夹砂灰陶等，器型有罐、钵、盆、瓶等；石器有斧、铲、盘状器等；骨器有骨笄等。根据出土遗物分析，苏羊遗址是一处以仰韶文化为主体的新石器时代文化遗存，早期器物与庙底沟类型器物类似，晚期器物与王湾二期文化遗物类似，其相对年代约为仰韶文化中期至仰韶文化向中原龙山文化过渡阶段。

吉庄遗址位于安阳市安丰乡吉庄村北地，北距漳河1.3千米。发掘面积3400平方米，遗迹有灰坑、窖穴、墓葬、房基和陶窑等，遗物主要有陶器、骨器、蚌器、石器等。陶器表面多饰有绳纹、蓝纹、方格纹、弦纹等，器类有折腹盆、罐、碗、鬲、圈足盘、甗、纺轮等；另有骨针、骨簪、石镰、石斧、石拍等。该遗址属于龙山文化后冈类型，是漳河南岸新发现的龙山文化时期大型聚落遗址，填补了这一区域龙山文化遗址的空白。

社旗县毛堂遗址发掘面积840平方米，文化堆积厚2～4米，以新石器时代晚期为主，涵盖石家河、屈家岭、仰韶三个文化时期，并有少量东周及汉代灰沟、墓葬。新石器时代遗迹有墓葬、灰坑、窖穴、房基等，出土陶器、石器及少量骨质器具等遗物500余件。本次发掘为研究南阳盆地新石器时代文化面貌的变迁提供了新资料。

南阳黄山遗址取得了重要考古发现。2017～2018年对南阳黄山遗址进行主动考古发掘，发掘面积900多平方米，清理出屈家岭文化时期玉石器大型作坊遗址2座、房址1座、灰坑15座、瓮棺葬37座、墓葬19座，出土了180余件玉料、玉坯料、半成品、成品、废品和丰富的砺石、石刻刀、钻头、陶纺轮等工具，基本可以肯定这是一处屈家岭文化时期大型玉石器作坊中心，下面还叠压有深厚的仰韶文化层。其中葬18个猪下颌骨、1件玉钺、1件弓、1捆骨镞和有单棺葬具的高等级墓葬是发现的亮点之一。

菜园遗址位于信阳市游河乡老庙村菜园组，游河北岸台地上。遗址高出周围3~4米，文化层厚约5米，面积约1万平方米。目前发掘1100平方米，遗迹有灰坑、墓葬、陶窑、房基、灰沟，出土有西周、晚商、早商、二里头、龙山及石家河文化时期遗物。本次发掘为我们研究信阳地区新石器、夏商、西周历史文化提供了实物资料。尤其发现的早商时期遗物，不仅填补了该地区早商时期遗物的空白，也为寻找链接郑州商城和湖北盘龙城之间区域中心性聚落提供了线索。

铁佛寺遗址位于正阳县熊寨镇大张庄村南，遗址东西250米，南北280米，面积约7万平方米。2017年5~8月，河南省文物考古研究院配合息邢高速建设，发掘3400平方米。遗迹有灰坑、灰沟、水井、陶窑，遗物有陶器、瓷器、玉器、铁器和骨器等，发现遗址内涵较丰富，延续时间较长，包含有龙山文化、二里头文化、汉唐宋以及明清文化遗存。遗址以二里头文化遗存最为丰富，遗物有大口尊、深腹罐、圆腹罐、捏口罐、刻槽盆等，文化性质属于驻马店杨庄三期类型。

辛村墓地位于鹤壁市淇滨区西郊的金山办事处辛村，淇河北岸的二级台地上，2017~2018两个年度共发掘面积近10000平方米。清理出西周时期的墓葬近五十座，商代墓葬三座，还系统地揭露出西周时期的遗存，包括有铸铜作坊区、制陶作坊区、制骨作坊区，一般性平民墓葬、殉人殉牲坑、埋物坑、房基、道路、瓮棺葬、灰坑等大量遗迹，出土了大量骨料、青铜陶范，表明辛村遗址为一处都邑性质的超大型聚落。发掘首次确认辛村墓地分布着大量商周时期的遗存，极大地丰富了辛村墓地的文化内涵，为解决朝歌问题、周初卫国始封地、卫国都城地望提供了关键性线索。

郑韩故城考古"老树开新花"，有许多重要考古发现。配合郑韩故城国家考古遗址公园建设，对郑韩故城北城门和郑国三号车马坑进行了考古发掘。郑韩故城北城门的发掘首次认定北城门遗址中，道路和水渠并行入城的北城墙缺口处，即是文献中记载的"渠门"位置所在，此处当时很可能是郑韩故城一处较为重要军事交通要地。在"渠门"外修建有保卫"渠门"的瓮城。瓮城出现在中原地区，尤其出现在长城以南东周时期的王城是十分少见的。郑国三号车马坑的发掘发现124匹马骨、4辆拆车葬式的木车和5个车轮痕迹，其中1号车为大型安车，车厢宽1.6米，长两米多，能躺能坐，是郑韩故城目前出土的形制最大、装饰最豪华的国君用车。

2016~2017年度对安阳高陵的发掘，揭露了安阳曹操高陵陵园的垣墙、壕沟、神道及相关建筑遗迹；确认了M2即曹操高陵为陵园的中心，M1的年代要早于陵园。发掘表明东部闸门沟及东北部的夯土遗迹都要晚于陵园,与陵园布局没有直接关系。同时根据陵园内的遗迹遗物特征判断,文献记载的曹丕毁陵活动确实存在,陵园建筑毁弃之后经过了仔细清理。高陵陵园建筑的存在反映了曹操在当时不同于一般诸侯王的特殊地位,其布局特征与东汉帝陵明显不同,但与北魏帝陵存在一定的相似之处,表现出比较独特的时代特征。陵园及建筑遗迹的发现,为全面认识高陵的文化面貌、深入研究东汉及曹魏时期的帝王陵寝制度提供了新的材料。

北宋东京顺天门是一座方形瓮城,平面呈长方形,南北160米,东西100米,为"直门两重"。主城门为一门三道布局,南北54.2米,东西进深23.8米,由墩台、隔墙、门道组成。南、北墩台宽13米;南、北隔墙宽4.8米;中门道破坏严重,残存痕迹恢复宽8米;南、北门道宽5.3米。顺天门是出现在都城遗址中最早的方形瓮城,是国内同类型遗址中埋藏最深的一处城门遗址,是最能体现黄河泛滥与城市兴衰的一处遗址。此次工作是东京城考古史上规模最大的一次考古发掘,取得了丰硕成果,填补了都城考古史的一段空白,为研究东京城的布局、古代都城城门形制演变、开封城市发展史提供了实物资料。

汝州张公巷瓷窑址2017年发掘1025平方米,清理遗迹有窑炉、房基、水井、灰坑、灰沟、路、灶等。出土瓷片1500袋,器物标本900余件。其中张公巷窑青瓷标本20余件,常见器物有板沿盆、碗、折腹盘、熏炉、器盖、盘口瓶、枕、套盒等,兼有汝窑圈足洗。本次发掘确认了张公巷窑遗址的范围;匣钵施釉、做工复杂,表明张公巷瓷窑址可能是一处官办窑厂;出土五代青瓷和宋代"官"字款的白瓷,为研究汝州张公巷窑址与周边窑口的关系提供了新的线索。

开封市城隍庙街明代建筑遗址位于河南省开封市城隍庙街路西。2017年7月下旬,开封市文物考古研究所在配合城市基本建设过程当中发现该遗址,即进行了抢救性发掘。本次发掘现已揭露面积2000余平方米,暴露的遗迹主要有大殿基址、东西厢房、前殿及天井、大殿、月台、甬道、东西厢房等建筑遗迹,组成了1组四合院式建筑群。遗址内出土陶、瓷、石、木、骨、铜、锡等各类遗物320余件,遗物性质主要为生活用品和建筑构件。从发掘清理的建筑遗迹形制来看,该建筑群规格高,规模大,具有十分重要的城市考古学研究价值。

2018年,完成"中原地区文明化进程研究"课题中的灵宝北阳平遗址和五帝遗址文物勘探,通过勘探确认北阳平遗址面积达100多万平方米,是灵宝仰韶文化遗址群中面积最大的一处,是中原地区文明化进程研究绝佳的切入点。北阳平遗址、五帝遗址均为仰韶文化大型核心性聚落,均发现壕沟、房址等,为认识灵宝盆地仰韶中期社会复杂化提供了新的资料,并为今后重点发掘奠定了基础。

2018 年，配合"大运河文化带"建设，对京杭大运河会通河台前段、隋唐大运河永济渠黎阳城遗址、通济渠永城段进行了较为全面的考古调查、勘探与测绘工作。探明了京杭大运河会通河台前段运河遗存的基本走向，并对重点区域进行重点勘探，厘清了运河河道和大堤的结构。对永济渠黎阳城遗址进行了全面调查和勘探，发现有夯土基址、城门、道路、墓葬、沉船等重要遗存，基本搞清了黎阳城遗址的布局情况，为下一步的考古发掘提供了详实资料。2018年 5～9 月对永城市大运河沿线及其附属设施等文物遗迹进行考古调查与勘探工作，旨在为下一步考古发掘、保护规划和展示利用大运河沿线文化资源，带动沿线经济社会发展打下良好基础。新发现了 4 艘沉船、1 座桥墩遗迹、水利灌溉渠 1 条等重要成果，出土或收集了石锚、官字碑、大量瓷器等运河遗物，整体上对永城市沿线的大运河文化资源分布情况有了确切的认识，为 2019 年的考古发掘工作提供基本条件。

二

2017、2018 年，河南考古走出国门，实施了肯尼亚吉门基石旧石器时代遗址、蒙古国后杭爱省高勒毛都 2 号墓地、乌兹别克斯坦拉巴特遗址、塔吉克斯坦贝希肯特谷地的考古发掘工作。

肯尼亚吉门基石遗址发掘面积 66 平方米，出土旧石器时代中期石制品 551 件，包括石核、石片、石器、断块和石料等，还有数十件哺乳动物化石。调查发现 13 处旧石器地点，发现石制品和动物化石近千件，时代包括旧石器时代早期、中期和晚期。其中，位于肯尼亚裂谷地区纳库鲁郡玛卡里亚瀑布，是迄今为止中国考古学家在非洲发现的第一处旧石器地点。经过两年的考古工作初步证明，东非大裂谷巴林戈地区分布有非常丰富的旧石器时代文化遗存，对探索早期人类起源、现代人起源等学术课题具有十分重要的意义。

蒙古国高勒毛都 2 号墓地清理了 M189 主墓葬和 12 座陪葬墓。这些陪葬墓顶部均有圆形积石，自南向北呈弧形分布于主墓葬东侧。大部分人骨都是上肢和头部遭到破坏，因此墓葬可能曾遭到报复性扰动。出土遗物有铜器、陶器、铁器及金银器等，其中三面铜镜为汉代器物，其余均为典型匈奴文化器物。墓葬的布局特征表明这些死者可能是贵族的殉葬者。这是蒙古境内第二批经过系统发掘的匈奴贵族陪葬墓，与同墓地 M1 的陪葬墓相比呈现出许多新的特征。这些材料为研究匈奴贵族葬俗及汉王朝与匈奴的文化交流提供了新材料。在主墓葬的清理工作上取得了重要进展，清理到距离墓顶 6 米的深度。本年度虽然没有清理到墓室底部，但是在发掘过程中观察到的包括墓顶两层石砌网格结构、墓室中部石砌围框结构、木结构建筑以及石层中间呈鱼骨状分布的木头层等，都是以往匈奴贵族墓葬中未曾发现的新迹象。同时盗洞中出土的漆器、金银器等器物碎片，初步证实了该墓葬主人的身份应当也是匈奴贵族，并且与中原汉王朝有着一定的联系。目前所发现的遗迹现象以及获得的测年信息，表明该墓葬在研究匈奴贵族葬俗及匈奴与中原汉王朝的互动交流等问题具有十分重要的价值。

三

由中国考古学会主办、中国考古学会新石器时代考古专业委员会、郑州中华之源与嵩山文明研究会、河南省文物考古学会承办的第一届中国考古·郑州论坛，于2017年8月22日在郑州召开。主题是"区域互动与文明化进程论坛"，重点评议近年史前考古新发现和研讨中华文明起源的热点问题。来自中国社会科学院考古研究所、北京大学、中国国家博物馆、山东大学、陕西省考古研究院等全国重点高校、科研院所、博物馆等四十余家相关科研单位的100多位考古文物工作者齐聚于郑州，共襄盛会。此外还有众多高校的青年教师、研究生列席参会。中国考古·郑州论坛是中国考古学的一个常设高端学术论坛，旨在深入探讨中国考古学的重大专题学术研究，进一步推动中国考古学的发展。本次会议对于探讨文明起源模式以及河南在文明起源过程中的作用具有重要意义。

由河南省文物考古学院主办的《华夏考古》创刊30周年座谈会，于2017年10月13日在郑州举办。来自《考古》《考古学报》《考古与文物》《江汉考古》《故宫博物院院刊》《中原文物》《中国文物报》等16家期刊报纸出席会议。与会专家对《华夏考古》创刊30周年表示祝贺，肯定了《华夏考古》30年的成长历程，讨论了学术刊物的定位和发展方向。《华夏考古》2018年由季刊改为双月刊，增加刊物内容，提高刊物质量。

2017年10月，由中国古陶瓷学会、河南省文物局主办，河南省文物考古研究院、宝丰县和鲁山县人民政府承办的"中国古陶瓷学会2017年年会暨汝窑、鲁山窑学术研讨会"在平顶山市召开。来自国内外的150多位陶瓷研究专家学者参会。在汝窑学术研讨会上，21位中外专家学者做了相关专题学术报告，就汝窑的烧造历史和装烧工艺、汝窑的发现和考古发掘工作、传世汝窑瓷器研究、汝窑瓷器的成分与造型样式、汝窑和张公巷窑的相互关系等问题进行了深入交流研讨。在鲁山窑学术研讨会上，12位专家学者所作的主题发言，围绕"腰鼓""花瓷""鲁山段店窑"等关键词展开，使与会者从历史、产品、工艺、文化等方面，对鲁山窑的文化内涵和产品面貌获得了较为全面的认识。

由北京大学出土文献研究所主办，河南省文物考古研究院、郑州古都学会承办的"商周青铜器与金文研究"，于2017年10月27日在郑州举办。来自中国社科院考古所、中国国家博物馆、北京大学、清华大学、首都师范大学等省内外和韩国、捷克等国外高等院校、研究机构、文博单位的100多位青铜器、古文字专家聚首郑州，围绕青铜礼器和考古新收获共商文明起源。郑州是青铜文化的核心区域之一，出土青铜器数量较多。本次会议围绕青铜器及其铸造工艺、铭文等方面进行的研究，为商周考古、青铜器研究提供最新的资料和数据，也必将推动郑州在商周文化和金文研究领域的发展。

由中国考古学会两周考古专业委员会、河南省文物局、信阳市人民政府、河南省文物考古学会主办，城市考古与保护国家文物局重点科研基地、河南省考古研究院、河南博物院、信阳市文广新局、信阳市文物局、信阳博物馆、城阳城址保护区承办的"信阳楚墓发现六十周年暨两周城址考古与保护学术研讨会"，于2017年11月11日在信阳市召开。来自全国各地近百名文物考古界领导、专家、学者畅谈两周城址考古与保护的经验，交流科学发掘和保护成果。研讨会上，专家们就信阳楚墓发现、城阳城址考古发现与研究的学术意义、信阳地区先秦城址考古调查、考古学中"春秋时期"的断代和分期问题、关于楚系青铜器年代的上限、考古发现所见楚文化在西北与东南方向的进退、中国古代墓葬封土形式演变、城阳城址战国楚墓出土青铜器和彩绘器物的保护与修复等热点论题进行了广泛讨论。

由河南省文物局、中国考古学新石器时代考古专业委员会主办、河南省文物考古研究院、北京大学考古文博学院承办的"龙山时代的中原——以墓葬为视角"学术论坛，于2017年11月13日在郑州市成功召开。本次会议从墓葬资料的综合研究角度出发，窥探中原龙山时期的社会以及人和自然环境之间的关系，将中原地区龙山时代的考古发掘与研究推向深入。

2018年，我省成功举办或承办了"中原古代玉器制作技术研讨会""中原古代都城建筑技术研讨会""中原地区文明化进程研究""两周古城与大遗址保护研讨会""中原地区早期农业科技起源与发展""第八届黄淮七省考古论坛"计6个学术会议，开阔了研究人员的视野。

四

2017～2018年河南计出版各类图书10余部。由洛阳市文物考古研究院编著的《洛阳龙门唐安菩夫妇墓》，2017年9月在科学出版社出版。本书对1981年洛阳龙门发现的唐景龙三年（709）安菩夫妇墓中出土的120余件（套）随葬器进行详细的描述。墓中出土随葬品种类包括三彩、陶器、瓷器、金币、石刻等，其三彩数量多、工艺水平高、釉色艳丽，是洛阳地区自中华人民共和国成立以来唐代考古的重大收获。由中国社会科学院考古研究所、美国哈佛大学皮保德博物馆编著的《豫东考古报告》，2017年7月在科学出版社出版。本书系统地介绍了本次中美合作发掘的山台寺、马庄、潘庙、宋城四个遗址以及在豫东地区做的考古调查，阐述了仰韶文化、龙山文化、岳石文化、殷墟类型以及东周、汉代等文化遗存。由河南省文物考古研究院编著的《三门峡市印染厂墓地》，2017年6月在中州古籍出版社出版。三门峡市印染厂墓地，是1965年原河南省文化局文物工作队配合新中国早期国家工业化基本建设，在三门峡市印染厂发现的一处墓地。发掘的墓葬包括秦人墓葬、唐代墓葬、宋代墓葬，共计152座。本书详细介绍了墓葬形制、随葬品、分期与年代、文化内涵和墓地结构。《禹州阳翟故城遗址》，2017年11月在科学出版社出版。本书详细介绍了遗址的发掘情况，揭露面积8046平方米，遗存以金元时期为主，并有少量西周至汉唐的遗迹、遗物。共清理墓葬、灰坑、窑、井、灶、路、沟等各类遗迹1000余处，出土陶、瓷、铜、铁、玻璃、骨、石器及钱币等遗物近2000件。阳翟故城是一处不多见的保存较好的金元时期生活遗址，对于了解金元时期一般民众的社会生活状况非常有价值。由河南省文物考古研究院编著的《梦韵天青——宝丰清凉寺汝窑最新出土瓷器集粹》，2017年9月在大象出版社出版。河南省文物考古研究院于2011～2016年对汝窑烧制区域进行了科学发掘，取得了很多新的发现，并出土了大量的精美文物，包括汝釉瓷、素烧器、青釉瓷、黑釉瓷、三彩、白釉珍珠地等，有些器型特别少见。如仿青铜器出戟瓶、长方委角方盘等，有的窑具也是新发现，如椭圆形匣钵、小如钱币的支钉垫圈等，北宋时期的灰陶绣墩全国出土也仅见此件。2017年是汝窑考古发掘30周年，《梦韵天青——宝丰清凉寺汝窑最新出土瓷器集粹》即为这30年汝窑研究发掘的新成果。由河南省文物考古研究院编著的《鲁山段店窑遗珍》，2017年10月在科学出版社出版。鲁山段店瓷窑址始烧于唐，历经宋金，延续至元代，是河南地区有代表性的古代瓷窑之一。本书收录的陶瓷器由三部分组成，一是河南省文物考古研究院发掘鲁山段店窑的出土瓷器和窑具，二是平顶山博物馆收藏段店窑瓷器和鲁山杨南遗址出土陶瓷器，三是鲁山县段店窑文化研究所历年收集的段店窑陶瓷标本。计收入唐代、北宋、金代和元代陶瓷精品225件，有花釉、黑釉、白釉、青釉、钧釉和三彩等品种。由深圳市文物考古鉴定所、郑州市中原陶瓷标本博物馆编著的《鲁山窑调查报告》，2017年11月在文物出版社出版。此报告基于2000年以来鲁山段店窑的调查所得，主要报告了从初唐延续到北宋早期的花釉和黑釉瓷器，器类包括罐、壶、盏、盘、瓶、腰鼓、盆等，最后作者对鲁山段店花釉瓷进行了分期以及相关问题的讨论。

由河南省文物考古研究院杨育彬先生编著的《走进考古——杨育彬回忆录》，2017年10月在科学出版社出版。杨育彬先生近四十年的考古生涯中，见证了河南考古事业在艰苦的岁月中起步，一步一个脚印发展到今天的过程。作为考古队伍中的一位老兵，先生虽已逾古稀之年，仍退而不休，笔耕不辍，用回忆录的形式记录下自己的成长经历，是河南考古史上珍贵的资料。前辈考古人严谨的治学态度、艰苦奋斗的精神、对考古工作的执着和热爱，都值得我们学习和发扬。希望这些宝贵的精神财富能够在今天的考古工作者中薪火相传，并得以发扬光大。由楚文化研究会编著的《楚文化研究论文集》第十二集，2017年8月在上海古籍出版社出版。书稿系楚文化研究会在河南举办的第十四次楚文化学术研究讨论会论文集，诸篇文章都是近年楚文化研究的最新学术成果。书稿分为楚文化考古新发现、楚系墓葬研究新进展、楚文化聚落形态与社会组织研究、楚文化与其他文化关系研究。由中国国家博物馆、洛阳市文物考古研究院编著的《洛阳大遗址航空摄影考古》，2017年7月在文物出版社出版。2006年在国家文物局的支持下，中国国家博物馆遥感与航空摄影考古研究中心和洛阳市文物工作队再度合作，共同完成二里头遗址、偃师商城遗址、汉魏故城遗址、邙山陵墓群遗址、龙门石窟遗址、巩义宋陵遗址航空摄影资料的整理，并收集了洛阳盆地20世纪60至70年代的航空测绘相片作为参考资料，将1996年航空摄影勘察未拍摄的东周王城和隋唐洛阳城遗址也收入研究范围，利用不同时期的航空摄影片，从空中视角分析了上述遗址的遗迹现象和保存状况。由郑州市商城遗址保护管理处马玉鹏编著的《郑州商城遗址保护》，2017年3月在科学出版社出版。本书系统梳理了郑州商城考古遗址公园的建设历程，详细介绍近年来郑州商城大遗址保护所做的具体工作，以专业的态度、翔实的资料、丰富的图片、通俗的语言表达出来，有利于公众更深入、更全面的了解文化遗产保护，提高文化遗产保护意识，同时为其他类似遗址的保护提供借鉴。

由河南省文物考古研究院李秀萍编著的《河南历代名人墓》，2018年4月在中州古籍出版社出版，本书收录的中州历代名人，是在河南境内遗留有墓冢和衣冠冢，或在历史文献资料上有其死后葬于河南的文字记录的名人，上起原始社会，下至民国时期，以中国历史的年代先后排列。河南省文物考古研究院编著的《新郑天利两周墓地》，2018年6月在上海古籍出版社出版，该墓地的重要性在于墓葬总量多、随葬品丰富、历时较长，从西周晚期一直延续到战国晚期，西周晚期、春秋时期以及战国时期显示出极具特色的考古学文化面貌，折射出这一地区的历史变迁，其用鼎制度、多重棺椁制度和饭含制度让我们对两周的礼制实施情况有更为深刻的理解，对于研究两周时期该地区考古学文化有重要意义。由洛阳市文物考古研究院编著的《宜阳韩城北郊墓地发掘报告》，2018年2月在中州古籍出版社出版，本书从墓葬形制、随葬品组合、器物形态演变等方面对这批墓葬进行综合分析研究，其中部分墓葬为洛阳地区并不多见的秦人墓和秦人后裔墓。这批墓葬为研究洛阳地区秦汉时期社会底层人民的葬俗等提供了宝贵的实物资料。《荥阳后真村》考古报告，2018年3月在科学出版社出版，荥阳后真村遗址是南水北调中线工程河南段文物保护项目，2010年10月至2011年1月郑州大学历史学院进行了考古发掘。全书分为七章，另有附录5个，共发表墓葬、陶窑、灰坑、水井、窖穴等各类遗迹，时代包括汉、唐、宋金及清代。其中宋金时期和清代遗存最为丰富，宋金时期遗存以水井为主，为研究该时期该地区的水文情况提供了详实的资料；清代遗存以墓葬为主，为研究当地民俗风貌大有裨益。由洛阳市文物考古研究院贾中宝、郭宏涛编著的《唐恭陵》，2018年3月在中州古籍出版社出版，此书分唐恭陵何人之墓、唐代陵园制度、哀皇后墓、唐恭陵的历史沿革及保护、唐恭陵的异闻传说、当代学者说恭陵等六章，详细介绍了李弘生平，分析了葬于景山的原因，并就其死因进行探讨。书里面除对陵区和附近的景物有生动准确的描写外，还有珍贵的考古资料和破获"2.15"唐恭陵被盗案的真实报道，同时收录了关于恭陵的民间传说。

河南是全国各省市中拥有文物考古类杂志最多的省份。河南省文物考古研究院2017年出版了《华夏考古》1～4期，2018年改为双月刊，出版了1～6期，河南博物院出版了《中原文物》1～6期，洛阳市文物考古研究院出版了《洛阳考古》1～4期，郑州市文物考古研究院出版《黄河 黄土 黄种人·华夏文明》1～12期。其中《华夏考古》和《中原文物》均为"中文核心期刊"、"中国人文社会科学综合评价AMI"核心期刊和"RCCSE中国核心学术期刊"。《华夏考古》在2018年河南省报纸期刊编校质量检测中接连斩获一级期刊的荣誉，蝉联《中国人文社会科学期刊AMI综合评价报告（2018年）》A类分学科期刊考古文博类的核心期刊。经过多项学术指标综合评定，《华夏考古》成功入选《中国学术期刊影响因子年报》统计源期刊。

两年来全省文物考古研究人员在全国专业刊物上，共发表学术论文或考古简报 200 余篇，不仅报道了以往的考古发现成果，其研究内容上也涵盖了河南考古学的方方面面。经十余年的考古发掘和近三年的联合攻关，以河南省文物考古研究院李占扬为第一作者的论文《中国许昌出土晚更新世古人类头骨研究》（Late Pleistocene archaic human crania from Xuchang, China）发表于 2017 年 3 月 3 日《科学》（Science）杂志上，在国内外产生重大影响。研究显示，距今 10.5 万～12.5 万年，东亚大陆生存着一类具有东亚中更新世直立人、欧洲尼安德特人和早期现代人混合形态的特殊人群。表明晚更新世早期，中国境内可能并存有多种古人类群体，不同群体之间有杂交或者基因交流产生。"许昌人"为中国古人类演化的地区连续性以及与欧洲古人类之间的交流提供了一定程度的支持。Science、Current Biology 等国际顶端学术期刊为此发表专题评论，认为这项研究填补了古老型人类向早期现代人过渡阶段东亚地区古人类演化方面的空白，是中国学者在古人类研究领域取得的一项重大突破。《李家窑虢国都城遗址考古资料整理与综合研究》获得 2018 年国家社会科学基金重大项目，是河南省文物考古研究院作为责任单位承担的第一项国家社科重大项目。

五

两年来，河南考古学举办多场公众考古活动，形式新颖，内容精彩纷呈，吸引较多的社会民众关注考古，热爱考古，让其了解考古过程和学术成果。

2017 年"文化和自然遗产日"主会场设在河南洛阳，主题为文化遗产与"一带一路"。围绕该主题，遗产日前后，各地区、各文博单位结合实际，组织开展形式多样、内容丰富的文博惠民宣传活动。洛阳主场城市活动的主要内容包括文化遗产与"一带一路"论坛、"一带一路"大遗址保护分论坛、二里头遗址博物馆奠基、"丝绸之路与中原文物展"、文化遗产公开课、考古夏令营、公众考古沙龙，以及"丝路遗珍——丝绸之路文化遗产图片展""丹青记忆守望家园——中国文化遗产美术展""丝路文明的传承与发展——古代壁画修复成果展"等。

两年来，河南省文物考古研究院在"文化和自然遗产日"期间，开展"大城故事——走近河南考古"系列活动，在开封新郑门、郑州商城等 10 余处发掘现场开展公共考古活动，并通过微信微博进行直播或报道。

2017 年，新郑郑韩故城 3 号车马坑公众考古工作，是我省首次进行的向公众全程展示考古发掘全过程的工作，于 11 底考古发掘结束，公众考古宣传效果突出。河南省文物考古研究院进行了多次微信、微博报道或直播，另有新华社、央视、省电视台、省都市频道、猛犸新闻、河南日报、郑州日报等多家新闻媒体争相进行了直播或报道，国家文物局局长刘玉珠、文保司副司长闫亚林等领导进行了现场指导，现场观众数量也大幅增加，起到非常好的效果。

2017年，洛阳市文物考古研究院继续举办"我是小小考古家"夏令营活动。今年的夏令营活动增加了公益性，小营员是从洛阳市各小学市区级以上的优秀少先队员、三好学生等优秀学生中，通过笔试、面试筛选而来，小营员们全部免费参加，活动所需费用全部由洛阳市文物考古研究院提供。

2017年洛阳市文物考古研究院举行多场公众考古沙龙。沙龙活动邀请国内考古界"大咖"到洛阳，对考古发现和社会关注的考古问题进行专家讨论与互动交流，让普通百姓能够与顶级专家面对面探讨问题。邀请中国社会科学院学部委员刘庆柱、国家文物局考古专家组成员徐光冀等参加洛阳市文物考古学术沙龙之三国系列洛阳地区曹魏大墓重要考古新发现、曹操与洛阳、"三国杀"。

2017年4月14日，由郑州市文物考古研究院与河南省中视新科文化产业有限公司共同打造出品的考古网络电影《殷商传奇之再生缘》举办上线启动仪式。影片以考古发现为素材和时空背景，追溯文物本体的文化根源和情感，结合传说和丰富的想象演绎了一个神奇、美好、奇妙、并充满正能量的考古故事。在故事中，向大众展现了文化遗产保护和考古工作的方方面面，力图让观众身临考古语境，了解、认识、感受考古文化，提升公众对考古行业的认知，增强文化遗产保护意识。

2017年12月15日，"洛阳唐三彩艺术展"在波兰展出，得到了波兰人民以及外国游客的热烈追捧。此次展览的举办，对于加强两国之间的互动和文化交流具有开创性的意义，它是河南第一次在波兰举办的文物展览，也为河南省和卢布林省今后开展类似的交流合作积累了宝贵经验。

2017年，河南博物院镇馆之宝贾湖骨笛、妇好鸮尊、云纹铜禁亮相《国家宝藏》节目，引起大家的广泛关注和热烈讨论。《考古中华·河南篇》作为系列篇的开篇在中央电视台《探索发现》栏目播放，阐释和彰显了河南在中华文明起源过程中的重要作用。

2018年，郑州市文物考古研究院作为主要创意执行单位，在郑州市纪委的指导下，与河南省动漫产业基地郑州小樱桃卡通公司联合开展全国"天地之中"廉政文化遗产漫画大赛，发挥文物行业独特价值，让文物"活起来"。与河南小樱桃动漫集团有限公司联合开展"第二届全国考古和文化遗产保护优秀漫画作品展"活动，于2018年6月9日文化和自然遗产日在大河村博物馆成功举办。

2018年，洛阳市文物考古研究院新编汉代文物展大纲等4个外展大纲，承接外展项目12个，分别赴中国文字博物馆、浙江舟山博物馆等地展出，向外展示了河南厚重的历史文化。

河南省文物考古研究院官微"@河南考古"获得"2018年度文博十大创新力官微"。

六

综上所述，2017~2018年河南考古学呈现以下特点：一是配合基本建设工作任务依然繁重，考古工作以服务我省经济建设为主的大局没有改变；二是主动性考古发掘项目通过持续多年的工作，使一些遗址"老树开新花"，取得重要考古发现；三是河南考古首次走出国门，展现了中原考古人的风采；四是科学研究成果较丰硕，有一批考古报告和顶级学术文章问世；五是大型学术会议举办，彰显河南考古大省地位；六是公众考古蓬勃发展，考古学得到广泛传播和关注。

河南地处黄河流域中下游，是中华文明的重要发祥地之一，史前考古学文化的李家沟文化、裴李岗文化、仰韶文化、龙山文化发展序列清晰，从夏商至宋代有20多个王朝在此建都，长期是我国政治、经济、军事和文化的中心。河南考古历来被视为全国的排头兵，但近年来虽然考古工作较多，但在文明探源方面尚缺乏亮点，大运河河南段考古研究工作深度不够，境外考古刚走出国门，需要加强文明探源、大运河河南段和境外考古工作力度。

一是加快"考古中国——中原地区文明探源"项目进度。2017年底，中原地区文明探源项目立项，该项目旨在探索中原地区文明化进程模式及其在中国文明起源过程中的作用。陕西石峁遗址、浙江良渚古城遗址、湖北天门石家河遗址、山西陶寺遗址的发现和研究给我们提供了新的启发和认识，应选择仰韶、龙山时期的特大型聚落寻找突破口。项目应组织专业人员选准遗址持续做工作，将遗址的面积、布局和内涵了解清楚，进而深化中原地区文明化进程模式研究，凸显其在中华文明起源过程中的作用。

二是做好大运河文化带建设河南段的文物考古工作。做好大运河文化带建设工作，是保护利用好祖先留给我们的宝贵遗产的需要，是对接融入国家发展战略加快构筑文化高地的需要，更是服务地方城市建设促进经济社会发展的需要。河南文物考古工作者要深化学术研究，围绕历史研究空白点和大运河沿线重要节点，开展相关考古工作，制定科研课题，对历史、文化、漕运、民俗及其他关联性问题进行深入研究。

三是境外考古常态化过程中应加强管理，树形象。河南考古首次走出国门，赴蒙古国和肯尼亚进行考古，发掘高勒毛都 2 号墓地和吉门基石遗址，取得初步成果，引起了学术界的关注。目前全国考古机构已与十余个国家开展了考古合作项目。随着国家"一带一路"倡议受到越来越多沿线国家的响应，境外考古也逐步常态化。今后在境外考古工作过程中应加强管理，贯彻科学精神，加强科技考古参与力度，树立中国考古良好形象。

（与梁法伟合著，原刊于《2018～2019 河南社会科学年鉴》，
河南人民出版社，2019 年）

其他篇

简析盛唐乐舞俑

1991年9月，河南省考古工作者在孟津县西山头村附近发掘一座唐代纪年墓[①]。墓主岑氏葬于武则天大足元年(701年)。该墓保存比较完整，出土彩绘俑、动物模型、青瓷罐、釉陶罐和石墓志等随葬品46件。其中一组彩绘乐舞俑造型生动，引人注目，再现了盛唐时期音乐舞蹈艺术的具体形象。

这组乐舞陶俑计8件，其中伎乐俑6件、舞蹈俑2件（图1）。伎乐俑皆头梳双螺，面颊圆润，上穿窄袖衫，外套半臂，下系长裙，披帛束带，跽坐奏乐。衣裙有绿、红、黄、黑、紫诸色，分色搭配，艳丽动人。女舞俑2件，均头绾环形双高髻，中心处插一梅花饰，粉面淡妆，表情温婉。上穿红色翻领半臂，下着紫色曳地长裙，广袖束腰，身向左倾，两臂半举起舞。这组陶俑制作得十分精细，造型上能够把握人物的瞬间动态，力求达到神似的效果。伎乐俑强调两臂和手指的不同动作，舞蹈俑则重视双袖和腰部的协调统一；而且讲究面部化妆和衣饰上不同色彩的相配。伎乐俑专心致志的演奏，舞蹈俑轻柔高雅的表演，似乎把人们带进一个优美的旋律之中。

唐代在我国历史上，是政治稳定、经济发展和文化繁荣的时期，在音乐、舞蹈艺术方面也呈现一种新的面貌。据《新唐书·礼乐志》记载，太宗贞观十一年(637年)废除了《礼毕》，贞观十四年始造燕乐，奏之管弦，为唐代流行的九部乐之首。贞观十六年，宴请百官，加奏《高昌伎》，才成为《十部乐》。玄宗时，"又分乐为二部：堂下立奏，谓之立部伎；堂上坐奏，谓之坐部伎"。从河南安阳隋代张盛墓出土的伎乐俑呈坐姿看，隋代已肇坐部伎之端，远早于唐玄宗时期。孟津岑氏墓出土的六件伎乐俑均作跽坐姿态，无疑属于唐代的"坐部伎"。它们所持的乐器虽已不存，但从两手的不同姿态看，有4人屈手握于胸前，

[①] 301国道孟津考古队：《洛阳孟津西山头唐墓》，《文物》1992年第3期。

简析盛唐乐舞俑

似在吹奏乐器;另外二人伸手于前下方,似在弹奏琵琶(图2)。其演奏方式属于"以琵琶为主"的管弦乐演奏,内容可能是十部乐之首的"燕乐"。

燕乐是在宴享时所演奏的音乐,尤为唐人所重。它既综合了当时南北和中外的乐器,又融汇了边疆和中原内地的音调,与传统汉族的清乐一起,成为当时音乐的两条主流。这种音乐往往有舞者相伴,讲究音乐和舞蹈的配合。唐时盛行的乐舞中,小型表演性舞蹈分为健舞和软舞两大类,健舞动作快捷、刚健,软舞则比较舒展、缓慢。孟津这次出土的一对舞伎,皆着半臂长裙,体态柔美,展袖助势,腰部微曲,整体动作不大,颇似唐代的"软舞"。不过,软舞的舞蹈节目不是固定的,而《坐部伎》则由成套的固定的乐舞节目所组成。

在坐、立二部的不同演出方式中,"坐部伎"是在堂上坐奏,演出规模较小,气氛温和,节目典雅;"立部伎"则在堂下立奏,讲究气势,演出场面宏大。唐代诗人白居易曾写有一首《立部伎》,描绘:"堂上坐部笙歌清,堂下立部鼓笛鸣;笙歌一声众侧耳,鼓笛万曲无人听。立部贱,坐部贵。"两部的不同表演内容,反映了唐人审美情趣。

尽管文献中的"坐部伎"和"立部伎",都是唐代宫廷乐舞的内容,但从考古发现的音乐资料看,这种音乐形式绝不限于宫廷内独有。除敦煌壁画所保留的乐舞形象外,在洛阳、西安附近唐墓中已发现相当数量的乐舞陶俑。如比岑氏墓稍早的唐郑仁泰墓,曾出土乐舞陶俑16件,其中伎乐俑14件,女舞俑

图1 彩绘乐舞俑一组

图 2　彩绘伎乐俑

2件；距岑氏墓不远的洛阳邙山徐村唐墓中，也发现一组乐舞陶俑，其中乐俑5人，舞俑2人。两京唐墓乐舞陶俑大量发现。遗憾的是，由于这些唐代墓葬多被盗扰，乐俑所执的乐器往往残缺不全。陕西唐李寿墓石椁内壁线刻的坐、立部乐伎图，内容丰富，乐器齐备，与《旧唐书·音乐志》中龟兹乐的乐器相仿，属于燕乐系统的龟兹部乐。这在一定程度上反映了唐初二部演出的面貌，可以作为唐墓出土乐舞陶俑演奏内容的参考。

（原刊于《中国文物报》1992年4月12日第3版）

宋仁宗永昭陵上宫考古获丰硕成果

从1995年下半年至1998年上半年，河南省文物考古研究所配合宋陵抢救保护工程，连续四年对宋仁宗永昭陵上宫进行了考古发掘，全面揭示出鹊台、乳台、神门、神墙、门阙和角阙等建筑的营建规制，彻底弄清了陵台所谓"三层"的庐山真面目，并首次发现了献殿、闑亭类建筑基址，为复原宋陵上宫的平面布局和诸建筑基址的形制结构提供了极为丰富的实物资料，对于进一步深入探讨北宋皇陵陵寝制度提供了重要依据。

北宋皇陵地处河南省巩义市西南部的黄土丘陵上，是国务院公布的第二批全国重点文物保护单位。北宋王朝的九个皇帝中，除徽宗、钦宗二帝被金人所虏囚死漠北外，其余七帝均葬于此，加上开国皇帝赵匡胤之父赵弘殷的永安陵，统称"七帝八陵"。宋仁宗永昭陵位于巩义市区南部，1995年6月巩义市人民政府经报请国家文物局批准，着手实施宋陵抢救保护工程。河南省文物考古研究所组成宋陵考古队，从1995年9月始至1998年6月结束，先后发掘了永昭陵上宫的鹊台、乳台、神门、神墙、门阙、角阙、陵台、闑亭和献殿等建筑基址，揭露面积一万余平方米，出土了各类砖瓦、瓦当、垂兽、套兽、鸱吻、吻兽、迦陵频伽和万字栏板等上千件建筑构件。

北宋皇帝陵园建制相同，在平面布局上整齐划一，皆由上宫、下宫、皇后陵和陪葬墓组成。上宫是陵园的主体，以陵台为主心，四周围护神墙，神墙四隅建有角阙，四面正中开门，门侧设有阙台，门外各列石狮一对。在南神门外的神道两侧，东西对称排列着象征仪仗的石雕像，再南设置有两个乳台，最南端入口处为一对鹊台。发掘表明，宋仁宗永昭陵的鹊台、乳台、门阙和角阙基址皆为包砖土台，台体为黄褐土夯筑而成，夯土内填有木骨，台体四周用长条形青砖包砌。包砖的宽度从0.6～1米不等。包砖现存最高者达1.5米，建造时白灰粘缝，逐层向上内收，表面使用红灰粉饰。鹊台基址平面呈横长方形，东西长13.4米，南北宽12.15米，现高4.5米。乳台基址平面呈双重"凸"字形。东西长19.7米，南北宽9.25～10.3米，即靠神道的一边宽，另一边较窄，南、北壁面均作两次内收，每次内收约0.22米。门阙基址的平面形制和尺寸与乳台相同，靠近门道的一边宽、另一边较窄。角阙基址平面呈曲尺拐角形，一般两外边长19.7米，两内边长9.7米。与乳台、门阙基址相似，角阙夹角处的台基明显宽，而与神墙连接的两端变窄，即内、外壁面也做两次内收。由上述基址的平面形制推断，乳台和门阙台基上应建有错落有致的三出阙楼阁，且两两对称布局。而角阙台基顶面则为两个三出阙楼阁的复合式建筑。

在四座神门遗址中，南、东和西神门建筑形制相同，皆为下设夯土台基，上建面阔三间、进深两间的门楼，门址两侧依门阙阙台而建，内、外两边中部设有斜坡形门道。据东神门发掘资料，门址台基横宽14.4米，进深11.4米，高0.63米，台基上面分布柱础石坑12个，即东西向3排、南北向4个，西南角处尚有一方柱础石仍留在原位，柱础石边长70厘米，厚30厘米。神门两侧中部砖砌有一道隔墙，隔墙长4.8米，宽1.1米。门道横宽5.6米，长3.05米，全部用莲纹方砖铺砌。北神门与上述门址不同，它的中间为一过道，两侧间则建于台基上，侧间中部也东西向叠砌一道隔墙，墙面和地面铺砖均经磨光。

连接神门和角阙的神墙长75.75～76.6米，宽2.5米，与北神门阙台相连处的一段尚高2.5米。神墙全用夯土筑成，表面涂以草拌泥和红灰，每层厚约1厘米。神墙内、外两侧砖铺散水，并在附近发现大量板、筒瓦和瓦当，可知神墙顶部为两面坡形制，上覆瓦陇以防雨水。

陵台用夯土筑成，表面粉饰红灰，平面呈正方形，作三层台阶状。其中下层底部边长52.6米，中层底部边长36.15～37.45米，上层底部边长23.3～24.55米，每层垂直高度为5米左右。在陵台的四面各建有9个砖砌排水道，即每面上层2个、中层3个、下层4个。陵台的底部四周砖铺有散水，一般宽1.25～1.5米。

阙亭是这次考古的最重要发现，过去仅从史料中知道宋陵设有此建筑，而地表已无形迹可寻。阙亭或称阙庭，位于南神门外两侧，为一组两座，对称布局。阙亭建筑形制和结构比较奇特，台基平面呈正方形而缺外边一角，即靠近神道的一面和南面设有门道，并砖铺散水，每边长13.9米；与神道相对的一面和北面边长仅有10.2米，台基高0.63米。从台基上柱础石坑的分布位置看，该建筑由南向北视和在神道一侧视为面阔三间，而从另外两个方向视作面阔二间。

献殿是上宫内的重要建筑物，供举行大型朝拜和祭奠时使用，但长期以来由于未发现遗迹而怀疑是否存在。这次不仅在永昭陵上宫内清理出明清时期祭祀宋陵的"献殿"遗迹（宋代献殿已遭破坏），而且还在祔葬永昭陵的曹皇后陵陵台前发现宋代献殿基址。该献殿坐落在夯土台基上，台基南、北面的中部均设有斜坡形砖砌门道，其建筑尺寸也大致与史料中的"献殿一座，共深五十五尺，殿身三间，各六椽五铺下昂作事"相吻合，从而确凿无疑地印证了宋陵"献殿"的存在。

这次出土的建筑构件皆为灰陶质，而未见琉璃类遗物。其中鸱吻头小身长，形体高大；套兽作鹰嘴、兽面，造型新颖；迦陵频伽头戴花冠，裸臂披巾，背生双羽，刻画十分生动；垂兽附于大板瓦上，张口长舌，卷唇独角，形象狰狞可怖。上述建筑构件融贴塑、雕刻、模印等艺术手法于一体，制作精细，气势恢宏。板瓦上模印的戳记分别有"官""官将元""郑吉官"等字样，显系当时的官窑所烧制。在陵台南中部的盗洞内，还发现明清时期的御祀碑文10余块，是明清两代皇帝遣官致祭北宋皇陵的历史见证。

这次宋仁宗永昭陵上宫的发掘，是北宋皇陵陵园建筑的第一次全面揭露，展现了宋陵上宫的真实面目，提供了宋代"官式"建筑的完整实例，使复原北宋皇陵地面建筑成为可能，将有力推动中国古代陵寝制度史研究工作的开展。

（与郭培育合著，原刊于《中国文物报》1998年10月14日第1版）

汝窑考古工作者手记

为了寻找汝窑瓷器烧造区，自1987年以来，我们前后共进行了6次考古发掘。1988和1989年，我们分别进行了第二、三次考古发掘。考古工作是非常辛苦的，并不像局外人想象得那么有趣。那时的清凉寺周围，除省办、市办、县办煤矿外，还有村办、队办和个人开采的小煤矿，加上遍布煤矿周边的炼焦（炭）点，可谓浓烟四起，空气混浊。我们在深秋和初春的晚上，尽管关闭门窗，蒙着被头，早晨醒来洗漱时，鼻孔仍是黑的，也不知道吸进去了多少煤灰。由于大肆开采，地下水遭到了严重破坏，水位下降，地面下沉。我们居住的靠近村南边的房子，裂开有多条缝隙，地下仍不时传来犹如地震般的抖动。为安全起见，我们在裂缝内放木块，每天都要观察它的动静，以防不测。由于是从数千米外拉水食用，我们采取一盆水（实际上盆内只有约五分之一水）用一天的办法，即早上、中午、晚上洗脸，睡觉前再洗脚后把它倒掉。几天下来，每个人的脸和手都沾满了黑灰，看上去与当地采煤的人没什么两样，成了地地道道的"煤黑子"。曾有年轻的工作人员告诉我，他在回家后，妻子一看他的模样，二话不说先把他关进卫生间，直到把身上的黑灰洗干净，全部衣服换掉才能进客厅吃饭。尽管是这样的工作环境，我们为寻觅汝窑的烧造区域，仍在那里坚持了一个秋季和一个春季长达半年多的时间，发现了北宋早、中、晚期和金、元时期五个阶段的地层叠压关系，从而确定了汝窑瓷器的具体烧造年代。

考古工作者最高兴的事情莫过于发现的快乐。一次，在下午快要停工时，有1个探方内的工作人员气喘吁吁地跑来找我，说是发现了"宝贝"。我赶到现场一看，果然是1件刚露土的汝窑笔洗，只是已成为多个残片。我立即宣布停工，让民工回家，只留几个工作人员在旁协助。我们细心地用手铲和刷子在周围寻找，用了将近一个小时，直到天空全黑下来我们才收兵，回到住处迫不及待地将碎片洗净、拼合，果然是1件比较完整的笔洗，裹足满釉，在圈足内底部有5个细小的支钉痕，与传世的汝窑瓷器几乎一模一样。那天晚上，我吩咐做饭师傅再加两个菜，并买来一瓶酒，小小庆祝了一番。

考古工作也具有很大的偶然性，有时候你有目的去寻找不一定就能找到，而村民不经意地一锄下去可能就挖到个"宝贝"。汝窑的发现也是这样，尽管1998年春季我们有目的地在清凉寺村内开挖了个3米×3米的小探方，也出土了两件比较完整的汝窑瓷器，推测汝窑烧造区有可能就在村内，但是面对密集成排的居民房屋，经费短缺的我们只能望村兴叹。功夫不负有心人，机会终于来了。在1998年的12月份，清凉寺一村民报告在挖坑时发现耐火砖和瓷片，我们立即派人赶到现场，在已经回填的坑边拣到了一百余片汝窑瓷片，令我们喜出望外。经报请国家文物局批准，我们又组织人力开始了第5次考古工作，先钻探后试掘，大致确定了汝窑烧造区的范围。

为了慎重起见，我们在当地人民政府的密切配合下，在该区域内先搬迁了四户居民，经过2000年6~10月的考古发掘，终于证实了这里就是汝窑瓷器烧造区。在烧造区内我们发现汝窑窑炉15座、作坊2处、大型澄泥池2个、釉料坑2个、灰坑22个和水井1眼，并获得了多组重要的地层关系，出土一大批形制比较完整且品种丰富的汝窑瓷器和匣钵、垫饼、垫圈、支烧等窑具，堪称中国陶瓷考古的又一重大发现。提起搬迁农户之事，具体负责发掘的郭木森同志至今还有点后怕，他说："不搬迁农户，搞不清地下埋藏情况，汝窑永远是个谜；搬迁农户，又怕地下没有文物遗存或遗迹现象太少，对不起当地政府和搬迁的村民。"确实，当时我们是冒有一定风险的。尽管我们先进行了钻探和试掘，但地下文物分布有很大的偶然性，尤其是窑址区域内窑炉的分布情况是很难把握准的。也许，没有自1987年以来长达十四年的苦苦寻找，没有1998年开始我们把寻找目标锁定在清凉寺村内，没有村民的报告和当地政府的支持，这次汝窑的重大考古发现就可能与我们失之交臂。

（原刊于《河南日报》2000年11月17日第5版）

努力做到最好

曾经有位朋友问我：为什么选择考古工作？我当时的回答是：因为我居住的农村在北宋皇陵附近，从小就受到古代文化的熏陶，由此产生浓厚的兴趣，在上大学时便选择了考古专业。实际上，经过"文化大革命"的我们这一代人，那时根本没有选择人生目标的权利。我是在离开高中校门5年后才重返校园的，填报志愿时听取了高中老师的一句话："考古专业是冷门专业，比较容易被录取。"尽管如此，直到今天我从来没有后悔过，而是庆幸自己选对了专业。能够献身于中国的文物考古事业，成为文物考古战线上的一分子，我感到骄傲和自豪。人生可能有多种选择，但干一行就要爱一行，无论从事什么工作都要尽力做到最好。

我在读大学时，对新石器时代考古特别感兴趣，抄录有不少仰韶文化和龙山文化的资料卡片。但刚到单位报到，安金槐所长就派我到开封发掘宋城，而且一干就是两年时间。尽管当时曾有怨言，但对待工作始终兢兢业业，一丝不苟，这样在圆满完成考古发掘任务的同时，也熟悉了有关宋城的文献资料。后来，便又参加了巩义北宋皇陵、宝丰清凉寺汝窑等考古项目，由此走上了宋代考古之路。至今回顾起来，如果没有最初的开封宋城发掘经历，就不可能有今天研究宋陵和汝窑的学术成果。在这里我给那些初出校门的小同行提个醒，大学本科只是奠定了专业基础，还不到专攻某段考古的"定型"阶段；尤其是省市级考古单位主要以配合国家经济建设为主，经常遇到什么就挖什么。因此要有适应工作环境的"万金油"精神，在实践中学，在学习中再专。

我一直认为，考古是最容易出学术成果的工作，只要你踏实去干，用心去挖，你发掘出来的资料绝大多数是新材料，都可以整理和撰写出来发表。但能够写出考古简报或报告，仅是你走出了学术生涯的第一步，只能称作考古工作者；还需要沉下心来，收集和比较所有发表的同类资料，再结合前人已有的研究成果，撰写出具有一得之见的科研论文。需要说明的是，最初撰写论文时，切忌选题太泛过宽，最好选择小一点容易驾驭的题目。这样先易后难，积少成多，并不断扩大自己的知识面，你就会在某一个方面学有建树。

俗话说"初生牛犊不怕虎"，对于一个初学者来说，往往缺乏学术目标，而又过高估计自己的能力，以挑战某个权威观点为快事。在这里我想说的是，科研创新是件好事，但需要建立在完全掌握了基础知识，真正具备了科研实力的时候。记得在大学高年级和刚走出校门时，自我感觉特好，遇到什么样的问题都有兴趣，而且敢动笔去写。当我接触到宋代考古，真正开始研究宋陵时，才发觉自己的才疏学浅。说起来汗颜，在《北宋皇陵》考古报告将要杀青时，经北京大学宿白教授指点，才读到如《地理新书》等重要文献资料。古人云"学无止境""学而后知不足"，我愿以此与大家共勉。

孙新民　男，1955年3月生，1981年12月毕业于郑州大学历史系考古专业，分配至河南省文物考古研究所工作至今。现任河南省文物考古研究所所长、研究员、《华夏考古》主编，兼任中国考古学会理事、中国古陶瓷学会常务理事、河南省文物考古学会副会长兼秘书长，是1998年文化部优秀专家、1999年河南省跨世纪学术和技术带头人培养对象、2002年河南省优秀专家、中国社会科学院古代文明研究中心客座研究员和郑州大学兼职教授。一直从事考古发掘和科学研究工作，其中，宝丰清凉寺汝窑发掘项目入选2000年全国十大考古新发现，并荣获国家文物局田野考古三等奖。承担有全国哲学社会科学基金资助项目两项，其中北宋皇陵陵园遗址最终成果《北宋皇陵》一书，荣获1997年河南省社科联优秀成果一等奖、1996~1997年河南省社科优秀成果二等奖和中国社会科学院夏鼐考古学基金优秀成果二等奖。

主持编写陶瓷图录3部：《河南出土陶瓷》，1997年香港大学美术馆出版；《巩义黄冶唐三彩》，2002年大象出版社出版；《河南古代瓷窑》，2002年台北历史博物馆出版。参与编写学术专著3部：《河南考古四十年》（执笔第八章），1994年河南人民出版社出版；《20世纪河南考古发现与研究》（执笔第八、九章），1997年中州古籍出版社出版；《中国宋代文化》（执笔第一、四章），2000年河南人民出版社出版。在专业刊物上发表考古报告和科研论文30余篇。

（原刊于《中国文物报》2003年1月24日第3版）

新密古城寨龙山文化城址的发现及其意义

古城寨龙山文化城址位于新密市东35千米的曲梁乡大樊庄古城寨村周围，西临溱水，东接黄淮平原，南、北均为岗地，地处丘陵与平原之间的过渡地带。古城寨城址发现于20世纪50年代，原被定为西周郐国故城，是1986年河南省人民政府公布的省级文物保护单位。1997年以来，河南省文物考古研究所对该城址进行了钻探与试掘，揭露面积近千平方米，确认了现存城垣为龙山文化晚期，发现了一组同时期的大型夯土建筑基址，出土了一批石、骨、蚌、陶等生产工具和生活用器，取得了我国新石器时代晚期考古的重大收获[1]。现将新密古城寨龙山文化城址的考古发现及其重要意义作一概述，以求证于方家。

一

古城寨龙山文化城址位于溱水东岸的河旁台地上，至今仍较好地保存着三面城墙和南、北相对的两个城门缺口。城址平面呈长方形，东西长500米，南北宽345（东墙）～370米（西墙），总面积176500平方米。现存城墙顶宽1～7米，外高7～16米不等，城高墙阔，气势雄伟。南城门缺口因西侧城墙被破坏，宽18.7米，北城门缺口宽10.7米。除西面为溱水外，在城的南、北、东三面环有护城河，护城河宽34～90米，深4.5米以上。城墙采用分块版筑法，往往是先筑两边夯土，再将留下的一段空间填土夯实。每层版筑墙高1米，宽1～1.3米，长1.4～2米。古城寨现存城址，因城墙下压有龙山文化早期灰坑，其上限不会早于龙山文化早期；在南墙有龙山文化晚期层打破并叠压墙基的情况，其下限不会晚于龙山文化晚期。

---

[1] 蔡全法、马俊才、郭木森：《河南省新密市发现龙山时代重要城址》，《中原文物》2000年第5期。

在城址中部略偏东北处，发现大型夯土房基和大型廊庑式建筑各1座。房基坐西面东，南、北、东三面设有回廊，南北长28.4米，东西宽13米，面积达329.2平方米。房基上南北排列有6行柱洞，把整座房子分隔成七间。廊庑式建筑位于房基以北7.4米处，由三道墙基槽、门道和守门房组成，东西长60余米，基宽4米。三道墙基槽为南北并列，每道宽30~50厘米不等，分布有大小不一的柱洞。据现存遗迹推断，中间基槽上立明柱，两侧基槽上建木骨墙，可能是一座封闭式回廊建筑。两座建筑基址的年代同属龙山文化晚期，并且方向与城墙完全一致，应是经过统一规划和精心设计的。

二

在此之前，河南已发现龙山文化城址5座，它们分别是20世纪30年代发现的安阳后冈城址[①]、1977年发现的登封王城岗城址[②]、1979年发现的淮阳平粮台城址[③]、1986年发现的郾城郝家台城址[④]和1992年发现的辉县孟庄城址[⑤]。这些城址面积大小不等，最小的王城岗城址为两个东西并列的城堡，面积残存约1万平方米；最大的孟庄城址面积为16万平方米。它们皆修筑在平原或河旁台地上，用夯土构筑城墙，有的城外环以人为起土形成的护城河，主要用于军事防御。这些古城的形制和筑法有所不同，登封王城岗城址虽小，城墙基槽夯土的夯筑方法也很原始，但城内发现殉人、殉兽的奠基坑，并出土1件青铜容器残片；淮阳平粮台城址的平面为正方形，有门卫房和陶水管道，使用土坯，高台建筑；安阳后冈城址形制虽不详，但房基普遍使用土坯和人工烧制的石灰，版筑城墙和用儿童做奠基的牺牲；郾城郝家台城址平面为长方形，城内营建有成排的房基，有的铺以木地板。辉县孟庄城址龙山文化遗存丰富，东城门的门道南壁贴有木板，房基的居住面多经火烤或涂抹有白灰。

与上述城址相比较，新密古城寨龙山文化城址具有城内面积最大、城墙保存最好、宫殿建筑讲究、文化内涵丰富等特点。尽管揭露面积尚小，城内布局不十分明了，但城墙的夯筑技术比较成熟，城内发现三面带回廊的大型宫殿建

---

① 胡厚宣：《殷墟发掘》，学习生活出版社，1955年；尹达：《中国新石器时代》，生活·读书·新知三联书店，1955年。
② 河南省文物研究所、中国历史博物馆考古部：《登封王城岗与阳城》，文物出版社，1992年。
③ 河南省文物研究所、周口地区文化局文物科：《河南淮阳平粮台龙山文化城址试掘简报》，《文物》1983年第3期。
④ 河南省文物研究所、郾城县许慎纪念馆：《郾城郝家台遗址的发掘》，《华夏考古》1992年第3期。
⑤ 河南省文物考古研究所：《河南辉县市孟庄龙山文化遗址发掘简报》，《考古》2000年第3期。

筑和封闭式大型廊庑式建筑基址，在龙山时期城址中均十分少见。古城寨龙山文化城址规模宏大，墙高沟深，建筑坚固，仅在南、北方向留有两个城门，显示出它的军事防御性质和非权力集中的统治集团所能完成。因此，应属于一级龙山城，"是古国的政治中心，具有'都城'性质，或是部落或部落联盟的中心"①。

三

新密古城寨龙山文化城址是中原地区目前发现规模较大、墙体保存最好的龙山时代址，它的发现意义重大。

首先，为探索早期夏文化增添了重要资料。夏代是我国历史上第一个奴隶制国家政权，经"夏商周断代工程"结项推定，夏代纪年约当公元前2070～前1600年②。夏文化研究，因近年来"夏商周断代工程"的启动而取得重大进展，河南龙山文化晚期和二里头文化一至四期遗存是夏文化已为学术界所接受。据史书记载，嵩山周围地区是我国古代夏部族活动的主要地域。《国语·周语》中有："昔夏之兴也，融降于崇山。"韦昭注："崇，崇高山也。夏居阳城，嵩高所近。"《太平御览》卷三十九《嵩山》条，也引韦昭注曰："崇、嵩字古通用，夏都阳城，嵩山在焉。"上述说明崇山就是嵩山。新密古城寨城址地近嵩山，又处于龙山文化晚期，无疑为探索早期夏文化、研究中国古代文明起源及早期发展提供了宝贵资料。

其次，对于研究中国早期城址布局和古代宫殿建筑提供了可资对比的材料。在中原地区已发现的商以前城址中，有不少仅有城圈而无宫殿建筑，如龙山文化诸城址；有的虽发现有宫殿建筑，但又无城墙，如二里头文化遗址。加之各城址保存状况较差或发掘面积有限，城内的平面布局都不十分清楚。这次古城寨龙山文化城址虽然尚未及大面积揭露，但已发现的大型宫殿建筑居于城址中部略偏东北处，此与以东北为"重心"的商代都城布局不谋而合，似开风气之先。

偃师二里头遗址发现的两座大型宫殿遗址，同属于二里头三期文化，均坐北朝南，殿堂居北部正中突出位置，前有广阔平坦的庭院，周围有彼此相连的廊庑，南面有宽敞壮观的大门，构成了一组十分完整的宫殿建筑③。古城寨龙山文化城址发现的大型夯土房基，在面积上虽稍逊于二里头文化三期的中心殿堂，

---

① 张学海：《试论山东地区的龙山文化城》，《文物》1996年第12期。
② 李卫、解冰：《夏商周断代工程成果重大，夏商周年表正式公布》，《中国文物报》2000年1月12日。
③ 中国科学院考古研究所二里头工作队：《河南偃师二里头早商宫殿遗址发掘简报》，《考古》1974年第4期；
中国社会科学院考古研究所二里头队：《河南偃师二里头二号宫殿遗址》，《考古》1983年第3期。

但面阔七间、三面设有回廊和在房基周围设置大型廊庑的做法，无疑为二里头文化的宫殿和廊庑式建筑找到了源头。

再次，大大增加了河南地区龙山文化城址分布的密度。河南原已发现的5座龙山文化城址，分散在豫东、豫南、豫中和豫北地区，相邻最近的两座城址之间约90千米，明显低于山东地区龙山文化城址的分布密度。山东迄今已发现龙山文化城址14座，1994年在鲁西南的阳谷与茌平、东阿发现了两个龙山城组共8座城，其中阳谷景阳岗和茌平教场铺两座龙山文化中心城址相距约43千米，而茌平大尉和东阿王集两座龙山文化城址仅距3～4千米[①]。新密古城寨与登封王城岗同处于嵩山周围，两地相距只有47千米，这就大大增添了河南继续寻找龙山文化城址的信心。似可以这样预言：在目前已发现的较大型龙山文化聚落遗址中，如济源原城[②]、汝州煤山[③]和禹州瓦店[④]等遗址，都有可能存在龙山文化城址。

最后，为寻找早期城址提供了一条新途径。河南地面上现存的古城达百余个，几乎每个县市都有，除了被列为全国重点文物保护单位的少数几个城址外，绝大多数没有经过考古发掘。往往是根据地方文物部门采集到的少量遗物，再结合查找地方志书来确定城址年代；甚至有的城址被附会以历史传说，与本地著名人物和事件相联系，借以提高当地知名度。新密古城寨城址原据史书记载，确定为西周时期的郐国故城，而从这次发掘情况看，出土遗物除龙山文化外，还有不少属于二里头、二里岗和殷墟文化，西周时期遗物并未发现；同时城墙解剖沟仅见清代加筑了城墙顶部，汉代和商代文化层叠压在龙山墙基上，也不见西周遗存。

无独有偶，被评为1999年度全国十大考古新发现的河南焦作府城遗址[⑤]，是1986年河南省人民政府公布的省级文物保护单位，原也被定为西周、汉代。经过我所近年的考古发掘，证实为一座商代早期城址，与所谓明清怀庆府"府城"没有任何关系。因此，应该重视对于现存城址的探查工作，在已知的现存城址中寻找龙山和夏商时期古城将会有一定的收获。

据最近报道，在山西襄汾陶寺龙山文化遗址也发现了城址的有关线索[⑥]，

---

① 张学海：《试论山东地区的龙山文化城》，《文物》1996年第12期。
② 杨肇清：《原城考》，《河南文物考古论集》，河南人民出版社，1996年。
③ 中国社会科学院考古研究所河南二队：《河南临汝煤山遗址发掘报告》，《考古学报》1982年第4期。
④ 河南省文物研究所、郑州大学历史系考古专业：《禹县瓦店遗址发掘简报》，《文物》1983年第3期。
⑤ 袁广阔、秦小丽、杨贵金：《河南焦作市府城遗址发掘简报》，《华夏考古》2000年第2期。
⑥ 梁星彭：《山西考古的新突破——陶寺遗址发现早期城址遗迹》，《文物世界》2000年第5期。

可见龙山文化时期城已十分普遍。我们热切期待中国古代文明探源工程的早日启动,对河南地区龙山文化大型聚落遗址进行系统调查和重点发掘,以考察龙山时期考古学文化面貌及社会发展状况,探求城市的起源发展与古代文明的演进过程,为复原我国古代历史做出应有的贡献。

(原刊于《21世纪中国考古学与世界考古学》,中国社会科学出版社,2002年)

河南文物的优势与利用

河南位于黄河流域中下游，是《禹贡》所列九州中的"豫州"，故简称"豫"。因居九州之中心位置又称"中州"，又因境内大部分地区地势平坦，还称"中原"。这里历史悠久，文化荟萃，是中华民族的重要发祥地之一。考古资料证明，早在50万年前人类就在中原大地上劳作和生活，迄今已发现旧石器地点50余处，从猿人、古人到新人各时期的遗存均有出土。新石器时代考古学文化丰富多彩，已经构建起了裴李岗文化（约公元前6500~前5000年）、仰韶文化（约公元前5000~前3000年）、龙山文化（约公元前3000~前2000年）的编年序列和早期农业文明的基本框架，成为中国史前考古学文化的一个缩影。河南文物大省的地位，既是数千年来生存在这块土地上的祖先赐予我们的，也是全省文博界广大干部职工数十年辛勤耕耘才得以确立并巩固的。借此次参加"中原文化论坛"的机会，我仅就河南文物的优势地位与保护利用问题，向大家作一简略介绍。

一、河南文物的优势地位

河南文物的优势地位主要表现在以下几个方面。

1. 文物数量多

中华人民共和国成立后经过多次的文物普查，全省现已查明有价值的不可移动文物近3万处，国有文物收藏单位收藏的各类可移动文物140多万件，位居全国第一。现有世界文化遗产2处，即洛阳龙门石窟和安阳殷墟；全国重点文物保护单位189处，仅次于山西省列全国第二位；省级文物保护单位756处，市县级文物保护单位5518处。河南遍地是宝，只要动土就能发现文物。因此河南的文物保护工作也做得比较好，在建设单位开始施工前，都要先进行文物勘探和考古发掘，待确定没有文物埋藏后才能动土建设。在配合举世瞩目的南水北调中线工程调查中，河南段已发现地下文物埋藏点 328 处；去年配合先期性控制工程考古发掘了 11 个文物点，已有鹤壁刘庄遗址被评为 2005 年度全国十大考古新发现。

2. 建都时间长

由于中原地区其优势的地理条件，从我国最早的国家——夏代开始，经商周过汉唐，直至宋金时期，长期成为古代中国的政治、经济、军事和文化中心。在长达 3500 年的历史长河里，历经 30 多个王朝，其中有 22 个王朝 200 多位帝王在河南境内建都，留下了众多的文物古迹。全国八大古都中，河南占有其四，形成洛阳、开封、安阳和郑州四大古都群；另有 8 座国家历史文化名城、2 座中国历史文化名镇、1 座中国历史文化名村和 20 座河南省历史文化名城（镇）。这些古都名城都有着丰厚的历史积淀和文化底蕴，有的城墙巍峨高耸（如郑州、开封、商丘等），有的保存有完好的寺院塔庙建筑（如洛阳、登封、安阳等），它们以特有的历史风貌，迎接着前来观瞻的国内外游人。

3. 考古价值高

早在 20 世纪 20 年代，在河南的渑池仰韶村便发现了享誉国内外的仰韶文化；到了 30 年代，又有安阳殷墟的考古发现震惊世界。中华人民共和国成立后，与国家的经济建设相同步，我省的考古新发现更是层出不穷，如 20 世纪 50 年代郑州商城的发现、60 年代偃师二里头遗址的发掘、70 年代淅川丹江楚国王子午鼎和铜禁的出土、80 年代裴李岗文化的确定、90 年代三门峡虢国墓地和平顶山应国墓地的揭露、21 世纪初宝丰汝窑与禹州钧窑生产工艺流程的完整再现等。2000 年 3 月，由考古杂志社组织全国知名专家举行的"中国 20 世纪 100 项考古大发现"评选活动中，我省有 17 项入选，在百项考古大发现中占到六分之一以上，超出第二名的陕西省 4 项。自 1990 年开始，由国家文物局、中国考古学会和中国文物报社举办的"全国十大考古新发现"评选，河南入选 26 项之多，每年都有 1 或 2 项入选，在全国名列第一位。

4. 科研实力强

从 20 世纪 50 年代以来，河南曾长期被全国文物考古界尊称为"老大哥"，这主要是由于河南文物考古工作开展最早，全省有一批素质高、业务强、重科研和讲团结的文物干部队伍。在每年一度的全国哲学社会科学基金资助项目评选中，考古研究项目一般是 5 至 7 项，河南省文物考古研究所连续十余年每年取得 1 项，并且大都能按计划完成课题结项。在举世瞩目的我国"九五"重大科技攻关项目——夏商周断代工程中，河南承担了商前期年代学研究和夏代考古学研究两项课题并顺利结项，与北京大学、中国社会科学院考古研究所同获"九五重大科技攻关优秀成果奖"，成为获此殊荣的唯一地方省份。中国社会科学院考古研究所设立的考古学界最高奖——"夏鼐考古学研究成果奖"，自 20 世纪 90 年代初开始已经连续评选四届，河南省文物考古研究所荣获了 3 个二等奖，1 个三等奖、5 个荣誉奖和 2 个提名奖，在省市级考古研究单位中位居榜首。在国家文物局近年设立的田野考古奖评选中，我省也获得了 2 个二等奖和 3 个三等奖的优异成绩，充分展示了河南文物考古大省的学术地位和科研实力。

二、河南文物的保护利用

黄河广袤的沃土孕育了几千年绵亘不绝的华夏文明，河南在漫长的文明进程中积淀了丰厚的历史文化遗存。这些遗存犹如长空繁星镶嵌在中原大地上，为我们研究、保护、开发和利用提供了广阔的舞台。

1. 利用考古新发现，建设遗址博物馆

河南已获得的全国十大考古新发现计 26 项之多，有的已经开发利用，并取得了初步的成效。如三门峡虢国墓地博物馆和永城芒山梁国陵园，均已建成对外开放，成为展示当地古老文化的一大亮点。也有的是配合城市建设中的重要发现，在发现之初城建与文物部门曾严重对立，最后在"有效保护、合理利用"的前提下握手言欢。如位于洛阳市中心的"天子驾六车马坑博物馆"，将博物馆建于地下一层，地上仍作为东周王城广场，供洛阳市民休闲娱乐。而新郑的"郑国王陵车马坑博物馆"，原址为开发商拟建的居民小区，当发现郑国大墓与车马坑后，当地政府出资收回土地所有权，交由文物部门管理。需要说明的是，在这方面我们也有过深刻教训。1987 年配合建造蓄水池，在濮阳县西水坡仰韶文化遗址发现一组蚌砌龙虎图，被称为"华夏第一龙"，同出的还有另外两组蚌砌遗迹和战国时期排葬坑。虽经文物部门多次论证保护，但当地政府执意要修建蓄水池，只好将蚌砌龙虎图搬迁至国家博物馆保护。近年，濮阳市有关方面曾提出建议将蓄水池迁移，再在池底复原考古场景，显然是"亡羊补牢"，不可能实现。文物是不可再生资源，一旦毁坏就永远失去。

近年国家财政加大了对大遗址的保护力度，河南已有 13 处古代文化遗址列入全国 100 项重点保护名录，正在规划和实施建设一批遗址类博物馆。但仍有一些具有开发前景的考古项目，需要进一步论证后加大投入，逐步实施。如郑州市西山仰韶文化城址，是中原地区年代最早的古城，地处邙山游览区，土地已收归文物部门所有；登封市王城岗城址是"禹都阳城"所在地，文化内涵丰富，又与登封观星台文物景点毗邻，地理条件优越；巩义黄冶窑址是洛阳唐三彩和唐青花的生产地，已发现 6 座唐三彩窑炉和作坊、澄泥池等重要遗迹，保存基本完整，具有较强的观瞻性；内黄三杨庄汉代建筑基址是 2005 年的全国十大考古新发现，已揭露四组庭院遗存，每组庭院皆四面建围墙，南面是大门，门外有水井；前院为偏房，后院是正房，房后设厕所，皆作瓦顶结构；围墙外植树，并挖有水塘，两庭院之间是排列整齐的田垄，完整地再现了汉代农村的生活场景。

2. 借助名人效应，开发名人史迹

河南名人辈出，据统计在"二十四史"中立有列传者 7500 余人，像医圣张仲景、画圣吴道子、诗圣杜甫等在中国历史上均占有重要地位。在不少地方都遗留有这些名人的足迹和丰富的遗存，是河南的一大文物资源。目前已经开发利用的有淮阳太昊陵、洛阳关林和南阳卧龙岗等，都取得了一定的成效，成为当地的拳头旅游项目。尤其是今年农历三月初三，由省政协主办的黄帝故里拜祖大典，在往年郑州市主办的基础上提高了拜祭规格，邀请了全国人大、政协等国家领导人参加，庆典时天空出现一道彩虹，独特的天象景观与神圣的拜祖大典相交融，大大提高了新郑黄帝故里的知名度。但河南还有大量的名人史迹，如果认真开发和高起点建设，都有望成为一般游人关注的热点。老子是道家始祖，鹿邑太清宫自唐以来就是皇家祭祀老子的场所，不仅保存有唐宋、金元、明清时期碑刻，还考古发现大型宋金时期殿基，出土大量祭祀用具和建筑构件。白居易官至太子少傅，是唐代一位杰出的诗人，晚年寓居洛阳履道坊。洛阳白居易故居经过考古发掘，清理出白氏宅院居住区和南部的庭院部分，出土有 500 余件瓷器、虢州澄泥砚等文房用具和刻有"白居易"名字的六棱石经幢。这两处名人遗迹保存完整，出土文物丰富，能使一般观众愿意看而又看得懂。内黄县二帝陵和灵宝黄帝陵已经有了一定的建设基础，但建筑层次低，文化内涵少，需要加强规划，提高档次，创建旅游品牌。

3. 博物馆"三贴近",不断推陈出新

在中原大地上,除了驻马店、平顶山和信阳等少数地级市以外,绝大多数都建有博物馆,相当一部分市县也有了自己的博物馆。博物馆作为当地精神文明建设的一个窗口、爱国主义教育和宣传的阵地,正在发挥着越来越大的重要作用。河南博物院的"楚文化展"、洛阳博物馆的"远古文明展"、南阳汉画馆的"汉代画像石展"和三门峡虢国墓地博物馆的"虢国历史与文化展",分别荣获每年度的"全国博物馆十大精品陈列展",以一流的陈列展出水平赢得了全国博物馆专家的高度评价。从去年11月河南的"文化遗产日"和今年6月第一个全国文化遗产日来看,河南博物院免费对外开放,观众排长队等待,一天接待观众万余人,说明群众还是愿意进入博物馆参观的。

但必须面对的是,河南博物馆的品类单一,多为文化部门管理的文物陈列馆;一些地方博物馆由于经费不足,陈列手段陈旧,以一成不变的展陈方式接待观众,造成门可罗雀的尴尬局面。我认为,一是要出台优惠政策,鼓励各行各业和个人收藏家建设特色博物馆,为社会和子孙后代保留更多的历史遗存。今年4月18日开展的"国际古迹遗址日"呼吁重视工业遗产保护,像河南郑州市的棉纺工业、洛阳市的拖拉机工业等,都应作为抢救的对象,由地方政府投资保护一部分旧有厂房和设备,建设自己的博物馆。另外,各级政府必须加大对博物馆事业的投入,每个博物馆每年至少举办2~4个新的展览;省、市博物馆有条件的话,引进省外甚至国外的文物和美术精品展。同时,依照贴近实际、贴近生活、贴近群众的"三贴近"原则,把专业性、学术性、知识性、趣味性、观赏性有机结合起来,增强文物展陈的吸引力和感染力。大胆创新,与时俱进,彻底改变"十馆一面"的展陈模式,为观众奉献丰富多彩的精神食粮。

(原刊于中华文化联谊会、河南省人民政府编:
《情系中原——两岸文化联谊行》,河南文艺出版社,2007年)

关于曹操高陵考古发现的说明

自12月27日河南省文物局在京举办新闻发布会,对外公布安阳西高穴东汉大墓被认定为文献中记载的魏武王曹操高陵以来,在全国掀起了很大反响,引起了社会各界人士的高度关注和新闻媒体、网络媒体的热议,其中既有业内人士的认可和赞赏,也有学者、社会人士的质疑,还有新闻媒体前往安阳西高穴考古现场实地采访。针对这种情况,今天在这里对一些问题进行说明。我们非常感谢新闻媒体的关注,也对一些学者和社会人士的质疑表示欢迎,希望新闻媒体和社会各界对我们的工作继续予以关注和监督。

一、考古发现与论证经过

经上报国家文物局批准,河南省文物考古研究所于2008年12月12日,开始对安阳西高穴被盗古墓的考古发掘工作。至2009年12月下旬,发掘工作基本结束,前后历经一年时间。

在发掘前期,即2009年4月6日和2009年6月4日,河南省文物局曾邀请有关专家对考古方案进行论证。在发掘后期,国家文物局于2009年11月9日、2009年12月13日前后两次邀请有关专家对考古成果进行论证。先后参加论证会的有中国社会科学院考古研究所、中国社会科学院历史研究所和北京大学、郑州大学、河南大学、陕西省考古研究院等科研单位的考古学、历史学、古文字学及体质人类学相关专家。

考古学是一门科学、严谨的工作,需要多学科参与研究,其结果需要综合研究认定。这次我们对曹操高陵的认定是综合了考古成果和多学科专家的意见。

经报请国家文物局同意后，由河南省文物局向社会予以公布。同时，国家文物局将曹操高陵的发掘成果上报国务院。

二、曹操墓的"七十二疑冢"问题

关于曹操墓"七十二疑冢"的说法，已有专家明确指出这是一种民间传说，是民间以讹传讹的结果。北宋王安石《将次相州》中"青山如浪入彰州，铜雀台西八九丘"的诗句可能是最早言及曹操疑冢的。南宋诗人范成大诗作《七十二冢》明确提到曹操"七十二疑冢"，后代文人罗贯中、蒲松龄等在其小说、笔记中对此加以渲染，使"七十二疑冢"得以广泛流传，并且也使疑冢位置逐渐有了邺城、许昌、亳州、漳河河底等多种民间传说。例如，近代较为流行的曹操七十二疑冢所指的今磁县北朝墓群，经考古发掘证明为北朝东魏、北齐时期的帝王及皇族的墓群，1988年被国务院列为全国重点文物保护单位，与曹操无任何关系。

关于曹操墓的地理位置，《三国志·魏书·武帝纪》记载曹操死前曾颁布《遗令》，称其死后要："敛以时服，葬于邺之西冈，与西门豹祠相近。"《三国志》成书于西晋初年，是一部纪传体国别史，详细记载了东汉末年和曹魏时期的魏、蜀、吴三国历史。因此，我们探讨曹操生平事迹必须依靠《三国志》等信史，后代文人笔记、小说、诗作等文学作品的史料可信度则明显低于史书记载。

近年来，河北、河南两省文物部门先后征集到了后赵建武六年的勒柱石刻和后赵建武十一年的鲁潜墓志，前者提到了西门豹祠殿基，后者记录了曹操墓与鲁潜墓的相对位置。两件文物的面世，使有关学者将曹操墓的具体位置推定在了安阳县安丰乡及其与河北省交界的漳河一带。

三、历史上曹操的封号、谥号、庙号、陵号等问题

《三国志·魏书·武帝纪》记载：曹操，字孟德，沛国谯人（今安徽亳州）。其生前被汉献帝封为"魏公"，后晋爵为"魏王"。死后"谥曰武王。二月丁卯，葬高陵"。曹操之子曹丕称帝之后，追其父为"武皇帝"，庙号"太祖"，史称"魏武帝"。

出土刻铭石牌称"魏武王"符合当时的历史背景，石牌不大可能铭称"魏公"或"魏王"，更不可能称"武皇帝"和"魏武帝"。

四、出土石牌刻铭等文字材料年代与真伪问题

西高穴大墓出土、征集刻铭石牌及"慰项石"数量多达 60 件,部分已经残缺不全。这类形制、质地的文物应为首次考古发现,也基本未见于传世品之中。除"魏武王"这一谥号外,其他刻铭内容均为随葬用品的名称和数量,种类较多。刻有"魏武王"铭文的同类石牌共有 8 件,除其中 1 件是从盗墓分子手中追缴而来的之外,其他 7 件均为科学发掘出土。"慰项石"是警方追缴而来,其形制不同于其他石牌,但刻铭内容与刻有"魏武王"的石牌类同。

石牌刻铭文字的字体比较统一,均为东汉后期流行的隶书字体,俗称"八分",由早期汉隶演化而来。因此,西高穴大墓出土、征集刻铭石牌及"慰项石"等文字材料文物,包括刻有官称的画像石,从汉字书体特征、铭文体例的角度分析,其年代定在东汉后期至魏晋时期没有疑问。再从这些文物的形制、制法观察,尤其是从铭刻随葬用品名称所见内容的角度分析,绝无一般现代人可以伪造的可能。

五、出土男性人骨标本的 DNA 鉴定问题

目前,野外考古发掘工作刚刚告一段落,尽管一些文物保护的科技技术已经运用于发掘工作,但大量的文物保护和研究的实验室内工作尚待展开,出土人骨标本的古代人类 DNA 研究也是其中之一。众所周知,现代人类 DNA 研究技术和方法已广泛应用于人类社会生活的各个领域。但从生物遗传学和考古学的角度来看,对古代人类遗骸中的 DNA 进行提取和分析,是考古学研究中的一个新兴领域,其研究的方法与理论并非十分成熟,因此出土人骨标本的古代人类 DNA 研究可能会面临一些技术难题,它取决于两个客观条件。

第一,西高穴大墓出土的男性人骨保存较差,生物遗传学 DNA 技术能否提取到完整、有效的遗传基因数据,只有在专业实验室的测试之后才能有科学、客观的答案。

第二,完全依靠生物遗传学 DNA 技术来判断该墓男性人骨是否曹操,还有一个技术难题,即必须找到确定的曹操后裔,并成功提取遗传基因数据作为参照,二者才能比较研究。

六、关于墓志铭问题

古代墓葬中出土的墓志铭一般都是记载墓主传记的文字材料。专家认为西

高穴大墓没有发现墓志铭是符合客观历史事实的。

第一，东汉时期流行墓前立碑，埋入墓中的石刻是不多见的，考古发现更未见典型的墓志铭出土。第二，东汉末年、三国时期，曹操有感于汉代立碑之盛祸国殃民，曾专门下过禁碑令，并要求后代对自己的墓茔"不封不树"。第三，这一历史时期，正是墓葬地上石碑到墓中墓志铭的过渡时期，魏晋之后的南北朝时期，墓志铭葬俗才逐步定型。目前，最早的墓葬墓志铭是发现于山东益都的《刘怀志墓志铭》，其纪年为南朝刘宋的"大明八年"，即公元464年，距曹操死亡的时间相差了大约240余年。因此，曹操墓未见墓志铭应该是正常现象。

七、下一步的考古工作和墓葬保护问题

关于下一步的考古工作和墓葬保护问题，按照国家文物局的要求和文物保护的需要，我们初步制订了下一步的工作计划。

第一，将西高穴墓地的考古发掘，作为一个重要的科研课题来持续开展。继续加强考古力量，加大专家咨询力度，在做好现有发掘工作的同时，积极开展周边区域的考古调查和勘探，以探明西高穴墓地的规模、布局等，寻找有关地面建筑，确定是否存在陵园建筑等。

第二，运用现代科学技术与手段，开展出土文物的修复和保护工作，尽快开展保护与研究的样品检测等试验研究，在确保文物安全的前提下，最大化地提取历史信息。

第三，将西高穴墓地按程序公布为省级文物保护单位，并做好申报全国重点文物保护单位的准备工作，适时积极申报。

第四，在充分考古工作的基础上，委托科研单位，根据遗址保护需求，编制科学合理的墓地长远保护规划和具体保护方案，待规划审批后逐步实施。

（此文与赵新平合著。2009年12月31日，由本人在河南省文物局组织召开的"曹操高陵考古发现说明会"上所作的说明，后被中央及地方媒体广泛转载。参加此次说明会的专家有河南大学历史学教授朱绍侯、河南省文物考古研究所原所长郝本性、中国社会科学院考古研究所研究员杜金鹏、郑州大学历史学院院长韩国河、河南省文物考古研究所副所长张志清、我所曹操高陵考古领队潘伟斌，河南省文物局文物处副处长杨振威主持说明会。）

我的田野考古生涯有你相伴

当 2015 年新年的钟声敲响的时候，我也已步入花甲之年，即将告别为之奋斗 30 多年的工作岗位。回顾自己的田野考古生涯，我十分欣慰的是，《中国文物报》自创刊以来一直伴随我左右，她真实记录了我从事考古工作的足迹。

我是 1982 年 1 月进入河南省文物考古研究所（2013 年 1 月已改名为院，以下简称"我所"）工作的。那时一到单位报到，即被派往考古工地参加发掘，由于交通不便一般需要在工地待上一个月左右才能回来一趟。曾有后来的一位同事，由于实在受不了这种生活而借故跳槽的。我也因为此种原因，介绍人约好见面的时间未能按时赶回来，那位从未谋面的女同志再也不愿见面。那时候，回到单位除了向研究室主任汇报工作外，第一要务是到图书室翻阅新到的书刊，以了解时事政治与学术动态。在 1985 年 10 月的一天，我在图书室翻阅书刊时，看到由联合国教科文组织主办的《信使》杂志第九期专题介绍"考古"信息，我立即有一种想与人分享的冲动，便随手写成一篇小文，投于刚创刊不久的《文物报》（于 1985 年 10 月 25 日）。在此之前的《文物报》第 2 号（1985 年 9 月 18 日），我还在第 1 版发表了《巩县宋太宗李后陵考古发掘结束》，报告了我从 1984 年 10 月至 1985 年 9 月发掘宋代皇后陵的考古收获。从此以后，我便与《中国文物报》结下了不解之缘。

在此后的考古生涯中，我每有一次考古发现，都及时撰文寄至《中国文物报》发表。如《禹县发掘一处古代墓地》(1988 年 7 月 1 日)，《宝丰汝窑遗址发掘喜获丰收》(《1989 年 9 月 15 日)，《巩义宋陵考古获重要发现》（1996 年 4 月 14 日）,《宋仁宗永昭陵上宫考古获丰硕成果》（1998 年 10 月 14 日）等，而且都是刊登在第 1 版。由我主持而由同事署名发表的考古发现，在《中国文物报》同仁的相邀下，还配合发表了《简析盛唐乐舞俑》（1992 年 4 月 12 日）和《清凉寺：欲解汝官窑烧造之谜》（2000 年 10 月 22 日）初步研究成果。在"文博百家言"栏目中，我也受邀撰写了《尽力做到最好》（2003 年 1 月 24 日）

的短文，介绍了自己从事考古研究工作的心得体会。2006年"五一"前夕，我有幸荣获全国五一劳动奖章，《中国文物报》记者获知后，先于5月10日发了消息，后又两次联系我要再做一个访谈，都被我婉言谢绝。我一直认为，我之所以能够作出一点成绩，主要因为河南是文物考古大省，我又被推到所长位置上，得天独厚的地理优势要比其他省的同行更容易见成效。同时，比起老一代考古学者，无论学术贡献还是辛劳付出，我都与他们相去甚远，我将永远以他们为自己的学习楷模和追求的目标。

《中国文物报》已经创办三十年了，经过几代人的艰苦努力，数度改版、扩版和增版，已经成为我国文博界不可或缺的信息交流平台。由《中国文物报》参与主办或承办的全国十大考古新发现、全国十大精品陈列、全国文化遗产十佳图书、全国十佳文物保护工程等评选活动，在社会上引起了广泛的影响。尤其是我所参与其中的全国十大考古新发现评选，每年三、四月份的入围和入选项目揭晓阶段，便一直牵动着全国各文物考古所长、考古队长和队员的心。全国十大考古新发现自1990年开始评选以来，我所基本每年都有候选项目入围，至今已经入选21项，在全国文物考古院所中位居榜首。我所在2012年六十年所庆时将其汇集成册，取名《考古河南——河南省文物考古研究所获全国十大考古新发现》出版。有时还在一个年度入选2项或2.5项（其中0.5项为与邻省合并项目），为此我所曾两次荣获河南省文化厅授予的集体二等功，主持该考古项目的多名领队也分别荣获个人二等功，参与项目的同志分别荣获个人三等功。正是有了全国十大考古新发现评选和社会的广泛认可，我所和有关个人才有可能获此殊荣。河南省人事部门在职称晋升、荣誉评定时，还把全国十大考古新发现的入选证书，视同获得国家级奖项。多年来，我所一直为各个科室、老专家订阅《中国文物报》，深得大家的关注和喜爱。我自己也是每期必看，而且会按照时间顺序码好，每年年底还一张不少地由图书室装订后，交我保管存放。尽管《中国文物报》早已经发行了光盘，但是我的习惯一直保留至今。也许是担任所长的原因，我非常喜欢各个所庆、馆庆的专版，她提供了一个工作交流的平台，有助于了解其他兄弟单位的成绩、经验和做法，找出本单位存在的差距和努力的方向。我所也分别在2002年五十年、2012年六十年所庆和纪念改革开放三十周年时发表过专版，与同行分享了本单位取得的工作成绩。

祝愿《中国文物报》越办越好。

（原刊于《中国文物报》2015年5月1日第2版；
再收于《回眸、展望——文物报创刊30周年纪念文集》，文物出版社，2015年）

我的考古故事

一

我是1978年3月考入郑州大学历史系学习考古专业的,当时考古还不被人所知。记得高中时的一个同学考取了外省学校,在与我通信联系时,硬是把考古专业写成了"刻苦专业",好在前面有"郑州大学历史系"几个字,信还真转到了我的手里。在读大学的第二年,我们就在老师带领下赴北京、山西大同、太原、侯马和陕西西安等地外出考察半个多月,曾经惹来同在文科楼上课的历史班和其他系同学艳羡目光。尽管当时我们身背行囊,晚上挤火车,集体住地铺,但能够参观各地博物馆和名胜古迹,我们每天都会兴奋不已和感到莫大满足。当时就暗暗下定决心,我要一辈子从事文物考古工作。

记得在读大学的时候,我们这些从农村走出来的学生,全靠学校补助的每月15元生活费度日。那时还没有书摊,新华书店几乎不见考古类图书,而附近邮局中每期6角的《考古》和《文物》杂志又舍不得买。有一次,当地邮局在年末搞促销活动,所有当年杂志降价出售,我们闻讯后未顾上吃午饭,排了近一个小时队,才好不容易抢购到1980年的《考古》杂志6册(当时是双月刊)和《文物》4册。由此,这几册《考古》和《文物》杂志成为我收藏的第一批考古图书,我也从两种专业杂志中结识了考古界的诸多前辈,亦步亦趋地学会了撰写考古简报和论文。

二

我是1982年1月进入河南省文物考古研究所(2013年1月已改名为院,

以下简称"我所")工作的。那时一到单位报到，即被派往考古工地参加发掘，由于交通不便一般需要在工地待上一个月左右才能回来一趟。曾有后来的一位同事，由于实在受不了这种生活而借故跳槽的。我也因为此种原因，介绍人约好见面的时间未能按时赶回来，那位从未谋面的女同志再也不愿见面。第一次去岳父母家作客，从医的岳父很认真地问我："考古是干啥的？"我怕吹了这门亲事，不好意思按通俗的说法是挖墓的，就灵机一动说："我的职业和医生差不多，医生是给活人看病的，我们是给死人看病的。不过我们是看他怎么死的，生前是穷人或富人，经济和生活状况如何？"这么一说，岳父不仅听懂了我从事的专业，还认可了我这个未来的女婿。

从事考古工作就要经常下田野，往往一去一、二十天甚至一个多月，回来时晒得皮肤很黑又长发凌乱。我所的一个同事，从外地乘公共汽车回到郑州时，因为衣服不整洁又背着个脏兮兮的帆布挎包，在距离本所最近的岗楼处两次被叫住问话，直到单位派人认领、被确认非盲流人员后方才准许离开。在河南省文化厅两年一度的职工运动会上，我们也曾遭到过类似的歧视。当我所派出的拔河队员上场时，作为艺术团体的对方队员，一看我方上场的多是肤色黑、又身体健壮的队员，非要我们拿出工作证来以验明正身，否则拒绝与我所比赛。

曾经有位朋友问我：为什么选择考古工作？我当时的回答是：因为我居住的农村在北宋皇陵附近，从小就受到古代文化的熏陶，由此产生浓厚的兴趣，在上大学时便选择了考古专业。实际上，经过"文化大革命"的我们这一代人，那时根本没有选择人生目标的权利。我是在离开高中校门5年后才重返校园的，填报志愿时听取了高中老师的一句话："考古专业是冷门专业，比较容易被录取。"尽管如此，直到今天我从来没有后悔过，而是庆幸自己选对了专业。

三

我所主持发掘的安阳曹操高陵，2009年12月27日经国家文物局批准在北京发表新闻后，立即在社会上引起巨大反响。上海的东方卫视反应速度最快，当我们第二天还在北京回郑州的列车上时，他们派出的采访队伍已到达安阳曹操高陵在做午间现场连线。由于社会各界人士和新闻媒体的高度关注，河南省文物局决定于12月31日在我所举行"曹操高陵考古发现说明会"，东方卫视立即联系我们要做现场直播。虽然由于我所会议场地所限最终取消了直播，但还是要求我们在说明会结束后接受了他们的专访。2010年初社会上热议曹操高陵，我们曾在北京一饭店就餐时被服务人员认出。我那位把考古专业误为"刻苦专业"的高中同学,由于大学毕业后留在外地多年没有联系,他通过观看曹操高陵有关新闻,知道了我的工作单位才辗转联系上了我,第一次通话他还不无遗憾地问我:"你当年怎么选了那么好的专业?"是曹操高陵的有关报道,使失散30年的朋友再次相聚,从此我多了一个"铁杆粉丝",每次相聚他都会问一些考古的相关问题。

2010年1月,我在深圳市博物馆参加"中国红绿彩瓷器学术研讨会"时,当地新闻媒体现场采访,听说我来自河南省文物考古研究所,不问我大会发言的河南出土红绿彩瓷器,而要我谈一下安阳曹操高陵真假问题,为避免喧宾夺主我婉拒了他的好意。直到2011年下半年,某高校还计划对现代曹姓作DNA测试,社会上曹操高陵热度不减。11月我受邀参加台湾新北市立莺歌陶瓷博物馆举办的"东亚青瓷学术论坛",在办理赴台证件时由于时间太紧差点没有办成,巧遇在受理大厅办公的曹姓工作人员,他十分关注曹姓的DNA测试,看到我的工作单位是河南省文物考古研究所,在询问了几句曹操高陵问题后,马上申请了急件帮我解了燃眉之急。到达台北后方知,原计划一同与会的北京故宫博物院学者,也因为办证时间紧竟没有成行。

四

在我主持的十余项重要田野考古项目中,宝丰县清凉寺窑址是我负责时间最长的项目,从1988和1989年第二、三次发掘现场负责,到1998至2015年即第四至第十三次考古发掘担任领队,前后历时达28年之久。能够参与其中,见证宝丰清凉寺窑址发掘的全过程,我深感自豪和荣幸!回顾1988年我们初次进驻发掘时,清凉寺村地处偏僻山区,往来交通极其不便,从郑州前往工地需要一整天的时间。窑址附近开采有10多个矿井,道路上是一层厚厚的煤灰;并有将煤炼成焦炭的土窑炉冒着黑烟,空气中弥漫着呛人的气味。由于大肆开采煤矿,地下水位下降,部分地面下沉,我们借住村民的房屋裂有多条缝隙,地下因采煤放炮还不时传来地震般的抖动。我们在裂缝内放进木块和贴上纸条,每天都要观察裂缝大小以防不测。由于是从数千米外拉水饮用,因此往往是每人一天少半盆水,早上洗脸、中午洗手、晚上洗脚。这样几天下来,每个人看上去与当地采煤工没什么两样。就是在这样的工作环境中,我们依然愉快地坚持着,发现了北宋早、中、晚期和金、元、明时期六个阶段的地层叠压关系,取得了清凉寺窑制瓷历史的重要实物资料。

当然,在发掘期间也有过彷徨甚至考虑过放弃,但带给我们更多的是发现的快乐和收获后的喜悦。宝丰清凉寺窑址的首次试掘始于1987年，由我所赵青云先生任领队，在清凉寺村南200平方米的范围内出土了典型御用汝瓷近10件，遂将清凉寺窑址确定为宋代五大名窑的汝窑遗址。1988和1989年两个年度，我们曾围绕1987年首次试掘区域相继发掘了十余个探方，但就是没有找到比较完整的汝窑瓷器，甚至连汝窑瓷片也寥寥无几。1998年重启汝窑第四次发掘时，我们曾扩大寻找范围，在清凉寺村以南直至韩庄村南的整个窑址区域进行了考古钻探和撒网式发掘，仍然没有汝窑瓷片的踪迹。1999年我们在清凉寺村民提供线索的基础上，对清凉寺村内区域进行勘探和试掘，确认了汝窑烧造区的面积约4800平方米。2000年度在当地政府支持下决定拆迁四户村民房屋时，我们还是有些忐忑不安，担心一旦房屋下没有丰富遗存而对不起村民。就目前已经掌握的资料看，拆迁地点正是汝窑烧造的中心区域，集中分布的窑炉、作坊和埋藏最多的汝窑瓷片，终于给了我们一个丰厚的回报。2000年的第六次考古发掘，我们在清凉寺村内揭露面积500余平方米，发现烧制御用汝瓷的窑炉15座，以及作坊、澄泥池、釉料坑等重要遗迹，并出土了大量的汝窑瓷器，尤其是有些器类为传世品所未见，终于找到了汝窑瓷器烧造区，获得了中国陶瓷考古的重大发现。宝丰清凉寺汝窑发掘项目入选2000年度全国十大考古新发现，并荣获国家文物局1999至2000年田野考古三等奖。

我们在2000至2002年找到汝窑中心烧造区并进行发掘后，曾一度认为历史上的汝窑问题基本解决了，但2011至2016年的考古发掘，除继续发现汝窑窑炉及汝瓷外，又出土了一批仿青铜的素烧器和不同于汝瓷的天青釉瓷器，这也给我们提出了新的研究课题。从目前揭示的考古材料来看，仿青铜素烧器分别见于汝窑中心烧造区的东、西边缘处，所谓"类汝瓷"也仅分布于汝窑中心烧造区的东南部，产品器型单一，分布范围不大而又烧制时间短暂。两者在烧制年代上明显晚于汝窑瓷器，其产品仍施乳浊状天青釉，采用满釉支烧和两次烧成工艺，器型多仿之青铜器，使用模具制作，应是该窑址继汝窑之后再度烧制宫廷用瓷，这使我们对宝丰清凉寺窑址又有了新的认识。

考古就像读一本厚厚的地书，在打开下一页之前，你可能想象不到真正的答案。我期待宝丰清凉寺窑址带给我们更多的惊喜。

（原刊于《中国文物报》2021年5月25日第7版）

附录

附录一
考古历程

* 1978年3月至1982年1月，在郑州大学历史系考古专业学习，获历史学学士学位。1979年9至11月，参加登封王城岗龙山时代文化遗址田野考古实习。1981年9至11月，参加禹县瓦店龙山时代文化遗址田野考古实习。

* 1982年1月，分配至河南省文物研究所工作。2～12月，参加与开封市博物馆合作组建的宋城考古队，参加发掘开封市明周王府遗址。

* 1983年1至12月，负责发掘开封市北宋东京外城西南角城墙遗址。10月，抢救发掘汝州市严和店瓷窑遗址，发现元代窑炉1座。

* 1984年3月，任第二研究室副主任。3月，负责发掘了禹县东十里村东汉画像石墓，出土动物画像石两方、陶器15件、其他器物10件和钱币53枚。4至5月，负责发掘了新乡县丁固城古墓地，计发现新石器时代灰坑3个、战国墓葬7座、汉墓36座、宋墓19座。10月至1985年8月，负责发掘了巩县宋太宗李皇后陵，出土玉册2副和越窑、定窑及其他瓷器82件等随葬品。

* 1985年3月，负责发掘郑州市向阳肥料社西汉画像空心砖墓两座。

* 1986年6月，参加发掘平顶山市北滍村两周墓地一号墓。

* 1987年9月，负责抢救发掘了泌阳县1座被盗掘的东汉墓。本年度被评为文博馆员。

* 1988年2至5月，配合禹县新峰电厂生活区建设工程，负责发掘禹县西关古代墓葬100余座，其中战国墓葬83座、汉代墓葬10座和少量明清时期墓葬，出土各类文物1200余件。

* 1988年10至12月，负责宝丰县清凉寺瓷窑址第二次考古发掘；1989年3至6月，负责宝丰县清凉寺瓷窑址第三次考古发掘。两次发掘面积1150平

方米，计发现作坊和房基 5 座、水井 4 眼、澄泥池 1 处和灰坑 8 个，出土完整或可复原的瓷器和窑具 2100 余件。

* 1989 年 2 月，任第三研究室副主任。9 至 12 月，参加国家文物局在山东省兖州市举办的第五期考古领队培训班，参加发掘泗水县天齐庙遗址。

* 1990 年 3 至 5 月，参加整理泗水县天齐庙遗址考古资料，并撰写考古报告通过结业答辩，获得考古领队证书。9 月，负责发掘禹州市坡街金代壁画墓 1 座。10 至 12 月，主持鲁山县段店窑址考古发掘，发掘面积 200 平方米，发现宋代炕房、窑炉和澄泥池等与制瓷相关遗迹，揭示了该窑址的文化堆积及烧造年代。该窑址的文化堆积厚 2 米以上，大致可分为 5 至 6 层，分属于唐、宋、金、元四个时期。

* 1991 年 2 至 5 月，参加在新加坡文物馆举办的"中国汉代文明展"随展组。6 至 12 月，与洛阳市文物工作队联合组建 310 国道考古队，主持洛阳邙山孟津段墓葬群的考古发掘，发掘两汉、西晋、唐宋墓葬百余座，出土有一批汉晋陶器、唐三彩和彩绘陶俑，以及北魏、唐代墓志和唐碑等重要文物。10 月，参加中国古陶瓷研究会在浙江省杭州市举办的越窑学术研讨会，在会上交流论文《试论北宋早期的越窑秘色瓷》。

* 1992 年 4 月，被评为副研究馆员。参加中国古都学会在开封市举办的古代城市学术研讨会，提交《略谈北宋东京外城的兴废》论文。7 至 11 月，主持调查巩义市宋真宗永定陵，并试掘了永定陵上宫建筑基址。

* 1993 年 3 月，任第三研究室主任。3 至 7 月，主持调查了巩义市北宋皇陵中的宋宣祖永安陵、宋太祖永昌陵、宋太宗永熙陵和宋仁宗永昭陵四座陵园遗址。10 月，参加了中国古陶瓷研究会在福建省德化县举办的"中国古陶瓷研究会 1993 年年会暨德化瓷学术研讨会"，在会上交流论文《纵论宋三彩》。

* 1994 年 3 至 7 月，主持调查了北宋皇陵中的宋英宗永厚陵、宋神宗永裕陵和宋哲宗永泰陵三座陵园遗址。

* 1995 年 1 月，参加上海博物馆举办的"越窑秘色瓷国际学术讨论会"，除会前收入图录中的《略论宋陵出土的越窑秘色瓷》一文外，在会上交流论文《越窑秘色瓷的烧造历史与分期》。3 月，本人申报的"北宋皇陵陵园遗址"被评为全国社会科学基金资助项目。1 至 9 月，配合巩义至铁生沟铁路建设项目，抢救发掘了宋真宗永定陵西北的永定禅院遗址。9 月，加入中国共产党，成为一名中共预备党员，次年转正。10 月至 1998 年 6 月，配合巩义市宋仁宗永昭陵地面建筑复原建设，主持发掘了宋仁宗永昭陵上宫建筑遗址，比较

全面了解了北宋皇陵陵园上宫的建筑规制。鹊台、乳台、门阙和角阙皆为夯土筑成，台体四周用青砖包砌。其中，乳台和门阙台基上应建有错落有致的三出阙楼阁，且两两对称布局；而角阙台基顶面则为两个三出阙楼阁的复合式建筑。陵台平面呈正方形，作三层台阶状，底部边长约52米，垂直高度在15米左右。宫城四周的神墙用黄土夯筑，表面粉以红灰，每边边长约240米。

* 1996年12月，本人参与执笔的《河南考古四十年》，荣获1995年河南省社科优秀成果二等奖。

* 1997年1月，任副所长。3月，主持筹办了在香港大学美术馆举办的"河南出土陶瓷展"，并随文物到香港布展。

* 1998年5至7月，参加河南省工委党校举办的"第23期处级干部培训班"。7月，荣获文化部优秀专家。9至12月，主持宝丰县清凉寺窑址第四次考古发掘，发掘面积560平方米，清理出窑炉4座、作坊7处等相关制瓷遗迹，在靠近清凉寺村内区域还发现有少量御用汝瓷碗、器盖等。10月至1999年1月，参加在日本东京举办的"武则天及其时代展"随展组。11月，在东京都江户东京博物馆作"汝窑的发现"演讲。其间，分别在东京和名古屋与爱知县陶瓷资料馆总长楢崎彰一会面协商，由楢崎彰一先生牵线促成了本所与日本奈良文化财研究所长达20年的合作研究。本人执笔的《北宋皇陵》，荣获1997年河南省社科联优秀成果一等奖。

* 1999年1月，《北宋皇陵》荣获1996~1997年河南省社科优秀成果二等奖。本人参与执笔的《20世纪河南考古发现与研究》，荣获1996~1997年河南省社科优秀成果一等奖。3月，任所长。4月，被国家文物局高评委评为研究馆员。5月，陪同楢崎彰一和日本奈良文化财研究所巽淳一郎实地考察了巩义市黄冶窑和白河窑址。9月，代表我所与日本奈良文化财研究所签订"关于中日双方合作研究巩义唐三彩窑址的意向书"。12月，荣获河南省跨世纪学术和技术带头人培养对象。

* 2000年3月，邀请奈良文化财研究所所长町田章先生访问我所，正式签订两所《友好合作研究协议书》和"共同研究计划备忘录"，计划共同合作研究巩义唐三彩窑址。4月，赴美国进行学术交流，在费城参加了美国第65届考古学年会，在哈佛大学人类学系做了"河南陶瓷考古的发现"演讲。7月，《北宋皇陵》荣获中国社会科学院考古研究所"夏鼐考古学优秀成果"二等奖。6月至10月，主持宝丰清凉寺窑址第六次发掘，揭露面积500余平方米，发现烧制御用汝瓷的窑炉15座，以及作坊、澄泥池、釉料坑等重要遗迹，并

出土了大量的汝窑瓷器，尤其是有些器类为传世品所未见，获得了中国陶瓷考古的重大发现。10月，组织筹办了在宝丰县召开的"汝窑考古新发现专家论证会暨新闻发布会"，专家们一直认为汝窑烧造区找到了，中国陶瓷史一大悬案了结。11月，参加了在广西桂林市召开的"中国青花瓷国际学术研讨会"。11月，参加在郑州举办的河南省文物考古学会第三届会员代表大会，当选为河南省文物考古学会副会长兼秘书长，在会上交流论文"五代帝陵葬制考略"。12月，受聘为中国社会科学院古代文明研究中心客座研究员。

* **2001年5月**，受聘为郑州大学兼职教授。8月，本人主持的宝丰清凉寺汝窑址项目被评为"2000年度全国十大考古新发现"。9月，参加河南省委党校举办的"第十期青年专家政治理论培训班"。10月，组织筹办了中国古陶瓷研究会2001年年会暨汝瓷学术研讨会，在会上做"关于汝窑研究的几个问题"发言；当选中国古陶瓷学会理事及副秘书长。10月，参加由中国社会科学院考古研究所举办的"20世纪中国考古学与世界考古学学术研讨会"，在会上做"新密古城寨龙山文化城址的发现及其意义"发言。11月，赴日本奈良进行学术交流，在奈良文化财研究所举行的"日中友好共同研究公开演讲会（第1回）"，做"中国巩义窑的发现与研究"学术演讲。《朝日新闻》以"唐三彩——中国学者的讲演"为题做了相关报道。

* **2002年3月**，本人领队的宝丰清凉寺汝窑遗址发掘项目，荣获国家文物局1999至2000年田野考古三等奖。5月，荣获河南省委、省政府优秀专家。6月，在北京大学考古文博学院作"汝窑的考古发现与研究"的学术报告；2002年7月，组织筹办了我所建所五十周年庆祝活动和"华夏文明形成与发展学术研讨会"，来自国内外100余位专家学者与会，总结回顾了我所五十年来的发展历程，展示了老、中、青三代考古学家取得的光辉业绩和学术成就。8月，参与执笔的《中国宋代文化》，荣获2002年河南省社科优秀成果荣誉奖。9月，在澳大利亚拉楚布大学人类学系作"北宋皇陵葬制及石雕艺术"演讲；10月，参加上海博物馆举办的"中国白瓷国际学术讨论会"，在会上做"巩义窑唐代白瓷的初步探讨"发言；11月，参加在浙江省杭州市举行的"2002中国杭州南宋官窑老虎洞遗址国际学术研讨会"，在会上做"汝窑与老虎洞窑的对比研究"发言。11月，《北宋皇陵》荣获中国社会科学院"郭沫若中国历史学三等奖"。12月，荣获全国文物系统先进个人称号。本年度配合巩义至焦作黄河大桥连接线站白公路扩建工程，主持发掘了巩义市黄冶窑址，发掘面积2000平方米，出土白瓷、黑瓷、唐三彩和各类窑具等文物1000余件。

2001年和2002年，主持了宝丰县清凉寺汝窑遗址第七、八次发掘，揭露面积300平方米，清理出椭圆形窑炉5座、灰坑24个等重要遗迹，出土可复原汝窑瓷器150件，对汝窑中心烧造区有了一个基本的了解和认识。

* **2003年3至4月**，为郑州大学历史与考古学研究生讲授陶瓷考古专题课。9至11月，参加了国家文物局在西北大学举办的"首届全国省级文物考古所长专业管理干部培训班"，撰写"积极配合大型建设项目，切实做好文物保护工作"结业论文。12月，应法国国立科学研究中心邀请赴法国进行学术交流，在索邦大学做"中国巩义黄冶窑址考古新发现"演讲。12月，在韩国国立中央博物馆做"中国河南省陶瓷发掘现况——以汝窑、钧窑为中心"演讲。12月，我所荣获河南省人事厅、省文物局颁发的"全省文物系统先进单位"称号，代表本所接受王菊梅副省长颁奖。本年度主持发掘了巩义市黄冶窑址，发掘面积900平方米，出土完整和可复原器物900多件。

* **2004年**主持发掘了巩义市黄冶窑址，发掘面积350平方米，发现唐三彩窑炉、作坊等重要制瓷遗迹，出土完整和可复原器物500余件。主持发掘了汝州市张公巷窑址，发掘面积130平方米，揭露与制瓷相关的过滤池1处，发现多个青釉瓷器埋藏坑，出土50余件近似汝窑的青釉瓷器。6月，组织筹办了在郑州举行的"巩义黄冶窑、汝州张公巷窑考古新发现专家研讨会"，来自国内外的专家学者60余人与会，研讨巩义黄冶窑和汝州张公巷窑的重要发现成果，初步论证汝州张公巷窑是一处官窑窑址。8月，参加了在呼和浩特举行的"内蒙古文物考古研究所建所50周年暨长城地带草原文明学术研讨会"，在会上做"略论辽二彩与唐宋三彩的异同"的发言。10月，参加在江西省景德镇市召开的"中国古陶瓷学会2004年年会暨景德镇千年传统陶瓷文化研讨会"。10月，荣获国务院政府特殊津贴。11月，参加在日本爱知县陶瓷资料馆举办的"洛阳之梦——唐三彩"展览开幕式和唐三彩国际学术研讨会，做"巩义黄冶窑考古新发现"演讲。本人参与执笔的《启封中原文明》，荣获2004年河南省社科优秀成果二等奖。

* **2005年5月**，应邀与中国古陶瓷学会常务副会长兼秘书长王莉英女士一道赴英国伦敦，在英国东方陶瓷学会做"中国汝州张公巷窑的发现与认识"演讲。10月，组织筹办了在郑州举行的河南省文物考古学会第四届会员代表大会，在会上当选为执行会长兼法人。10月，与郑州市古都学会共同承办了"郑州商城遗址发现60周年专家座谈会"。11月，组织筹办了中国古陶瓷学会在禹州市举办的"2005年禹州钧窑学术研讨会"，来自国内外的100余位专家

学者与会。11月，作为"第六批河南省优秀专家行业评审委员"，参加了河南省委组织部组织的优秀专家评审。11月，参加国家文物局主办的全国田野考古工作汇报会，在会上做"2004~2005年河南考古新发现和工作成果"发言。11月，荣获河南省文化厅"文化先锋"。本年度任荥阳市薛村遗址考古领队，发掘面积10000平方米，清理二里头文化和二里岗上层文化灰坑、窖穴、祭祀坑共400余个，出土陶、石、玉器和卜骨等各类文物500多件；清理汉唐、宋金、明清墓葬190座。其中汉墓出土陶、铜、玉、铁、釉陶和漆木器等600余件，铜钱约1800枚；唐墓出土有彩绘陶俑、唐三彩、白瓷器和石墓志等精美文物。

* **2006年4月**，荣获全国五一劳动奖章。7月，随河南省文物局代表团，赴希腊、意大利进行学术交流。8月，受聘为中国社会科学院古代文明研究中心专家委员会委员。10月，在河南省科学技术史学会第四届理事会换届选举中当选为理事长。11月，参加在江苏省南京市召开的"中国古陶瓷学会2006年年会暨中国青瓷学术研讨会"，在中国古陶瓷学会第四届理事会换届选举中当选为副会长。11月，在广东省深圳市参加了"钧官窑学术研讨会"。由于2005年度入选两项全国十大考古新发现，河南省文化厅表彰我所荣立集体二等功，本人荣立个人二等功。

* **2007年1月**，主持的2001年度全国哲学社会科学基金重点资助项目——"宝丰清凉寺汝窑址的发现与研究"结项，并被评为"优秀"等级。1月，在日本大阪市立陶瓷美术馆举办的"张公巷窑国际学术研讨会"上，做"汝州张公巷的发现与认识"的演讲。2月，在台北故宫博物院举办的"开创典范——北宋的艺术与文化学术研讨会"上，宣读了"汝窑的发现与研究"论文。7月，组织筹办了在郑州举行的"动物考古国际学术研讨会暨《华夏考古》创刊20周年座谈会"。7月，随河南省文物局代表团，赴美国进行了学术交流。

* **2008年1月**，参加了我所与广东省博物馆共同承办的"发现与解读——河南考古新发现展"开幕式。4月，在浙江德清县参加了"瓷之源——德清窑原始青瓷学术研讨会"，在会上宣读了"河南地区出土原始瓷的初步研究"论文。7月，与北京大学中国古代文明研究中心共同承办了在郑州举行的"早期夏文化学术研讨会"。9月，受聘为郑州大学兼职博士研究生指导教师。10月，参加国家新闻出版总署教育培训中心组织的河南社科期刊主编培训班，获得合格证书。10月，率团赴日本奈良参加了在飞鸟资料馆举办的"黄冶窑的考古新发现展"开幕式，并在奈良文化财研究所做了"巩义黄冶窑与其他唐三

彩窑的异同"的演讲。11月，在北京参加中国考古学会第十次年会，提交了"三十年来中国瓷业考古的新进展"论文，当选为中国考古学会第五届常务理事。11月，参加了"中国古陶瓷学会2008年泉州年会暨外销瓷学术研讨会"，在闭幕式上致闭幕词。由于2007年度我所入选三项全国十大考古新发现，河南省文化厅再次表彰我所荣立集体二等功，本人再次荣立个人二等功。

* **2009年4月**，参加中国古陶瓷学会在北京举办的"元青花学术研讨会"，在闭幕式上致闭幕词。5月，随河南省文物局代表团，赴南非、毛里求斯进行了学术交流。7月，与北京大学中国古代文明研究中心、河北省文物研究所共同承办了"先商文化学术研讨会"。9月，组织筹备了在北京保利艺术博物馆举办的"河南新出宋金名窑瓷器展"，并主持了北京、上海、浙江、陕西等地陶瓷专家参加的座谈会。10月，组织筹办了中国古陶瓷学会在郑州举行的"中国早期白瓷与白釉彩瓷学术研讨会"，在闭幕式上做学术总结。11月，参与筹办了中国考古学会在郑州举办的"南水北调中线工程考古发现与研究学术研讨会"。12月，参与筹办了在北京召开的"安阳曹操高陵考古发现新闻发布会"；在本所组织召开了"曹操高陵考古新发现说明会"，并向新闻媒体说明社会关注的七大热点问题。

* **2010年1月**，参加了深圳市博物馆举办的"中国红绿彩瓷器学术研讨会"，在会上做"河南地区出土红绿彩瓷器概述"发言。3月，在日本大阪市立东洋陶瓷美术馆参加"汝窑青瓷之谜国际学术研讨会"，做"汝窑瓷器相关问题的探讨"演讲，并与奈良文化财研究所田边征夫所长签订两所合作研究协议书。5月，参加北京艺术博物馆举办的"修武当阳峪窑瓷器展暨学术研讨会"，在闭幕式上做学术总结。8月，与北京大学考古文博学院刘绪教授赴陕北核查五处陕西省申报项目，参加国家文物局组织的第七批全国重点文物保护单位评审工作。9月，参与筹办了在内黄县举行的"汉代城市和聚落考古与汉文化国际学术研讨会"。9月，在故宫博物院举办的"宋代官窑及官窑制度国际学术研讨会"上，做"关于汝窑性质问题的探讨"发言。10月，参加了在河北省磁县召开的"中国古陶瓷学会2010年年会暨磁州窑学术研讨会"。12月，参与筹办了在郑州市举办的"纪念郑州商代遗址发现60周年座谈会"。

* **2011年4月**，随河南省文物局代表团，赴英国、爱尔兰、土耳其进行了学术交流。8月，与北京艺术博物馆共同筹办了"巩义窑陶瓷艺术展及学术研讨会"，主持学术研讨和作学术总结，并做"巩义窑考古发现与研究"发言。8月，参加中国古陶瓷学会在安徽省淮北市举办的"大运河出土陶瓷学术研

讨会"，在会上发言并做学术总结。10月，组织筹办了在郑州举行的"首届黄淮七省考古论坛"，黄淮七省考古研究所及中国社会科学院考古研究所、北京大学专家学者60余人与会，在会上做"河南省文物考古研究所2011年业务工作报告"。11月，参加中国古陶瓷学会在浙江省龙泉市举办的"中国古陶瓷学会2011年年会暨龙泉青瓷学术研讨会"，主持开幕式并在闭幕式上致闭幕词。在中国古陶瓷学会第五届理事会上再次当选为副会长。11月，在台湾新北市立莺歌陶瓷博物馆举办的"东亚青瓷学术论坛"上，做"汝窑瓷器的相关问题"发言。11月，本人主持申报的"河南地区夏商周原始瓷器研究"，获国家文物局文物保护和技术研究课题立项。12月，组织筹办了在郑州举行的河南省文物考古学会第五届会员代表大会，在会上再次当选为执行会长兼法人。

* **2012年5月**，参加北京艺术博物馆举办的"百年远航——江户名瓷伊万里展学术报告会"，做大会学术总结。6月，参加长沙铜官窑国家考古遗址公园开园仪式，并座谈长沙铜官窑的学术地位及发展方向。8月，组织筹办了河南省文物考古研究所建所60周年庆典及学术报告会，来自国内外专家学者及省市文博单位代表、本所职工等300余人参加会议。在庆典仪式上，分别与韩国中原文化财研究所、韩国先史文化研究院、日本奈良文化财研究所、日本爱媛大学、美国圣路易斯华盛顿大学新签订了合作协议。9月，参加了北京故宫博物院举办的"洁白雅静——定窑瓷器学术研讨会"，在会上做"河南出土定瓷和定窑类型瓷器概述"。9月，参加了在济南市由山东省文物考古研究所举办的"第二届黄淮七省考古论坛"，在会上做"河南省文物考古研究所2012年业务工作报告"。10月，我所荣获国家人事部、国家文物局颁发的"全国文物系统先进集体"，在人民大会堂代表获奖集体上台领奖。11月，组织筹办了在汝州市召开的"中国古陶瓷学会河南会员大会暨汝窑、张公巷窑学术论坛"，在会上做总结发言。12月，参加中国考古学会在河北省石家庄市举办的"中国考古学会第十五次年会"。

* **2013年1月**我所更名为河南省文物考古研究院，改任院长；5月免去院长职务。3至6月，组织我院文物参加在浙江省博物馆举办的"澄泥为范——河南出土汝窑瓷器展"。4月，配合展览在浙江省博物馆做了"汝窑的发现与鉴赏"讲座。6月，受中国古陶瓷学会委派，参加"传承文明，服务社会——中国古陶瓷学会走进校园系列讲座"，在天津南开大学历史学系做"河南古代窑址考古发现与研究"讲座。10月，参加了中国考古学会在西安市举办的

"中国考古学会第十六次年会暨第六届会员代表大会",当选为理事。10月,参加了在安徽省合肥市举办的"第三届黄淮七省考古论坛"。10月,参加了在北京故宫博物院举办的"钧窑国际学术研讨会",在会上做"钧窑陈设瓷的年代争议与思考"。11月,参加了中国古陶瓷学会在浙江省慈溪市举办的"中国古陶瓷学会2013年年会暨南青北白——越窑与邢窑学术研讨会",主持大会发言并致闭幕词。11月,带队赴日本奈良、福冈等地调查唐三彩资料,在日本奈良文化财研究所做"巩义窑考古发掘的主要收获"演讲。8至12月,任禹州市神垕镇建业"钧都新天地"项目考古领队,发掘面积2120平方米,发现窑炉18座、作坊遗迹3处、澄泥池13座和灰坑126座,出土完整和可复原各类瓷器800余件。18座窑炉分属金、元、明时期。明代产品主要为白地黑花瓷器,以较大型的罐、坛类器居多。

* **2014年5月**,参加中国古陶瓷学会组织的"铜川耀州窑与五代柴窑"学术考察团,先后考察了河南、山西、内蒙古和陕西相关文博单位,在总结会上做了发言。6月,参与筹办了在北京艺术博物院举办的"中国登封窑瓷器展"及学术研讨会,并在闭幕式上做学术总结。10月,参加了在开封市举办的"北宋东京城新郑门遗址与文物保护座谈会",主持会议并发言。10月,参加了在江苏扬州市举办的"隋炀帝与扬州"国际学术研讨会,在会上做"试述隋唐大运河与南北方陶瓷器的交流"发言。组织召开了在平顶山举办的"河南省文物考古学会古陶瓷专业委员会年会暨平顶山古陶瓷学术研讨会",在会上做"平顶山地区唐宋瓷业的辉煌"发言。12月,参加在广东省广州市召开的"中国古陶瓷学会2014年年会暨广彩与釉上彩学术研讨会",主持大会学术研讨并致闭幕词。自2000年至2014年,连续15年被河南省职称改革领导小组聘为河南省文博系列高级专业技术职务任职资格评审委员会委员,参加每年一度河南省文化厅组织的正、副高专业技术职务任职资格评审。

* **2015年3月**退休。分别于4月、6月参加了在广东省阳江市和江西省吉州市召开的中国古陶瓷学会新编《中国陶瓷史》审稿会。5月,受河南省文物局委派,任河南省文物保护基金会理事长。10月,参加在河北石家庄市举办的"第五届黄淮七省考古论坛"。10月,在江苏扬州市成立的中国考古学会宋辽金元明清考古专业委员会上,当选为副主任。11月,参加在北京故宫博物院举办的"清淡含蓄——汝窑国际学术研讨会",做"试述汝窑瓷器的制作与烧造工艺"发言。12月,参加在安徽繁昌县举办的中国古陶瓷学会2015年年会暨繁昌窑青白瓷学术研讨会,主持大会发言和闭幕式。本人主持

的国家文物局文物保护和技术研究课题"河南地区夏商周原始瓷器研究"完成结项。2011 年至 2015 年，连续任宝丰汝窑遗址博物馆展厅建设工程项目考古领队，在汝窑中心烧造区发掘面积 3000 余平方米，清理出宋至明代窑炉 11 座，作坊及建筑基址 4 处，出土大量素烧器和一批天青釉瓷器，为全面认识汝窑遗址内涵提供了重要实物资料。

* **2016 年 3 月**，在河南大学为历史文化学院学生讲授中国古代陶瓷课。5 月，参加在郑州市由中国考古学会主办的全国考古学大会，在宋辽金元明清考古小组会上主持学术研讨。7 月，参加在北京艺术博物馆举办的长沙窑学术研讨会，代表中国古陶瓷学会致开幕词。9 月，参加在河北磁县举办的第四届国际磁州窑论坛，在闭幕式上做学术总结。9 月，作为中国古陶瓷学会向公众普及陶瓷知识项目，在扬州市博物馆做"巩义窑考古发现与研究"学术讲座。11 月，参加在浙江萧山区举办的中国古陶瓷学会 2016 年年会暨印纹硬陶学术研讨会，主持开幕式和大会学术发言。11 月，组织在新密市举办的首届密瓷文化论坛暨河南省文物考古学会古陶瓷专业委员会 2016 年年会，致开幕词及主持闭幕式。分别于 1 月、5 月、8 月、10 月、11 月参加了在福建永春县、湖南长沙市、河南汝州市、福建泉州市和河北磁县召开的中国古陶瓷学会新编《中国陶瓷史》审稿会。

* **2017 年 4 月**，受邀作为评委，参加在北京由中国文物报社主办的"2016 年全国十大考古新发现评选会"。5 月，参加郑州大象陶瓷博物馆在郑州市举办的"北方古陶瓷学术研讨会"，在大会上做近年来"河南陶瓷考古的新进展"发言和学术总结。8 月，在平顶山学院陶瓷学院做"河南陶瓷考古的发现与研究"学术讲座。9 月，参加在湖南湘阴县举办的岳州青瓷复兴学术研讨会。10 月，组织筹备了在河南平顶山市举办的"中国古陶瓷学会 2017 年年会暨汝窑、鲁山窑学术研讨会"，主持大会学术发言和做鲁山窑学术总结；在中国古陶瓷学会第六届理事会上，当选为会长。11 月，参加在北京故宫博物院举办的"哥窑学术研讨会"和在浙江省慈溪市召开的"越窑秘色瓷与柴窑学术研讨会"。12 月，参加在郑州市召开的河南省文物考古学会第六次会员代表大会，主持开幕式；在第六届理事会上当选为常务理事。

* **2018 年 4 月**，被平顶山学院聘为特聘教授。6 月，参加由中国古陶瓷学会和江苏省非物质文化遗产保护研究所联合举办的"传统落灰釉与明代宜兴紫砂飞釉学术研讨会"。8 月，参加在内蒙古巴林左旗召开的"中世纪都城与陵墓国际学术研讨会"，在大会上做"五代帝陵的考古发现与研究"发言。8 月，

参加郑州大学国家社科基金重大项目"多卷本《中国古代陵寝制度史》"项目组，赴陕西省考察了秦东陵、秦始皇陵、部分汉陵和唐陵。8月，在开封博物馆为社会公众做"汝窑瓷器与钧窑瓷器鉴赏"讲座。9月，在上海震旦博物馆为社会公众做"汝窑的考古发现与研究"讲座。9月，参加由中国古陶瓷学会和河北省文物局、磁县人民政府联合主办的第五届磁州窑论坛——"磁州窑与吉州窑文化之交流、传承与创新学术研讨会"，在开幕式上致开幕词。10月，参加中国考古学会在成都举办的"第二届中国考古学大会"，本人与同事合著的《巩义黄冶窑》荣获优秀研究成果奖——金鼎奖；并在宋辽金元明清考古分会场做"南水北调中线工程河南段出土瓷器述要"发言。11月，参加故宫博物院在北京举办的"明代嘉靖、隆庆、万历御窑瓷器学术座谈会"，并在开幕式上为中国古陶瓷学会名誉会长耿宝昌先生颁发"中国古陶瓷学会特别贡献奖"证书。11月，参加由安徽省文物考古研究所举办的"烈山窑考古发现与北瓷南传线路学术研讨会"。12月，在北京故宫博物院参加了由浙江德清县政府主办的"瓷之源十周年纪念活动暨第四届瓷之源学术研讨会"。12月，在郑州大学参加了"继承与创新：中国古代陵寝制度史学术研讨会"。12月，在宝丰汝窑博物馆为宝丰县文物局和汝瓷局工作人员做"汝窑的发现与研究"讲座，被宝丰县人民政府授予"宝丰县清凉寺村村民"荣誉称号。

* **2019年1月**，在清华大学美术学院参加了"古瓷今说——叶喆民先生纪念座谈会"。1月，应邀参加日本大阪市立东洋陶瓷美术馆举办的"高丽青瓷与汝窑的新发现"公开讲座，做"汝窑的新发现及其影响"演讲。3月，受聘为故宫研究院陶瓷研究所客座研究员。9月，组织了在禹州市召开的由河南省文物考古学会古陶瓷专业委员会和禹州市文化广电旅游局主办的"苌庄窑高峰论坛"，并做学术总结。10月，组织筹办了在山西河津市召开的"中国古陶瓷学会2019年年会暨河津窑与宋元窑业技术交流学术研讨会"，在开幕式上致开幕词，并向为学会作出突出贡献的叶文程和王莉英两位名誉会长颁发"中国古陶瓷学会特殊贡献奖"证书。同时组织了在山西河津市召开的、由中国古陶瓷学会和中国建筑学会建筑史分会主办的"灰陶琉璃技艺高峰论坛"。10月，参加了中国古陶瓷学会与扬州市博物馆在江苏扬州市举办的"长沙窑与扬州古陶瓷贸易学术研讨会"，在开幕式上致辞和在研讨会上做"巩义窑的考古发现与产品外销"发言。11月，在浙江省慈溪市参加了由复旦大学科技考古研究院和慈溪市人民政府举办的"两宋之际的中国制瓷业学术研

讨会",在会上做"汝窑新发现及对浙江青瓷的影响"发言。11月,受山西省考古研究所之邀,赴山西省兴县考察西磁窑沟窑址发掘现场并做工地资料验收。12月,在山东省济南市参加了山东省博物馆举办的"淄博窑与中国北方窑业技术交流学术研讨会",在会上做"中国瓷业考古的发现与研究现状"演讲。

* **2020年1月**,参加在上海中心宝库匠心馆举办的"听瓷观花——梅国建鲁山花瓷作品特展",主持与会专家座谈会。10月,参加景德镇陶瓷大学在江西景德镇举办的"全国文化遗产保护高峰论坛"。10月,为河南省田野考古培训班学员讲授"河南瓷业考古的发现与研究"。10至11月,主持对平顶山学院陶瓷工艺技术陈列馆陶瓷文物进行年代确定和分类建档,并讨论和撰写新的陈展大纲。11月,在科学出版社参加并主持《中国陶瓷雕塑全集》发布会。由于突如其来的新冠肺炎疫情,本年度中国古陶瓷学会计划与相关单位联合举办的"唐三彩学术研讨会"和"第六届磁州窑高峰论坛",均延期至2021年。

附录二
学术成果

一、考古专著与图录

1.《河南考古四十年》（合著），河南人民出版社，1994年。
2.《河南出土陶瓷》（合著），香港大学美术博物馆，1997年。
3.《北宋皇陵》，中州古籍出版社，1997年。
4.《20世纪河南考古发现与研究》（合著），中州古籍出版社，1997年。
5.《中国宋代文化》（合著），河南人民出版社，2000年。
6.《河南古代瓷窑》（合著），台北历史博物馆，2002年。
7.《巩义黄冶唐三彩》（主编），大象出版社，2002年。
8.《启封中原文明》（合著），大象出版社，2002年。
9.《黄冶窑考古新发现》（主编），大象出版社，2005年。
10.《汝窑瓷鉴定与鉴赏》（合著），江西美术出版社，2005年。
11.《发现与解读——河南考古新发现展》（主编），岭南出版社，2008年。
12.《中国出土瓷器全集》"河南"卷（主编），科学出版社，2008年。
13.《中原文化大典》文物典"瓷器"卷（主编），中州古籍出版社，2008年。
14.《宝丰清凉寺汝窑》（合著），大象出版社，2008年。
15.《汝窑与张公巷窑出土瓷器》（合著），科学出版社，2009年。
16.《中国巩义窑》（主编），中国华侨出版社，2011年。
17.《中国出土壁画全集》"河南"卷（主编），科学出版社，2012年。
18.《汉代城市和聚落考古与汉文化》（主编），科学出版社，2012年。
19.《中国登封窑》（副主编），中国华侨出版社，2014年。
20.《巩义黄冶窑》（合著），科学出版社，2016年。

21.《中国古代名窑系列丛书——汝窑》（合著），江西美术出版社，2016年。
22.《鲁山段店窑陶瓷遗珍》（主编），科学出版社，2017年。
23.《山西河津窑研究》（主编），科学出版社，2019年。
24.《宋元窑业技术交流研究》（主编），科学出版社，2020年。

二、考古报告、简报与简讯

1.《河南新乡县丁固城古墓地发掘报告》（合著），《中原文物》1985年第2期。
2.《新乡市丁固城古墓群》，《中国考古学年鉴》1985年，文物出版社，1985年。
3.《巩县宋太宗李后陵考古发掘结束》，《文物报》1985年9月18日第1版。
4.《禹县东十里村东汉画像石墓发掘简报》，《中原文物》1985年第3期。
5.《郑州市向阳肥料社汉代画像空心砖墓》，《中原文物》1986年第4期。
6.《平顶山市北滍村两周墓地一号墓发掘简报》（合著），《华夏考古》1988年第1期。
7.《禹县发掘1处古代墓地》，《中国文物报》1988年7月1日第1版。
8.《宋太宗元德李后陵发掘报告》（合著），《华夏考古》1988年第3期。
9.《宝丰汝窑遗址发掘喜获丰收》，《中国文物报》1989年9月15日第1版。
10.《禹县西关战国、东汉墓地》，《中国考古学年鉴》1988年，文物出版社，1989年。
11.《宝丰县清凉寺宋代瓷窑址》，《中国考古学年鉴》1989年，文物出版社，1990年。
12.《禹州市坡街宋壁画墓清理简报》（合著），《中原文物》1990年第4期。
13.《宝丰县清凉寺宋代汝窑址》，《中国考古学年鉴》1990年，文物出版社，1991年。
14.《宝丰清凉寺汝窑址第二、三次发掘简报》（合著），《华夏考古》1992年第3期。
15.《鲁山段店唐至元代瓷窑遗址》，《中国考古学年鉴》1991年，文物出版社，1992年。
16.《北宋东京外城的初步勘探与试掘》（合著），《文物》1992年第12期。

17.《洛阳孟津三十里铺西晋墓发掘报告》（合著），《华夏考古》1993年第1期。
18.《巩义宋陵考古获重要发现》（合著），《中国文物报》1996年4月14日第1版。
19.《介绍几件陶瓷精品》，《华夏考古》1996年第3期。
20.《宋仁宗永昭陵上宫考古获丰硕成果》（合著），《中国文物报》1998年10月14日第1版。

三、论　文

1.《十年来河南宋元考古概述》，《华夏考古》1989年第3期。
2.《宋元德李后陵中的玉册及册匣考》，《华夏考古》1990年第2期。
3.《河南古代城市概说》，《中州城市研究》1991年增刊。
4.《试论北宋早期的越窑秘色瓷》，《江西文物》1991年第4期。
5.《简析盛唐乐舞俑》，《中国文物报》1992年4月12日第3版。
6.《〈大唐故荆府长史孙府君之碑〉考略》（合著），《华夏考古》1993年第2期。
7.《略谈北宋东京外城的兴废》，《华夏考古》1994年第1期。
8.《宋陵出土的定窑贡瓷试析》，《文物春秋》1994年第3期。
9.《河南宋三彩》（合著），《中州今古》1994年第4期。
10.《越窑秘色瓷的烧造历史与分期》，《文博》1995年第6期。
11.《试论北宋陵园建制及其特点》，《河南文物考古论集》，河南人民出版社，1996年。
12.《略论宋陵出土的越窑秘色瓷》，《越窑秘色瓷》，上海古籍出版社，1996年。
13.《综论宋三彩》，《中原文物》1998年第3期。
14.《汝窑的发现》，《大黄河文明展》（日文），朝日新闻社，1998年。
15.《河南古代陶瓷综论》（合著），《河南文物考古论集》（二），中州古籍出版社，2000年。
16.《河南宝丰清凉寺汝窑址发掘的主要收获》，《南方文物》2000年第4期。
17.《清凉寺：欲解汝官窑烧造之谜》，《中国文物报》2000年10月22日第5版。

18.《唐宋玉册的发现与研究》,《海峡两岸古玉学研讨会论文集》,台湾大学地质系,2001年。
19.《关于汝窑研究的几个问题》,《中国古陶瓷研究》第七辑,紫禁城出版社,2001年。
20.《汝窑:找到中心烧造区发现汝窑新器型首见汝瓷新纹饰》,《文物天地》2002年第1期。
21.《河南省文物考古研究所建所五十周年回眸》,《华夏考古》2002年第2期。
22.《探寻汝窑50年》,《中国国家地理》2002年第7期。
23.《新密古城寨龙山文化城址的发现及其意义》,《20世纪中国考古学与世界考古学》,中国社会科学出版社,2002年。
24.《五代帝陵葬制考略》,《中原文物考古研究》,大象出版社,2003年。
25.《揭示文明,开拓创新,再创辉煌——河南省文物考古研究所50年发展历程》,《华夏文明的形成与发展》,大象出版社,2003年。
26.《河南巩义黄冶唐三彩窑发掘的主要收获》(合著),《中国古陶瓷研究》第九辑,紫禁城出版社,2003年。
27.《巩义市黄冶窑唐三彩窑址的新发现》(日文),《唐三彩展》,日本大广,2004年。
28.《黄冶窑——唐三彩烧制工艺流程揭秘》,《文物天地》2004年第8期。
29.《汝窑与老虎洞窑的对比研究》,《南宋官窑与哥窑》,浙江大学出版社,2004年。
30.《五代十国帝王陵墓制度述略》,《桃李成蹊集——庆祝安志敏先生八十寿辰》,香港中文大学中国考古学研究中心,2004年。
31.《巩义窑唐代白瓷的初步探讨》,《中国古代白瓷国际学术研究论文集》,上海书画出版社,2005年。
32.《河南陶瓷考古新发现巡礼》,《典藏》2005年第3期。
33.《宝丰清凉寺窑址瓷器与汝窑传世品的比较研究》,《安金槐先生纪念文集》,大象出版社,2005年。
34.《历经半个世纪,汝窑窑址之谜破解》,《中国年度十大考古新发现》2000年卷,生活·读书·新知三联书店,2005年。
35.《河南陶瓷考古的新进展》,《历史文物》第16卷第1期,2006年。
36.《汝州张公巷窑的发现与认识》,《文物》2006年第7期。
37.《辽三彩与唐宋三彩的异同》,《内蒙古文物考古》2006年第2期。

38.《汝州张公巷窑的发掘与研究》（英文），《东方陶瓷》2004～2005年第69卷，英国东方陶瓷学会，2006年。

39.《河南文物的优势与利用》，《情系中原——两岸文化联谊行》，河南文艺出版社，2007年。

40.《宋代汝窑的发现与研究》，《国家社科基金项目成果选介汇编》（第四辑），社会科学文献出版社，2008年。

41.《汝窑的考古发现与研究》，《开创典范——北宋的艺术与文化研讨会论文集》，台北故宫博物院，2008年。

42.《河南地区出土原始瓷的初步研究》（合著），《东方博物》第29辑，浙江大学出版社，2008年；再收于《中国古陶瓷研究辑丛——原始瓷器研究》，故宫出版社，2014年。

43.《河南宋金名窑瓷器概述》，《河南新出宋金名窑瓷器特展》，保利艺术博物馆，2009年。

44.《河南考古六十年》，《中国考古六十年》，文物出版社，2009年。

45.《汝窑瓷器相关问题的探讨》（日文），《北宋汝窑青瓷考古发掘成果展》，日本大阪，2009年。

46.《河南陶瓷考古的回顾与展望》，《红叶集》，中州古籍出版社，2010年。

47.《十余年来河南考古的新进展》（日文），《诞生，中国文明》，日本东京国立博物馆、朝日新闻社出版，2010年。

48.《30年来中国瓷业考古的新进展》，《中国考古学会第十一次年会论文集》，文物出版社，2010年。

49.《汝窑瓷器鉴赏》，《青韵流动》，新北市立莺歌陶瓷博物馆，2011年。

50.《河南考古六十年，保护科研结硕果》，《华夏考古》2012年第2期。

51.《宝丰清凉寺汝窑》，《考古河南——河南省文物考古研究所获全国十大考古新发现》，大象出版社，2012年。

52.《关于汝窑性质问题的探讨》，《宋代官窑及官窑制度国际学术研讨会论文集》，故宫出版社，2012年。

53.《出土汝窑瓷器的造型与装饰》，《文物天地》2012年第7期。

54.《汝窑瓷器的相关问题》，《东亚青瓷学术论坛论文集》，新北市立莺歌陶瓷博物馆，2013年。

55.《河南出土定瓷与定窑类型瓷器概述》（合著），《故宫博物院八十七华诞定窑学术研讨会论文集》，故宫出版社，2014年。

56.《伏牛山地区唐宋瓷业的生产与繁荣》,《平顶山学院学报》2015年第1期;再收于《中国宋史研究年鉴（2015）》,中国社会科学出版社,2018年。

57.《试述隋唐大运河与南北方陶瓷器的交流》,《流星王朝的遗辉——隋炀帝与扬州国际学术研讨会论文集》,苏州大学出版社,2015年。

58.《汝窑考古发现述略》,《紫禁城》2015年第11期。

59.《巩义窑唐三彩的发现与研究》,《历史文物》第25卷第11期,2015年。

60.《2014年河南省考古学研究综述》,《2015河南社会科学年鉴》,河南人民出版社,2015年。

61.《洛阳唐三彩的考古学观察》,《泥火幻彩——唐两京三彩精华展》,三秦出版社,2016年。

62.《2015年度河南省考古学研究综述》,《2016河南社会科学年鉴》,河南人民出版社,2016年。

63.《河南巩义窑陶瓷产品的特征与流布》,《陈昌蔚纪念论文集》第八辑,财团法人陈昌蔚文教基金会,2017年。

64.《2010—2016年河南陶瓷考古的新进展》,《中原文物》2017年第3期。

65.《汝窑研究的回顾与展望》,《汝窑瓷器与鲁山窑瓷器研究》,故宫出版社,2017年。

66.《钧窑的考古发现与研究现状》,《前世今生——五大名窑古代精品及当代创新》,大象出版社,2017年。

67.《2016年河南省考古学发展综述》,《2017河南社会科学年鉴》,河南人民出版社,2017年。

68.《汝窑新发现及对浙江青瓷的影响》,《两宋之际的中国制瓷业》,文物出版社,2019年。

69.《2017—2018年度河南省考古学研究综述》（合著）,《2018—2019河南社会科学年鉴》,河南人民出版社,2019年。

70.《试论汝窑瓷器的制作与烧造工艺》,《故宫博物院九十华诞汝窑学术研讨会论文集》,故宫出版社,2020年。

四、其　他

1.《国外考古新成就》,《文物报》1985年10月25日第4版。

2.《永定陵石刻群》,《中华文物鉴赏》第555~556页,江苏教育出版社,1990年。

3.《宋太宗妃子墓掘出珍宝》,《香港文汇报》1992年12月2日第21版。

4.《七帝八陵话沧桑》,《河南日报》1993年10月27日第7版;本文获"河南文物鉴赏征文"优秀作品奖,收入《河南文物丛谈》,中原农民出版社,1994年。

5.《钧窑天蓝釉瓷盘、汝窑天青釉盘口折肩瓶》等5个条目,《中国陶瓷全集》宋(上)第274~277页,上海人民美术出版社,2000年。

6.《汝窑考古工作者手记》,《河南日报》2000年11月17日第5版。

7.《"中原文物"百期笔谈》,《中原文物》2001年第4期。

8.《植根中原沃土,弘扬华夏文明》,《中国文物报》2002年7月24日第5版。

9.《文物考古》(河南省文化厅庆祝十六大专版),《河南日报》2002年11月8日。

10.《珍惜河南文物宝地》(省文物局文物保护法宣传专版),《河南日报》2002年11月29日第5版。

11.《努力做到最好》,《中国文物报》2003年1月24日第3版。

12.《魏晋南北朝隋陵》序,中国青年出版社,2004年。

13.《纪念考古创刊50周年笔谈》,《考古》2005年第12期。

14.《商丘的考古发现与初步研究》序言一,中国广播电视出版社,2005年。

15.《李京华文物考古论集》序三,中州古籍出版社,2006年。

16.《河南文物考古论集(四)》序言,大象出版社,2006年。

17.《汪庆正先生与河南陶瓷考古的发现》,《汪庆正纪念集》,上海博物馆,2006年。

18.《2005中国禹州钧窑学术研讨会论文集》前言,大象出版社,2007年。

19.《汝窑小口细颈瓶、三足洗、香炉、盘口瓶》等12件器物介绍,《大观——北宋汝窑特展》,台北故宫博物院,1997年。

20.《卷首语》,《古都郑州》2010年第4期。

21.《周口文物大观》序言二,中州古籍出版社,2013年。

22.《河南文物考古论集(五)》序言,大象出版社,2014年。

23.《我的田野考古生涯有你相伴》,《中国文物报》2015年5月1日第2版;再收于《回眸、展望——文物报创刊30周年纪念文集》,文物出版社,2015年。

24.《古遗址与古墓葬时代连续、意义重大》,《中国文物报》2016年5月27日第7版。
25.《梦韵天青——宝丰清凉寺汝窑最新出土瓷器集萃》序,大象出版社,2017年。
26.《叶县文集出土陶瓷器》序,中州古籍出版社,2017年。
27.《宋代陵墓石刻》序言,河南大学出版社,2018年。
28.《千年耀州窑》序二,文物出版社,2018年。
29.《中国汝窑志》序二,河南人民出版社,2019年。
30.《古埠遗珍——周口关帝上城出土瓷器标本》序,河南人民出版社,2019年。
31.《河津窑磁枕》序,科学出版社,2020年。
32.《宝丰清凉寺窑》序,科学出版社,2020年。

(注：与科技测试单位研究人员合作发表的陶瓷科技类文章约30篇,因本人出力不多未予收录)

后 记

1921年10月，在中国政府支持下，瑞典学者安特生与袁复礼等中国学者对河南仰韶村遗址的第一次考古发掘，标志着中国现代考古学的诞生。2021年10月，中国考古学百年庆典将在河南三门峡市召开，我院刘海旺院长于2020年初提前谋划全院出版一批考古图书，提议我也把过去发表的研究成果汇集出版。早在2012年为迎接我院60周年院庆，时任所长的我曾组织九位已退休老专家出版了考古论文集，当时所领导班子里就有同志建议我也将研究成果一起出版。考虑到此项工作由我倡议，自己还没有退休，就婉拒了这位同志的美意。

时光飞逝，转眼过去了八年，我已退休近六年，看到从事考古的不少同龄人出版了个人论文集，我也该回顾总结一下自己近40年来的考古工作与收获。2020年因新冠肺炎疫情闲置在家，也给自己提供了整理过往资料的充裕时间。这样经过近一年的收集论文、寻找图片、撰写自序、回忆考古成果和主要工作经历等烦琐工作，在女儿孙锦改录电子文本、帮助校对文稿、查找和扫描图片等大力协助下，终于可以将《稽古中原》《泥火匠心》两册书稿交付出版社了。

此次出版时，部分论文增加了一些图片。这些新增图片及以往发表文章时所附照片，大部分是本院同事拍摄，也有少部分由省内外文物考古界的同仁提供，本书不再文中一一注明，在此谨表谢意。

承蒙科学出版社闫向东先生厚意，对文集的出版给予大力支持。在本文集的编辑出版过程中，责任编辑张亚娜、张睿洋做了大量认真细致的编校修订工作，使文集增色不少。

最后，衷心感谢河南省文物考古研究院给予我从事考古、施展抱负的平台，感谢院内同事多年如一日的关心和支持，也感念省内外同行的热情指导和帮助，使我能够在近40年的考古生涯中没有虚度光阴并有所收获。

2020年9月28日，习近平总书记在中央政治局第二十三次集体学习时发表重要讲话，充分肯定考古工作及取得的成绩，强调要高度重视考古工作，努力建设中国特色、中国风格、中国气派的考古学，更好认识源远流长、博大精深的中华文明。这是我国主要领导人第一次系统地阐述考古学的意义、价值并提出明确要求，作为一名长期从事考古工作的老同志，为此感到无比振奋和自豪。习近平总书记重要讲话在社会上引起巨大反响，"犹如一夜春风来，千树万树梨花开"，使一向冷门小众的文物考古界迅速成为社会公众热议的焦点话题。河南省文物考古研究院继增加30个事业单位指标、建立夏文化研究中心之后，曾筹办六年未果的河南省文物考古研究展示中心终于获批立项；中原地区文明化进程研究、夏文化研究等相继列入国家文物局"考古中国"项目；重新启动了登封市王城岗遗址、禹州市瓦店遗址、新密市古城寨遗址、巩义市稍柴遗址、灵宝市北阳平遗址等多个主动发掘项目，河南文物考古工作迎来了又一个高光时刻和新的发展机遇。

站在新的一百年起点上，期待中国考古学取得更大的成绩，祝愿河南省文物考古研究院的明天更加美好。

孙新民
2021 年 1 月